International
Journalism

国际新闻学

姜显明 / 著

新华出版社

图书在版编目（CIP）数据

国际新闻学 / 姜显明著 . -- 北京：新华出版社，2023.10
ISBN 978-7-5166-7045-3

Ⅰ．①国… Ⅱ．①姜… Ⅲ．①国际新闻—研究
Ⅳ．① G210

中国国家版本馆 CIP 数据核字（2023）第 183432 号

国际新闻学

作　　者：姜显明

责任编辑：贾允河　　　　　　　　　　　　**封面设计：**华兴嘉誉

出版发行：新华出版社
地　　址：北京石景山区京原路 8 号　　　　　　**邮　　编：**100040
网　　址：http://www.xinhuapub.com
经　　销：新华书店、新华出版社天猫旗舰店、京东旗舰店及各大网店
购书热线：010-63077122　　　　　　**中国新闻书店购书热线：**010-63072012

照　　排：华兴嘉誉
印　　刷：三河市君旺印务有限公司

成品尺寸：185mm×260mm
印　　张：20　　　　　　　　　　　　　　**字　　数：**336 千字
版　　次：2024 年 1 月第一版　　　　　　　**印　　次：**2024 年 1 月第一次印刷

书　　号：ISBN 978-7-5166-7045-3
定　　价：66.00 元

序

PREFACE

国际新闻，世界大事，顶尖资讯，国宣要素。

国际新闻学研习新闻践行态势，凝练专业成效结晶，前导业态方略大计。

国际事大，关乎外交；国之大略，顶尖设计。历来为独具雄才大略之风云领袖所瞩目和器重。

早在新中国诞生初期的 1955 年，毛泽东在谈及国际形势时就高瞻远瞩地向新华社发出号令："把地球管起来！"他说，新华社"应该大发展，尽快做到在世界各地都能派有自己的记者，发出自己的消息，把地球管起来，让全世界都能听到我们的声音。"

进入中国特色社会主义建设新时期，习近平向新闻工作者发出号召："加强对外传播，努力建成国际一流新型全媒体机构。"他说，新闻工作者要"在党的领导下，把握正确政治方向，坚定理想信念，坚守人民情怀，赓续红色血脉，坚持守正创新，加快融合发展，加强对外传播，努力建成国际一流新型全媒体机构，为实现中华民族伟大复兴的中国梦、推动构建人类命运共同体作出新的更大的贡献"。

年代不同，目标同一。"把地球管起来"，为新中国的新闻事业指引发展方向。即跨出国门，环球踏访，开阔视野，融入世界。而"加强对外传播，努力建成国际一流新型全媒体机构"，则为世界新格局下的中国新闻事业的发展赋予前行重任，目标依然是世界视野，瞩目环球，为打造人类命运共同体鼓与呼。

为践行时代赋予中国新闻人的历史重任，一代又一代的中国驻外记者义无反顾地听从号令，抛家别舍，远离亲人，走出国门，越洋播报。他们甘冒风雨硝烟，不畏艰难困苦，不失时机地访谈、撰稿、传发。不管是"豆腐块"类的即时消息和短新闻，还是"长篇大论"式的深度报道，文图音频、一文一片都凝结着记者的汗水、功力甚至血泪。这些作品被"搬"上报纸、电视、广播和网络等新闻媒体得以广泛传播时，人们则赋予他们一个耳熟能详、家喻户晓的名字——国际新闻。

国际新闻是总体新闻的重要组成部分，它与国内新闻和其他类别新闻形式一样，一直在伴随高新科技的发展而发展。细究起来，新中国新闻事业的发展历程大致可归纳为四个阶段。

新中国成立前的战争年代为初始阶段，一切围绕武装斗争和人民战争及"枪杆子里面出政权"的中心任务转，条件艰苦，因陋就简。但即便如此，以新华社为支柱的新闻队伍在党的领导下，克服重重困难，不仅把战事报道和革命宣传鼓动工作搞得轰轰烈烈、有声有色，而且特别在拓宽外宣方面不断尝试，为新中国的新闻事业对外洞开国门奠定了一定的基础。那时，新华社以延安清凉山为基地，白手起家，靠手动英文打字机和手摇发电机等极度匮乏的物质条件建立了新华广播电台，对外进行英语和日语广播。临近全国解放、新中国诞生前夕，中共中央更是未雨绸缪，不失时机地着手新闻宣传向海外布局，指令新华社相继开设了香港、伦敦、布拉格、平壤等驻外分社。

新中国成立后到电视普及前的一个时期，可谓是新中国新闻事业发展的第二阶段。在此期间，中国新闻事业蓬勃发展。尽管新华社仍然是党和国家的耳目喉舌，担负"消息总汇"的职能，但全国媒体结构已逐步走向多元和系统化。一方面，通讯社、大报大刊、广播电视乃至出版发行机构各自独成体系，不再是战争年代新华社及少许报刊单打独斗的局面；另一方面，央媒、省媒和地方媒体在新中国成立之后全面开花，全方位囊括。当然，虽是多彩多姿、轰轰烈烈，但受科学技术和经济条件的限制，这一阶段新闻报道的基本形式相对原始、简朴和素颜，只能是文字主导，最多辅以少量摄影图片和阶段末期简单制作的少许电视片断。

第三阶段介于 20 世纪 70 年代到 21 世纪初这几十年间。电视荧屏热，光电放异彩。图文并茂，活泛灵动，记者出镜，访客露脸，人们竞相"触电"，想方设法与荧屏"亲密接触"。这种情况下，过去新闻报道的那些刻板、沉闷、呆萌和教条之类的"病态"受到深度冲击，而鲜活力、感染力、受众群和宣教效果则得以较大提升。只不过，电视热的不断升温也导致花里胡哨的东西日渐增多，一些从业者常为名利、虚浮和钱色所累。

进入 21 世纪以来，新闻业态步入第四阶段：互联网大行其道，新媒体声名远播。在花样不断翻新的新媒体名号"裹挟"下，电子、数码、网络、智能之类的现代电信高科技交叉融合，形成"无所不能、无坚不摧"的媒体集群，进而"挤兑"和占领包括所有纸质媒介和旧有广电媒介在内的传统媒体阵地。受单纯追求经济效能的利益驱动，从中央到地方的大小媒体机构纷纷与过去的新闻主体属性渐行渐远。传统媒体单位依然存在，但基本都在"脱胎换骨"，一改过去的单一"打法"，纷纷"全面开花"，不管有无必要，不管成效如何，一个个纷纷"赶时髦"，上马各自的网站、音视频和新（多）媒体中心之类。

上述四阶段实际可简化为两个阶段，即前三阶段统称为传统媒体阶段，第四新媒体阶段单论。传统媒体阶段，受经济和社会发展及电信科技手段的局限，"新闻"属性相对坚挺。那时候，"媒体"几乎等同于"新闻"，彼此"不分家"。记者编辑都被习惯性称之为"干媒体的""搞新闻的"。与此相适应的一点是，期间新闻理念、业务导向和践行目标主要是内向性的，即业务管理和报道重心以国内新闻为主，国际新闻只是整个业态中的花瓶式"点缀"。

进入新媒体阶段，各类媒体形式的"新闻"属性日渐淡薄和衰弱。各媒体单位一方面要设法保留昔日因新闻报道而带来的辉煌、名气、体面和受众群体，另一方面却不得不借助社会、经济和科技的迅猛发展竞逐赢利，有意或无意地"冷落"了新闻主业。联合国教科文组织在2001—2022年度《世界言论自由和媒体发展趋势》的报告中指出，广告营收已从新闻媒体迅速转向互联网公司，社交媒体用户的数量因此从2016年的23亿增加到2021年的42亿。可见，昔日新闻与媒体称谓近乎一体的现象已不复存在，"新闻"自然还是"新闻"，但"媒体"却不再与"新闻"混同，已"分离"成新闻媒体或社交媒体、甚至自媒体之类，对此争议颇多。其中各媒体单位或许都有各自的无奈和不甘，但新媒体时代的来临不以人们意志为转移，业界只能顺势而为。

好在新媒体新气象，它荡涤了传统媒体的"内向"弊端。高新科技的"高大上"格局，网络智能的互联互通，新闻再不能"小家子气"地"窝"在国内，而应漂洋过海，放眼世界。一句话，时势使然，让国际新闻走向"前台"是大势所趋，恰逢其时。

实际上，国际新闻有别于国内新闻和地方新闻的独特之处。首先，国际新闻资讯重要，事体宏大，影响广泛，全球瞩目。其次，国际新闻采撷方式独特，特别是海外访谈、撰稿和播报，记者需要长年驻外，获取讯息来源，组织高端访谈，应对技术难题，判明是非曲直。诸如此类的专业实践，记者事无巨细地都得亲力亲为、单打独斗。正因为国际新闻的独特魅力，其影响力和受众面也绝非其他形式新闻所能比拟。我们不能简单地以地域标志来定义新闻的形式称谓，即"国内新闻"还是"国际新闻"这两种基本新闻形式，不能简单地以信息源是来自本土还是海外来划线分隔，而应以资讯内容是否宏大重要为其定义，不管是海外发生还是国内采撷播报的重大新闻讯息，他们都应定义为国际新闻。

国际新闻，世界大事，联通五洲，学贯西中。现如今，"地球村"和"多边主义"理念盛行天下，越来越深入人心。大家一个"村儿里"呆着，生活在"人类命运共同体"的同一片蓝天下。伴随着互联网等电信高科技的迅猛发展，讯息电波五洲荡漾，环球共享。故而国际新闻捷达终端，万众瞩目。

顺其自然，理论探究国际新闻风气浓郁，研学日甚。新闻工作者、新闻研学者不再满足于泛泛而谈身边新闻琐碎，而是越来越跳出狭窄，拓宽视野，将专业大趣志向五洲远洋，深研细究国际新闻之攻术奥秘，专门设立国际新闻学已水到渠成，适逢其时。

同哲学、历史学、经济学、法学或文学等学科历史相比，新闻研学史特别是国际新闻研究史要显得年轻稚嫩得多。包括国际新闻形式在内的全部意义上的新闻实践只是近代史上的事，特别是近一个多世纪以来的事。这种短暂的新闻实践史自然在一定程度上妨碍了总体新闻学的建立。

根据西方新闻学术论著的介绍和披露，新闻学研究起始于17世纪末德国的一些大学。他们一开始只是研究报纸，在前两个世纪印刷新闻的基础上撰写报业研究学术论文。可见，当时的新闻学研究只能基于报业，不可能得以全面展开，因为其他形式的媒体尚未问世。直到19、20世纪之交，新闻学研究才在德国和整个西方资本主义世界开始受到重视，不仅出现了"新闻学"这一名称，而且还逐步形成了以德国为首的注重理论派和以美国为首的注重实践派。

1845年，德国学者普尔兹首写新闻史专著《德国新闻事业史》。50年后，科赫教授又在德国设立了世界上最早的新闻学院。1916年，德国学者鲍起尔在莱比锡大学首设新闻研究所，使新闻学研究获得长足的进步。

19世纪末，美国新闻事业得到较迅速发展，新闻教育也随着新闻工作的日趋复杂而产生。新闻学论著主要涉及诸如采访、写作、编辑、评论和广告之类的具体新闻业务，如舒曼的《实用新闻学》、威廉和马丁合写的《实验新闻学》和威斯康辛的《报纸写作与编辑》等。20世纪初，美国先后办起了密苏里大学新闻学院和哥伦比亚大学新闻学院等新闻高等学府，侧重于应用新闻学研究。

20世纪40年代前后，随着广播、电视和其他各种传播工具的出现和逐步普及，新闻对社会政治、经济、文化的影响日趋扩大，使旧有的新闻业务研究不能适应新形势的发展。为此，美国一些政治学家、哲学家和社会学家纷纷从各自的角度加入到探讨新闻传播现象的研究队伍中来。他们把新闻研究与各自的学科结合起来，从而形成一门边缘科学——大众传播学，或称"传学"。据称，著名记者、政治评论员李普曼就是这门学科的最早研究者之一，他通过自己的研究而撰写了《舆论》一书。20世纪70年代以后，美国学者纷纷对西方新闻实践中出现的各种新现象表现出浓厚兴趣，不断涌现出独树一帜的新流派，如"调查新闻学""精确新闻学""新新闻学"和"发展新闻学"等。虽然流派纷呈，但"学"的成分并不浓厚，他们主要是对新闻实践方式的不同认识和思考，极少系统涉及新闻专业学术论题，不仅缺乏理论色彩，而且显得松散、紊乱。

同西方新闻学研究状况比较，无产阶级对新闻学的系统研究则更加不够。其新闻实践本来就源于资产阶级报纸，起步晚，自然更缺乏具有真正国际影响和权威的新闻学术论著。无产阶级新闻理论和实际工作者根据短暂的新闻实践活动也撰写过不少新闻学研究专著和论文，积累了大量资料素材，并在这方面花费了许多精力和心血，这些对新闻学研究无疑具有重要价值和意义。但他们的这类研究要么转译或基于西方新闻学研究成果，不少论著明显带有西方新闻论观的痕迹；要么就是对新闻实践中经验教训的总结或是就新闻功能所作的单项阐释，其中尤以论述不同本国新闻实践为主，带有较明显的国家政治和意识形态色彩。

通信技术的日益尖端化和现代化给蓬勃发展的国际新闻业不断注入生机。通信卫星、互联网、大数据、5G高科技支撑的手机、摄录机、数码相机等最现代化的通讯工具将越来越有机地结合。基于新兴技术上的媒体和信息"革命"如火如荼，势不可挡，传统的"新闻"和"大众传媒"之类的属性称谓和字眼正逐步被业界淡化，取而代之的是"多媒体""新媒体""融媒体"这类新颖别致的华丽桂冠。人们越来越摈弃传统，懒于和疏于沿用传统的旧有术语，自然而然地赶时髦，追求新潮，津津乐道于所谓的"新生"辞藻，虽难免背负"哗众取宠"之嫌，却也着实顺应时势。

不管媒体和信息"革命"再怎么波涛汹涌，称谓再怎么花样翻新，其新闻属性却依然如故，无论是传统媒体还是现如今流行的新媒体，他们的基本"活儿"

仍然是新闻传播业务。

"国际新闻"孕育于总体新闻之"母体"，但又具有大别于国内新闻和地方新闻的鲜明特性，极具专门学术研究的价值。世界新闻事业发展迅速，信息交流范畴日趋广泛，无论是新闻发布单位还是新闻受众都不再只对本国本土的信息感兴趣，而是越来越把视野扩大到异国他乡。"关心世界大事"已成为一种必然趋势。

在中国，社会主义新闻事业的繁荣和发展举世瞩目。新华社已经建成具有一定实力和影响的世界性通讯社，驻外记者队伍实力雄厚。而中央广播电视总台下属的中国国际电视台后来居上，其触角也在短短数年间遍布全球。他们同国内其他新闻单位的一大批国际新闻编辑记者一起，为我国的国际新闻报道和整个新闻事业的现代化建设和发展作出了开拓性贡献，积累了大量宝贵的实践经验，有待国际新闻工作者和理论工作者对其进行科学总结，使之成为推动国际新闻事业发展的前进动力。

国际新闻学就是对国际新闻播报及其业态的专业展示和学术探究。它应是总体新闻学的专项分类，但却是带有新闻本源属性且超越单一国别国内新闻研究的综合学说。国际新闻学自成体系，独特专一，在很大程度上能发挥与总体新闻学"异曲同工"的效用。建立国际新闻学不仅理论依据充分，而且也是客观需要。

坚持不懈的地进行学术研究对不断完善国际新闻理论学说是十分必要的，只有把国际新闻实践和理论有机结合起来进行深入研究，使理性认识系统化，并在此基础上形成概念和原理的科学理论体系，国际新闻学才真正具有完整的研究意义。我们需要探究一下国际新闻研究领域，这不仅有助于推动国际新闻实践循自身规律向前发展，而且更是完善国际新闻学研究不可或缺的重要组成部分。

国际新闻学集总体新闻学的大成，涉猎广阔，内涵丰富。这些吸引受众眼球的多彩元素、志趣研学的广域空间，构成了国际新闻学的精髓要旨。可以毫不夸张地说，它能原则指导各国的国内新闻报道实践。而反过来，各国的国内新闻学理论原则却难以系统适用国际新闻的采编实践。

"国际新闻"实际包含两大涵义：广为播报和流传的环球讯息；为讯息播种开花结果的"精耕细作"。简言之，前者为"资讯"，后者是"践行"。国际新闻学应循这两大业态，按照其客观规律，开展专术研学。这也正是本书意欲深入探究的两大主旨内容：定义诠释专门学识的"资讯篇"和展现揭秘采编技巧的"践行"篇。当然，为使研学完美结合，本书还将增添一研判大势谋划方略的"瞻望篇"。

目 录

CONTENTS

践行技巧篇 / 141

大势前瞻篇 / 277

资讯学识篇

Information Science

　　人是做好国际新闻报道工作的决定性因素，对采编实践及其进程的不断总结、探究和瞻望无疑是做好国际新闻报道工作不可或缺的关键要素。国际新闻学把国际新闻实践"做"出学问来，使之不断拓展、丰厚，在指导行业自身实践的同时，亦能展现真知灼见。

　　国际新闻学的"学"在何处？有何内涵要旨？要弄清楚这些，我们应首先给国际新闻下一个相对确切明晰的定义。

第一章
国际新闻定义

第一节　溯源

　　新闻是社会和生产力发展的必然结果，它既以大自然和人类活动为报道源泉，又反过来推动世界向新的高度和文明发展。从地震、空难、战争、政变、内阁改组到核动力、电脑、互联网、智能机器人，大千世界无奇不有，总是在不断地向人们展示新的事变、新的事物和新的发现。

　　环宇世界的瞬息万变只是种种新闻事实或称新闻现象而已。随着文字的出现，人类曾有意或无意识地将许多"新闻现象"记载下来，但他们并未产生新闻交流和使用价值。只有在报纸出现以后，特别是随后而发展起来的通讯社、广播、电视、网络、智能媒介工具等日趋先进高端的传播技艺问世之后，种种新闻现象才得以广泛而迅速地传播，产生价值和意义。一方面，传播媒介收集各方消息，成为消息总汇；另一方面他们又将这些消息广泛而迅速地传播，变成人类认识世界、改造世界和建设世界的共享知识和动力。这种循环往复的吸收和释放功能，不仅造就了现代意义上的新闻概念，而且也使种种新闻事实的能量得到最大程度的释放，影响或震动世界，显示出不可忽视的威力！

　　美国《新闻周刊》2005年5月9日报道说，在关塔那摩监狱的美军把亵渎《古兰经》作为对付穆斯林囚犯的一种手段。报道引起美国白宫、国务院和国防部的猛烈抨击，称报道严重失实，"不负责任"。在巨大压力之下，《新闻周刊》编辑被迫"道歉"，发表了一份只有一句话的声明，宣布收回报道。但舆论普遍认为，这份"声明"并不影响人们对这篇报道的公信力，相反，只能表明新闻报道的强大威慑力和宣传效果。美军亵渎《古兰经》披露后，引起国际社会特别是各国穆斯林的强烈愤慨，抗议示威活动接连不断。

中国革命实践表明，新闻事业是革命事业不可分割的一部分，并随着革命事业的前进而发展，是宣传和鼓动人民、推动革命历史进程的强有力武器。辛亥革命、"五四"运动、抗日战争、解放战争，每一场革命前夕，新闻舆论都是播种机，是前进动力。1949 年 10 月 1 日中华人民共和国成立以来，社会主义制度下的中国新闻事业有了全面的发展。目前已发展成以人民日报、新华社、中央广播电视总台等央媒为主体的新闻媒介群体，各省市和地方性新闻单位、各种专门性和专业性的广电频道、报刊杂志、网站、出版物等更是蓬勃发展，枚不胜数。在中国共产党和中央人民政府的领导下，他们作为党和国家的"耳目喉舌"，即舆论宣传工具和消息传播媒介，不仅在人员素质和通信技术上迅速提高，而且在信息传播、舆论监督和推广先进等诸多方面按新闻规律办事，推动国家政治和经济形势不断发展，越来越成为社会主义革命和建设不可缺少的组成部分，在世界上的地位和影响也越来越引人注目。

新闻传播是世界进步、文明、发展的动力和阶梯！电脑、机器人、宇宙飞船、人造卫星，诸如此类的发明创造也同样表明新闻报道的巨大威力，是新闻媒体对他们进行广泛宣传、解释和推广之后，他们才能造福于人类，推动世界科技进步和经济发展。

一 新闻是人类和社会发展的必然产物，其发展经历了漫长的历史阶段

公元 618 至 907 年，中国古代的唐朝首创"政府机关报"——《邸报》，手抄皇帝的"圣旨"、封建王朝的法令、皇宫动态、地方政府动态及其奏章疏表和战报之类，由各地派驻首都的邸务留后使负责传发至各级官僚士大夫手中，平民百姓无缘接触。据考证，20 世纪初从敦煌莫高窟藏经洞出土的一份邸报发行于唐代后期唐僖宗光启三年（公元 887 年），应该是我国也是世界上现存最古老的报纸。

《邸报》还只是近代报纸的原始形态。近代报纸的雏型据说产生于十五、十六世纪的西欧。那时，随着资本主义工商信贷业和交通业的兴旺发达，威尼斯等欧洲城市逐步出现了职业报人，专门采访和出售报道政治、商情、宗教、航班和战争之类的手抄新闻。

1566 年，意大利的《威尼斯新闻》报为适应生产力发展，首次由手抄改为

单张印刷出版，将报纸新闻推向一个新的阶段。随后，德国、英国和法国等地方仿效《威尼斯新闻》，相继出版问世多版面的周报或日报。1609 年德国出版了周报《报道与新闻报》，英国接着出版了《每周新闻》，法国则有《法国公报》。1663 年，德国出版发行《莱比锡新闻》，成为世界上第一份通过印刷手段而产生的多版面日报。1833 年，美国最早发行一种售价低廉的大众化报纸——《纽约太阳报》，使新闻开始面向基层民众。

二 近代报纸是工业的产物

随着资产阶级上升到统治阶级，无产阶级同资产阶级的矛盾便日趋尖锐激烈，迫切需要建立自己的宣传舆论阵地。无产阶级不仅在斗争过程中觉悟到资产阶级本质，而且也从资产阶级那里学习、继承和发展了某些斗争策略和手段。办报宣传就是这类手段之一。

19 世纪 20 至 30 年代，无产阶级工人运动蓬勃高涨，一批工人报刊相继问世。在英国出现了《纺织》《贫民导报》，在美国有《机器工人自由报》，法国工人也出版发行了自己的《工人报》。这些工人报纸是无产阶级的战斗号角，是对敌斗争的有力武器。

1848 年 6 月，共产主义奠基人卡尔·马克思和弗里德里希·恩格斯主办了《莱茵报》，开创了无产阶级新闻事业的新纪元，正式结束了资产阶级报纸垄断世界的局面。

世界新闻事业虽然起源于报纸，但其迅猛发展却是有线电路、广播电视和互联网等科学技术革命和进步推动的结果。

1835 年，巴黎银行家麦尔·哈瓦斯首创哈瓦斯通讯社（即现今的法新社前身），利用信鸽传递新闻消息。1844 年，美国的塞缪尔·莫尔斯发明电报。随着有线电报的成功应用，美联社、路透社和合众国际社相继建立，从而使新闻传播更为迅速广远，特别对新闻传播的国际化起了重要的推动作用。这是世界新闻事业的一个长足进步。

差不多同一时期，摄影术问世。1839 年，法国人尼普斯和达盖尔合作试验成功，首创摄影术，为新闻摄影提供了技术基础。1842 年 5 月，汉堡发生大火，比欧乌运用摄影术拍下了这场大火场景，给世人留下了珍贵的第一张新闻照片。

　　1893 年，匈牙利人西奥多·普斯卡在首都布达佩斯第一个将七百多条电话线连接起来进行新闻广播，大型有线广播系统从此被引进新闻领域，掀开了广播新闻的崭新一页。1919 年，英国开办无线电试验广播。次年 8 月底，美国底特律一家试验性电台首次利用电台传播新闻，报道该州选举初选情况。

　　正式建立广播电台进行新闻广播还应首推英国广播公司（British Broadcasting Corporation），简称 BBC。它于 1922 年 11 月 14 日由英国 6 家大无线电广播公司和电器制造公司联合组成，当时称"British Broadcasting Company"，并于当日开始播音。1927 年英国政府根据当时颁布的皇家约章（Royal Charter），将其收归国有，并改为现名。BBC 名义上"独立"于政府，但实际上政府却对它拥有控制权，据说随时可禁止其节目的播映，或撤销其许可证。

　　进入 20 世纪，不仅新闻广播试验成功，而且电视技术也开始问世，成为新闻事业的一大成就。从 19 世纪末叶起，许多科学家便为电视的产生作了大量研究工作。但直到 1924 年，英国科学家约翰·洛吉·贝尔德才在黑斯廷斯一家小作坊第一次试验用无线电波传送图像，因而被人们尊称为"电视之父"。次年 10 月 2 日，第一个电视雏型诞生。1926 年 1 月，BBC 用贝尔德研制的发射机首次正式进行电视无线传输。两年后，贝尔德再次率先进行彩电试验。1929 年，英国在伦敦试播无声图像，并于次年在考文垂试播有声图像。1936 年，BBC 首创电视节目，正式将电视同新闻传播联系到一起。

　　当时的苏联、法国、日本和美国等也相继开办电视广播业务，电视技术开始向世界各地推广应用。利用卫星转播电视节目是美国首开先河。1962 年，美国发射"电星 1 号"卫星。它是世界上最早用于转播电视节目的通讯卫星。1978 年 3 月，美国又率先建成全球性国际卫星通讯网。随着电子技术和通信卫星等现代高科技的诞生，电视新闻传播覆盖面现在早已遍布全球，把世界新闻事业推向现代化的崭新阶段。

　　加拿大人马丁·库珀于 1973 年在摩托罗拉公司发明了世界上第一部移动电话，经过几十年的研发和市场推广，移动电话成了当时全球最普及的便携式通信设备。目前移动通信技术已经进化到第五代第六代，5G、6G 物联网时代已经到来。它不是一个单一的无线接入技术，而是多种新型无线接入技术和各种技术集成后的解决方案总称，是一个真正意义上的融合网络，大大加快了传输速率。

　　蒂姆·伯纳斯·李（Tim Berners-Lee）1990 年 12 月 25 日在日内瓦的欧洲核

研究所任职期间，在粒子物理实验室里开发出了世界上第一个网页浏览器，互联网络使得数以亿计的人能够利用浩瀚的网络资源。他没有为自己的发明申请专利或是限制它的使用，而是无偿地向公众公开了他的发明成果，从而使网络以前所未有的速度获得发展。人们称道说，如果没有伯纳斯·李的发明，也就没有今天的「WWW」网址，因特网很可能还只是少数几个计算机专家的特有领域。早在20 世纪50 年代末，美国国防部的高级研究计划局就建设了一个军用网ARPAnet。"阿帕网"于1969 年正式启用，当时仅连接了4 台计算机，供科学家们进行计算机联网实验用。这就是因特网的前身。实际上，现代电子计算机的真正发明者应该是德国人楚泽。他于1936 年就制作成Z1 计算机，是通用计算机编程语言的发明者。他的发明直到1962 年才获认可。综上所述，互联网的创始人不是一个人，而是一个"互联网之父"群体。

目前，世界新闻业早已将报刊、通讯社、摄影、广播电视、电影、互联网、智能手机等各种形式媒体有机地溶合在一起，形成门类齐全的新闻综合体。无论是人口众多的大国还是不起眼的小国，报业早已不再是新闻业的同名词。

第二节　定义

国际新闻相对于国内新闻和地方新闻而言，是总体新闻的表现形式之一，为其下定义首先应该从总体新闻谈起。

"新闻"一词，英文源于西方。1423 年，苏格兰的詹姆士一世首次使用"新闻"一词："我把可喜的新闻带给你。"据考证，就中文而言，中国则早于西方出现"新闻"一词。古代甲骨文和金文中就有"闻"字，画一个人竖着一只大耳朵，呈"掩口屏息静听之状"。到了唐朝，人们首次把"新"和"闻"这两个字连成一词。唐初文人孙处玄说："尝恨天下无书以广新闻。"有个名叫尉迟枢的人，更把他听来的故事和传说写成书，并冠以《南楚新闻》的书名。到了宋朝，赵升在所著的《朝野类要》一书中则对"新闻"一词作了如下解释："其有所谓内探、省探、衙探者，皆衷私小报，率有泄漏之禁，故隐而号之曰新闻。"

尽管上述"新闻"一词与我们现今要研究的"新闻"在含义上有极大区别，

但两者之间毕竟有着渊源和联系。什么才是现代意义上的"新闻"涵义呢？世界新闻学研究者一直对"新闻"的定义众说纷纭，莫衷一是。

长期以来，西方新闻学强调人情味、趣味性和离奇古怪，使之成为"新闻"定义的基调。美国19世纪著名报人查理·戴纳就认为："只有那些正在发生的、有人情味的、足以吸引公众，至少是相当一部分人的事才能构成新闻。"另一位美国新闻学者阿维因则明确下定义说："新闻就是对同读者的常态的司空见惯的观念相差悬殊的一种事件的报道。"

无产阶级新闻学家强调新闻的阶级性和舆论宣传作用，把它视为阶级斗争的工具，视为执政权和统治阶级的耳目喉舌，从而给新闻定义蒙上较浓厚的政治色彩。

有舆论认为，新闻具有阶级性无可厚非，而且就国内新闻而言，阶级性更为鲜明突出。不过，对某一概念下定义，主要还是应从概念所反映的对象的本质属性考虑，使其能够解释和适用于同类事物的普遍现象。新闻定义应反映新闻的本质属性，而不能把统治阶级选择运用新闻的主观标准同新闻的客观标准混为一谈。新闻定义反映新闻实践的普遍属性，但不等于新闻实践本身。人情味、趣味性也好，舆论宣传作用、耳目喉舌也罢，都是新闻选择者的主观标准，不能完全解释普遍的新闻现象。我们在给新闻下定义时，主要从其自身规律出发，使"新闻"的定义具有世界大同的普遍意义。

世界新闻界一直在探讨"新闻"的科学定义。

英国《牛津辞典》对新闻的解释是：新闻是对最近发生的事件的报道，即"新鲜报道"。

中国《新闻工作手册》认为，"新闻"一词具有多层意思：1.新近发生的事实的报道，其特性是向公众传递各种信息；2.指新闻写作中的"消息"这种文体；3.泛指消息、通讯、特写等各种新闻报道体裁；4.指最广义的新闻文体，其中包括新闻评论。显然，上述四点虽都具有"新闻"的意思，但后三点却主要涉及"新闻"的具体表现形式，只有第一点才具有"新闻"定义价值。

中国《新闻工作手册》的定义基本雷同于《牛津辞典》对"新闻"一词的解释。他们没有附加任何主观条件，可以解释普遍的新闻现象，比较科学。无产阶级媒体也好，资产阶级媒体也罢；境外媒体也好，国内媒体也罢，尽管各自载用的消息在观点、主次和格调等方面多少带有主观选择的痕迹，但他们反映的新闻事实或称新闻客体却都是最新或新近发生的，这是一致的，因而对"新闻"定义具有重要意义。

这种解释尚嫌不够准确。首先它并不完全。并非所有最新或新近发生的事件都会成为新闻。也就是说，新闻媒体不能每闻必录，因为"新闻"不等于照搬现实。世界无时无刻不在运动变化，今天发生的一切也许是昨天的重复，但在时间概念上却具有新的意义，我们不能因此就将这类重复发生的事件视为"新闻"而加以报道。再说，即便今天发生的一些事件确实并非昨天或过去的重复，并具有新的意义，但这些事件也有大小之分和重要次要之别，并非所有新事都具有新闻传播意义。一对普通村民结婚与一对知名人士的婚礼、一场娱乐性球赛与一届正规锦标赛、一个青年学生在班会上的体会发言与一位国家元首对外阐释国民教育政策的讲话……两者之间的新闻价值显然不能等同。因此，"新闻"定义不能只注重"新"字，还要考虑意义、影响和其他。

有人认为，一条真实的新闻离不开三个环节："新闻事实"的发生；记者报道或传播；为受众接受。这一见解对完备"新闻"定义具有特别重要意义。三个环节一环扣一环，互相联系，互相制约，舍一不可。某一"事实"新近发生了，要由记者进行报道。记者对其进行了报道，但如果缺乏重大意义和影响而不被受众接受，它也就不能成为实际意义上的新闻。这样的"新闻事实"实际上不应该加以报道，只能是新闻界通常贬斥的"滥发"。因此，对"新闻"一词下定义不能只考虑新闻客体，还必须考虑对新闻客体的报道和受众接受这些因素。

"新闻"应该是对新近发生并对受众具有意义和影响的"事实"的报道。这样给"新闻"下定义较为贴切和全面。

这只是就总体新闻定义而言。国际新闻（含洲际性地区新闻）与国内新闻（含地方新闻）这两种主要新闻形式虽然都是对"新近发生并对受众具有意义和影响的'事实'的报道"，但由于他们所报道和反映的客体及其受众在规模和影响等方面差异甚大，各具特点，因而对他们的定义除应参考总体新闻定义外，还应特别考虑他们各自的特点。

国内新闻客体都发生在本国境内，其中的一些具有国际影响并有可能被外国派驻记者采编成国际新闻。但就总体而言，国内新闻所报道的"事实"和内容主要是针对国内受众需要和口味的，因此报道量大。无论是报纸还是通讯社或电台、电视台，其日常新闻报道内容主要为国内新闻，比对国际新闻的报道量要大得多。国内新闻记者无孔不入，无所不在，遍及厂矿、农村、学校、机关、商店、市场和营房哨卡。凡是国内受众关注和希望了解的政治、经济、军事、文化、体育、社会、生活、党团会社、青年、妇女、儿童等所有方面，国内新闻报道都会涉足。

国内新闻的"工具"和"喉舌"作用尤为明显。各国执政权对新闻媒介不仅牢牢控制在手，而且在财政和技术等方面大多给予保障和支持，从而造成国内新闻的另外一些特点：新闻机构庞杂甚至重叠。每个国家都有官办的或受官方操纵的通讯社、电视台、广播电台、互联网网站等；各国的官方和非官方报刊则更多，五花八门，即便只有数百万人口的一些非洲小国，至少也有两家以上全国性官方语言日报；新闻从业人员分工精细，各守一摊。除直接从事采编业务的记者编辑外，还必须雇佣大批排印工人及技术和后勤服务人员等。一些规模较大的新闻机构甚至拥有数千名甚至上万名职工，一个新闻机构简直就是一个"五脏齐全"的小社会。

根据以上特征可以这样说，国内新闻是对报道媒体本国发生的、主要对本国执政权和新闻受众具有意义和影响的事实的报道。

同国内新闻相比，国际新闻有着大别于国内新闻的特点和个性：新闻客体重大；新闻受众广泛，遍布世界各个角落；记者涉外，采编技巧难度高；通信技术尖端等等。

对构成国际新闻定义更具直接意义的主要还是前两个特点，即新闻客体重大和受众的世界广泛性。

我们给"国际新闻"作如下定义：对世界各地最新发生的并对国际受众具有广泛意义和影响的世界性事件的报道。

这一定义只是一个总的概括而已。具体而言，国际新闻还有结构、意义和程度等方面的差异，需要区别探讨。

国际新闻指本国以外新近发生的世界大事，其实并不完全。它应由三方面新闻客体组成：①外国新近发生的大事和奇闻（对本国受众而言）；②本国新近发生的具有世界意义和影响的大事和奇闻（对外国受众而言）；③地区性新闻（对一个洲际或一个区域集团受众而言。如亚太新闻、中东新闻、拉美新闻、非洲新闻等）。

谓外国发生的奇闻大事为国际新闻容易被人们理解和接受。在世界各国，比较大的通讯社、报刊、电台或电视台，大多都设有国际新闻编辑部，并向国外派遣常驻记者（或聘请国外雇员为记者），专门采编和报道外国发生的事件，把它同国内新闻区别开来。比较小的新闻单位也会设国际新闻编辑室（组），至少也会专设国际新闻编辑，负责编发或编排国际新闻稿件、版面或节目。外国突发事件；外国政治、经济、军事、文化、体育、教育、科技；外国的风土人情、国与国之间的交往与合作、国际集团的活动与合作等等。国外发生的一切大事，只要为本国受众和其他国家受众广泛感兴趣，他们都会成为国际新闻的报道内容。这类报道我们可以称之纯粹性国际新闻，以区别于下面的双重性国际新闻。

现如今的"国际新闻"概念和内涵更为宽泛。国外发生的可作新闻报道的事理所当然是"国际新闻"，但它还应包括国内发生的足以影响世界的重大事件。现在，这类国内大事接二连三地发生，带动综合国力和世界影响力日渐提升，越来越为全世界广泛报道和瞩目，你能说这仅仅是国内新闻而不是"国际新闻"？

所谓双重性国际新闻就是指对那些在本国发生的但却具有世界意义和影响的大事奇闻的报道。谓他们为国际新闻，可能存在意见分歧，但他们实际上应属于国际新闻的组成部分，因为他们具有双重性。对本国受众而言，事件发生在国内，当然称之国内新闻。但对其他国家受众来说，由于这类事件所具有的国际影响和重大性而备受关注，从而成为世界广大受众感兴趣的国际新闻。从新闻理论探讨的角度来看，既然他们具备国际新闻定义的要素，当然应属于国际新闻的范畴，因为国际新闻的一个重要标志就是新闻客体的国际意义和影响。

地区性新闻应该说是意义和影响稍次的国际新闻。驻外记者都很清楚，驻在国发生的不少事情规模不大不小，对世界整体缺乏普遍意义和影响，但对周边邻国，或对同样意识形态或国度的国家，或对本国所参与的某国际集团，却具有一定的影响和意义，将他们向全球报道传播比较牵强附会，弃之不报又有些可惜。于是，洲际性"地区新闻"的概念便应运而生。许多世界性通讯社、报刊、电台和电视台因此而专门辟设"地区新闻"报道体系。路透社、法新社、新华社等世界性媒体还在世界各地建立了洲际性总分社，对诸如亚太、非洲、拉美、中东之类的地区新闻建立就地发稿体系，无需由总社编辑部定稿再向驻在地区发稿，既减少了新闻传播过程中的重复劳动和琐繁关卡，争取了新闻发布时效，又可避免"滥发"新闻。实践已经表明，采编和播发这种"地区新闻"效果良好，为本地区各国的新闻受众所欢迎。英国广播公司BBC设立的"国际新闻对非洲广播"节目和许多国家报纸的"第三世界新闻"专版也是对"地区新闻"的不同处理方式。

无论采取何种方式来报道地区新闻，地区新闻都应归类于国际新闻的范畴，因为对采编和报道者来说，这类新闻的客体发生在异国他乡，受众规模也超出事件发生国本身，因而具有一定的国际意义和影响。在当今第三世界国家强烈反对少数发达国家垄断世界新闻市场和世界新闻秩序极不合理的情况下，对"地区新闻"的报道更应该受到国际社会特别是第三世界发展中国家本身的高度重视，以便自力自强，团结奋斗，打破发达世界的新闻垄断，建立公正合理的世界新闻新秩序。

我们对国际新闻的上述定义和分析就是对国际新闻内在联系和客观规律的认识和概括，目的在于将国际新闻理论系统化，用以指导国际新闻实践。

第三节　基本构成

一　新闻的分类

按新闻的性质划分，可分为政治新闻、经济新闻、科教新闻、军事新闻、体育新闻、社会新闻等；按新闻的特点划分，有动态新闻与静态新闻、意向新闻与意外新闻、单纯新闻与复杂新闻以及本体新闻与反应新闻等；从传播手段来看，尽管文字报道（主要指报纸、刊物和通讯社）长期占主导地位，但摄影、广播电视和当代蓬勃发展的互联网新闻却因其视听和互动效果而越来越后来居上，备受欢迎。

广义新闻作为一种践行业态而言，其根基和源头还应该是西方媒体率先"创业"的国际新闻。不管怎样对新闻进行分类，就新闻发生的地区和范围而言，它只能分为国际新闻和国内新闻两种。国际新闻传播面最广，受众最多，影响最为重大，其运作形式和自身规律自然也对国内新闻产生指导性影响，在诸多方面成为国内新闻践行运作的"楷模"。

虽然国际新闻是总体新闻的一种分类业态，与总体新闻事业的发展有着不可分割的血脉渊源，很难将两者割舍开来，并给它规定一个确确切切的"诞生日"，但它却是总体新闻中颇具引领和指导作用的重磅"战斗机"，有着"高大上"的"贵族"血统。它不只是为专业工作者和理论研究者所熟识，与人民大众也息息相关，是人们耳熟能详、妇孺皆知的专业术语和业态称谓。人们每天都要与国际新闻"照面"，透过电子网络、广播电视、通讯社电讯稿和报刊杂志等媒介载体，国际新闻越来越成为亿万新闻受众日常不可或缺的世界性信息源泉和精神食粮。

二　国际新闻包涵的功能和作用

1、大众传播

同国内新闻和地方新闻一样，大众传播是国际新闻的最基本和最重要的一项功能。两者之间的差别在于，国际新闻在传播范围和受众规模及影响等方面均比国内和地方新闻宏大广阔。通过国际新闻的传播，世界广泛性受众可以了解万里之遥和异国他乡所发生的重大事件。

2、讯息交流

国际新闻的功能不只限于传播信息，它还可以通过新闻传播而导致国际间的讯息反馈和交流。这主要包括两方面：一方面新闻受众在获悉某一国际大事发生之后，立即根据自己的观点和立场作出迅速反应，或欢迎、支持和赞同，或反对、拒绝和谴责。这主要表现为政治意识和态度上的信息交流。另一方面主要表现为科技和经济情报方面的信息交流。

3、舆论宣传

一条消息的播出实际就是一次宣传，包括政治性宣传、知识和论观宣传、趣味性宣传等等。他们或为"报喜"的正面宣传，或为"报忧"的反面宣传。尽管同一条报道并不一定符合每个新闻受众的"口味"，但其中包含的强大舆论宣传作用不容低估。国际社会包括不同政治制度、不同意识形态、不同经济基础的国家和国际集团，宣传基调自然总要坚持有利于自己一方的政治倾向性。

4、外交喉舌

对各国执政权来说，国际新闻的外交喉舌作用主要表现在：①每天将世界各地发生的重大外交行动按政府或官方意旨及时传递给本国受众；②政府和有关方面能及时了解国际外交态势，为本国政府制订对外政策提供依据；③不失时机地将本国对某些重大国际事件的声明和表态传播出去，向世界表明本国的立场和态度，或支持、声援，或反对、谴责，或示以中立和遗憾；④通过传递国际和外交讯息，为本国参予或支持的国际联盟或集团的一致行动架设桥梁。

5、知识文库

新闻涉猎对象包罗万象，国际新闻简直就是一部世界知识大全。国际政治、经济、军事、科技和文化，世界自然演变及国外风土人情等，国际新闻报道无所不及，无所不报。

6、娱乐消遣

这主要是就国际新闻对文化艺术、音乐、舞蹈和体育之类的报道而言。

总之，透过国际新闻报道，人们了解世界大事，洞悉国外信息，运筹对外商贸，把握外交契机。鉴于此，选择国际新闻除了要考虑"新近发生"这一要素外，更应注重被报道新闻客体的国际意义和影响。这些为世界公众聚焦瞩目的国际新闻主要应有这样一些基本构成。

三 国际新闻的基本构成

1、突发事件

这些事件是突然发生的，有些人们有所预测，但其中绝大多数则出乎人们意料。特别是就时间而言，这类事件都是闪电式爆发、需要新闻媒体争分夺秒抢发的独家新闻。例如：

①**爆发战争**。一级军事秘密。谁打响第一枪，谁先发动攻势，在什么时间，战况和伤亡如何等等，这些人们一般都难以预测和揣断。新闻记者只能根据种种迹象判断，密切关注事态发展，一俟战火爆发便立即抢发消息。这类消息一是突发性的，新奇；二是具有国际影响，世界各国政府和公众都迫切希望了解事件的发生经过和事态发展及有关动向。各国官方还要从外交和政治考虑，统一认识，制定表态口径，研究对策，作出支持还是反对或是参予其中一方的外交抉择。所以，这类事件，特别是那些规模大、伤亡惨重的战事爆发都会成为各国通讯社、报刊、电台和电视台的头条国际新闻。

②**政变**。这类事变多半发生在夜间或凌晨，以流血的军事政变为多。政变头目大多是握有军事重权的高级军官或有军队背景和支持的政界要人。他们往往采取突然袭击的方式，冲击并占领总统府、总理府之类的首脑机关，强迫前政权就范，并同时迅速占领和控制国家电台、电视台和通讯社之类的新闻喉舌以及机场、通信和交通要塞。

也有不流血的"和平"政变。这类政变大多发生在国家经济严重萧条、危机重重、民不聊生，或政权腐败、人民民主和自由权利遭到肆意践踏、民心严重向背的情况下。政变者利用人们强烈要求改变现状的民心倾向，只要软禁住前政权领导人，然后发表广播或电视讲话，控诉前政权罪责，宣布新的施政纲领，稳定民心军心，就能使政变成功。

流血政变也好，"和平"更权也罢；成功也好，不成功也罢，他们都是某个国家政治中权力斗争或人民革命的具体反映，不仅为本国人民关注，也会震动世界各国，引起各国政府和人民对事件的同情和支持，或愤慨和反对。因此，国际新闻记者和编辑应该不失时机地抢发政变新闻，记者甚至要冒着政变双方枪战炮击或冷枪射击的危险，尽可能地驱车外出采访，现场了解详细情报和事态发展情况，发出独家新闻。

重大内阁改组，其中包括政府首脑或具有国际影响的主要阁员的辞职、被弹劾、被解除职务，或对他们的职务的重新调整等。政府首脑辞职或被弹劾多半发生在美国、日本等西方"民主"政体国家。这些国家的国会或议会对涉嫌贪污受贿、营私舞弊之类丑闻的政府首脑或阁员拥有制约权。在法定数目议员就此递交一项动议时，议会必须对此动议附诸表决。一旦达到法定多数票，该议案即获通过，该政府首脑或相关阁员必须引咎辞职；政府重要阁员（含政府首脑，如总理、首相等）被解除职务或他们的职务被重新调整之类的情况则大多发生在亚非拉第三世界国家，因为这些国家大多由总统或国家元首主政，内阁只是行政执行机关，总统可以根据自己意志调整内阁。还有一种情况，许多国家是一党制，执政党拥有绝对权力，控制内阁。内阁改组和重要阁员的变动往往是执政党党内斗争的结果。

无论什么体制的国家，重大内阁改组都会为世界瞩目，因为它可能导致该国政治、经济或外交政策变化，需要其他国家对其作出外交政策上的相应调整。特别是那些世界著名人士的下野或失宠，成为该国政治和权力斗争的"牺牲品"，或某种失误的"替罪羊"，更会引起世界舆论对他们的兴趣。因此，报道重要内阁改组是驻外记者不容懈怠的任务之一。往往通过记者的深入采访，甚至从中窥见驻在国当前政治动向和变化。

③**严重骚乱或工潮、学潮之类**。骚乱、罢工罢课、游行示威或其他类型抗议行动，都是一个国家政治生活中最敏感问题之一。由于国家政治经济政策或措施严重违背人民意向或不符某一群体的愿望，人们便群起而冲上街头抗议示威，或

罢工、罢课、罢市，或绝食静坐，严重者还会引发骚乱和破坏性暴力活动，甚至造成示威抗议者同政府和警方发生流血冲突。这些骚乱行为是一个国家政局动荡的标志，他们不是一场人民革命的前奏就是一场暴乱，必将引起国际社会普遍关注和重视，历来是国际新闻报道的重大主题之一。尤其是那些因官方镇压而造成流血冲突和巨大人员和财产损失的严重动乱，国际新闻记者更应该刻不容缓地予以快捷报道。

就罢工和罢课之类的抗议示威活动来说，国际新闻报道的着眼点应放在那种规模大、后果和性质严重的事件上。一般的非全国规模的局部劳工纠纷或个别工厂、学校的抗议游行活动似不应属于国际新闻的报道范畴。比如，1990 年 6 月赞比亚大学生、市民走上街头，大规模抗议政府玉米面涨价，进而发展到抢商店、烧汽车等暴乱破坏活动的地步。这类后果和性质都严重影响国家政局的事件，国际新闻不仅应该及时予以报道，而且更要密切注视其动向和事态发展，不断进行后续报道。

④**国际恐怖活动**。这类活动主要包括劫持、绑架、谋杀、爆炸和暴力恫吓之类的法西斯行为，手段残忍，肆意践踏人权和人身自由，往往危及被害者生命，甚至造成无辜人员严重伤亡，极易引起世界公愤。世界人民唾骂和谴责这类行为，国际法则反对和禁止此类行为。特别是对那些因政治或外交需要考虑而制造的恐怖事件，世界公众更是深恶痛绝。他们往往给国与国之间的外交关系蒙上阴影，甚至有可能成为双方诉诸武力的导火索。但一般而言，出于人道主义考虑，事件涉及国政府在恐怖事件发生之后都会首先采取应急措施，帮助被劫持或被绑架者脱离虎口，然后再对恐怖主义分子实施打击，将他们绳之以法。即便意识形态或宗教信仰大相径庭，世界各国政府在处理此类事件时一般也不会公开偏袒恐怖分子。

自本·拉登领导的基地组织 2001 年 9 月 11 日在纽约和华盛顿驾驶飞机撞击世贸大厦和五角大楼进行自杀性恐怖袭击之后，国际恐怖活动显然发展到了一个新阶段，不仅猖獗到丧心病狂的地步，而且更具组织策划性。目前，恶性自杀性爆炸在许多地区和国家"四处开花"，闹得全世界不得安宁，成为各国舆论同仇敌忾、纷纷喊打的一大公害。

⑤**恐怖活动不得人心**。国际新闻对此类事件的报道不仅在于向世界人民报道事实真相，而且更要注重舆论导向。一方面揭露和抨击恐怖恶行，另一方面赞赏和支持国际社会联合反恐，伸张国际正义。

⑥**天灾人祸**。国际新闻报道的天灾应是那些造成重大人员伤亡和财产损失的严重自然灾害,如大地震、地陷、泥石流、洪水泛滥、飓风、暴风雪、雪崩、陨石、严重的蝗灾和病虫害等;人祸主要是指饥荒、空难、海难、恶性公共交通事故、恶性自杀、投毒、传染病和瘟疫、核辐射等。这类天灾人祸由于事件本身性质严重,或给自然生态造成巨大损害,或给人类带来突袭式杀伤,因而令人震惊,为世界舆论广泛关注。不分南半球、北半球,不分东方、西方,不分主义或政治,不分宗教信仰,天灾人祸都是对人类社会的沉重打击。一方有难,八方哀鸣。慰问电、唁电或救灾钱款和物资将满载人性固有的同情心,从世界各个角落源源不断地输向出事国。

天灾人祸是世界的灾难,即便出于人道主义考虑,国际新闻也有责任和义务报道他们,让人们了解它的危害,诅咒它,为遇难者祈祷。不过,我们这里所说的天灾人祸是具有国际影响的严重灾难。一般的、零星的交通事故等人财损害事件在世界各地每天都有发生,那应该是各国国内新闻或地方新闻的报道范畴。

⑦**外交驱逐**。外交驱逐是国与国之间关系恶化的表现之一,但它之所以被世界公众关注主要还是因为此类事件往往涉及间谍情报活动、国际谋略活动或外交争端等。被驱逐的外交官大多涉嫌或被指控在驻在国从事间谍活动,策划和支持反政府力量的颠覆或政变阴谋,干涉驻在国内政,从事"与自己身份不符"的活动等。就实际而言,他们当中也有不少在很大程度上是两国外交关系恶化的"牺牲品"。驻在国政府出于某种需要,在两国关系破裂的情况下以某种借口限令他们在短时间内离境。不管被驱逐者是否真的进行过"与自己身份不符"的活动,这类事件一旦发生便会立即导致被驱逐国的报复。为维护国家尊严,被驱逐国除对对方政府表示严重抗议外,一般也会采取对等行动,以某种借口下令驱逐对方驻本国的外交官,直至断绝一切外交关系。因此,这类事件发生后,国际新闻报道应及时予以报道,并注意事态的进一步发展,视情况进行后续报道。

除外交官外,往往一些官方新闻机构派出的驻外记者和新闻工作者也会遇到类似情况,国际新闻也应予以报道和关注。

⑧**具有国际意义的重大安全司法行动**。主要包括对反对党或国际知名人士的抓捕、监禁或审判,为打击走私犯罪团伙而采取的重大突袭行动、大赦、大屠杀、宣布宵禁或军事管制等紧急状态法规等等。对一个国家来说,采取这类行动是政局和社会治安状况的反映,大多会出动大批军队或警察参与行动,因而备受国际

社会的关注。国际新闻对这些突发事件的报道不仅可以使受众及时了解事实真相，而且有助于各国政府从中吸取可借鉴的经验教训。

2、热点新闻

所谓"热点"，在这里主要是指那些战乱特别"热乎"的地方。这些地方有这样几个特征：1. 战争或内乱逐步升级，持久拉锯；2. 战乱引起本地区动荡不安，造成周围邻国的参与和分裂，甚至为超级大国或其他外来势力所干涉或操纵；3. 世界瞩目。不断有人提出要求双方停火、恢复和平的吁求和建议，并为达成和平协议而穿梭调解。如：2003 年 3 月前后伊拉克武器核查危机和美英联军发动的对伊战争及战后占领。对诸如此类的久拖不决的长期动乱的报道，就是人们俗称的"热点新闻"。

我们大致可将热点新闻的报道范围确定在如下几个方面：

①**地区性战乱**。这类战乱大多由一国进攻或侵占另一国，或由本国内乱危及邻国安全，进而导致外来干涉而引起。为维护本国和地区安全，避免战火延伸，战乱国邻近和周边国家便结成立场和态度各不相同的地区联盟，或站在受难国一边反对侵略行径、伸张正义、主持公道，结成"强硬派"或"主战派"同盟；或从自身利益考虑，同挑起战乱的军事实力国妥协让步，对战乱持中立和暧昧态度，成为"温和派"或"和谈"派。

不管怎么说，地区性战乱都是该地区政治和军事集团抗争的反映，是世界政治和军事对立力量抗衡的缩影，其灾难是整个区域性的，其影响更是全球性的。国际新闻对这类战乱报道的功能就在于：如实地反映战乱的进程、惨烈和效应，让受众从中鉴别什么是侵略和外来干涉，什么是正义和公道，为无辜的死难者哀悼。

②**两国交恶**。这里指的是久拖不决的两国交恶。两国交恶甚至导致交战，主要由边境争端引起。尽管内中因素复杂，常伴有政治和意识形态及经济利益等方面的对抗，但起因则主要还是地理上的领土争端，至少是以领土争端为借口。如两伊（伊朗——伊拉克）战争、希腊——土耳其战争等。这类战争之所以成为"热点"新闻，原因是多方面的：一是因为战争的残酷性、持久性，使交战两国人员伤亡惨重，经济生产和物质财富遭受严重破坏，人民流离失所，痛苦不堪；二是因为这类战乱最容易波及邻国安全和稳定，引起外来干涉和本地区战乱；三是因为领土争端是一个极其复杂的外交关系问题，世人普遍关注争端进程和结果。

正因为领土争端问题复杂，我们对交战的报道就更需慎重，一定要坚持客观公正、不偏不倚的报道方针，不可轻易地"裁决"领土归属，或站在交战某一方的立场上说话。相反，除了客观报道双方争端和战场形势等动态情况外，还应注重舆论导向，力求多在报道中宣传和促进双方停火和对话、用和平方式政治解决争端问题的立场。

③**内战**。在一个国家，当两股处于敌对状态的力量为权力之争而同室操戈、诉诸武力时，一场全国性流血战乱的序幕便不可避免地被拉开了。抑或势均力敌，各自为政，内战无休无止；抑或胜者为王，败者为寇。但败者也不会善罢甘休，而是暂时退却，建立自己的根据地，积蓄力量，并不断骚扰和破坏胜者，向胜者地盘渗透扩张，以期卷土重来，东山再起。这类内战都具有持久性、残酷性和破坏性等特征，容易为超级大国和意识形态集团所利用，引起外来干涉，从而成为各国新闻媒介密切关注的报道热点。20 世纪 80 年代的乍得内战、90 年代的塞拉里昂内战和 21 世纪初期的利比里亚内战等都是这样一类"热点"。

"内乱"大多与"外患"相关联。国际新闻对内战"热点"的报道不仅要客观反映战况和内乱的严重性，而且更要重点揭露外来势力干涉的反动，促进交战双方进行政治对活和和谈，既要重视执政一派的观点和立场，也要客观反映反政府力量的主张和要求。报道的根本方针就是促进和平，消除内乱，防止和抵制外来干涉。

④**"热点"组织**。所谓"热点"组织，指的是与"热点"新闻事实有关的派别或组织。他们大多为政治和军事合一的解放运动或游击抵抗组织，同执政当局势不两立，长期开展军事斗争或武装破坏活动。其中，解放运动为争取国家独立和民族解放、为民主和自由权利而战，赢得国际社会的广泛同情和支持。如反对以色列非法占领的巴勒斯坦解放组织（PLO）、主张种族平等和自由的南非非洲人国民大会（ANC）等；另一方面，诸如争取安哥拉彻底独立全国联盟（安盟）、斯里兰卡猛虎解放组织这样的武装力量也曾是一个时期的"热点"组织，他们具有一定的军事实力，破坏力强。由于他们坚持同执政当局分庭抗礼，闹得国无宁日，进而引起外部干涉，所以他们也为世界舆论所注目，成为国际新闻的热门话题。当然，这类反政府力量的存在及其活动有着各国国内深刻而复杂的内政背景，毕竟属于他们各自国家的内部事务，国际社会应持审慎态度。从公开立场出发，国际社会大多站在这些组织的所在国政府一边，反对甚至责难这类反政府武装。一些同情这类组织的国家往往利用和谈和调解为借口，实际

支持这类组织的反政府行动。

不管是解放运动还是反政府武装，他们大多与所在地区的政局有牵连和影响，是造成国际局势和地区局势动荡不宁的组织根源。国际新闻对他们的报道理所当然应成为"热点"新闻不可分割的一部分。

3、联合国

联合国是国际政治、经济和外交活动的中心，是国际社会联络和交流的枢纽，也是对立国际势力或集团外交斗争的舞台。各国传播媒介都十分重视和关注联合国的活动，有条件的世界性大通讯社和新闻机构大多都在联合国设有分社或派驻记者。

国际新闻对联合国活动的报道主要重视这样一些领域：

宣扬联合国为世界和平所作的努力。联合国宗旨之一就是"维护国际和平及安全"，主张"以各会员国主权平等的原则为基础""以和平方法解决国际争端"。安理会是联合国唯一有权采取行动来维持和平与安全的机构，由安理会推荐并经联合国大会任命的联合国秘书长是联合国主要行政负责人，有权把有可能威胁国际和平与安全的事件提请安理会讨论。因此，秘书长的言行和安理会的活动应在国际新闻对联合国的报道中占显要地位。国际新闻还应大力宣传联合国为维护国际和平与安全、调解国际争端而采取的种种积极措施和通过的种种决议等类似文件，力主公正、合理、对话、和平等原则。

支持联合国为援助第三世界国家经济改革和发展计划，抗衡发达国家的贸易控制和争取建立国际经济新秩序而采取的措施和办法。除拥有五个区域性经济事务协调机构的经济和社会理事会外，联合国开发计划署、工业发展组织、贸易和发展会议，以及专门机构国际货币基金组织、世界银行、国际劳工组织、粮食和农业组织等，他们都在世界经济事务中担纲重任，尤其为推动第三世界经济恢复和发展发挥越来越重要的"桥梁"和"杠杆"作用。除帮助第三世界国家制订经济改革和复兴战略及实施规划外，他们特别注重对第三世界国家提供信贷支持和其他各种形式的财政援助，为发展中国家的经济建设和工农业生产作出了不可磨灭的贡献。国际新闻报道应该关注他们的重大举动，为他们的积极政策和举措呐喊叫好。

促进联合国为人类文明进步和社会发展而开展的建设性活动。这方面，国际新闻应该跟踪和关注联合国难民事务高专署、联合国环境规划署、儿童基金会、教科文组织以及世界卫生组织等机构的工作，积极报道他们为促进国际教育、科技和文化交流与合作，保护环境生态、人类文明和各国人民的自由、民主等基本人权而采取的重大举措，尤其应重视报道他们对发展中国家在教育、科技文化及环境发展事业等方面提供的财政援助。

联合国作为整个环球世界的统一协调机构，其职责和作用是包罗万象的。上述几方面只是就国际新闻报道范畴所作的粗线条划分，目的主要在于表明：国际新闻报道应重视联合国的地位、作用及其对世界的影响。由于联合国组织由政治制度、意识形态和经济体制各不相同的国家组成，因而成分复杂，对许多重大国际事务立场迥异，并且在一定程度上一直受到西方大国的暗中操纵和制约。国际新闻报道在"赞赏"联合国积极作用的同时，也要注意"揭露"内中的阴暗面，"抨击"超级大国利用联合国这个大舞台推行霸权主义和西方发达国家维护旧有国际经济秩序、阻挠和限制第三世界穷国复兴发展的阴谋和举动。

4、国际政治

所谓国际政治，这里主要是指阶级、政党、社会团体和政治家在国际关系方面的活动。在阶级社会中，政治是经济的集中表现。国际政治不只是阶级矛盾和意识形态对立矛盾的集中表现，它包含着十分复杂而广泛的内容。对国际政治的新闻报道难以以"东方""西方"或"社会主义""资本主义"划线，而应根据国际政治风云变幻的现状来制订报道方针，选择和确定报道主题及内容。不管国际风云如何变幻，如下一些话题和领域应该为国际新闻报道始终关注：

①**超级大国**。超级大国原来实际指前苏联和美国。随着前苏联的解体，超级大国目前实际是指美国推行"单极世界"的霸权行径。由于过去美苏两个超级大国争夺的影响依然存在，西欧力图东扩而前苏联的主体俄罗斯则坚决反对，诸如此类的同"超级大国"藕断丝连的相关问题依然对国际新闻报道产生影响。

前苏联代表的是以华沙条约组织成员国为主体的东方社会主义阵营，而美国作为与苏联相对立的另一个超级大国代表的则是以北大西洋公约组织和欧洲经济共同体（现称欧盟）成员国为主体的西方资本主义世界。两个超级大国之间的争斗在某种程度上反映了共产主义和资本主义两大敌对阵营的对抗和斗争。确切地说，这种对抗（包括政治、经济、军事在内的所有领域的对抗）只是两大阵营上层统治集团的明争暗斗，是以牺牲人民利益和广大第三世界贫穷国家利益为代价的。因此，国际新闻报道对于超级大国之间的争斗必须给予立场鲜明的揭露，特别要抨击他们推行世界霸权主义和侵略扩张政策，到处欺凌弱小国家，插手和干涉别国内部事务的霸道行径。现在美国搞"单极世界"，变本加厉地推行霸权主义和强权政治，国际新闻仍要旗帜鲜明地予以揭露和抨击。

美国作为世界"大家庭"中的重要一员，国家地位和影响显赫，国际新闻报道要按照实事求是的原则，客观准确地反映其重大国内动态，对其政治活动、对外关系、经济和军事实力、科技成就和新鲜经验、社会文明发展等"新闻事实"作出恰如其分的报道。

②**和平与裁军**。这是一个涉及所有国家的新闻话题。进入 21 世纪以来，由于美国竭力推行"单边主义"，这一话题在一定程度上被人为地削弱。美国没了苏联这个"心患大敌"，因而不再把"裁军"挂在嘴边，而是主导国际社会"高调"反对核扩散和研发大规模杀伤性武器。但是，由于它在相关问题上"以我"划线，实行双重标准，"亲我者"默许容忍，"逆我者"棒喝高压，致使相关谈判缓慢前行，收效甚微。

恐怖主义是当今世界和平最大的威胁，但军备竞赛及战争、武装冲突和武力威慑仍在对世界和平构成严重威胁。国际新闻应该反对和谴责战争杀戮、武力威慑、核试验和核讹诈、挑衅性军事结盟等威胁世界和平的行为，同时对和谈、停火、裁军、削减进攻性战略武器和旨在消除大规模杀伤性武器的有助于缓和国际紧张关系的行为作出积极的反应。

国际社会是由各种社会形态的国家和不同意识形态集团和政治力量组成的一个错综复杂的集合体，要维护这一集合体的正常秩序，必须建立和平共处的国际环境。20 世纪 50 年代，中国政府倡导的五项原则为国际社会之间的和平交往提供了可遵循的准则。国际新闻应该对国与国之间或对立集团之间在此基础上，为解决诸如领土争端和边境冲突之类的政治纠纷而进行的和平谈判或政治对话给予积极的关注和鼓励，通过新闻报道引导对立双方向非军事冲突的和平进程迈进。

③**大选**。国际新闻特别重视美、英等西方大国的议会和总统或政府首脑竞选。这种大选是资本主义体制的组成部分，虽然具有资产阶级政客之间财力和政治手腕较量的性质，但也不乏积极因素，在一定程度上显示了民主和自由，能较为有效地反映民意倾向。世界广泛关注它，不仅因为这种竞选规模大，耗资多，能向人们展示西方社会"民主自由"的多棱镜，让人们了解大选国政界权力斗争及"民主自由"的本质特征，而且还因为这些发达工业国的大国地位和影响，吸引世

人去关心和瞩目。国际新闻对这类大选总是格外关注，报道既客观又充分，不仅量大，而且"重视"采写大选的"细微末节"，以飨受众。

选举国家政权领导人几乎在各种社会形态的国家宪法中都被视为人民应有的民主权利。不管这类选举采取什么形式，是真的代表民意还是走过场地投票而已，由于其结果都标志着一个国家政权的更迭或续任，反映了这个国家政治生活或权力斗争的现状，所以国际新闻也应报道西方世界以外的每个国家政权的换届选举及其结果。所不同的是，对大多数亚非拉第三世界国家大选的报道，在报道量上要比对美英等西方大国的大选少得多。除非这类国家的大选具有世界瞩目的特殊背景，否则他们不会产生多大国际影响，世人只想了解这些国家的大选结果就行。

④"宫廷"秘史和丑闻。秘史和丑闻不一定都是政治性的，但由于他们都发生在内阁和最高层权力机关之内，系最高层政权人物所为，因而无论这类秘史丑闻本身是经济贿赂、贪脏枉法还是选举舞弊、挟嫌报复或桃色纠纷等，归根结底都是政界要人的臭名远扬，是一届政权的腐败表现，具有浓厚的政治色彩和影响。一旦事情败露，必将引发民怨和公愤，导致一届政权或内阁成员的辞职或更迭，因而属于国际政治新闻报道的涉猎范畴。20 世纪 70 年代美国"水门事件"曾导致尼克松总统下野；1998 年 10 月至 1999 年 1 月间，美国总统克林顿同白宫实习生莱温斯基的桃色悱闻闹得沸沸扬扬。"宫廷"秘史和丑闻一旦被揭露，无疑会影响一个国家的政治生活，危及有关政治家的仕途。由于此类事件事关重大，记者和新闻媒体对他们既要勇于报道，又必须慎之又慎，报道一定要杜绝捕风捉影和道听途说。驻外记者必须深入采访，调查研究，掌握真凭实据；编辑则必须认真核对事实，务使报道准确无误。一般情况下这类"新闻"都会首先由当事国媒体率先"曝光"。但即便如此，驻外记者也要认真核实再加以报道，特别不要为一些以赢利为目的、以不择手段或哗众取宠"招徕"读者的无聊"小报"所蛊惑。

⑤种族主义和种族隔离。种族主义制度是世界上最丑恶、最腐臭的一种社会体制。它无视人类生存最基本的权利和自由，歧视黑人和其他有色人种，推崇"白人至上"主义。南非种族主义政权曾是世界种族主义统治的典型代表，其种族隔离政策对内残酷镇压黑人争取民主、自由和解放的斗争，肆意监禁政治犯，无端杀害手无寸铁的平民百姓和妇女儿童；对外对周边国家实行侵略扩张政策，不

断进行军事挑衅，并支持邻国的反政府力量从事颠覆和破坏活动。由于南非种族隔离政权制造的战争和动乱，南部非洲地区曾长期不得安宁，成千上万的黑人死于非命，上百万难民流离失所，各国经济和工农业生产遭到程度不同的破坏和损害。

面对种族主义政权的张牙舞爪，安哥拉、博茨瓦纳、莫桑比克、坦桑尼亚、赞比亚和津巴布韦前线六国以及西南非洲人民组织和南非非洲人国民大会等解放运动同仇敌忾，率领南部非洲人民与南非种族隔离政权进行了不屈不挠的斗争。他们的斗争不仅给种族主义以沉重打击，而且赢得了世界上一切爱好和平的国家和人民的同情、声援和支持。世界范围的反种族隔离的政治、经济和军事制裁曾使南非当局陷入空前孤立的地位，最终不得不于 20 世纪 90 年代初放弃种族隔离制度，"让权"于黑人统治。

种族主义制度和反种族隔离斗争是国际政治的重要组成部分，意义深远，影响重大，为世界各国人民所关注，自然也在国际新闻报道中占有显要地位。20 世纪 90 年代以来，虽然南非种族隔离制度这一政权性质的世界种族主义最后堡垒已被废除，但种族主义影响和恶行在世界上却远未根除，仍然在美国和其他西方国家及其他一些地方程度不同地存在。种族歧视及反种族歧视斗争仍应是国际新闻报道的关注目标，我们要在报道中坚持不懈地揭露种族歧视和种族隔离的罪恶行径，支持反种族歧视运动。

⑥**不结盟运动**。第二次世界大战以后，大批已经摆脱殖民统治的新兴独立国家不愿再受大国的奴役和控制，迫切要求奉行独立自主、和平中立的不结盟政策，以摆脱日渐形成的美苏两大军事集团的控制。20 世纪 60 年代初，南斯拉夫、阿联（现今埃及）、印度、阿富汗和印度尼西亚五国首倡"不结盟运动"，"决意协同作出努力来制止各种新殖民主义和帝国主义统治的一切形式和表现"。

目前，不结盟成员国已由最初的 25 国发展到 100 多个，不结盟运动已成为世界上一支强大的政治力量和经济协调与合作组织，在反对强权政治和霸权主义、推动第三世界国家经济发展等国际事务中越来越发挥重要作用。每三年举行一次的不结盟首脑会议是国家元首和政府首脑群集的盛会，一直是世界新闻传播的热点，每次会议都汇集大批记者前往现场采访。由于不结盟运动对国际事务具有重要影响和作用，所以国际新闻报道不仅要对它的首脑会议表现出极大兴趣，而且还应关注首脑会议后不结盟运动的活动，重点突出报道首脑会议决议的执行情况以及该运动执行机构的重大决策和举措等。

5、世界经济

国际新闻所要涉猎的世界经济不仅仅是各国家的生产和经济建设状态及其对世界产生影响的重大经济活动及改革举措（如招商引资、外贸进出口和海外上市等），而且还要特别着眼于国际经济关系。因为各个国家的经济是世界经济的组成部分，它不仅对本国经济建设和发展具有影响，而且会自然波及对外经济联系，特别会引起相同国度、相同意识形态或相同利益的国家或国际集团的反响，进而引起对立国家或集团的对抗。

国际新闻关于世界经济的报道主要涉猎如下一些领域：

①**经济危机**。经济危机具体表现为：商品大量积压、许多企业倒闭、生产大幅度下降、失业人数增多，致使整个社会经济陷于瘫痪和混乱状态。不管何种社会形态和体制的国家，出现经济危机现象必然导致国家经济和生产的严重下跌，对其对外经济联系和贸易往来产生影响，因而成为国际新闻的涉猎范畴。国际新闻报道不仅要实事求是地反映各国经济危机现象，而且还应揭示其根源，阐释其影响。

②**西方经济**。西方经济在国际新闻经济报道中占有较大比重，因为就目前世界经济现状来看，美国、日本、英国、法国和德国等西方国家经济发达，科技先进，一直处于领先地位。他们垄断或控制着世界市场，对整个世界经济起主导和牵制作用。西方经济实际指的是发达国家经济，相对于第三世界或发展中国家经济而言，他们的年度预算、国内生产总值、国民收入、黄金储备、股票交易和金融市场、工农业生产、技术和设备革新、经济技术情报、对外贸易、军火贸易、对外投资和对外援助等所有重大经济活动及其经验教训都会引起世界新闻受众、特别是工商企业界和经济理论界人士的关切。国际新闻应该不遗余力、不失时机地对此进行广泛深入的报道，既为人们提供分析和评判世界经济态势的依据，又可为世界经贸提供可资借鉴的商情和经验。

③**第三世界经济**。第三世界经济也可以说是发展中国家经济，以亚洲、非洲、拉丁美洲地区国家经济变革和发展为主体。既谓"发展中国家"，说明这类国家的经济正在发展，具有拓展的潜力和希望。国际新闻对第三世界国家经济的报道除实事求是地反映他们的困难和落后一面之外，也应公平合理地反映他们的工农业生产和经济建设状态、成就和经验，以及为恢复和发展国民经济所采取的政策调整和改革措施等，呼吁发达国家加强对发展中国家的援助与合作。

就人口、地域和资源而言，第三世界国家是国际社会的主体，他们的经济状况如何将直接影响到整个世界经济的发展。国际社会不能忽视第三世界经济的生存和发展，新闻媒介也不能因他们目前的贫困落后而懒于"理睬"，更何况第三世界经济并非铁板一块都是贫困落后，有些国家的经济发展速度和生产建设成就实际也很显著。即便那些贫困落后的国家，其经济生产和建设的某个领域或某些方面也可能会有先进之处。国际新闻对这些成就和经济发展状况的报道应实事求是，防止"拔高"和夸大其词。对第三世界国家经济的报道还应克服零碎现象，不可国际新闻国内化和以偏概全。

④**南北对话**。发展中国家集中在南半球，发达国家集中在北半球。双方之间在诸如能源、粮食、货币体制、资金转让、贸易信贷和债务等许多方面都存在着差异、分歧和矛盾。所谓"南北对话"，就是指发展中国家与发达国家为解决在经济领域中的分歧以及共同面临的经济发展问题而举行的谈判和磋商。这种对话涉及贫富两极世界，对各国经济和整个世界经济都会产生积极影响，是南北合作的前提，具有新闻报道价值。不管某一次对话或就某一方面进行的对话成功与否，国际新闻报道都不应放弃对他们的热情和跟踪。

⑤**南南合作**。这是指发展中国家之间在经济活动、互惠贸易、金融货币和技术转让等诸多方面开展的合作与协调。发展中国家有着共同的经历和相近的经济发展水平，对各自在经济活动中获得的经验和教训可以互相借鉴。为了摆脱发达国家的经济控制，减少对发达国家的经济依赖，建立公平合理的世界经济新秩序，他们一直在探寻内部合作机制和集体自力更生的方法和措施，并已取得不少积极成效。国际新闻应该为这种合作精神讴歌，无论是双边合作还是多边合作都是值得赞许的。对这类报道应注重实质性内容，一些无关紧要、没有实质内容和特别意义的空泛议论，或小规模的单一合作项目不应为国际新闻"津津乐道"。

⑥**热门经济话题**。全球化、金融风险、环保、防止荒漠化、人口、债务、饥荒、蝗灾及打击走私、洗钱和偷猎等。他们之所以成为国际新闻的热门话题，主要是因为这些问题目前在世界许多地区呈膨胀蔓延趋势，严重威胁生态平衡和人类生存，因而引起世界舆论的广泛关注和兴趣。国际新闻的任务不仅要宣传这些热门经济话题，帮助人们认识和了解这些问题的严重性，而且要大力支持国际社会及各国政府和人民为制止这类问题进一步恶化而制定的各种有效法规及相关措施。

⑦**国际经济集团及其活动**。国际新闻涉猎的国际经济集团主要为三大类别：

1. 制订全球贸易信贷政策、管理全球经济运营的集团，主要为联合国专门机构世界贸易组织、国际货币基金组织和国际复兴开发银行（即世界银行）等。世贸组织是在全球贸易谈判，即乌拉圭回合谈判结束之际于 1995 年 1 月成立，旨在执行、管理和运作乌拉圭回合一揽子协议及次多边贸易协议，解决贸易争端，审议并与国际货币基金和世界银行合作参与制订全球经济贸易政策，以促进全球经贸发展、合理利用世界资源、消除贸易壁垒、保障实际收入和有效需求的增长。国际货币基金组织和世界银行同时于 1945 年 12 月成立，他们以促进国际货币和外汇管理合作、协调发达国家与发展中国家信贷和债务关系为宗旨，并通过促进生产性资本投资来协助成员国的建设和开发，从而推动全球经济增长和有序发展。

上述三大机构是制约世界经贸发展及其方略的环球经济总管。国际货币基金组织和世界银行 1995 年就已拥有 178 个成员国（含地区），遍及世界的每个角落。而世贸组织 1995 年成立之初成员就达 100 多个。20 世纪 80 年代改革开放以来，中国积极改革自身经贸政策，不断向世贸组织准入条件"靠拢"，经过多年艰苦的双边和多边贸易谈判，于 2001 年 11 月 10 日被接纳加入世贸组织。中国作为拥有 14 亿人口的发展中大国，积极参与上述三大机构，特别是世贸组织的活动，不仅符合自身建设发展的需要，而且也是对世界经济一体化形势发展的推动和贡献，体现了这些组织机构的国际广泛参与性。正是基于这一点，同时考虑到他们对世界经济发展的重要决策性，国际新闻报道才特别关注世贸组织、国际货币基金组织和世界银行的活动、举措和动向。

2. 大型国际经济合作和协调集团。如以促进国际贸易、制订有关国际贸易和经济发展原则和政策为己任的"二十国集团"；为统一和协调亚非拉石油生产国的石油生产、价格和其他有关政策，保卫石油资源、反对西方石油公司垄断和剥削而设立的石油输出国组织（欧佩克）等等。近些年来，中国经济发展突飞猛进，"一带一路"等中国对外合作行动及推行的"双赢""多赢"式合作模式和践行方案等越来越获得国际推崇和认可，进而不断推动世界经济发展，诞生了"金砖国家"经合组织，特别对第三世界发展中国家具有引领和示范效应。

3. 地区性经济合作和协调组织。这类组织较多，除政治经济一体的欧盟、独联体、非共体（原非洲统一组织）、东南亚国家联盟（东盟）和阿拉伯国家联盟（阿盟）分别协调欧洲、前苏联地区、非洲、东南亚地区和阿拉伯世界的经济合作事务外，其他分布在亚非拉第三世界地区规模和影响稍次的区域经济合作组织还有不少。这类经济团体各成员国的政治体制和政治倾向、经济基础、经济结构、经济政策都大同小异，各自经济建设活动中积累的经验教训易于互相借鉴，因而团结和合作的效益和影响最为直接，为第三世界国家普遍重视和欢迎，也是国际新闻报道关注的重点之一。在这些组织中，尤以南部非洲发展协调会议（萨达克）、西非国家经济共同体（西共体）、拉丁美洲经济体系、亚洲开发银行等较为著名。

随着国际局势趋向缓和和第三世界经济发展的需要，越来越多的地区性和洲际性政治组织正在把工作和战略重点转向经济。诸如东盟、非共体、阿盟、美洲国家组织之类的政治组织，每逢盛会，经济问题不仅是必不可少的议题，而且是越来越主要的议题。国际新闻报道必须重视对其经济合作活动的关注。

⑧经济犯罪。国际新闻所要报道的经济犯罪案例当然不是各国发生的一般案件，而应是具有国际影响和效应的重大案件，其特点或为金额巨大，或为案犯人众，形成国际犯罪团伙，或为犯罪手段残忍或性质恶劣，或为世界知名人士犯罪等等。就形式而言，国际新闻目前报道最多的经济犯罪案主要有国际走私、偷猎、官场腐败等。由于这类犯罪活动威胁社会安全，实际也可归类于政治或社会新闻的范畴。

6、重大访问及名人活动

这类访问活动主要包括：①国家元首或政府首脑的出访；②为重大国际问题而进行的斡旋或穿梭外交活动之类；③负有特别使命或就重大国事变化而进行游说的特使访问；④世界知名人士的出访。如美国石油大王和巨富哈默对前苏联和中国的访问等；⑤以改善国际关系为目的的访问。这类访问活动世界舆论普遍瞩目，理应受到国际新闻报道的重视。

国际新闻对上述任何形式访问活动的报道，都必须注重实质性内容。不少访问活动日程并不说明多少问题，重要的是访问目的及其所能解决的问题和所取得的成果等。报道尤其不能容忍罗列一大串与实质性内容无关的礼宾迎送和陪同名单。

7、风情和珍奇

每个国家都有多个民族或部落，每个民族都有自己长期形成的历史、风情、礼节和习俗。国际新闻，特别是图像新闻更有义务将这些异域风情、民俗传奇、出土文物、世界之最和传统文化艺术介绍给世界人民，以增进各国人民的相互了解和交流。这类新闻由于具有浓厚的知识性和趣味性，通常为广大新闻受众所喜闻乐见。

国际新闻所要报道的这类新闻不是一般的淡而无味的社会新闻，也不应是人们司空见惯或较普遍存在的风俗民情的写真，更不能宣扬黄色下流和低级趣味。报道应避免每闻必录，要注重报道客体的独特性和奇趣性，使之具有国际意义。

8、世界体育

体育活动越来越倍受人们亲睐。这不仅因为它的强身健体作用，而且还因为它的竞技价值和娱乐消遣功能。为什么世界各国不断迭起"足球热"排球热""拳击迷""功夫迷"之类的运动风潮？为什么每每大型赛场上人头攒动、群情鼎沸、记者云集？缘由出于此。

世界体育不是指各国的国内群众性体育运动，而是指具有国际广泛意义的体育赛事和与其密切相关的国际体育界和体育名星的活动等。对国际新闻来说，它目前关注和报道的体育活动主要有如下一些方面：

奥运会（包括争夺奥运会举办权）。这是目前世界上竞技水准最高、最能吸引体育名星、竞技国最众、评判水准最具权威性，并对体育观众和爱好者最富刺激性的一项全球性综合体育运动会。正因为如此，国际体育新闻对奥运会的报道也就格外热乎。每逢盛会，各国新闻机构不惜花费大笔外汇，派遣大批记者前往奥运场地采访，在人力和通讯设施上竭尽全力保障对这一盛会的充分报道。1988 年汉城奥运会期间，云集奥运村的记者成千上万。

专项世界杯或世界锦标赛，其竞技规模仅次于奥运会，但其专项竞技水准却毫不逊色，因而也为世界各国体育迷和专项运动爱好者关注，为新闻界所瞩目。1990 年 7 月在意大利米兰举行的世界杯足球赛就曾牵动世界每一角落足球迷的心，许多财政困难的第三世界小国也想尽一切办法花钱购买电视实况转播权，以飨球迷和观众。

国际性比赛。其中主要包括专门运动会（如世界大学生运动会、世界残疾人运动会等）；单项世界级体育比赛（如国际女排锦标赛、羽毛球精英赛、国际乒乓球赛等等）。洲际或地区性体育比赛。如亚运会、欧洲杯等。各国创世界或洲际纪录的体育赛事。新闻受众特别感兴趣的各国具有世界性欣赏价值的体育赛事，如美国的"NBA"篮球联赛等。国际体坛名将和新秀及其动态和生活。国际体育组织的重要活动及动向。如国际奥委会、国际足联和排联的重大决策等。

国际体育与政治。如 20 世纪 80 年代为制裁南非种族主义政权，各国禁止南非运动员参加国际性比赛、禁止同南非发生体育往来等等。

尽管国际体育新闻涉足的内容广泛，但他们总是主要与锦标和名次关联。因此，其报道的重心应是保持或刷新某项世界纪录及其人其事。

9、国际科技

科技是促进世界文明发展的动力和航标。它发展到什么程度，世界便也以什么样的程度向前发展。科学技术包罗万象，涉足各行各业和各类领域。就行业而言，它可分为工业科技、军事科技、农业科技、医学科技等；就类别来分，它有理论科学和应用科学之分。因此，国际新闻重视并加以报道的主要应是正在发展的科学技术，即新的发现、发明和创造以及人类对这些新科技成果的应用。

国际科技新闻应包括：①重大科技发明；②重大科技理论发现或论证（含考古）；③科技成果在国际上的推广应用；④国际科技界动态；⑤世界著名科学家及其活动和生活等。其中，尤以新发明和新发现最为引人注目；⑥中国科技发展动态，如航天、5G、智能、高铁，诸如此类。

以上基本概括了国际新闻的涵盖范畴，但毕竟只是范畴而已，而且依据的是传统的新闻实践。实际上，国际新闻的细化内容更为丰富多彩。大千世界不断发展进步，传播科技日益推陈出新，受众需求越来越广，满足需求越来越易，所有这些因素都在使国际新闻报道量大增，使报道领域越来越宽。国际新闻涵盖范畴正在传统基点上发生变化，不断扩展深入，从而对传统的国际新闻选择标准产生冲击。作为一种特定涵义的新闻分类，国际新闻选择标准的原则应该基本不变。

标准是衡量事物的尺度和准则。我们对确立国际新闻标准的上述论述，目的在于给新闻实践提供一些指导性的原则意见。对驻外记者和出访记者来说，它是一定时间内的报道思想，是进行采访活动和新闻写作的依据和出发点。对编辑部来说，它是编辑思想的具体化，供编辑处理稿件参考。

真要把握好国际新闻的选择尺度主要还得靠记者和编辑通过新闻实践来摸索，这种理论和实践的相辅相成关系促使我们对国际新闻实践产生研究兴趣。

第二章
国际新闻选择

新闻选择既是报道的前提，又是记者编辑在采写和编辑处理稿件过程中的必需手段，是新闻业务水平的思维体现。没有选择便体现不出重点；没有选择便没有区别，从而无的放矢，丧失稿件在新闻竞争中的地位。因此，选择和选择标准对搞好国际新闻报道至关重要。

第一节　现状和问题

一　国际新闻选择的阶级性

新闻选择对新闻工作者、特别是对记者和编辑等新闻实践者来说，不管思想上重视与否，他们都必然自觉或不自觉地"卷入"这一过程，其日常报道都自然涉及新闻选择问题。关键不在于有没有或要不要选择，而在于怎样选择，即选择标准和方式。新闻不是单一而具体的物质，新闻客体更不是单指某一固定不变的特定报道对象，因而一般认为选择标准是仁者见仁，智者见智，难有统一尺度。人们面对具体的报道内容则更不大可能"众口一词"地评品孰优孰劣、孰是孰非。世界各大通讯社、各国报刊、电台和电视台之间对新闻的选择和取舍有时大相径庭。

就新闻的阶级性而言，西方资产阶级新闻媒介和无产阶级新闻媒介在报道思想上截然不同，他们之间的新闻选择标准也就大不一样。

不同国际集团（政治的、经济的或军事的）和不同的国度出于不同的政治、外交或经济目的也会要求受其控制的新闻媒体对同一事件采取不同的报道方式。一个明显的例证是，西方媒体大多不重视非洲和第三世界小国的建设成就新闻，而中国和其他一些第三世界国家的新闻机构则重视对亚非拉发展中国家的报道，热情讴歌他们的经济建设和改革成就。可见，阶级、政治和意识形态以及国家利益考虑显然是各国新闻媒介选择新闻报道起决定作用的一个重要因素。

还有一种情况也会导致选择标准的差异，即记者和编辑的心态是积极向上还是庸俗低下。作为新闻选择的一种心态，我们也要区分良莠。

上述这些选择标准差异或问题，毕竟是阶级或政治形态的不同反映，在有阶级和阶级斗争的社会里必不可免。新闻事实作为一种客体存在，并不以人们的意志为转移。尤其是那些头版头条的重大国际新闻，任何新闻机构从本阶级政治利益和意识形态考虑，想把它隐匿起来不报只能是徒劳。你不报他报，他不报我报，消息都会在大千世界传播开来，隐匿不报只能使本新闻机构声誉受损。阶级性也好，政治或其他需要也好，这些都不能消除新闻事实的客观存在及其被报道价值，对国际新闻报道更具学术研究意义的还是那些非意识形态性选择标准问题。

二　国际新闻选择存在的问题

国际新闻选择标准之所以存在差异，与记者编辑的业务水平及其对国际新闻的认识差异有关。这类问题主要表现在以下几个方面。

1、选择标准的意识淡薄或混乱，以被报道国国内记者编辑的眼光采编国际新闻

在一些驻外记者或编辑部编辑们的心目中，所谓国际新闻就是发生在外国的事件，而不管事件大小与否和他们的国际意义和影响如何。一个非洲小国，数百名中学生上街游行一趟，要求开除玩忽职守的校长或抗议教师短缺，影响教学质量；某国执政党举行集会，动员人们入党。他们对本国人来说可能是大事，较重要，纯属国内新闻报道的范畴，甚至可能上地方报刊的头版。但如果把这类对地区或世界毫无影响和意义的"消息"作为国际新闻播发却实无必要，只能是瞎凑条数而已。

2、以记者驻在国领导人为报道中心，把这些领导人的言行与国际新闻"等同"起来

驻外记者和国际新闻编辑确实需要密切关注驻在国领导人，尤其是总统、总理或执政党党魁等最高领导人的言行，以便从中分析驻在国政局动态，对其中的重要讲话和举动进行国际新闻报道也是应该和必需的。但对驻在国最高领导人的言行进行"有闻必录"式的报道却并非国际新闻的准则和要求。一位总统正常离开首都到乡下别墅渡假或礼节性出访邻国；一位执政党主席到基层视察……这些既无多大实质性内容，更少有国际意义和世界影响，只应该属于当地国内新闻报道的范畴。还有不少国家领导人热衷于会议和空谈，大会小会总就一些国际问题老生长谈，今天呼吁这个，明天要求那样，这种毫无新意和实质内容的"夸夸其谈"也不应构成国际新闻的主体，甚至连他本国国内新闻报道都嫌乏味。

3、重点、主次不分，把国际新闻与洲际性地区新闻混同一体

有些以非洲、亚太和其他第三世界国家为基地的驻外记者由于分不清主次，把大量精力花在采写洲际性地区新闻上。实际上，国际新闻和地区新闻是有较大差别的。国际新闻应具有世界影响，为世界众多国家的新闻受众所瞩目，而地区新闻的内容虽然也可能是国与国之间，或几国之间发生的国际性事件，但其影响只限于双边或本地区的某几国之间。通俗地说，地区新闻就是一些影响较为次要的国际新闻。

有人认为，影响较为次要的国际新闻的"新闻事实"主要发生在中东、非洲、亚太或拉美等第三世界国家。这确实是目前的现状所在。但从另一方面则反映了目前世界新闻秩序的不合理性。地区新闻在西方世界也客观存在，只是超级大国和西方发达国家自诩世界老大，总认为他们那里发生的一切都是大事，具有国际新闻优先报道价值。世界新闻界必须唾弃这种传统观念。地区新闻在发达国家和发展中国家都是一种客观存在，需要一视同仁。新闻事实在任何地区和国家都有意义和影响上的差别，因此国际新闻报道必须公平地看待和处理发生在发达地区和第三世界国家的新闻客体。

地区新闻不是不可以报道，但应使其成为对重大国际新闻报道的补充和辅助。如果记者对他们花太多的主要精力，势必要影响对重大国际新闻客体的采编，从而本末倒置，影响报道的总体质量和效益。

国际新闻选择标准上的差异和问题当然不只是上述几点，特别是从学术探究的角度来说，对上述问题的认识和看法更可能"仁者见仁智者见智"。但无论如何，这不能成为放弃新闻选择、随心所欲报道的理由。新闻是有标准的，选择是有原则的。

第二节　选择原则

国际新闻选择中出现的问题都主要根源于对国际新闻标准的模糊认识。为了明确国际新闻的选择标准，我们有必要首先搞清一下与此相关的一个理论问题——新闻本源。

一　国际新闻事实

同其他新闻形式一样，国际新闻是对存在着的客观事物的反映，其本源是事实，是物质的东西。先有事实后有新闻，事实是第一性的。唯物主义新闻工作者必须在采访、写作和编辑过程中看重事实，使国际新闻作品符合客观事物的本来面貌，不允许凭空捏造、随意夸张、主观想象和歪曲事实。虽然新闻的本源是事实，但并不等于任何事实都是新闻，只有符合新闻特性的事实才能构成新闻。

什么是构成国际新闻的事实呢？国际新闻事实构成国际新闻的内容，但它并非一般意义上的事实，而是新鲜的、变动中的、具有典型国际意义并为世界人民普遍关注的事实。

首先，新闻事实必须"新"，既指时间"新"，又指内容"新"。其次，"真实"是新闻事实的灵魂，而新闻事实又是报道真实性的前提保障。国际新闻必须以客观、公正为自身特点，要向公众全面报道和阐明真相，不浮夸、不武断、不造谣、不作见不得人的泄私报道。具体而言，它必须做到以下几点：要素必须真实准确；背景材料的介绍必须完全真实、全面客观；对事件的情节描写、数字运用、人物语言以及人们的心理活动、思想变化、感情起伏的介绍必须准确，不能"合理"想像，任意添加；不能以偏概全，以点带面，避免片面性和绝对化。在明确"事实"是新闻的基本来源的同时，我们选择国际新闻还应考虑新闻客体的重要性及其报道价值。

新闻客体（或称新闻事实）重要与否是记者编辑进行新闻选择的一个首要考虑因素。首先是记者，只有在认定某一新闻客体重大且具有国际新闻报道意义的情况下，才会就其进行采访和报道，否则完全可以置之不理。同样，编辑也只是在认定某一新闻事实有重要报道价值的情况下才会对有关来稿或素材进行加工处理。反之，如若新闻客体不重要，没有国际新闻报道价值，那么编辑会将来稿"枪毙"而弃之不顾。

新闻客体重要性的具体表现是多方面的，不能笼而统之地简单化。新闻客体是否重要往往还要考虑政治背景、发稿时机和舆论导向等复杂因素。比如，西方媒介总是把涉牵"中国人权"问题的新闻客体视为重要消息而"炒热"，但中国和许多发展中国家新闻媒介对此则持不同或相反的观点和态度，不被西方媒介牵着鼻子走。

二　国际新闻的选择

国际新闻客体被选择用以报道的重要考虑因素应表现为：

1、世界广泛瞩目

这是国际新闻选择最基本也是最通常的一个考虑因素。因为国际新闻定义表明，它"是对世界各地最新发生的、并对国际受众具有广泛意义和影响的世界性事件的报道"。我们日常采编报道的国际新闻动态消息绝大多数都是这一类新闻客体。世界广泛瞩目的消息中也还有个"最重点"新闻问题。

2、有利于和平、发展和社会进步

含有新闻报道指导原则的意思，重点是就新闻客体的内涵而言。这类新闻客体既为世界瞩目，也能起促进和平、发展和社会进步的宣传效果。选择报道他们，更侧重考虑其宣传效应。比如一些不大不小的国际会议，会议本身并不一定太重要，但会场某些政要的精辟见解或会议通过的某项决议意义特别，对其进行报道当然不是冲着会议本身，而是它的"内涵"的积极意义。

3、具有正确而积极的导向意义

有些新闻客体单就客体本身而言，选择他们作为国际新闻报道有些牵强附会，但从引导世界舆论的角度考虑则不失为重要新闻。如1997年7月1日香港回归中国前夕，中国驻外使馆在驻在国举办"香港回顾图片展"。一般而言，举办一个小型图片展属一般的文化交流性质，国际新闻报道似乎不应重视它。但1997年7月1日香港回归中国之际举办这样一类庆祝活动意义显然不一样，报道不报道当然是个导向问题。

4、珍奇独特，吸引广大听众

这是一个新闻趣味和可读性问题。"珍奇独特"并不意味着刻意"标新立异"、猎奇弄玄。国际新闻记者和编辑尤其应反对和摒弃低级趣味、弄虚作假，以迎合受众中庸俗下流之辈的"味口"。

5、对报道国政治、经济和社会发展有借鉴意义

上述几点原则不一定完全，但对我们进行国际新闻选择无疑具有一定的指导意义。新闻客体重要与否与其报道价值成正比。新闻客体越重要就越具有报道价值；反之，报道价值就越小，甚至不具有国际新闻报道价值。

所谓报道价值，指的是某条消息或者某篇稿件值不值得作为国际新闻加以报道，或者说应在多大规模和程度上值得我们去报道。报道价值就是记者和编辑采编新闻的着眼点和侧重点，即新闻角度，只有正确把握和确定这个"角度"，才能选择出真正的重大新闻客体而加以报道。

重要性、报道价值和新闻角度是互相关联的新闻选择三要素。新闻选择是自始至终贯穿整个报道程序的一个问题，从记者采访、写作到编辑加工处理稿件都需要不断地进行新闻"选择"。

约翰·奈斯比特在《大趋势》一书中指出，新闻报道的过程是在一个封闭系统中的强迫选择。他说："报纸有一定篇幅的新闻洞，这是一个封闭系统。出于经济上的原因，报纸上刊登新闻篇幅的量在长时间内不会有多大的变化。在介绍某件新事物时，必须省略去其他事物或一组事物，有加就得有减。这是封闭系统中强迫选择的原则。"这里所说的"新闻洞"和"强迫选择"实际上就是报纸对刊登新闻的一种重点选择。所谓"新闻洞"，就是指报纸上辟的专项新闻栏目，登这类新闻就不能登别类新闻。有时栏目和内容也有变化，但能够刊登的新闻是有限量的，因此报纸刊登新闻需要经过挑选。报纸如此，其他新闻形式也应适用这一原则。

就国际新闻而言，驻外记者日常发稿的选择标准是一回事，而编辑部特别是订户和用户采用稿件的选择标准则是另一回事。我们在前面讨论的那些选择标准实际主要是从前方记者的角度而设想的。事实上，记者采写的稿件发回到编辑部后还要经过编辑们的筛选，特别是要受到报纸和其他国内外用户的"挑拣"。这就是新闻界常说的采用率问题。驻外记者谁也不能保证稿件会百分之百地被本编辑部采用，更不能保证其他用户对其稿件的采用率了。

采用率的高低在一定程度上是一个有别于记者报道标准的采用标准问题。这种采用标准由于报纸和其他用户的"新闻洞"考虑而飘忽不定。同一类型的新闻也许昨天因报纸版面挤而未被采用，但今天由于版面容许却有可能被刊登和采用；昨天的责任编辑觉得"不顺眼"而不用它，但今天的值班编辑却认为这类消息重要而予以采用。这样的事在国际新闻编辑部是经常发生的。

三　国际新闻的采用标准

国际新闻的采用标准就是保证采用最重点新闻，即重点中的重点。驻外记者根据报道标准发回到编辑部的稿件一般来说应该都是重要的国际大事，但重点之中还有时效和主次等各种因素。对新闻采用单位来说，应根据本单位特点选择和采用最重要的稿件。这对报纸和电视尤为重要，因为他们有版面和报道时效问题。不保证最重点，报纸版面不够，电视就会错过新闻联播时间。许多亚非拉国家只有一家电视台，"新闻联播"节目每天只有晚间一次。错过今天，明天对新闻报道来说就失去时效和意义。

这种"最重点"的选择标准严格来说还是很空洞的。各人的眼光不同，对问题的看法和认识不同，自然对"最重点"新闻的选择也就不尽相同。所以，怎样来认定"最重点"稿件的标准，需要加以确定和明晰，以指导新闻编辑部做好国际新闻的采用工作。

根据世界新闻界长期的新闻实践，确定国际新闻"最重点"，其采用标准主要应从这样几个方面加以考虑：

1、新闻客体特别具有世界广泛影响

这是"最重点"新闻选择和采用标准必须最优先考虑的一个原则。新闻客体越重大，它引起世界震动和反应的幅度就越大，其新闻受众也就越多越广泛，就越应该引起国际新闻编辑的亲睐和重视。这就好比新闻写作中的"倒金字塔"模式一样，值班编辑案前摆着许多来稿，他必须把最重要的稿件放在最优先考虑编发的"导语"地位上，接下来才是"第二段""第三段"……以此类推。

那么，具本构成"最重点"新闻的主要因素是什么呢？无非是三大因素：事件规模宏大；事件效果特严重；波及面太广。

所谓波及面，实际指的是新闻客体的性质和影响程度问题。某国为扭转治安

恶化状况枪毙罪犯与南非种族主义政权 20 世纪 70 年代枪杀无辜黑人群众的索韦托大惨案相比，性质上显然有根本区别，两者对世界产生的影响绝非同日而语。前者只会波及部分国家，属于一般性国际新闻。而后者性质严重，从而震惊全球，遭到全世界舆论的广泛遣责，是"地地道道"的最重点国际新闻。

2、热点新闻也是国际新闻采用标准的重要考虑原则之一

所谓热点新闻就是超级大国或对立利益集团利用某些地区长期战乱和动乱的契机插手、干涉和激烈争夺所造成的种种新闻事件，问题久拖不决，热点持续升温。这些新闻事件为全世界广泛瞩目，甚至对各国外交关系产生影响并成为他们对外表态的依据，因而时常成为报纸、广播或电视的头条新闻，是各新闻机构采用新闻稿件的重点。在报纸版面挤或电视新闻联播时间过于紧张的情况下，较一般性的非热点新闻就应让位于这类热点新闻。

这里应注意非热点新闻前的形容词——"较一般性的"。在各新闻机构每天发布的非热点国际新闻中，也有不少意义和影响十分重大的新闻事件，其采用价值有的甚至超过较一般性的热点新闻。所以，我们这里讨论的是规模和性质重大的热点新闻和规模、性质较一般的非热点新闻之间的比较。比如，20 世纪 80 年代，莫桑比克政府与当时的反政府抵抗运动之间的内战与安哥拉政府同"争取安哥拉彻底独立全国联盟（安盟）"之间的战火虽然都是内战，但后者涉牵当时的南非种族主义政权的直接军事干涉和卷入，进而涉牵前苏联和美国这两个超级大国之间的幕后插手和争夺，属于"热点"新闻范畴，因而实质意义和影响以及采用价值都远远大于前者。

3、有影响国家和西方发达国家新闻比一般小国新闻要受重视

撇开新闻热点，所谓有影响国家或地区，主要是指对世界政治事务制控力度大、军事实力强、经济商贸发达、科技先进、战略地位重要、文明程度高或地大物博这样一类地方，如美国、欧盟、日本、俄罗斯、中国（含香港）等。由于上述特征，发生在他们那里的新闻自然波及面宽广，从而备受世人瞩目。人们迫切希望了解那些地方发生的大事，并进而从中观察世界形势，借鉴经验教训，抉择外交方略。也正因为如此，各新闻媒体才对这些国家或地区给予特别关注，一方面派遣"精兵强将"常驻采访，另一方面在报道量上充分放开，在稿件编发程序上优先处理、优先播发，在相关人事按排上和行政事务处理方面提供较多便利。

换言之，发生在亚非拉许多第三世界贫弱小国的新闻便相应受到"冷遇"。除世界性通讯社作为消息总汇而将报道"触角"遍及世界各个角落外，其他形式媒介除热衷于小国动乱性新闻外，对他们那里发生的其他动态新闻则相对兴趣冷淡，偶尔报道一下也只是作为版面或节目的门面"点缀"而已。

重视报道有影响国家新闻符合受众需求和新闻规律，是当今新闻报道现状的一个客观存在。但是就公正合理的世界新闻秩序而言，大国与小国、强国与弱国、富国与穷国，大家在新闻报道和被报道方面理应一视同仁，相互间不应成为矛盾对立体。

人们往往在有影响国家与西方发达国家之间划等号，实际失之偏颇。有影响国家当然以西方发达国家为主，但西方发达国家并非是有影响国家的全部。西方发达国家作为有影响国家的重要组成部分，我们有必要在这里讨论一下这个问题。

我们坚决主张公平对待西方新闻和第三世界新闻，反对现实存在的歧视第三世界新闻的不合理的国际新闻秩序。发达国家新闻和小国新闻在现实新闻实践中在很大程度上确实存在被选择差异，即便大多第三世界国家本身，其国际新闻报道中采用率占绝对优势的仍然是西方新闻。这不仅表现在总体采用率上，表现在单项采用率上也是如此。我们这里主要是基于国际新闻实践现状来讨论西方新闻和第三世界新闻之间的差异和被重视程度。

西方新闻"吃香"有其深刻的历史根源和现实原因，主要因素表现在这样几方面。首先，西方经济发达，工农业生产先进，商业兴旺，科技文化水平遥遥领先世界。这是西方新闻目前"吃香"抢手的最主要因素。一方面经济发达对世界经济起主导作用，意义和影响自然重大，西方的政局以及经济政策和措施等一举一动都会不同程度地制约和影响世界，因而会自然而然地受到世界瞩目；另一方面，这种经济和社会发达本身具有重大新闻价值。世界各国透过对西方经济和社会的报道不仅可以了解西方世界，而且也能从中获得知识、技能、教益和启发，以作借鉴，推动本国和本地区的经济和社会繁荣。

其次，同西方世界相比，第三世界国家经济和社会落后，即使少数发展中国家也能在某些领域取得某些经济和科技成就，但他们大多也往往以借鉴西方经验为基础。就总体而言，第三世界国家的经济和科技成就更难以同西方世界相比，自然对外部世界的意义和影响就相对较小。从新闻报道角度来看，尽管第三世界国家经济困难和社会落后，也应该是国际新闻关注的对象，但把他们和西方世界的经济和社会新闻放到一起供用户选择采用的话，在目前状况下无疑会被滞后选择。这不仅因为第三世界小国新闻本身规模和意义稍次，而且主要还因为他们的国际影响和社会效益较低，激不起新闻受众对他们的强烈欲求和广泛关注。当西方世界已经进入数字化高新科技时代，你却在对某个非洲国家进口机器设备、着手建立数据库之类津津乐道；当西方世界已经农业现代化、粮食大量盈余并对外出口时，你却在那里报道某个亚洲国家今年风调雨顺、粮食基本自给；当西方世界生产力高速发展、物产极大丰富时，你却在报道中"沾沾自喜"于某个第三世界国家"勒紧裤腰带"式的自力更生精神等等，类似报道显然落后于时代发展潮流。虽然他们中有不少仍可称之为"国际新闻"而予以报道，但就用户采用价值而言，编辑部肯定会优先编发来自西方国家的那些稿件。同是报道国家预算、大选或国家领导人讲话，发自美国、英国和日本的消息，在采用价值上无疑会受到重视。

西方世界的传统影响根深缔固，对国际新闻的采用率起着制约作用。一方面，近代新闻发展起源于西方资产阶级革命，因此"根"深。诸如路透社、美联社、法新社、合众国际社、英国广播公司、美国之音之类的西方主流媒体的历史远远长于第三世界国家新闻机构，在国际新闻发布方面一直起主导和制控作用。另一方面，西方大多国家历史上是许多第三世界国家的殖民宗主国。侵略性的殖民统治在给第三世界国家造成历史创伤的同时，也给双方文化奠定了某种程度上的藕断丝连的传统联系和影响。许多第三世界国家虽然在政治上宣告独立，但在经济、文化和社会影响等方面仍或多或少地"继承"了前宗主国的"血脉"。这表现在新闻报道上就是承继和依赖西方新闻报道，新闻界在心理和精神上奉西方文明为"神明"。在那些国家，西方的宗主地位和"身体"虽然"死"了，但他们的"阴魂"却远未散失。加上许多第三世界国家独立后经济和社会生活各方面一时难以发生令人满意的根本性变化，不少国家甚至比独立前的状况还糟，特别是与那些前殖民宗主国的现代化相比，第三世界国家更是"自惭形秽"。西方世界的传统影响不仅难以消除，反而在不少人心目中更加"牢固"。这不能不说是国际新闻报道现状中"重西方轻第三世界"的一个重要因素。尽管它不合理，需要加以变革，但这需要过程，需要第三世界国家共同努力，发展经济和社会文明，从根本上摒弃西方世界的传统影响。

4、时效与最重点国际新闻采用有直接关系

一般而言，时效性是指新闻的采集、编导、发送和播报全过程中的时间经济和工作效率。一条新闻的社会效果，首先应取决于它反映的事实的新闻价值，但如何提高报道时效，以保存新闻事实的新鲜性和实现新闻作品的新鲜性对提高新闻的采用率无疑起关键作用。国际新闻所报道的事实越新鲜，他们的采编和传递全过程时间越短，那么采用价值就越大。

　　首先来看新闻事实的新鲜感。摆在国际新闻主编面前有多条"前方"来稿。一类是刚刚收到的某些刚发生不久的突发性事件的报道稿件，一类是当日电头来稿，另一类则是昨日电头的报道稿件。主编肯定会毫不犹疑地抢发突发性事件的来稿，而对昨日新闻则不予重视，有的稿件甚至因时效太迟而被立即"枪毙"。不过也有例外，比如"前方"来稿和各种消息来源提供的报道中虽然有些昨日电头或事实本身是以前或历史上发生的事，但如果他们事关重大，鲜为人知，对新闻受众具有新鲜感和吸引力，因而仍然具有较高的采用价值。

　　就新闻的采编和传递时间而言，它对保持新闻作品的新鲜感至关重要。一条报道从采写到传递的过程越短，新闻稿件的新鲜感就越浓，就越能受到重视。这主要是就多家新闻机构激烈竞争这种情况而言的。比如同一条国际新闻，路透社、美联社、合众国际社、法新社、新华社和俄塔社都作了报道，各国报刊、电台和电视台如果自己没有派出驻外记者对此报道的话，那么他们当然得抄收各大通讯社的报道，根据"谁先报道就采用谁"的原则转发。此外，对报刊和许多电视新闻节目来说，往往还有个"截稿"时间问题。"前方"来稿或接收其他消息来源的稿件必须赶在当天"截稿"前传送到编辑部，这样被采用的可能性才大，否则就会失去时效，变成次日新闻，往往被弃之不用。

第三节　采编专特选择

　　究竟什么样的新闻客体才能构成国际新闻呢？换言之，哪些新闻才能作为国际新闻进行日常报道呢？记者和编辑日常应如何选择国际新闻呢？

　　国际新闻报道都需要经过记者采访撰稿和编辑加工处理这些专业工序，而每一道工序都有各自独特的某些选择标准。只有将前述那些选择标准与采编工序中的专特选择标准结合起来细化践行，才能强化选择标准的意义和功效，促进报道工作的完善。

采编工序究竟有什么专特选择呢？

一　采访环节

采访应该是新闻报道践行程序中的第一步。如何迈好这一步，或者说如何做好前期采访，这对后续报道无疑至关重要。记者必须对采访对象、重点目标和有利时机等作出即时选择。

1.高端访谈是首选，尤其是要在关键节点力争采访驻在国国家元首、或政府首脑、或最高层领导人。记者在一个任期内，如果不争取或错失这样的机会，那将是莫大的遗憾。媒体机构总是高度重视寻找高端访谈的契机，不惜动用各种关系想方设法同驻在国最高层"见面"访谈，寻求对方发声。

2.区分轻重缓急，分清主次，有选择地开展重点采访活动，做足"功课"，保障重点报道。很多情况下，记者分身乏术，采访只能抓大放小，舍弃对次重要活动的采访，或者再另寻机会访谈。

3.充分利用机缘巧合开展访谈，特别是在关键节点，要不失时机地想尽一切办法采访到相关人和事。机会往往稍纵即逝，记者不到最后一刻不言放弃，记者招待会上坚持举手提问，哪怕临了追着喊着发问。

二　撰稿

撰稿是记者采访后必须要干的活儿，思想提炼和逻辑构思直接影响报道文稿、电视新闻片和摄影图片的质量和成败，是受众品评这些新闻报道产品优劣的对应物。对采访素材的选择利用和如何确立报道体裁应是记者撰稿阶段必须要面对的专特选择。

1、取舍素材。采访过后，素材一大堆，怎样取舍？怎样利用素材成稿？不同的构思自然有不同的选择，不同的选择自然造就不同的题材和体裁，进而对应不同的报道成品和质量。这样几个原则必须把握和坚持：①先挑选动态消息用素材，尤其应重视可作快讯急稿类报道的素材。②按先急后缓、先易后难、先简后繁的报道原则精准选用素材。③关注和摘录金句、有用例证和关键数据等，适时而恰当地加以运用，既丰实报道又锦上添花。④视频和图片要特别讲究画面清晰度和效果。⑤所有备选素材必须注重新闻真实性和正能量等积极因素。

2、确立体裁。记者新闻写作对体裁的选择并不太复杂，因为动态消息是记者每次采访后必须首先要考量的撰稿形式，而对体裁的选择主要针对特写、通讯、评论、分析类报道形式而言。不管是文字还是视频、图片等报道形式，记者都要根据本次采访获得的素材和平时调研积累的素材综合起来考虑，看看是否需要撰写动态消息之外的其他形式稿件：①机不可失，很需要一篇重头稿件来配合动态消息报道。②"量力而行。"就是说，素材充分，且符合撰稿需求。③如果素材不那么充分，而记者又很有写稿冲动，那就应该补充采访和调研。

三　报道流程

一般而言，记者采访和撰稿是新闻报道的前方工序，而接下来的报道流程自然是后方编辑工序。除了精雕细刻、画龙点睛之类的基本编辑要求外，编辑工序的专特选择主要应强调这六个字：赶急、择优、适销。

1、赶急，就是抢时效。对于重大突发事件和具有特别重要意义的前方采撷的海外来搞，或编辑综合各方消息来源自撰的稿件，编辑部和当值编辑都必须争分夺秒抢先处理和签发。不注重华丽辞藻，哪怕用字稍嫌粗涩，关键是抢先编发报道。

2、择优，即优质优先，优先编发。作为编辑，面对一大堆来稿，谁不希望挑选那些质量上乘的成品佳作来优先处理。一方面编辑起来顺畅，容易出手；另一方面这种好稿容易获得好评，从而体现编辑的"眼光"，给自己带来荣誉。当然，从编辑部整体工序来说，优质优先编发也是区分轻重缓急、减少稿件积压的自然流程。

3、适销，自然是指适销对路。编辑要根据特定客户和受众的需求挑选素材并进行有针对性地编辑加工，实际类似于"特稿"性质，往往是编辑部为了营销赢利目的而采取的经济手段。这有两层意思：一是编辑主观行为，对来稿和素材按照自认为符合特定客户需求来加工处理；一是编辑被动行为，一切按照特定客户的独家要求挑选和编辑稿件，客户要求什么就组编什么，少有编辑或编辑部的主观意愿。

综上所述，新闻选择实际是报道实践中贯彻始终的思想意识活动，体现的是记者编辑对新闻资讯的理解和感悟。原则性泛泛而谈总是相对容易，而要真正认识新闻之精髓和真谛还需在"干"中不断总结和提炼。这方面，无论是记者还是编辑，新闻写作都应是必须践行并提升认知的必由途径之一。

第三章
新闻写作

如何认识新闻写作、了解并掌握新闻写作技巧，不仅为每个新闻工作者报道实践的必需，而且也应成为国际新闻研究的重点。新闻写作是新闻报道的基本表现手段，是记者编辑们的"技术活儿"，必须引起新闻实践者和新闻理论工作者的重视。

第一节　弊病剖析

一　新闻写作概述

美国著名作家狄更斯曾经这样追忆："我经常把我早年的成就归因于我在年纪很轻的时候所受到的严格的新闻工作给我的有益训练。"

世界文豪成名之前，做过新闻工作的不乏其例。海明威、惠特曼、马克·吐温、杰克·伦敦、伊里亚·爱伦堡、尼古拉·吉洪诺夫……他们的写作生涯都曾受益于新闻工作的良好的素质训练。因此，新闻与文学有着一定意义上的不解之缘。同文学家、作家一样，记者和编辑也都是"要笔杆儿的"，需要重视笔下功夫，使之"妙笔生花""画龙点睛""深沉有力"。

就记者而言，采访是一回事，编写稿件却是另一回事。虽然采访以编发稿件和报道为目的，采访过程中就要想到"写"，两者之间有着相辅相成的内在联系。但如何根据采访获得的大量繁杂的素材编发好消息，把采访成果最终落实到高质量的稿件上，却是对记者"笔下功夫"的考验和检测。有的记者活动能力挺强，也很勤奋，但写出的稿件却很平淡，甚至需要编辑花大力气改写，其原因就在于忽视文字素养培训，缺乏文字修养。严格说来，这样的记者是不称职的，尤其是对驻外记者而言。因为驻外记者远离编辑部，采访和编发稿件主要靠自己的独立工作能力，他们发回编辑部的稿件应该基本是成品，才能保障报道的时效和质量。一篇杂乱无章的国际新闻报道发回编辑部后，编辑因为不明被报道事件现场氛围和有关背景或素材而不得不花时间进行电讯联系和改写，既费时又容易出错。因此，驻外记者更应该重视写作和编辑技巧，加强文字写作的基本功训练和实践。一个优秀的驻外记者，也应该是一个合格的编辑，谙熟文字写作的技巧和诀窍。否则，虽然有可能会偶尔采访到某一重大新闻，但写不出高质量的稿件也是白搭。即便某一次能写得较好，但总体而全面地看，缺乏文字基本功训练的记者是很难写好报道文稿的，稿件会时常不符编辑要求，令编辑部头疼。

就编辑而言，掌握文字写作和新闻编辑技巧就更为重要。如果说记者笔下功夫不精尚有编辑改写把关的话，那么编辑本身如果缺乏"画龙点睛"之类的文字编辑能力就无退路可言了，只能使那些质量低劣、编辑粗糙的稿件报道出去后形同"枪毙"，无可救药。编辑加工是新闻报道的最后程序，从稿件的导语到标点符号，从稿件的思想性、准确性到文字修饰和语言规范都要进行全面把关。

国际新闻写作至关重要，我们上面所说主要是就记者和编辑的自身业务水准而言。我们强调新闻写作技巧的最终目的是为了提高稿件质量和报道效果，以便使国际新闻报道更多地吸引世界新闻受众。

国际新闻写作同其他新闻形式写作一样，问题和缺陷仍然经常可见，不论什么体裁的国际新闻稿件，都有一个稿件质量优劣问题。"选材得当"和"胡编滥发""简明"和"繁乱""生动"和"呆板""真实"和"虚假"，诸如此类，一直是国际新闻报道质量中的矛盾对立体。也就是说，记者或编辑出手的稿件要么主题鲜明突出，符合国际新闻特征，并且写得简明扼要、生动活泼、事实准确、词汇丰富得体，读来饶有兴味；要么就是粗制滥造，把国际新闻同国内新闻或地方新闻混为一体，写作上显得冗长啰嗦、条理不清、枯燥乏味、漏洞百出，令人嗤之以鼻。前者说明记者或编辑下了功夫，能较熟练地掌握新闻写作和编辑技巧；后者说明稿件质量低劣，记者或编辑业务能力低下，需要加强培训和提高。

如何强化稿件的时效，保障稿件内容的客观公正和准确无误，从而取信于新闻受众，这些也与记者和编辑人员运用文字技巧的娴熟程度有不可分割的内在联系。

国际新闻的写作技巧是报道质量的关键，是剔除稿件疵点的清洁剂，是沟通新闻报道和新闻受众的桥梁，其作用和意义是显而易见的。长期以来，新闻理论界和实际工作者就新闻写作进行了广泛研究，撰写了大量的专著和文章，在总结新闻实践经验教训的基础上，不断对新闻写作及其技巧进行研究。但毋庸讳言，这方面的系统研究尚嫌不足，有不少新闻工作者尚不能主动意识到新闻写作技巧的重要性，并在工作实践中有意识地注意改进和升华。

二　新闻写作中的主要问题

这方面存在的问题主要有：

1、轻视国际新闻专业培训和教育。从世界新闻教育现状来看，专门性新闻高等院校不说廖若晨星也是少得可怜，对国际新闻采编人员的专业培训就更为忽视。许多国家的国际新闻记者和编辑从事新闻工作之前根本就没有学过新闻专业，有的毕业于外语院校，有的甚至是"半路出家"改行搞新闻的。这种忽视专业理论基础教育的一个最直接的严重后果是，许多驻外记者和国际新闻编辑不熟悉专业技巧，一味依赖"实践出真知"，不仅有碍工作质量，多付"学费"，等到业务日臻成熟之日，年龄已不饶人了。

忽视国际新闻专业培训与缺乏对这一专业的系统研究有关。既然没有系统的教材，新闻无"学"可究，当然也就无章可循，更谈何理论基础教育。在这种情况下，新从事国际新闻工作的记者编辑只好接受前辈们点滴的不全面的"经验之谈"，只好在"干"中学。这当然也是一条路，但毕竟是一条弯路，一条崎岖的小道。

2、过分强调记者的活动能力，而忽视对记者文字和编辑思想的业务精益。在一些新闻单位负责人（包括总编辑、主编等）和新闻界权威人士的思想中，记者业务就是"满天飞"，到处跑，能交际采访就成，稿件写得马虎点没关系，有编辑部把关呢。

作为一名驻外记者，其职责是双重的，既要采访又要写稿。采访是第一性的首先程序，但采访的目的却是为了写稿，进而把某一新闻讯息传播出去。由于国际新闻报道的竞争性较之国内新闻和地方新闻更为激烈，驻外记者在远离编辑部、通信联络和稿件修改等诸多方面存在不便和困难的情况下，要使报道文稿基本为成品地发往编辑部，稍作处理和文字修饰即可签发"上天"，这就需要记者知悉和把握采访和报道重点，具有较高的写作和编辑能力。但现实情况是，不少驻外记者不太熟悉编辑业务，把握不住报道重点，虽然采访辛辛苦苦，但往往"捡了芝麻，丢了西瓜"，或者要由编辑部来对其稿件动"大手术"修改。

3、重稿件时效和发稿时机，忽视稿件写作质量。现在世界上有许多新闻奖，各新闻机构内部也大多设立评稿和奖惩制度。这些办法对新闻工作者努力工作，勇于竞争创新，搞好采编和报道工作无疑起着促进作用。但纵观世界各国新闻奖惩和评稿现状，我们不应回避其中的弊端。从数量上看，过多地奖励那些首先报道某一重大事件的记者而不管他是否是碰巧"撞"上消息或其稿件写作质量如何；从职别上看，奖励主要奖给"前方"记者而忽视"后方"编辑的质量把关和加工；从受奖内容来看，重突发事件和通讯特写之类的报道，轻富有写作和编辑技巧的日常报道。其结果必然是新闻写作和编辑技巧的被忽视、被冷落，进而有损于报道质量的提高。

4、由于思想认识上对写作和编辑技巧的忽视和轻蔑，从而使稿件质量低劣，甚至出现严重错误。

三　新闻写作与编辑技巧中的问题

1、**选题不当**。由于记者心中国际新闻选择标准混乱，从而对非国际性关注的新闻事实倾注精力。什么该报，什么不值得作为国际新闻予以报道，这也应该是国际新闻记者必须具有的编辑思想之一。但现实是，大量的非国际性新闻事实却在被一些世界性通讯社或其他新闻机构作为国际新闻进行报道，实在有点"劳民伤财"。这种新闻稿件"上天"后，被其他媒体采用的概率几乎是"零"。出现这种情况固然有片面追求报道数量等客观因素外，从记者主观的角度来分析，恐怕他们对国际新闻写作及其技巧生疏不能不说也是一个不可忽视的因素。反之，有些新闻事实本身虽不会产生国际效应，但由于记者报道思想明确，便能通过进一步采访或掌握的有关资料，变换角度改写，从而"救活"它。

2、**主题不突出，不鲜明**。就动态消息而言，这主要表现在导语与正文的关系上，即导语所反映的事实平淡一般，而重要的事实或精彩的"新闻由头"却被埋没在正文之中；就通讯、特写、评析性之类的较长篇的报道来说，这主要表现在文章结构上，即报道或多面涉及，东一榔头西一棒子；或空洞无物，不得要领，而不是全文主题集中，循序渐进，逻辑推出，通篇紧凑，主题贯穿始终。

3、**文字修辞不当**。这主要表现在：报道冗长啰嗦，文字不精炼，语句不通顺，语病百出，错字别字多。作为驻外记者，特别是那些用非母语发稿的记者，在文字修辞方面出现少许语法修辞过错虽在所难免，但严格来说也不应该。文字修辞是新闻写作技巧不可忽视的基本内容之一，驻外记者不能以少许语法修辞差错无妨大局为借口而马虎行事，草率发稿是不可原谅的。一篇语病多出的稿件发回编辑部，不仅令编辑头疼，而且往往由于改稿花费时间长而耽误时效。因此，驻外记者必须重视外语学习和提高，在此基础上认真对待新闻写作中的语法修辞和文字修养，学会用最简明扼要、最大众化的语言进行报道，准确运用每一个字、每一组词和每一个标点符号，使文字符合语法和时态。这方面，对作为最后把关的编辑们的要求应该更为严格。他们不仅应该学会运用文字技巧，而且还要掌握识别语法和文字修辞方面谬误的技能。

4、**报道"失实"**。这里所说的"失实"不是指那种偏听偏信或有意识的主观性弄虚作假，而是指那种由于记者或编辑知识贫乏和孤陋寡闻而在稿件中出现的事实性错误。如某一历史性事件的发生地被张冠李戴到另一地点、误拼某一国际组织的全称、误报某一国家元首的年龄等等。这些事实性错误只要记者和编辑知识面广些或在编写稿件的过程中养成核对事实的习惯，就不会发生或被挡住。新闻写作技巧要求记者编辑掌握这一基本技巧。现在国际新闻报道中常常出现的这类事实性错误只能说明有关驻外记者或国际新闻编辑这方面的基本功还不过硬，需要广泛学习国际知识，养成核对事实的习惯。

以上是对国际新闻写作中现存弊端的笼统概括，认识和了解这些弊端，目的在于增强国际新闻工作者重视和学习写作技巧的主动意识。正是由于国际新闻实践中存在诸多弊病和不足，提高写作技巧和方法才应成为所有国际新闻工作者的必需。刚步入新闻界的年青人固然在这方面需要下功夫学习和提高，就是从事国际新闻工作多年、具有较丰富的新闻实践经验的记者编辑也需要不断更新观念，学习和研究新的正在发展变化中的新鲜写作技巧，以适应和引导国际新闻实践的新潮流。事实上，"学无止境""精益求精"，这两句格言对所有图精励志、奋发进取的人都是适用的。

四　新闻写作的技巧

国际新闻写作主要是对驻外记者和国际新闻编辑而言。对驻外记者来说，写稿是他们日常最根本也是最主要的本职工作。采访也好，调研也好，归根结底都要落实到写稿发稿上。对于驻在国或驻在地区所发生的一切具有国际影响和意义的事件或动态，记者尤其必须毫不懈怠地、争分夺秒地予以报道。这就需要他们掌握娴熟的写作技巧。对驻外记者来说，这是必须具备的工作前提，否则他们就不能很好地完成报道任务。就编辑而言，他们甚至比记者更需要了解和掌握写作技巧。虽然他们的工作性质主要不是直接撰稿，而是加工处理前方来稿，但这种加工处理来稿的编辑工作显然是一种更高层次的新闻写作，需要他们比一般记者更娴熟地掌握新闻写作要领和文字运用技巧，需要他们更加深沉的笔下功夫。

所谓笔下功夫，其实功夫并不在笔尖，而在于心上，在于感知和思维。驻外记者和国际新闻编辑的笔下，实际是把诸如报道思想、新闻角度、新闻价值、新闻结构之类的写作指导原则具体化，使之在一篇篇文稿中得到恰如其分的体现。

国际新闻写作主要应在如下方面花气力：

1、**编辑头脑**。这是国际新闻工作者撰稿或编稿、搞好报道的最重要的一个前提。如果不明确报道思想，不知道什么该报，什么不该报，不会评判国际新闻之标准，这样的记者一般来说肯定也不会采访。即便他喜欢活动和交际，采访过后恐怕也难以抓住重点进行报道。就编辑而言，如果他们不明晰报道思想情况就会更糟。编辑是新闻报道的最后把关者和定稿者，头脑中如没有编辑思想，改出来的稿件只能是越改越糟。其结果只能造成新闻的"滥发"，影响整体报道，败坏编辑部和媒体声誉。记者和编辑具有编辑思想很重要。只有具有编辑头脑，记者才可以基本按编辑要求去采访，才可以以编辑眼光来取舍采访和调研过程中获得的繁杂素材，笔下便会行云流水。只有具有编辑眼光和头脑，编辑才会明确报道思想，掌握分寸，对记者来稿进行有时效的深加工。

就记者而言，具有编辑头脑更为重要。作为撰稿者，稿件是记者内心构思的具体体现。如果记者曾经做过新闻编辑工作，了解编辑要求，加上善于采访，那么他写的报道稿件肯定会不乏好稿。

1979 年元旦，合众国际社驻北京记者克雷布在中美建交日没有任何活动的情况下，却发了一条《中美正式建交的元旦日的北京新闻》。稿中写道："中美关系的新时代在中国首都的冬季气候里，在为友谊祝酒中悄悄开始了。中午时分，太阳驱散了清晨的浓雾，气温比零度略高一点。虽然 1 月 1 日和 2 日在中国是假日，北京宽阔的大街上行人车辆与往常相仿，只是孩子们比平日多了。没有一个中国妇女是穿西装的。除了千篇一律的单调的蓝色和淡绿色衣服外，只有少数妇女穿着鲜艳的黄色或橙色皮茄克。没有任何装饰用来标志同美国实现了关系正常化。然而，中美关系正常化和与此有关的政治上的活动几天来第一次打入了《人民日报》头版。"

假如克雷布的编辑思想淡漠，他完全可以不发这篇稿。但正由于他具有编辑思想，才想到这一天在中美关系史上的重要性，想到国际新闻受众的需要，于是通过对中国首都北京的现场描写来揭示中美关系史上新纪元的开始，可谓"煞费苦心"。

2、**逻辑思考**。刚接触新闻写作的记者和编辑常常为写稿改稿犯难：标题怎么写？用什么作导语？怎样分段？已经对新闻写作习以为常的记者和编辑也常常感到困惑：应当怎样来突破传统的写作模式？究竟应该怎样写新闻才能更吸引受众等等。诸如此类的困惑一直在折磨着每一个新闻记者和编辑。如何解除这些困挠，应当允许"百花齐放"和"不拘一格"。但按照新闻自身规律，记者和编辑必须具有逻辑思维能力。一篇报道不管采用什么报道形式和文体，不管运用什么笔调，其内容都应该主题突出，结构严谨，层次分明，语言流畅。无疑，要做到这些，记者编辑的逻辑思维至关重要。否则，稿件只能逻辑混乱，条理不清，不得要领，令人头疼，有的由于杂乱无章和空洞无物，最后只好不发了事。

3、**文学笔调**。新闻报道是一项文字工作，文字工作离不开文学头脑。同文学作品一样，新闻报道内容也需要生动活泼，需要色彩斑斓，需要吸引读者受众。有人认为，新闻报道事实是第一性的，只要将某一事件准确报道出去就行。这有一定道理，但不完全。同样报道一件事，一篇稿件生动活泼，文笔丰满；另一篇稿件则干巴巴，空洞洞。哪一篇更受新闻受众欢迎呢？显然受众不会喜欢后者，两者之间的宣传效果也会相差甚远。诸如通讯、特写之类的新闻报道也应属于文学作品的一个方面。他们往往同散文类似，尤其讲究语句生动、词汇优美和文学色彩。中国著名新闻工作者、前新华通讯社社长穆青出版发行的散文集中，许多篇章就源于新闻实践中撰写的通讯之类。即便一般动态新闻，在事实准确的基础上，假如记者编辑善于运用作家的文字润色功夫，那么稿件的生动性和可读性亦会大大增强。

曾任《苏联画报》主编的尼古拉·马特维耶维奇·格里马乔夫就集诗人、政治家、散文作家、杂志编辑和社会活动家于一身。他根据自己的写作经验，谈了如下一段体会，对我们国际新闻工作者写稿改稿有借鉴意义：

> 还有一点：语言，语言，语言！它既是我们的朋友，也是我们的敌人……可以把普普通通的事件写得既有意思又有意义。也可把英雄业绩写得一般化，读起来枯燥乏味。尽管这是老生常谈，但我还要说：要读那些语言浮华而又富有表现力的书。要坚持不懈地读，哪怕是每周读十页也好。要在闲暇的时间进行练习，试着把同样的思想用数十个不同的方案来加以表达。如果有时间，就自己动手来修改自己的文章，改它十来遍，然后再交给编辑。只有这样，才能在紧急的情况下写得快，写得好——因为经验会结出硕果来的……如果一个人不在语言上下功夫，不会写得生动、新奇，那他最好是改变自己的职业。否则，在新闻界他是站不住脚的。

4、知识修养。同文学创作一样，新闻写作也需要作者知识渊博，知多识广。知识面越广泛，懂得就越多，了解就越全面，文字运用也就越娴熟。这无论对保障稿件报道的准确无误还是对提高稿件质量都具有重要的现实意义。无论什么形式的报道，都包含和宣传一定的知识。作为知识传播者，记者和编辑的知识面广阔与否便会直接反映在稿件质量上。如果他们知识面广，对诸如科技、医学、商业等专业性方面的报道就会较少出错，不致于闹大笑话，同时还可能对稿件中难懂的专业术语和词汇进行通俗化解释，使之大众化。反之，报道就会艰涩难懂，甚至出错。记者和编辑知识渊博并非一日之功，他们除了深入采访和调研，谙熟当地的风情民俗之外，更重要的还在于平时的知识积累。广泛涉猎、"读书破万卷"尤为重要。"好奇"和"钻研"往往是学习知识、掌握知识的成功秘诀。

中国新闻界曾有人这样品评美联社记者罗德里克 1978 年底在北京采访中美建交期间所写的大量稿件，欣赏他业务精熟，知识广泛，娴熟运用"对比法"，使报道生动活泼，引人入胜。在他的笔下，由于金边陷落被迫来到北京的柬埔寨西哈努克亲王的长达六小时的记者招待会被比作"马拉松"长跑；北京的王府井闹市被比作纽约的百老汇和东京的银座；北京的交通被比作"东方的洛杉矶"（意指街道宽、汽车少）。他还比较北京与纽约的地铁，说北京地铁车厢内外没有"纽约式的乱涂乱画"，没有警卫的售票处会使纽约的偷窃犯垂涎三尺等等。不管文章比喻是否确切得体，也不管其中内涵多少政治贬斥成分，但有一点不难想见：知识面狭窄的记者是不可能如此浮想联翩、通晓天下的。

5、**外文功底**。对驻外记者来说，他们必须使用外文采访、调研和发稿，报道过程中遭遇语言障碍是经常发生的事。因此，外文功底对驻外记者搞好日常报道不仅必需，而且十分重要。一个母语为英语而工作在讲法语或其他语种的地区的记者，由于英语是世界通用语有可能采访和发稿还占点便宜，但对母语为中文或俄文之类的驻外记者来说，不管是身处讲英语的国家还是常驻讲法语的国家，他们都必须用外文来采访和报道，写作起来毕竟不同于用母语写稿。所以，要使稿件和报道质量得到保障，记者必须过外语关，至少能比较正确和熟练地进行外语会话和写作，使稿件用词贴义，时态、人称、寇词之类的语法要素运用得当，并尽可能地避免语病。驻外记者在派驻国外之前大多受过外语专门教育或培训，来到国外后又置身于外语环境之中，只要谦虚好学，勤奋努力，"外语关"是可以通过的。这方面，大胆实践，多看、多听、多说、多写，广泛交往，无疑会大有收益。对大多数驻外记者来说，语言是写作的一大障碍，但却不是一个不可逾越的障碍，关键在于自己的刻苦学习和勤奋实践。

外文功底对国际编辑也至关重要。只有精通外文的语法修辞，掌握大量的外语词汇，编辑才能在稿件处理过程中删改自如，从而保证高时效高质量地编好每一篇前方来稿，把好报道的最后一关。此外，锻炼和提高自己的外语听说能力对国际新闻编辑也很重要。作为一名国际新闻工作者，编辑和记者之间往往横着一道等号，也许今天你是一名编辑，明天工作需要就可能把你送往采访第一线。因此，国际新闻编辑同记者一样需要较扎实的外语功底，精通采编业务的全部"十八般武艺"。

五　如何提高国际新闻写作技巧

怎样来提高国际新闻写作技巧？我们应该首先搞清楚什么是新闻写作。中国《新闻工作手册》曾对"新闻写作"作了如下解释：

新闻写作：新闻体裁的分类多种多样，以写作特点为依据进行划分，有动态新闻、典型报道、综合消息、简讯、一句话新闻、人物消息、会议消息、公报式新闻、述评、特写、非事件性新闻等。

新闻文体的特殊作用和地位，使它形成了区别于其他文体的写作原则。第一，它是用确凿的、生动的、新鲜的、具体的、典型的事实表现主题，来影响、感染读者和其他受众。第二，真实是新闻的生命，用事实说话是它区别于文学作品的主要标志，也是它在群众中产生特殊作用的基本原因。第三，新闻具有阶级性、针对性和政治性强，对实际生活具有指导性。第四，新闻写作的基本要求，概括地说，就是新简短，迅速及时，以及时间、地点、人名、地名、事实、数字等都要准确。

可见，新闻写作不单纯是一个写的问题，它还必须讲究体裁和各种报道思想考虑。让我们再来看看有关指导新闻写作的几个相关问题和术语，他们对我们进一步明晰国际新闻写作不无裨益。

1、**报道思想**。新闻机构在一定时间内组织宣传报道的指导思想，包括报道的内容、范围、重点和具体要求，是记者进行采访活动的依据和出发点。报道思想来自三个方面：方针政策、编辑部的报道提示、广大群众通讯员以及有关部门提供的新闻线索和背景情况。

2、**新闻角度**。新闻角度是指新闻工作者在采访和写作时的着眼点和侧重点。作者要从复杂的国际动态中，采写出真实而又生动的新闻，就必须首先要选择新闻角度。其一，要客观，即从事物的整体和本质上全面真实地把握国际动态；其二是抓事件特点，抓住它区别于其他一般事物的最突出、最引人注目的品质和行为；其三是要有新意。同样一件新闻事实，立意不同就能写出新意，从而给受众以新鲜感。

3、**新闻价值**。指构成新闻的事实和材料本身具有能够满足社会对新闻需要的素质。新闻工作常常依据对这种素质的认识，来选择和衡量新闻事实和材料，并决定取舍。新闻价值成为判定一个事实值不值得报道的客观标准。它应该既是传播新闻的目的和政治标准，又是新闻机构发布的新闻在受众中受到重视的程度。新闻价值的要素主要包括重要性、新鲜性、时效性、接近性、趣味性、可读性等。

重要性是指世界动态中那些影响较大而又为许多人所关切的事件的性质，它是决定新闻价值大小和有无的关键因素。西方新闻学也认为重要性是构成新闻的基本因素，但传统上则以战乱、政争、名人秩事、金钱、冒险甚至色情为主要衡量标准。而社会主义新闻学判断新闻事实重要与否则主要看它是否符合人民的利益和需要，是否能促进生产力的发展和社会的进步。事实上，撇开阶级倾向性，判定一条新闻重要与否或其重要程度的大小，主要还应按新闻规律的原则来考虑，即对受众产生影响的积极意义、规模、时效和稿件质量等因素。

新鲜性通常包括两层意思：时间新，内容新。时间新是指新闻应当是时间上最新的报道。新闻事实发生时间距消息播发时间的时间差越小，其时效就越新，新闻价值就越大。内容新是指新闻内容要有新意，报道要为读者提供新的信息。内容越新，信息量就越大，意义和价值自然也就越非同一般。

时效性同新鲜性密不可分，它是指新闻的采、写、编、传过程中的时间经济和工作效率。提高新闻的时效性，则能保存新闻事实的新鲜性，实现新闻作品的新鲜性，从而保证新闻价值得到最好的发挥。读者（或听众和观众）都有尽快获悉最新消息的要求，因此如何提高新闻时效历来为世界主流媒体所特别看重，甚至不惜用重奖鼓励前方记者冒生命危险采集头条独家新闻。不过，提高时效的主要途径，还在于提高新闻工作者特别是前方记者的业务素养，增强他们的责任感和事业心，同时需要在加快新闻流程过程和改进传播技术上下功夫。

接近性指的是新闻报道与读者在地理上、思想上、职业上、性别上、年龄上、心理上的关联。其关联接近程度愈紧密，受众就越会关心，新闻价值就愈大。

趣味性是指新闻报道的内容必须使广大受众感兴趣，文字写作上要引人入胜。新闻报道是一项以最广大受众为服务对象的事业，需要对受众味口，在讲究思想性、接近性、新鲜性的同时注意挖掘事实中健康的趣味成分，并把它恰当表达出来，以此来感染和吸引受众，以培养受众的高尚情操和志趣，使人们开阔眼界，增广见闻，提高精神境界。不过，资产阶级新闻学把色情、金钱、凶杀等看作趣味性中的主要内容，这是需要加以摒弃的。

可读性是指新闻便于阅读和吸引读者的特性。新闻事业面对的是不同年龄、不同职业、不同文化程度的读者对象。要使最大多数人能读懂和爱读，就必须研究读者的阅读习惯与心理、思维方式和接受能力，并在新闻写作中体现出"可读"性来，即：通俗易懂、亲切感人、简洁明了、开门见山、具体形象、生动活泼、遣词造句大众化等。

对广播电视来说，"可读性"就是"可听性"和"可视性"，其内涵要旨基本与"可读性"相一致，只是更强调他们自身的听视特征对受众的影响而已。

4、新闻背景。新闻一般由标题、导语、主体、背景和结尾五个部分组成。任何新闻事实的产生，都脱离不开特定的环境和历史条件，都有其产生的原因。这些环境和历史条件及原因就是新闻背景。一篇新闻恰如其分地运用新闻背景材料，可以衬托、深化主题，揭示内容的性质和意义，增加新闻的知识性和趣味性。

新闻的背景材料可分为说明性材料——即新闻的政治背景、历史演变或地理环境等；注释性材料——即人物介绍、名词解释、科技知识等。这些背景材料多穿插在稿件的主体内容之中，但究竟放在何处，或是否自成一段，都没有固定要求。但无论如何，他们只是新闻的从属部分，需要简明扼要地扣住主题，不能把与主题无关的材料写进去，以致节外生枝，喧宾夺主。

5、新闻结构。新闻结构是指新闻的组织结构，通常包括对材料详略的处理，对导语、主体正文和结尾的安排，以及段落的划分和过渡及如何首尾呼应等。新闻结构必须符合客观事物的内部联系和发展规律，服从主题的需要，并考虑到不同体裁的特点和要求。

新闻结构一般采用"倒金字塔"形式，一般由标题、导语、主体、背景、结尾五个部分组成。但不是每篇新闻都要具有这几个部分，有的就无须加背景。导语是新闻的开头。要用简明的语言，揭示出新闻主题思想，起到开门见山、"立片言以居要"的作用。导语有多种多样：摘要式、综合式、提问式、描写式、结论式和评论式等，可以变化多端，不拘一格。主体是发挥和表现主题的决定性部分。主要有两种写法：按时间顺序和逻辑顺序写作。背景有历史或现实之分，必须穿插恰当，简明扼要，不能"喧宾夺主"。结尾旨在表现事物的完整性和逻辑的严密性。结尾有小结性的和方向性的等类型。

6、新闻体裁。新闻体裁就是新闻的写作形式，有许多种类。随着新闻事业的发展，新闻体裁也会不断出现新的形式。常见的国际新闻体裁有：消息、通讯、特写、综述、述评、新闻分析和随笔等。但大量运用的新闻体裁还是消息，它是国际新闻记者完成日常报道的最主要手段。

7、新闻要素。新闻要素主要有五个"W"和一个"H"，即何时（When）、何地（Where）、何人（Who）、何事（What）、何因（Why）和结果如何（How）。

早在 19 世纪 80 年代，西方新闻界就把五个"W"称作"新闻五要素"，作为新闻写作必须要遵循的原则。它由美联社记者约翰·唐宁首先采用。后来有人在此基础上提出了"新闻六要素"概念，给五个"W"加了一个"H"。不管是五个还是六个，他们都因其恰当适用而被世界各地新闻工作者普遍承认和遵循。新闻只有真实才能使读者信任。抓住新闻的要素进行写作，才能使新闻简明扼要，真实具体。按照以上新闻"五要素"或"六要素"进行写作，才能使新闻完整、准确，从而引起读者兴趣，满足读者对新闻的需求。

无产阶级新闻学也强调按照新闻要素写作。早在 1945 年，延安《解放日报》就专门论述过新闻要素的作用，指出人民的报纸要对人民负责，为此要用事实说话。"新闻五要素"是保证新闻真实的基本条件。

8、"倒金字塔"。即倒叙法，消息写作的结构一般都采用这种模式。所谓"倒金字塔"，就是将最重要、最精彩、最生动、最吸引人的新闻事实逐次放在稿件的导语和正文前部，次要的则放在稍后，最次要的搁之末尾部分。这种结构也可以称之为"虎头蛇尾"的结构。

这种形式的最大好处就是让读者读了导语即被吸引而愿意继续看下去。当然，这种报道形式特别方便报社编辑删节，一旦报纸版面不够，一般情况下只要把某条消息的稍后部分"砍"去即可。

"倒金字塔"起源于 19 世纪 60 年代美国南北战争期间。当时人民渴望尽快获得有关战争的种种消息，而电信设备处于初创阶段，发报过程时有中断。于是，许多报纸要求记者在电传时先发最重要的事实，一旦中断仍可独立成章或自成段落见报。此后，就形成了新闻的"倒金字塔"结构。长期以来的新闻实践证明，"倒金字塔"式的消息结构合理得当，在许多新闻工作者追求新颖别致的新闻写作方式的当今世界，它仍不失为消息报道的一种经久不衰的主要写作形式。

不能说以上有关新闻写作的几方面术语解释包括了新闻写作的全部技巧，但他们无疑是新闻写作所必须了解和掌握的基本知识。当然，这些新闻概念及其解释主要是从总体新闻角度考虑的，但就写作技巧来说，其主要精神对国际新闻报道不仅适用而且有益。国际新闻有着自己的特点和性能，在谈论国际新闻写作技巧时，既要吸取总体新闻写作技巧的主体精神，更要考虑自身特点，把两者有机地结合起来。

第二节　文体结构

驻外记者只有在自己的新闻实践中加强学习，不断总结，才能逐步提高，形成自己独特的写作风格。新闻体裁不同，报道形式不同，对写作的技巧要求也就不尽相同。为了比较完整地掌握国际新闻写作技巧，我们应该首先分析一下国际新闻的文体结构。

一　国际新闻的文体结构

国际新闻报道体裁主要包括消息（含快讯、日常动态和突发性消息、专题报道、连续报道、综合报道等）、评析文章（主要为综述、新闻分析、述评和评论等）、通讯（包括特写、通讯和记实等）。不管哪种体裁，其文体结构主要由标题、导语、正文主体和结尾组成。有人认为，国际新闻文体结构还应包括背景。其实，背景应属于正文主体部分。一方面，不是所有的新闻体裁或每篇报道都需要添加背景；另一方面，一些报道之所以添加背景材料，主要是为了说明和解释主体正文有可能给读者产生疑问或困惑的某一点或某几点。即便一些动态新闻将背景放在结尾交待，但这些背景材料实际上也还是为说明或解释正文主体而安排的。因此，背景只能作为国际新闻文体结构中主体部分的一个突出方面来看待。

研究国际新闻文体结构，目的在于透过对文体结构的分析而探讨国际新闻的写作技巧。这是问题的实质。

二　标题

国际新闻标题主要为报纸服务，以引起读者重视。实际上，对新闻标题最重视的主要是报纸，旨在醒目和吸引读者。世界上一些通讯社的电讯稿不太讲究标题，只在每条消息电头前一行用两三个字写个新闻范畴性的提示即可。但也有不少通讯社的电讯稿讲究标题，甚至采用双标题形式，既用提示，也用正规标题。就广播电视新闻报道而言，广播因其收听效果而无需标题或题示，电视新闻则往往将标题打成字幕，方便观众收看新闻。

就国际新闻文体结构而言，标题的作用不可忽视。报纸是世界上流通量最大的一种新闻报道形式，标题是它刊载的每一条新闻的题目，既概括和提示每一条报道的内容，帮助读者尽快了解该条新闻的意义，又能评价新闻的内容，揭示新闻事实的实质，或表明编辑部的立场、观点和态度。标题的作用是"导语的导语"，吸引读者产生阅读某条新闻的兴趣。因此，应重视标题在报道中的作用和地位。记者也好，编辑也好，都应在工作实践中考究标题。这对编辑来说尤其重要，因为他们是新闻报道的最后关口，确定新闻稿件的标题是他们的主要工作程序之一。

新闻标题的基本要求是：题文一致，一语破的，简洁明快，旗帜鲜明，生动活泼。记者和编辑确定标题之前应分清文稿内容的主次点，抓住要领，然后再精心构思立意，准确遣词造句。对前方记者来说，确立标题的一个诀窍是简化和提炼导语，因为导语是一篇报道的重点和主题。记者为了争取发稿时效，将消息的主旨提炼成标题既简单又保险。当然，对编辑，特别是报刊编辑来说，标题却需要仔细推敲，有时还要参考其他稿件的标题，通盘权衡。就报刊标题而言，除要说明消息中最重要的事实和思想的主标题外，往往还有补充性标题，有的还有实题和虚题以及分题等辅助性标题。这比一些通讯社的标题显得复杂，但在某种意义上说又较容易确定。因为通讯社的标题（包括提示）只有一个主标题，必须将同一篇报道中的诸多因素浓缩提炼到一条标题上。这实属不易，时常令编辑苦思冥想而"头疼"。

1、标题中存在的问题

国际新闻报道在标题写作方面一直存在着两大主要毛病：题不达意和啰嗦冗长。尤其是用外文写作时，由于一些记者编辑外文功底差，不能准确理解和把握外文单词的贴切词意，所以表达时便不得要领，文不对题。

下面让我们来剖析两个标题范例。第一个例子可谓是啰嗦冗长标题的典型："欧洲共同体驻中国大使指出，中国与欧洲共同体国家的经贸往来将进一步发展。"不算标点符号，这条标题共33个字。实际上，我们无需变更标题原意，只就原标题字面稍许改动，便可减少18个字，使之简化为："欧共体大使说中欧经贸往来将加强。"

另一个例子则是一条文不对题的标题："以色列士兵在黎巴嫩伤亡惨

重。"1985 年 5 月 8 日新华社播发的这条新闻共有三段。第一段援引时任以色列国防部长拉宾的话说："自 1982 年 6 月以色列入侵黎巴嫩以来，已有 21 名以色列士兵在黎巴嫩自杀身亡。"第二段说："有 150 名以色列士兵由于拒绝到黎巴嫩服兵役而被监禁。"直到以"另据报道"开头的第三段，才说："到本月 6 日为止，共有 654 名以色列官兵在黎巴嫩丧命，4485 人受伤。"显然，这是一篇不太成功的报道。三段内容虽然谈的都与以色列军队入侵黎巴嫩有关，但却毫无内在的逻辑联系。硬把"自杀身亡""被监禁"和"丧命、受伤"拼凑在一起，形成一条新闻，实在是弊脚之举。特别令人困惑的是，全文内容同标题的"伤亡惨重"究竟有何关联？即便第三段简单地罗列了伤亡数字，也很难给读者留下"伤亡惨重"的印象。

2、如何标题

国际新闻具体应怎样标题呢？撇开报刊的副题等辅助性标题不谈，专就国际新闻报道的主标题而言，恐怕不外乎以下几种类型：

①价值取向性标题。即根据文稿中最有价值的一点标题。这种标题在各种报道体裁中，特别是在消息新闻中最为常用，一般都概括反映了导语精神。因为消息新闻主要采取"倒金字塔"形式，导语大多告诉读者最值得收受的讯息。当然，导语不是孤立的，它需要正文内容的补充和支撑。因此，价值取向性标题在一定程度上也反映了稿件的主旨。

例如，"戈尔巴乔夫中断访美回国领导抗震救灾"就是一条"价值取向性"标题。虽然稿件报道的是外长谢瓦尔德纳泽的记者招待会讲话，谈及戈尔巴乔夫访问古巴、英国的日程变动和灾情情况，但报道中最实质性的还是标题所涉及的内容。

②主旨性标题。这种标题以最简练的语言概括通篇报道的全部内容或主要内容。它立意和着眼于文题一致，一语中的，常用于综合报道和专题性报道。就动态消息而言，这种标题往往与价值性标题区别不大。

例："希特勒鲸吞苏台德"（消息）

③形象性标题。这种标题比喻形象，生动活泼，带有感情色彩和画面效果。使用得当的话，它会给读者留下强烈印象，既朗朗上口又色彩斑斓。

例（一）："中国：一个灵活的巨人"（反映改革开放后的中国社会）

例（二）："华尔街上空的龙卷风"（反映股票行情暴跌在美国引起的恐慌）

④引语性标题。它常用于会议消息、人物谈话、通讯特写等报道体裁，是对

会议议题或人物观点、论断等重大或精彩言论的精确概括，或从语言的生动感人角度考虑，或事关重大，从客观公正的角度考虑。无论这类标题是直接引语还是间接引语，他们都应一语中的，切中要害。

例（一）："天哪，黑鬼竟在学校里头"（类似于特写性质的消息报道，反映1957年9月美国种族主义分子阻止黑人中学生与白人学生同窗学习的"小石城事件"。标题借用一白人男子的话，既形象生动，又贴切主题，紧扣读者的心弦）（直接引语）

例（二）："（里根）总统说，他已决定在海湾进行报复"（间接引语，为客观公正起见）

⑤评析性标题，常用于评论、述评、新闻分析和综述等新闻报道题材。这种标题锵铿有力，干脆利落，气势磅礴。或直陈，或质询，或呼号，或传情，多以排比句推出。

例（一）："阿拉伯世界：很富庶又很软弱"

例（二）："苏美开始跳探戈舞了吗？"

例（三）："整体行动，南部非洲和平进程的胜利保障"

⑥即景式标题，主要用于通讯、特写、现场报道和目击记之类。这种标题突出现场立体感，或为情景描绘，或为直接引语，形象、逼真、生动、感人，读者只要一看标题，便产生定要看个究竟不可之心理。即景式标题同形象性标题相似，但前者尤其强调现场感，后者则注重比喻的恰如其分。

例（一）："中国驻美联络处升起五星红旗"（消息）

例（二）："他见谁杀谁"（目击记）

例（三）："'纽约号'对谁开炮"（特写）

例（四）："水面下的桥梁"（通讯）

⑦综合性标题，常用于综合或集锦式新闻报道，把几件没有多少内在联系的新闻主旨或新闻故事归纳揉合成一篇综合报道，取其带共性的要素加以标题。这种标题大多空洞干巴，缺乏色彩，目的主要不在于吸引读者，而在于形式，有点为标题而标题的意思。如"国际经济简讯三则""一周国际新闻预报""非洲即景"等等。当然，如果被报道事实本身精彩，也不难给他们取一个吸引读者的好标题。如："灵机一动成伟业——四个发明和创造的故事。"

三　导语

如果说，标题只是国际新闻"江河"中指引方向的"航标"的话，那么导语则应该是行驶在"江河"中的轮船的舵盘，既引导方向，又推进航程，将航程进行到底。在各种新闻报道体裁中，导语都是文中精华。它虽然是一篇报道的开头，但却统领全篇，浓缩全文要旨，对动态消息写作尤其起画龙点睛的作用。如何写好导语是国际新闻报道的关键，也是最令记者编辑"头疼"，甚至时常需要花功夫、下气力和苦思冥想去对待的一个写作难题。

1、导语写作技巧。导语写作也有技巧可言。人们往往把写不好导语归咎于笔头太笨，其实这只是表面现象而已。只要掌握有关技巧，写起来就会得心应手。

把握重点是确定导语的关键。对记者来说，要做到报道思想明确，知晓报道原则，这样在实际采访和调研中就能有重点地深入，或根据需要取舍采访和调研中所获得的大量素材，从而确立重点和主题。为了及时报道，时间一般不容许记者过长地"深思熟虑"，导语需要记者在采访或调研过程中就已粗线条地形成。

奥尔顿·布莱克斯利是美联社多产的科技新闻编辑。在近三十年的新闻生涯中，他获得过许多科技新闻报道奖。由于他对从生态学到医学、化学等许多科学领域进行坚持不懈地钻研和"消化"，因而写作起来得心应手，尤其擅长于导语写作。一份医学研究报告称，处女的子宫癌发病率高于已婚妇女，他在报道中便使用了这样的导语：子宫癌"是'生锈'的结果，而不是纵欲过度的结果。"一次，一位创造了几乎最纯真空的35岁科学家因此而获得科学发明奖，并在加利福尼亚的一次记者招待会上介绍了他的发明。布莱克斯利只用了五分钟就写完了这篇报道，导语是"一下子就在脑子里蹦了出来"的，即："一位年轻的科学家因造出'什么也没有的东西'于今天获得了一千美元。"

反之，如果报道思想不明确，把握不住报道重点，不仅会使整个报道支离破碎，而且尤其会使导语写作失败。这对摘引会议讲话、公报、报告或声明之类而形成消息新闻的报道尤其重要。人们在某一场合下的讲话一般都不会只谈一点，往往涉及多方面话题，报告、声明、公报之类也是如此。记者在报道这些动态消息时，如果把握不住重点，不能在导语中反映最实质、最精华和最有报道意义的新闻要旨，那么从形式上看，记者可能没有漏报消息，但实际上却是一次报道的失败。

20世纪80年代后半期，世界舆论对赞比亚关注的重心主要是它对南部非洲问题的态度，及它同国际货币基金组织和世界银行在经济改革政策措施方面的分裂及其双边关系动向。时任总统卡翁达作为非洲大陆上一名老资格的政治活动家，当时一直担任南部非洲前线国家首脑会议主席，能说会道，经常就国内问题、地区问题和国际问题发表演说、作报告或举行记者招待会，而且每次讲话都涉及诸多话题。在这种情况下，记者如何报道、以什么作导语是很有讲究的。如果不把他有关南部非洲地区和平进程和赞比亚对国际货币基金组织关系的透露性或动向性讲话放到导语位置上的话，那么报道只能是"捡了芝麻，丢了西瓜"。即便这类议论在整个报道中有所反映，但不作为导语处理也还是逊色得多。

对编辑来说，把握报道重点对导语的确定也至关重要。导语写作的成功不只是对记者而言，对编辑也同样需要。因为前方记者时间仓促，往往对导语写作顾不上多去琢磨，甚至把具有导语意义的实质性内容淹没在正文之中。在这种情况下，值班编辑就应该起"把关"作用，根据自己对报道重点的理解重新选择导语。比如，1997年5月下旬，叙利亚反对按期召开第四届中东北非经济首脑会议，因为坚持扩建犹太人定居点而使中东和平进程陷入僵局的以色列领导人将应邀与会。为游说有关国家不让以色列与会，叙副总统哈达姆接连出访协调立场。驻有关国家记者在发到编辑部的消息中不突出哈达姆的访问目的，相反却把哈达姆"抵达某国访问""结束访问"或"会见×××"之类的礼宾性内容作为导语撰稿。值班编辑看到稿件后，毫不犹豫地将与访问目的有关的主旨内容改换到导语位置上，从而提升了这篇消息的报道价值。

2、**导语写作修辞技巧**。运用文字写作技巧是写好导语的根本手段。无论什么形式的导语，他们都必须讲究文字修辞，或言简意赅，一目了然；或色彩锦绣，情趣盎然；或雷霆万钧，气壮山河。具体来说，导语写作在修辞方面应注重这样几点：

①语言规范，字斟句酌。遣词造句要符合语法和时态，主谓语、谓宾语、定语和中心语、状语和中心语搭配得当，动词、形容词、副词和连词等使用准确。另外，最主要的还在于语言精炼，学会用最简单的词汇来准确表达复杂的问题，起画龙点睛的作用，并善于用最少量的文字来概括全文实质和要旨。这应该是导语写作的最起码要求。

②条理清晰，逻辑推出。这对导语和文章的简洁明快极为关键。

③笔调清新，有神有韵，既不矫揉造作，又不乏味呆板。记者编辑要敢于不拘一格，刻意标新，使词组生动有韵，字句潇洒豪放。对记者编辑来说，要做到这一点，还要考虑外语因素。怎样运用外语词汇来充实和修饰导语内容，不仅需要他们具有扎实的外语功底，而且更需要他们多读多写，多琢磨多钻研，熟能生巧。

④"绘画绣花"，栩栩如生。这对通讯、特写类导语写作尤其需要。记者和编辑要善于形容描绘，使导语有声有色，情景交融，不是指形容词堆砌和词藻的华丽，而在于字下开花，笔中生韵。这是文字写作中比较高的要求之一。

3、导语写作中注意的细节。导语写作还应注意这样一些细节：

①为说明导语内容所需的要素是否齐全，尤其是动态消息导语更需注意这一点，五个"W"（What、Where、Who、What、Why）中至少前三四个要素对导语不可缺少。

②文字简洁是否能说清问题，令读者明白。也就是说，字该省的省，不该省的一个也不该拉下。"一语破的"必须使人能"一目了然"，看得懂。为此，记者编辑还应在导语中禁用那些艰涩难懂、偏颇过激的字词，而改用大众化、中庸性的简单字词来取而代之。

③人名、地名、职衔、机构等事实需核对准确。名称需用全称，因为导语中出现的名称（包括人名和机构名称）在稿件中都是第一次出现。按规范要求，第一次出现的人名需有名有姓（外文至少用两节，即本名和父名），第一次出现的组织和机构名称必须用全称。否则只用缩写很可能令有些读者"丈二和尚摸不着头脑"。即便是国际新闻受众广为熟识的缩写，按规范要求也不应在导语中首次使用。

④仔细核对，看看时态是否得当，有无丢字，标点符号是否使用得当等等。

导语是全文之导，必须十分重视，从立意到写作都应仔细推敲。记者和编辑发稿前都要养成检查核对的习惯，如果时间充裕应对导语进行重点检查，反复斟酌。即便前方记者在时间紧迫的情况下，也不能草率行事。

不同形式的导语对写作的要求也不尽相同，五大要素或前四大要素并不一定都要一下子全部囊括进导语。有的用"何人""何时""何事"，有的用"何事""何地""何时"，有的用"何事""何时""何因"即可。有的导语甚至不一定先涉及"五大要素"，而采取"旁敲侧击"的办法入门。

4、导语写作的分类。国际新闻报道体裁多样，导语形式繁杂。有人将导语分类成：概括性导语、分词式导语、同位语式导语、引语式导语、提问式导语、主题式导语（杰克·海敦的《怎样当好新闻记者》）。也有人将导语分成：叙述式、摘要式、提问式、结论式、描述式、引语式、混合式等（新华出版社的《新闻工作手册》）。还有不少其他形式的导语分类法。但不管怎样对导语进行分类，导语的写作都与新闻体裁有"血缘"联系。通讯、特写、散文式报道的导语一般应讲究感情和色彩，不需要也不大可能像动态消息导语那样直陈若干个新闻要素。分析、评论性报道的导语重点在于揭示观点和论断，也无多大必要讲究新闻五要素的囊括。而公报和言论摘引性报道则往往采用引语式导语。

纵观国际新闻写作实践，导语主要分成这样几种类型：直陈主题式（主要用于日常动态事件性报道）、精华或要旨摘引式（主要用于会议演讲、记者招待会、公报和言论摘引性报道）、情景描绘式（主要用于通讯、特写、人物访问记之类的报道）、观点评析性（主要用于新闻分析、述评、综述和评论性报道）、集锦归纳式（专门用于综合报道和各种简讯、集锦等）。

①直陈主题式导语在国际新闻报道中最为常见，因为动态消息是国际新闻中报道量最大的一种报道体裁。突发事件也好，国际政治经济新动态也好，驻外记者为争取时效，必须争分夺妙抢发消息，导语写作便没有过多时间去"绘画绣花"，大多只能凭自己的直觉去判断事件性质，利用"五大要素"中的若干要素平铺直叙地报道事件的发生及有关情况。但尽管如此，这类导语也不应给读者以乏味感。除非报道思想不明确，把真正有价值的东西埋没起来或弃之不报，否则这类导语所反映的突发事件或新鲜事件本身就具有国际意义，吸引人们看下去，探个究竟。

就写作要求而言，直陈主题式导语特别需要简洁明了，使人一目了然，先睹为快。当然，如果记者编辑词汇丰富，善于运用生动形象的字眼来表达，那么导语会显得更加鲜亮和引人入胜。

东京分别举行庆祝和反对"建国纪念日"集会

新华社东京二月十一日电　今天是日本的法定"建国纪念日"，东京举行了两个集会，一个庆祝，一个反对。

据报道，庆祝派在东京国立剧场举行了纪念集会。这次集会得到日本总理府、文部省和自治省支持，自民党、公明党、民社党和新自由俱乐部的代表参加了集会。日本政府总务长官中西一郎代表日本政府在会上致词，中曾根首相向大会发了贺电。

反对派大约一千五百人也在东京举行了集会。参加集会的人表示反对把日本变成"军事大国，要求维护思想自由"。

据报道，日本四十四个都道府县约有四千八百人参加了庆祝集会；四十个都道府县约有一万四千人参加了反对集会。

"建国纪念日"的前身，是战前的日本"纪元节"，曾被当时的执政者利用宣传军国主义。一九四八年制定国民节日法时，否定了这个节日。一九五二年修改节日法时，又把二月十一日定为"建国纪念日"。从那时起，日本社会上就存在着赞成和反对两种观点。

②精华摘引式导语在国际新闻报道中也占有相当大的比重，因为世界各国记者招待会和各类重大会议时有举行，报纸刊物、报告、声明、公报、讲话稿之类更是驻外记者日常接触的重要消息来源。有记者招待会，有重大会议，就得有人发言和演讲。而这类讲话以及会间有可能散发的声明、报告和公报之类，往往涉及面广、松散、甚至"鸿篇巨制"，即便主题比较集中，作为新闻报道也不能全部照转照发，只能摘引其中精彩部分和实质性内容加以报道，从而形成导语的精华摘引式。

精华摘引式导语主要包括两方面摘引：事实摘引和引语摘引。所谓事实摘引就是将报刊、发言或公报声明之类中反映或透露出的若干具有国际新闻报道意义的事实，拣最重要的一项作为导语，或鲜为人知，或为"惊人之举"，以突出重点。所谓引语摘引也是一样，就是挑最精彩的具有国际新闻报道意义的言论作为导语（包括间接引语和直接引语），或表明对重大国际问题的立场和态度变化；或阐述对"热点"和战乱问题的新鲜和谈方案等；或言辞犀利，观点鲜明；或一言九鼎，掷地有声。有必要指出的一点是，尽管引语摘引式导语可以是直接引语，也可以为间接引语，但从报道的严肃性和效果来看，引用内容至关重要的、观点有争议的或带有明显个人感情色彩的话和俏皮话之类的导语，最好使用直接引语。但不管是直接引语还是间接引语，这类导语都应切忌断章取义，以偏概全。

往往会出现这样的情况，由于记者编辑善于把握重点，不去面面俱到地摘引讲话或公文，而是就一二个重要方面进行摘引报道。从实际情况看，这类报道的导语是记者编辑对某一讲话或行文的精华摘引，但就稿件成品内容来看，他们却没有明显的"精华摘引"痕迹，而同直陈主题式导语雷同。这种文风应当提倡，国际新闻报道实际也一直在要求这样做。不过，我们不能因此而否认精华摘引式导语的存在。从报道方法和写作技巧来看，精华摘引式导语是值得研究的。请看下面两个例子：

美苏会谈未开始　里根安抚保守派

［美联社华盛顿 11 月 30 日电］（记者梅里尔·哈特森）里根总统今天对保守派说，虽然参加军备控制谈判的代表们在削减战略核导弹问题上正在取得进展，但是"别担心，我们决不会签订一项不利的协议"。

里根发表这次讲话是为了消除某些保守分子的疑虑，他们担心里根为了同苏联人达成一项军备控制协议，也许会作出无原则的让步。

关于里根和苏联领导人戈尔巴乔夫下周即将在华盛顿举行的最高级会议上签署的中程导弹协议的前景问题，里根说："我们的现实态度、耐心和决心即将产生历史性结果。"他接着说："这项条约如同我同意的任何条约一样将规定进行有效的核查。"

里根还说，在他同戈尔巴乔夫举行的会谈中，他在苏联卷入阿富汗、尼加拉瓜、安哥拉等多事地区的问题上将采取强硬态度。

关于阿富汗问题，他说："现在该是他们（苏联人）收拾行装、撤离和回家的时候了。"

③情景描绘式导语以情感人，以景动人。现场报道、通讯和特写等讲究氛围情感，尤其重视导语的戏剧效应，透过笔下神韵，或勾勒新闻男女之内心心态，或图解新闻现场氛围即景，情景交融，栩栩如生，读来犹如身临其境。这类导语不讲究新闻要素的首先集结，而重视文字优美、语句生动、感人肺腑、引人入胜。

这类导语在写作技巧上应注意避免这样两大毛病：

第一，不着边际，文不对题。同文学写作一样，通讯、特写、现场报道和散文游记之类的稿件虽然讲究情景和画面感，但描绘的目的在于为主题服务，为实质内容服务，寓深刻于情景之中。这对导语尤为重要。任何文体都应讲究文理贯通，整体划一。导语、正文、结尾是互为连贯的整体，容不得支离破碎和"驴头不对马嘴"。真正写得好的通讯特写类文稿，其导语也应该寓主旨内容于情景描绘之中。

②渲染夸张，哗众取宠。通讯、特写、目击记、游记之类虽然强调文采，但他们仍然是新闻报道的体裁。任何形式的新闻报道都必须尊重事实，讲求真实客

观，不能采用文学创作式的夸张虚构手法。从实际宣传效果来说，描绘也并不是渲染，往往形容词堆砌过多反而令人作呕反胃。只有用词得当、画龙点睛才是新闻描绘的真正技巧。

通讯《橄榄熟了的时候》导语就是一个寓主旨内容于描绘之中的范例。透过"橄榄熟了的季节""位于约旦河西岸"这样朴实无华的字眼，导语把"橄榄"同巴勒斯坦人民起义和斗争这一主题紧密地结合到了一起。下面就让我们来通读一下全文，从中可以具体看出作者导语写作的用心。

通讯：橄榄熟了的时候——西岸、加沙纪行之一

新华社记者　穆广仁　符卫建

10 月底，正是橄榄熟了的季节，位于约旦河西岸的巴勒斯坦的橄榄之乡，不断传颂着人民起义英勇斗争的信息。

时近一年的巴勒斯坦人的起义斗争和以色列的暴力镇压，并不妨碍橄榄树的自然生长。从耶路撒冷北到拉姆拉、纳布卢斯，南到伯利恒、哈利勒的坡坡谷谷，橄榄林都挂满了果实。这块土地上的人说，今年是个丰收年。

我们到被占领的耶路撒冷东区的第一天，遇上第一个巴勒斯坦朋友，谈到的第一件事，就是以色列占领当局禁止农民收获橄榄。当局说，你们不交出起义者，就不许你们收摘橄榄。占领军把农民重要的运输手段——毛驴，赶到被封闭了的学校校园里圈起来。一些榨橄榄油的作坊也被关闭。但是，没有人把起义者交给占领军。

围绕收获橄榄的斗争，不过是近一年的起义斗争中一个小小的组成部分。

橄榄枝象征和平。位于橄榄山脚下的"耶路撒冷"，取意为"和平之城"。西岸的巴勒斯坦人说，他们是和平的人民，他们的起义斗争，为的是争取自己的和平生存的权利，他们并不想把以色列扔到大海里去。他们的起义，是一场"和平的战争"——用扔石头这种和平方式反对占领，去对付使用坦克、冲锋枪、瓦斯的以色列军队。他们满有信心地说："石头固然打不赢坦克、冲锋枪，但我们将赢得这场和平的斗争。"

西岸、加沙确实是一个"和平的战场"。

我们来到耶路撒冷的第一天中午，东区的巴勒斯坦人像过正常日子一样，例行地罢工、罢市。街上冷冷清清。除了卖大饼的食品店和药房外，商店都紧闭大门。以色列军的巡逻车不时呼啸而过。然而人们对这一切都已习以为常，起义已

成为被占区巴勒斯坦人的一种生活方式。

各个城市每天罢工、罢市时间不一，但都有 3 个小时的营业时间。我们到拉姆拉、哈利勒那两天，都赶上那里的营业时间。传统的阿拉伯市场上熙熙攘攘，人头攒动。人们把一天要买要卖的交易，都压缩到这个 3 小时以内完成，从而经济生活不受严重影响。也有些行业受严重影响无法维持的，则由巴解组织领导的地下"人民委员会"给以补助。耶城的旅游业受损失较大，许多西方旅游者不敢来冒险。一位旅馆老板说，耶城东区旅游业损失百分之七十左右，但老板们仍支持巴人民起义斗争。他们认为当前不是赚钱的时候，而是争取独立的时候。这叫"以义灭利"。

示威游行并非每天每个城市都举行，由"人民委员会"组织，"轮番出击"，使占领军疲于应付，而又使起义者轮番得到休整。10 月 31 日是以色列大选前夕，我们在加沙碰上了起义者在街上设置的路障，燃烧了轮胎。出租汽车司机机灵地掉转了车头，绕路而行，怕把我们这两个中国客人阻断在加沙，回不了耶城。这一天，我们虽未目睹"石头战"的场面，但在访问一所医院时，人们急匆匆地抬进两名被以军打得鲜血淋漓的伤员：一个是 10 岁出头的孩子，一个是妇女。人们乐意让外国人摄取这血的镜头，在国际上揭露占领军的残暴。

在哈利勒，也碰上了起义者在街上设置路障。陪同的朋友说，在路障后面有戴着面纱的青年起义者埋伏。以色列士兵人数少了，也不敢轻易闯入，否则会吃亏。据他说，起义初期，孩子怕士兵；现在士兵怕孩子，"请他们来，他们也不敢来"。

3 个月前，以色列国防部长拉宾宣布，以占区巴勒斯坦各级人民委员会为非法组织。接着是大逮捕，约 300 多人民委员会成员被捕，几十个人民委员会被解散。但是，各级人民委员会仍存在于各市镇、乡村、难民营。当外人问起这些组织的情况时，答者有时报以狡黠的微笑，有时也透露一些情况。

据说，各级人民委员会的领导者都是年轻人，其中大部分是大学毕业生。还有些是从以色列监狱里"考验"出来的。巴勒斯坦人把监狱称作"培养干部的学校"。

各级人民委员会不仅是罢工罢市、示威等起义行动的组织者，也是巴勒斯坦人民自己管理自己的机构：组织"非武装民兵"，负责警戒与安全；在难民营内举办急救、护理常识的讲座，开设文化补习班；组织老弱妇幼捡石块，缝制巴勒斯坦旗帜，制造燃烧瓶；组织生产自救。

日渐严密的组织，日趋成熟的战略战术，日益适应起义这种生活方式的人民，使起义具有更大的承受能力和持久力。一位巴勒斯坦朋友说："我们能吃得起苦，我们有精神支柱，为了独立、生存，可以经得起牺牲；敌人封锁，我们准备回到点橄榄油灯、靠两条腿走路的生活……但是犹太人不行，他们的承受力比不过我们。"

这可能是被战区人民起义斗争持续一年而不息的奥秘。这也预示着在这橄榄之乡，起义者最终会赢得这场斗争，尽管还有曲折，还要付出代价。

起义，这个被占区人民创造出的独特斗争形式，也在创造着巴勒斯坦人民光荣的斗争历史。

④观点评析式导语。观点评析式导语主要为新闻评论、新闻分析和综述性报道所垂青。这类导语所要评析的新闻事实是最近发生的，但不一定都是即日发生的，在时效上较之动态新闻宽松些，也不一定非要强求新闻的若干要素不可。但它突出的是笔者对某一新闻事实的独道见解和切中时弊、入木三分的剖析，而这些见解和剖析又应是对全文主旨内容的高度概括和集中。因此，这类导语写作的笔下功夫应讲究逻辑、犀利和深沉，使语句既显得锵锵有力、虎虎生威又发人深省、扣人心弦，大有不往下看，不把你看个究竟决不罢休的劲道。不过，写作应切忌故弄玄虚和言之无物，而要依据数据和事实抒发观点、议论和感慨，使导语言中有理，句中含力。

我们来看看《铁娘子惬意的一年》这篇新闻分析式报道的导语写作。导语由撒切尔夫人1987年6月再度大选获胜引发出"三度连任""撒切尔时代"和"声誉鹊起"等字眼，既显出了相互间的逻辑联系，又襄括了全文的主旨内容。更重要的是，它用事实引发出自己的切合主题的感叹和结论，"大选获胜""三度连任""在本世纪的英国历史上还是第一位"等"事实"，一下子就能把笔者和读者的感叹统一到这样的主题结论上：这位女政治家正在"声誉鹊起"，读来令人信服。

铁娘子惬意的一年

该报驻伦敦记者　黄念斯

1987年6月，撒切尔夫人再度大选获胜。首相3度连任，在本世纪的英国历史上还是第一位。20世纪80年代的英国成为"撒切尔时代"，使这位女政治家声誉鹊起。

三度蝉联首相

撒切尔夫人蝉联首相，也是她领导的保守党政策争得民心的一次胜利。这使英国政坛形势有了较大的变化。作为政坛第二势力的工党在大选落败后，不得不承认工党政策不符合国情，在9月年会上喊出全面回顾政策的口号。工党内部对自己的政策纷争不休。向来与工党有密切关系的英国工会会员人数锐减。结果是，大选以后的民意测验均显示，支持保守党的人比大选时增多，支持工党的人却相对减少，说明了大选以后，保守党的多项政策获得更多的支持。另一方面，由社会民主党和自由党组成的社自联盟，作为英国政坛第三势力，在大选中惨败，失去威胁性。综观大选后的政坛形势，撒切尔夫人在感到如释重负之余，理应喜出望外。

外交形象升级

1987年4月，撒切尔夫人获得对苏联进行官式访问的机会，在莫斯科会晤苏联共产党总书记戈尔巴乔夫。由于她带着公认的美国总统里根之"好朋友"的特殊身份，使她这次访苏充满了加强东西方关系的政治色彩。她在国际事务中的作用受到戈尔巴乔夫的重视，确立了她作为美苏中间人的重要角色。12月初，戈尔巴乔夫在赴美签署销毁中程导弹协议途中，首先飞抵英国，与撒切尔夫人作短暂会晤，举世瞩目，更建立了她作为国际重要首脑的形象。由于在外交形象上的不断"升级"，使她在西方诸国首脑中的地位更为显要。这一年，撒切尔夫人在外交上的表现，有目共睹。

在经历了股票急泻狂潮的冲击以后，英国经济并不因此而一蹶不振。英国全年经济增长4%，高于财政预算案中预测的3%，该增长率超过了其他主要工业国。政府致力推行的企业私有化计划，先后将英国航空公司、英国机场管理局的股份顺利上市，尽管英国石油股票上市时遭受股票风潮的打击，但最终也按计划出售。全年的私有化计划使政府增加数十亿的收入，加上多项税收比财政预算案所预期的增加，政府公共开支20年来首次出现盈余，从而为政府的削减个人入息税目标创造了条件。在全球恐惧经济衰退的焦虑中，英国有目前的经济状况，足可令撒切尔夫人感到欣喜。

失业问题缓和

多年来使保守党深受困扰的失业问题，1987年却摇身一变，成为保守党炫耀的政绩。

自从2月起，失业数字连续下降。从1986年的340多万减至268.8万。一年来，每当就业部公布失业统计数字，均成为"喜讯"。保守党在解决失业问题方面，已见成效。

1987 年里，唯一令撒切尔夫人食不甘味的，恐怕要数怨声四起的内政问题了：教育水平下降，房屋缺乏，医疗服务不足……一系列的不满，使保守党在大选时饱受攻击。6 月以后，保守党迈开了全面实行内政改革的步伐。撒切尔夫人雄心勃勃，誓要通过大胆的改革，为保守党，也为她的"撒切尔时代"迈向 90 年人奠基铺路。因此，她会带着期望去迎接未来的一年。

⑤集锦归纳式导语，在国际新闻报道中使用不多，甚至有人不主张把他们同正尔八经的导语相提并论，因为他们大多形式呆板，枯燥乏味，如同公函和行文提示。主要用于：（1）各类简讯集锦。如"非洲经济简讯如下""国际简讯"之类；（2）贺电、文告转载等。如："一些非洲国家领导人最近打电报或写信给中国领导人，热烈祝贺中华人民共和国成立ⅩⅩ周年。发来贺电和贺信的有……""中华人民共和国国务院授权新华社发表公告如下……"（3）少数综合报道。如"最近一段时间来，非洲国家纷纷举行抗议集会和示威游行，遣责南非种族主义政权屠杀手无寸铁的黑人群众，声援南非解放运动的正义斗争"。

集锦归纳式导语主要为报刊和通讯社编辑部所用。对驻外记者来说，除了极少在集锦式报道驻在国或驻在地区的一些简讯时采用这种导语形式外，一般不必也不应采用这种报道形式。内容太单薄的消息宁可当时不报，等深入采访和调研后有了充实内容再报，从而避免简讯集锦式的导语写作。

实际上，如何分类并不重要，重要的是写作方法和技巧。只要我们把握导语写作的主要原则，即"用简明的语言揭示出新闻的主题思想，开门见山，起到统领全篇、画龙点睛的作用"，我们就不会拘泥于导语写作的模式，而能灵活多样地根据新闻内容和报道角度变换手法，创作一个又一个具有自己独特风格的导语形式，为写好每一篇国际新闻报道奠定基础。

杰克·海敦对导语写作有自己的见解，虽然这些意见大多建筑在他对美国国内和地方新闻写作的研究基础之上，但读来对我们掌握和学习国际新闻导语写作不无参考价值。他在《怎样当好新闻记者》一书中写道：

导语——能否吸引人往下看的关键

导语就是大多数纯事实新闻（披露最新事件的消息）的头一段文字。下面这段导语引自《纽约时报》："塞蒙·E·（本基）努德森今天被解除了福特汽车公司总裁的职务。"

　　然而导语也可以不止一段，特别是一条从特写入手，包括描写新闻的导语：

　　洛杉矶消息：罗勃特·肯尼迪参议员今天站在瓦茨市中心一个街道拐角处，面对着眼前一片黑面孔的海洋。他问道："你们当中有多少人喜欢近两年来的领导班子？"人群中发出一片"呸！"声。

　　"你们当中有多少人喜欢尼克松当总统？"他又问。下面"呸"声更响。

　　"你们当中有多少人愿意帮助我竞选总统？"肯尼迪接着问。人群中发出巨大的呼声。

　　这条新闻接下去的三段也是上述那种笔调，直到写到"新闻眼"——肯尼迪在瓦茨市的竞选演讲会。

　　有时，记者也写纯事实性新闻与特写相结合的导语。下面是摘自《洛杉矶时报——华盛顿邮报新闻社》的一条消息的导语：

　　西贡消息：丹尼尔·J·摩那哥已来到越南，为的是解决个人的一个迫切问题——秀兰·邓波儿（美著名电影童星——译者注）。

　　45 岁的律师摩那哥，是将于 12 月 14 日在加州圣马蒂奥市为递补众议院一名缺额而举行的特别选举中的民主党候选人。

　　现在成了查尔斯·布莱克夫人的前电影童星，已经宣布她将作为共和党候选人参加竞选。

　　头发灰白、近视而又有些秃顶的摩那哥虽然比邓波儿略输风采，却打算以他在越南问题上具有高明见解这一点来弥补他在风流倜傥方面的不足。

　　记者也可以把它写成一条直截了当的新闻，说秀兰·邓波儿的对手将要把越南问题作为竞选时的一个重大议题。可是这样做比起记者目前所用的手法来，就乏味得多了。

　　……

　　新闻五要素——何人、何事、何故、何处——以及如何应该尽可能在一条新闻中得到解答，但不应该全部在导语中加以解答。如果企图这样做，你就可能写出有时候在《纽约时报》上出现的那种长达 63 个字的蹩脚冗长的导语。

　　导语要写得干脆利索。接下去再逐一交待各个要素。

　　……

　　导语需要你付出最大的力量，它是促使读者读下去的诱饵。如果导语索然无味，读者看完导语就不往下看了。

导语必须抓住读者的兴趣。如果它很有力量，那很好。有些新闻本身没有什么劲，但又必须报道。写这类新闻，导语就该开门见山。

导语必须踏实，以后面提供的事实为依据。决不可在导语中故作惊人之语，除非新闻本身提供了依据。

切不可将导语写得过火，以至违反逻辑。像下面这条导语即是一例："星期六晚上第八十一届国际牲畜博览会举行时，一群阿伯丁·安古斯种小公牛犹如黑云般在芝加哥市上空盘旋。"

……

多数动态性新闻最好用直截了当的导语，将要报道的事情在导语中概括点明……有一家报纸将导语限制在 20 个字以内。这一原则是有道理的。导语必须紧凑。但是千万不要以愚蠢的戒律束缚自己，以至影响文笔。

好的导语可以长达 39 个字，也可以只有 21 个字……

不必死记教科书中罗列的导语的名称。千万别问："上回我写的是哪类导语？"导语一定要同手头的消息丝丝入扣。下面是写导语时的注意事项以及可供采用的几种导语类型：

● 概括性导语。将发生的事件加以归纳。有时有几个因素，每个因素都能单独构成导语。例如："纽约—— 一个目的在于'杀伤'的炸弹昨晚将拉瓜地亚机场的行李房炸成一片废墟，至少有 11 人被炸死，约有 75 人受伤。"

……

● 分词式导语。以下例子均摘自《纽约时报》："莫斯科——苏联再次求助于加拿大以获得小麦和面粉，为此花费八亿美元购得三亿三千六百万蒲式尔"；"犹如一个被打得晕头转向的拳击者，股票市场的行情波动所扰，昨日收盘时一片混乱。"

● 同位语式导语。"阿尔及尔（合众国际社）——外交界人士星期二说，阿尔及利亚和摩洛哥，这两个为了西属撒哈拉而争吵得不可开交的国家，已在边界地区集结军队，并召回了各自的大使。"

● 引语式导语。如果显得有力，引语不妨用作导语。但往往是记者出于懒惰，为了给文章开个头，顺手到笔记本里找句引语充数。下面是《底特律自由新闻》上的一条好的引语式导语："华盛顿——'我可不替亨利·基辛格做事。他不说实话，是个大骗子。'"

● 提问式导语。这类导语的弊病同引语式导语一样。如果提问显得无力，又不能发人深思，就不要用这类导语。下面是一个上好的提问式导语，引自《底特律新闻》："某人要是给了你生命，你将如何感谢他？"下面一个选自美联社新闻："大使的狗是否也有外交豁免权？"

……

● 怪导语。常以分类广告形式出现。"征聘：优秀前锋传球手，身高六尺二寸，体重195磅，具有领导才能，薪金达五位数。应征者请到庞蒂亚克体育场找底特律'雄狮'队联系。"

● 引而不发式导语。"密里根州长今天对经济俱乐部发表了演说。"不好。他到底说了些什么？

● 主题式导语。"卡特总统今天讨论了经济问题。"与前一类导语有同样的问题。

还有其他形形色色的导语，包括类比式和典故式导语。看看报纸，特别注意导语，每天都可以从报纸上找到好的导语。

……

许多新闻工作者都有过这种经验：一连五六次怒气冲冲地从打字机上扯下写得不好的导语，嘴里骂骂咧咧，因为没有一个写得恰到好处……《纽约时报》记者迪克·里曼在写关于林白（美国早期著名飞行员——译注）1935年决定到英国定居的报道时，导语说写了13遍才写成。

特稿的导语特别叫人费尽心机。而多数动态性新闻的导语，尤其是在截稿时间迫于眉睫的情况下，都是仓促写出来的。然而，即使是动态新闻，也要注意发掘好的导语。例如这段摘自《纽约时报》的导语："曾经见过形形色色的帽子扔进它的政治角逐场的马萨诸塞州，今天第一次看到一位罗马天主教教士把他的四角帽也加了进去。"（"把帽子扔进竞赛场"是一句西谚，意即宣布参加竞赛——译者注）

　　5、**导语写作的新趋势**。传统模式的导语写作以"倒金字塔"为指导原则，以新闻要素为主体结构。这种模式过去是，现在是，将来在很长时期内也将仍然是国际新闻导语的主要写作模式。尤其对动态新闻报道而言，更是如此。但是，目前这种传统模式的导语写作正在受到挑战。西方新闻界从猎奇和读者兴趣出发，正在尝试性地改变动态新闻导语的传统写作模式，以新颖别致、多姿多彩和表现新闻事实特性为着眼点，很有些像我们目前对通讯、特写之类报道体裁的导语写作所要求的那样。

　　于尔辰在这方面作了一些具体调查和研究，我们不妨首先来听听他的高论：

西方新闻学的习惯做法，要求导语中必须写出何人——何时——何地——何事，而且还必须简短、行动、及时和具有新闻性。因此，写新闻导语不仅是一门学问，而且是一种艺术。

但近来发现有些导语的结构并没有沿袭这种固定的模式。不同的事件用不同的结构报道，一样能引起读者的兴味。下面列举的几则导语就新颖别致，多姿多彩，紧紧抓住事物的特殊性，且着力于表现这种特性。我们日常生活中特殊的东西是屡见不鲜的，如果不注意去抓，就会一瞬即逝，成为过眼云烟。这些新型导语的特点就是抓住了活生生的特殊事物说话的，而且写得活灵活现、有声有色。

为了方便读者研究和欣赏，现将这五篇新闻的导语和第二段一并译载于后：

（一）（美联社伦敦 22 日电）伦敦星期五有雨。伦敦在星期四、星期三、星期二、星期一、星期日、星期六也有雨，除了两天外，伦敦这个月每天都下雨。

从来不曾以灿烂阳光闻名的英国，正处在 20 年来最潮湿的十月中。对雨伞制造商来说，这不啻是天降财富。

这条导语纯粹侧重背景描写，没有人物，也没有将主要内容放进去，第二段才点明主题。它抓的事物特征是下雨，而且不厌其烦地写某天某日有雨，颇有点像鲁迅的一篇散文的笔法："窗外有一棵枣树，另外一棵也是枣树。"它是从形象落笔，截取了新鲜的画面，选择了较好的表现角度，一下子就把读者心理抓住了，这就是艺术。在现场感这点上，如果将主题过早托出，是不会吊出读者的胃口的。

（二）（法新社西班牙巴伦西亚 23 日电）西班牙东南部的洪水今天逐渐退去，露出了被水泡肿了的动物尸体、扭曲成了堆堆废铁的拖拉机、货车和小汽车、连根拔起的树木、半埋在黑泥里的倒塌了的房屋，放眼过去，满目疮痍。

倾盆的暴雨两天前袭击了西班牙东南部的地中海海岸，引起洪水暴涨，造成至少 50 人死亡、30 人失踪，逾 10 万人无家可归。

这条导语中所写的洪水袭击西班牙的具体事实和真切状貌，并不是多余的"水分"。它的特点是能将读者直接带到新闻发生的现场。用记者目睹的惨景来描绘洪水灾害，增加了逼真感，比抽象的叙述要印象深刻、可信得多。如果认为不必写出那么多的事实来，那就会把许多有血有肉的东西概括掉了，结果只剩下干巴巴的几条筋，效果当然也会差得多。

（三）（合众国际社巴黎 15 日电）星期一午夜过后一分钟，一队私人小卧车、货车、油车、载货货车及其他各式各样的汽车大军，将展开一年一度的比赛，争相把博佐莱新鲜葡萄酒运给正热切等待的顾客。

欧洲各地喜爱葡萄酒的人士都纷纷等待、期望着新葡萄酒的丰收。新葡萄酒的丰收将达到破纪录的一亿八千万瓶，比平常收成多百分之二十。

这一则法国葡萄酒大丰收的新闻导语现场感很强。由于作者深入现场，捕捉到了形象的场面——各式各样的汽车大军运载葡萄酒，就写出了如此生动的、呼之欲出的导语来。这些现场描绘有助于主题——葡萄酒大丰收的表达，给人以动态感、色彩感。

上述导语写作的新趋向实际是对"倒金字塔"新闻写作结构的"厌恶"和挑战。"倒金字塔"模式头重脚轻，把最重要的新闻事实放在文章开头，即导语部分，以最不重要的新闻事实结尾。于是，有人指责这种形式虎头蛇尾，缺乏文采，越来越没有生气，结尾就像快咽气的病人一样少气无力，不符合"首尾贯通一气"的写作要旨。特别是随着广播和电视新闻事业的日益普及和发展，有人更认为"倒金字塔"模式陈旧落后，因为"有了电视和广播，反正人们在报纸出来以前就已经知道新闻了"。这对新闻导语的传统模式冲击较大，不少纯事实性新闻也在导语中效仿特写新闻体裁的写作手法，以情境描述或情感抒发等吸引受众"眼球"的笔法开头。

问题是，这种创新是否有益？这类导语改革实际是情景描述性导语的同类，新颖有生气，给人以现场感，用于通讯、特写之类的新闻体裁无疑是很动人的。但也有人认为，他们对那些纯事实性报道和评析性报道来说似可不必，很难令人接受。

"有一家报纸试图以讲故事式的手法写警察新闻，导语以两个持抢匪徒走进一家银行开头。到了第五段，读者才知道17.5万美元被劫。下面，大概是到了第九段，才告诉读者有两位出纳员被杀。"杰克·海敦以此为例，告诫新闻工作者："谁高兴读了十段一般化的新闻才知道两名出纳员被杀的消息？读者当然要抱怨浪费了他的时间。"

当然，我们也可以认为上述举例不够典型，属于没有写好的导语一类。假如我们以新闻特写的手法首先就把银行被劫这一实质性内容突出起来，而且在正文写作上循序渐进。实质性就是重要性，导语概括实质性内容是"倒金字塔"写作模式所倡导的具体写作要领。

以重要性和实质性为主旨的导语写作模式不能"打倒"。新闻虽然也是文字写作，但毕竟不是文学创作，远没有文学创作那样"自由放纵"。它必须首先讲究重要性和时效性。无论对记者写稿来说，还是就编辑处理和对受众传播而言，以"倒金字塔"为指导原则的导语写作模式都是十分必要的，舍此就没有重点，就没有时效，就吸引不了读者，起不到它本应有的新闻效果。因此，我们允许导语写作的多姿多彩、百花齐放，但任何偏离实质和主旨的导语写作模式都是不足取的。导语应该永远是"全文之导"，它在新闻报道中的作用和地位不能简单地被否定和削弱！

导语虽然重要，却并非孤立，它需要正文内容的具体阐释、支撑和充实。只有两者之间相辅相成，才能使整篇报道丰满充实。因此，探讨正文内容的写作技巧也十分重要。这就是新闻写作中常说的术语之一，即正文"主体"。

四　主体

主体是一篇新闻报道稿件的主要正文部分。从术语概念上来说，它和新闻背景是两个概念，需要作分别解释。但从写作结构来看，背景也是主体不可分割的一部分。这不仅因为背景材料往往在正文中穿插介绍，而且主要还因为它和正文的血肉联系。即便有的背景材料放在结尾交待，但它仍与正文内容密切相关。因此，我们在讨论新闻主体写作技巧时，应把背景和正文结合起来考虑。

1、**主体写作中的问题。**主体写作虽然没有导语写作那么讲究，但因为它是全文的整体支撑，记者和编辑也必须在上面花较多精力。纵观国际新闻写作现状，忽视主体写作的弊端较多，主要反映在这么几个方面：

①主体与导语脱钩。也就是说，导语没有得到正文内容的必要支撑和充实。对通讯、特写和主题单一性报道来说，这种脱钩表现为文不对题。而对那些多元要旨的动态消息来说，这种脱钩的具体表现则是：导语与导语之后的若干段乃至全文失去逻辑联系。导语说的是一回事，而导语后的若干段说的则是另一回事或另几回事。事实上，无论哪种体裁的国际新闻报道，主体段落必须或全部或大部支撑导语。即便一些动态消息包括了二个以上新闻要旨，导语之后也至少应有二三段内容来充实和具体解释导语要旨，谈论与导语关系不大的其他要旨的另外若干段一般最好也应同导语保持一定的内在逻辑联系，否则通篇报道就显得支离破碎。读者看了导语之后发现没有下文，既给他们产生一种"风马牛不相及"的

失落感，又令他们厌恶，对导语反映的要旨生疑，对记者的报道产生不信任感。

②正文结构逻辑混乱，缺乏条理性。这在那些通讯、特写、评论和综述性报道中表现尤为严重，有的东一榔头西一棒子，不着边际；有的生拉硬拽，拼凑观点，牵强附会；有的颠三倒四，条理不清，凌乱不堪。对一些动态消息来说，这种逻辑混乱主要表现在：或把含有导语要旨性的词句和段落拆离组合，夹放在非导语要旨性的段落之中，使两方面内容混杂；或将非导语要旨性段落置于主体前部充作导语要旨性段落，从而大大削弱通篇消息主旨的"战斗力"。

③正文内容空洞，言之无物。报道单薄、干巴是具体表现之一，这主要指动态消息而言。有些记者编辑以为稿件越短越好，于是只求一个导语，忽视导语后的内容，使之空泛，不足以满足支撑导语所需的要素和内容。这种消息虽然简短，但非简明扼要。由于缺少内容，往往令读者和受众"丈二和尚摸不着头脑"。内容空洞的另一个表现是啰嗦，言之无物，谈不到点子上，讲不出实质性内容。还有一些记者编辑错误地理解描绘性报道，对通讯、特写和目击记之类的写作往往注重词藻的堆砌和不着边际的修饰形容，缺乏一针见血和画龙点睛式的描绘手法，结果使得文章如"小脚女人的裹脚布——又臭又长"，令人望而却步。

④缺少必要的背景解释，新闻要素不全。这一方面表现在事件性背景介绍上，另一方面表现在资料性解释上。在国际新闻报道中，人们不难发现，不少记者比较善于在稿件中穿插介绍背景，使读者读之顺畅，明晰某一事件发生的来龙去脉。而有些媒体的新闻报道则比较缺乏对背景和资料的介绍，从而使稿件干巴，要素不全，令一般读者莫名其妙，不知所云。

中国《新闻工作手册》对"新闻背景"一词的解释，其主要精神对国际新闻报道也是适用的，而且在某种程度上国际新闻报道对背景材料的要求更加必需，因为国际新闻的知识和资料涉及面最为广泛深奥，内容最为丰富多彩。就各国的新闻受众来说，他对本国大事一般都较为清楚。但国际上每天都在发生大事，那么多的事件，世界范围的知识面却并非一般人都能全部而及时地了解和掌握。这就需要及时跟进背景资料介绍。至于背景材料的添加是放在正文中穿插介绍还是放在结尾交待，问题虽然不大，也都可行，但从效果来说，还是采取新闻报道的穿插式介绍更为相宜，因为这样读者可以一目了然，循序阅读。如果背景材料放在结尾部分作总体概括性介绍，似嫌迟缓，读者非得等读完全文后才能消除大脑中在阅读过程中累积起来的疑问和困惑，甚至因记者和编辑疏忽，漏加有关背景而得不到解答。

⑤语法修辞不当，文理不通。这在那些以外语为写作手段的报道中较为多见。

上述五点弊端多少带有一点客观原因，是记者编辑想写好稿而因能力和水平有限，抑或因理解有误而造成的缺陷。但下面几种毛病却与记者编辑的主观品行，特别是和他们所在新闻机构的职业道德有关，是特别不能原谅的文过饰非性工作作风问题：

第一，弄虚作假，捏造事实。或通篇造假，或部分内容玩虚，或真真假假，实中掺虚，目的或在于哗众取宠，一鸣惊人；或在于混淆视听，颠倒黑白，充当某个利益集团的御用工具和吹鼓手。

美国《华盛顿邮报》青年女记者珍妮特·库克编造事实，炮制假报道《吉米的世界》而获普利策奖。她还在提交给普利策奖评奖委员会的自传中谎称自己以优异的成绩毕业于瓦萨学院，并在托莱多大学获得过硕士学位。事实上，她只在瓦萨学院上过一年学，只曾获得过学士学位。

由于《吉米的世界》一文引起警方重视和调查，才使库克最终被迫承认编造新闻，并被取消了普利策奖获奖资格，成为一起轰动全美新闻界的大丑闻。看一看美联社就库克谈自己编造新闻的动机的报道，我们便不难发现新闻弄虚作假的可悲。库克说："担心使我干了蠢事。"恐怕这并非一般意义上的蠢事。除了资本主义世界纵容人们投机取巧的深刻的社会背景外，记者本人的品质、素质和职业道德呢？这值得我们每个新闻工作者深思和警惕。

第二，歪曲事实，掩盖真相，明显地违背客观公正的职业道德准则，为利益集团或个人利益服务。

第三，颂扬反动、犯罪、黄色和低级下流，鼓吹剥削有功、个人第一、种族歧视和色性自由等。

以上几点在国际新闻报道中虽不多见，但在国际阶级矛盾激化和意识形态斗争尖锐激烈时期，他们会有不同程度的表现和反映。正文是一篇新闻报道的主体，字里行间必须公正、清洁。如果说这也是写作技巧的话，那么也确实可以这么说，国际新闻记者和编辑的职业道德是控制他们笔下内容的关键。只有具有高度职业道德的自觉性，他们的笔下才能客观、公正、卫生、清纯。

2、主体写作的主要环节。我们应该怎样进行正文的主体写作呢？国际新闻主体写作应着重抓这样几个环节：

①既为主体，就要把握重心，连接两头，担当起主体职责。对上，它向标题和导语"靠拢"，即支撑和阐释导语，使正文主题突出，层次分明，环环紧扣，有逻辑，有条理，有重心，有节奏；对下，它对结尾负责，频频"示意"，循序"退却"，一旦"红灯"亮起，即刻"令行禁止"。这里面包含多层意思，但中心是逻辑条理化。这是国际新闻和其他任何文字作品主体写作的共同要求，舍此就会使全篇报道支离破碎，混乱不堪。因此，"担当起主体职责"实际是国际新闻主体结构写作的最难点，是整个报道成效的最关键，需要给予足够的重视。

"倒金字塔"模式已经为国际新闻的主体写作提供了指南。但"倒金字塔"还有个怎么"倒"的问题，还有个怎样判断报道内容的重心的问题。只有明确重点和主次，"金字塔"才能循序倒置。况且，就通讯、特写、评论和综述之类的非动态性题材的报道来说，他们更讲究首尾连贯和整体贯通，更需要担负起主体职责，联络两头。

②既为主体，就要有主体内容，使之饱满翔实，体健态丰。文笔必须环绕主题层层展开，既简明扼要又具体刚劲，不尚空谈。一方面要用事实、例证、准确的数据和意义、实在的言论充实字里行间，另一方面又需穿插介绍背景材料，不能让读者困惑不解，感觉空洞乏味。对动态消息来说，内容饱满主要体现在对导语的阐释和支撑上。有关素材和内容是否足够，是否有力，是否明晰，这是决定主体丰满与否的关键；对通讯、特写之类来说，要使主体内容丰满，必须重视环绕主题的细节进行描写，多侧面、多层次地突出主题；评述性报道主体写作则讲究观点明晰和论证充分，通篇深沉有力，有理、有利、有节，不强加于人。

③既为主体，就要字句"锦绣"，神韵"迷人"，充分展示主体风采。写实，笔下沉稳不紊，画龙点睛，一字值千金；描绘，笔下如行云流水，情景交融，文句闪异彩；论战，笔下锋芒毕露，威武刚劲，落地句有声。虽然国际新闻体裁各异，但他们的主体写作对文采的要求都一致地讲究。通顺、流畅是基点，含蓄、幽默、形象、生动和情感丰富则是核心。

④国际新闻各类体裁的主体写作必须严格尊重事实，实事求是，不得弄虚作假或凭主观想像撰稿。即便必须在报道中阐述倾向性观点，也应该以事实为依据，以论理说服人。国际新闻记者和编辑的文字工作面向环球世界，必须重视职业道德和自我品行。

3、主体写体的主要形式。新闻主体写作有哪几种形式？他们的写作技巧有些什么特点？不同报道体裁对主体写作有着不同的技巧要求，具体谈论主体写作应与不同报道体裁结合起来。动态消息、通讯特写、评论分析和综合报道等不同报道体裁的主体写作各各相异，谈论新闻报道的主体写作应"对号入门""对症下药"。

根据迄今为止的国际新闻写作实践来看，主体写作大致可分为这样几种形式：

①支撑导语式。故名思义，这种主体写作形式主要应为"导语"服务：连接导语、支撑导语、充实导语、完善导语。不一定主体的全部段落都与导语发生直接联系，但至少前大半部分是如此。这在动态消息（包括突发事件报道、会议消息、发言或书面材料摘引等）中尤为常用，其核心是"想"着导语，环绕导语"精神"。此外，这类主体写作应力求文字朴实、简明扼要、背景清晰、数据准确，避免雷同性段落和语句的啰嗦冗长，特别应反对掺杂作者自己的观点和感受以及因此而添加的形容词或修饰性字句。

附：联合国去年印发文件首尾相连长度达 27 万公里

［法新社联合国 1982 年电（发电月、日不明）］如果把联合国去年在纽约和日内瓦印刷的全部文件首尾相连排列起来，总长度将达 27 万公里。

已卸任的一位联合国高级官员说，照此计算，联合国的文件逐页铺起来两年内即可到达月球。

他说，印刷这些文件的费用巨大，每印一页花的钱高于最不发达国家的人均全年收入（原文如此）。

西德的冯·韦希迈厄引用这些数字说明联合国已庞大臃肿到了何种程度。

他说，病人要想不窒息而死，就得动大手术。如果联合国不能处理好自己本身的事务，又如何应付世界危机？

韦希迈厄引用的其他数字还有：1980 年在纽约和日内瓦举行的会议加起来共 1170 天，即三年多。1980 年 9 月到 12 月联合国大会期间印刷的文件共两亿三千五百万页，排列起来，长度相当于三万三千公里。

②贯通首尾式。这类主体犹如一座"桥梁"，连接导语和结尾，使通篇浑然一体，广泛适用于各类新闻报道体裁，包括一些单一主旨的动态消息报道。这类主体既要对导语负责，又要担负起把全文完善到底的使命。目的只有一个，即为报道的主旨服务，不能"多中心"，更不能支离破碎。就写作技巧而言，尽管它在文字运用和修辞方面对不同报道体裁有不同的要求和讲究，灵活性较大，但对段落之间的逻辑要求却适用于每一种体裁。各种体裁的主体段落都必须具有内在联系，

才能使通篇报道主题突出，整齐划一。

附：日本签字投降

（原载 1945 年 9 月 3 日《纽约先驱论坛报》

记者：霍墨·比加特）

2 日上午 9 时 05 分，日本外相重光葵在无条件投降书上签字。日本终于为它在珍珠港投下的赌注付出了代价，失去了其世界强国的地位。

重光葵步履蹒跚，拖着木质假腿走到铺着粗呢台布的桌子旁，桌子上放着投降文件，等着他签字。如果人们不是对日军战俘营中的暴行记忆犹新的话，也许会不由自主地同情重光葵。

他把全身重量都压在手杖上，好不容易才坐下来。他把手杖靠在桌子旁，然而，在他签字的时候，这手杖倒在甲板上。

道格拉斯·麦克阿瑟将军致词后，作了一个手势要重光葵签字。他们两人没有说一句话。

麦克阿瑟代表对日作战的国家签字受降，乔纳森·温赖特中将和珀西瓦尔中将在他两旁肃立。温赖特中将在科雷吉尔岛失守后被俘，长时期的战俘生活，把他折磨得憔悴不堪。珀西瓦尔中将在大战中另一个不幸的日子里放弃了新加坡，向日军投降。（编者按：科雷吉多尔岛是菲律宾领土，1942 年 5 月失守；新加坡是 1942 年 2 月失守的。）

两位中将在场，使人们不由得想起，1942 年上半年，我国处于几乎无可挽回的失败的边缘。

日本代表团由 11 人组成，他们衣着整洁，表情悲哀。重光葵身穿早礼服大衣和带条纹的裤子，头戴丝质高帽，双手戴着黄色手套。在"密苏里"号军舰上，参加整个仪式的任何一方都没有同日本人打招呼，唯一的例外是日本外相的助手，有人同他打招呼，是因为要告诉他在哪里放日本请求无条件投降的文件。

当重光葵爬到右舷梯顶端，登上"密苏里"号甲板时，脱掉了他的高帽子。

③"评头论足"式。主要适用于评论分析性报道。虽然它的职能之一也是贯通首尾，但却更突出主体内容的观点、立论和辩析。因此，其写作要旨是：观点鲜明、层次清晰、逻辑推理、叙中有议。它不是太注重内容事实的新鲜和时效，但反对夸夸其谈，不着边际，强调以理服人，立论有据。修辞方面，"评头论足"式主体既注重文句的实在又讲究字眼的分量，段落之间联系紧密，文句之间干脆利落。

附：日本文部省在审定教科书时有意篡改历史美化侵略

日本文部省在审定高中和小学教科书过程中篡改历史，美化日本对中国的侵略战争，引起了此间舆论界的普遍注意。

今天的东京报纸普遍以显著版面刊登了有关的消息，有的报纸还发表了社论和评论。《朝日新闻》说："教科书进一步恢复'战前状态'的说法，'侵略'等措词日益被冲淡。"《每日新闻》说："令人嗅到了'战争时期'的复古味道。"

文部省6月25日审定的这批教科书，是供日本全国高中和小学学生明年春天开始使用的。据报道，在审定的过程中，取消了对于日本向外侵略等问题的"批判性的记述"，而"沿着使过去日本的做法正当合理化，肯定现状的方向"进行了修改。尤其引人注意的是对日本侵华战争历史的篡改。例如，关于日本军队1937年进行的南京大屠杀事件的记载，原稿写的是"占领南京时，日军杀害了许多中国军民，并进行了强奸、掠夺和放火。它作为南京大屠杀在国际上遭到谴责。据说，中国牺牲者达二十万人之多"。但是，经过修改以后，竟变成"占领南京时，遇到了中国军队的猛烈抵抗，日军的损失也很多，因此而激愤的日军杀害了许多中国军民，它作为南京大屠杀在国际上遭到谴责。"

在审定者的笔下，许多历史事实都变了样。例如，1894年日本海军突然袭击中国海军而发动的甲午战争，变成了"日清两国舰队之间发生海战"；1931年日军发动侵占中国东北的"九一八事变"，变成了日军"炸毁了南满铁路"；1937年日本发动了"对中国的全面侵略"，变成了"对中国的全面进攻"；"侵略华北"变成了"进出华北"等等。

日本报纸指出，这种修改是有意进行的。《朝日新闻》今天援引《世界史》执笔者的话报道说："在有关日中战争等的记述中，多处把'侵略'这个词改为'进出''进攻'"，"我们写上了'二次大战中，日本出兵印度支那'，但是他们却认为这不是战争行为，硬要改为'驻军'"，"硬要把显而易见的侵略行为，改为仅仅是把军队置于该地。"负责编写《政治·经济》的人员说，在这次审定教科书的过程中，显然是要肯定和重新评价战前体制，似乎要制造这样一种印象：战前的日本不那么坏；今天的日本最好。报纸在评论这一动向时说："许多教科书执笔者获得的印象是，向右转！培植'右'的意识。"

④细腻刻划式。即注重对人物心境、情感和事件现场、景致的细节描写，以衬托和丰满主题。对人物，应透过细微末节的举动和精辟透彻的言语勾勒出新闻

人物的内心世界；对场景，应通过准确逼真的实况描绘，抓住事件现场的典型特征，进而反映重大主题思想。这类主体写作主要适用于通讯、特写、目击记、散记之类体裁，现场画面强，目的在于增强报道的情感色彩和吸引力，把人、景、情和报道主题融为一体。像任何报道体裁一样，它反对写作的啰嗦冗长，但却强调内容的饱满充实。一般而言，这类主体段落较多，不易呈"倒金字塔"写作模式。

附：福特总统遇刺　幸而无恙

今天晴空万里，阳光明媚，那个娇小玲珑的红衣女郎同群众一道等待着福特总统从他们面前走过。

大多数前来欢迎总统的人都希望同他握手。

这个红衣女郎携带着一支枪。勒奈特·阿丽丝·弗洛姆27岁，属于查尔斯·曼森那个恐怖主义团体。在这个团体中她的代号是"雏鸽"。据目击者说，她一声不响地站在人群的后排，站在州议会大厦前等待总统光临。

她对人群中一位名叫凯伦·斯凯尔顿的14岁姑娘说："啊，今天天气太好了！"

事件发生后，凯伦说："她看上去像吉普赛人。""雏鸽"身穿红色长袍，头戴红色无沿帽，同她的红头发很相配。她的前额上有一个红色的"×"记号，这是1971年曼松及其三名女追随者因谋杀罪名成立在洛杉矶受审时她自己刻上的。"雏鸽"特地从北加利福尼亚赶到萨克拉门托，从而步正在服刑的四十一岁的曼松的后尘。现在，她正耐心等待总统到来。她的手提袋里藏着一支0.45口径的手枪。

太阳热辣辣地直晒下来，气温是华氏九十多度，人们热得不耐烦，不由得走来走去。突然，欢迎人群振作起来了，原来福特出现在参议员大饭店门口，接着走上一条人行道，穿过州议会大厦前的停车场朝着人群走了过来。他的前后左右都是特工人员。福特止步，向欢迎的人群挥手致意。

欢迎的群众被绳子拦在后面，他们纷纷向前涌去，同总统打招呼。总统向左转过身去，他伸出双臂，去握欢迎群众伸出来的手。每同一个人握手，他就说一句："早晨好！"

"雏鸽"仍没有采取行动。突然，她从人群后面挤到前面来，边挤边用双臂拨开周围的人。警察说，她挤到离总统只有两英尺的地方时，突然拔枪瞄准总统。

凯伦·斯凯尔顿说，总统见到这支左轮手枪，"脸刷地吓白了"。另一位欢迎群众50岁的罗伊·米勒说，福特"大吃一惊，吓坏了，把脖子缩了起来"。

说时迟，那时快。特工人员莱瑞·布恩道夫立即采取措施保卫总统生命安全。他冒着生命危险，冲到"雏鸽"和福特中间。接着他把"雏鸽"摔在地上，同警察一道缴了她的枪。

"雏鸽"尖声叫道："他不是你们的公仆！"她还对警察说："别激动，伙计们，别打我，枪不是没响吗？"

四、五名特工人员同时围了上来，把福特与群众隔开，旋即簇拥着他离开。福特的膝部一向有毛病，这次在惊吓中几乎支持不住自己，但他很快就站稳了。

当警察给"雏鸽"戴手铐时，她喊道："美国乱透了！那家伙不是你们的总统！"过了一会儿，警车把她送走。这时，她的脸上浮现出一丝微笑，神情似乎很镇定。

⑤多元要旨式。即主体内容包含若干个与总标题和导语事实相关或有内在逻辑联系的不同新闻要旨，通篇报道是这些要旨的"大拼盘"。它主要适用于综合报道，尤其为报纸综合新闻所常用。就写作形式而言，这类主体时常按不同要旨分列成若干小标题来叙述，有时则因不同要旨之间逻辑联系紧密，为节约版面或防止文章冗长而不分小标题，通过段落形式平铺直叙。不管采用何种形式，多元要旨式主体写作都应与总标题和导语保持紧密的"精神"联系，讲究贴题，"拼凑"巧妙，注意利用主体内的不同要旨来支撑和充实导语精神或主题事实，反对牵强附会、支离破碎和凌乱不堪。为此，写作时应特别注意串连要旨和介绍背景，以便使读者明晰主题事实的来龙去脉。

五　结尾

新闻报道的最后段落，目的在于表现事物的完整性和逻辑的严密性。从形式上来看，那些动态新闻的最后一段就是结尾，而不管它与导语或正文是否有直接的逻辑联系。

1、结尾的重要性。但就其他形式的新闻体裁而言，结尾可以是报道稿件的最后一段，也可以是最后两段或三段，需视不同报道体裁和内容而定。

有人认为，新闻报道以"倒金字塔"为主要写作模式，因而不必讲究结尾写作，许多情况下甚至没有结尾。这不能说没有道理，但即便对特别注重"倒金字塔"写作模式的动态消息而言，每一条报道的最后一段都应在形式上被认定为结尾。如背景式结尾，有的报道没有这最后一段背景交待，往往会给读者留下困惑不解或报道不完整的印象。更何况，对除动态消息外的其他诸种报道体裁来说，结尾不仅必要，而且重要，除起"前呼后应"的功能外，往往还能"锦上添花"，增添报道色彩，升华新闻主题，完善思想内容，吸引读者共鸣。

2、结尾写作的形式与技巧。结尾是怎样产生这些功效的呢？或者说，结尾写作的技巧何在？如下几种结尾写作形式对国际新闻报道具有良好效应：

①呼应主题式。即与导语和标题精神吻合，或相映成趣，或一拍即合，给读者留下通体一篇、完整无缺的整体印象。这种结尾形式在报道中比较常见，即便报道一般动态消息，写作时也应尽可能做到"前呼后应"，以增强报道力度，进而产生良好的读者印象和采用效益。这类结尾在文句上应讲究色彩和感染力，尽可能做到生动活泼，朗朗上口。

附：西贡陷落

我（记者）知道战争已经结束了，然而，只有在我从窗口向下俯视时，我才感到战争确确实实结束了。

在窗下，共产党的坦克正穿过"杜·多"大街耀武扬威地隆隆开过去——这条大街上到处都是酒吧，他们曾吸引过数以千计的美国大兵。

②逻辑承继式。即根据上文内容进行逻辑发展，只不过它既是上文的"发展"，也是结束。许多消息写作都采用这种结尾形式，简单易成，符合动态消息对时效竞争的要求。在写作技巧方面，它强调逻辑联系，不仅要同上段内容有直接的逻辑关联，而且还应与全文的整体精神相吻合。

附：贫贱夫妻双双自杀 法国自杀率冠欧洲

一对青年夫妻16日从这里的13层楼的一个窗口跳楼自杀，自杀的原因是他们无法找到职业。

法国失业大军多达170万人。

尚他尔·泰西和让·吕克·蒙特都才27岁，这对青年夫妻是法国最近突然上升的自杀的牺牲者。法国自杀者高于欧洲其他各国。

全国人口统计局今天宣布，1980年法国自杀者多达一万人。

换句话说，每10万法国人中便有20人自寻死路。

与法国自杀率相对照的是：1979年英国每10万人中有8人自杀，意大利每10万人中有6人自杀。

③背景陈述式。许多动态消息写作应用这一结尾形式，因为记者在写作这些动态新闻时发现，由于逻辑关联或考虑文句的累赘繁琐等因素，他们很难将一些必要的背景材料放在主体部分内，只能留到最后单作一段或二段交待，从而形成背景陈述式结尾。这种结尾虽然在形式上是独立的，但它不同于那种用区别于导语或主题要旨的其他要旨而另起一段形成的形式意义上的结尾。背景陈述式结尾不是形式上的结尾，而是与主题内容有着内在逻辑联系的有意义的结尾。它对全文是解释，是补充，必不可少。因此，在写作技巧上它不仅要求背景材料的清晰明鉴，而且强调贴切主题，针对主题。

附：日本家庭谋杀惨案猛增

《母亲在闹市大街上杀死三名亲生儿女！》《妻子拒烧晚饭，丈夫暴怒，血洗全家！》《16 岁的儿子谋杀有陋习的父亲！》

这些报纸上的大字标题本身就足以说明问题的了。据报道，日本去年发生了 1754 件谋杀案，其中 11％属于家庭暴力惨案——父母杀死子女、子女杀死父母、夫杀妻、妻杀夫等等。去年发生的 193 起家庭谋杀案，有 138 起是杀婴案。

国家警视厅统计显示，家庭犯罪率似乎已从 1972 年的最高点有所下降，但家庭暴力罪的发案率却普遍上升。

设在东京的最高警视厅刑事侦察处的野泽说："可以说，家庭暴力犯罪现在成了一个很大的问题。"

过去两年中，最高警视厅就青少年对父母采取暴力的案件进行过调查，发现 1980 年到 1981 年，这类案件增长了 16.5％。

警方说，家庭谋杀案的犯罪动机通常有：沮丧、生病、失恋、通奸、保险、酗酒等等。杀人者在犯罪后往往自杀。

警视庭侦查人员提到许多恐怖的家庭案件，包括刺杀、毒杀、砍杀、绞死等等。

学术界和病理专家说，在传统上，日本的家庭谋杀往往是杀人者在自杀前的暴力行动，牺牲者多数是母亲或儿女。

一位大学教授兼精神病学专家说，母亲杀死孩子，在日本已有漫长的历史。他说，日本母亲认为孩子是她们自己的一部分，这一点在她们自杀前往往给她们造成一种"复杂的心理状态"，于是母亲与儿女同归于尽的惨剧便发生了。

不过，当局说，使他们极其不安的是一种新的动向，即儿女对父母的暴力增加了。战前，这几乎是闻所未闻的事情。

　　最近的一个案例是东京以北琦玉的一个青年被控溺死了88岁的祖母。这个青年说，他的祖母咒骂了他母亲，于是祖孙二人便争吵起来。

　　警视厅的调查表明，青少年对父母的暴力案件从1980年的1025起上升到1981年的1194起，增加16.5%。

　　官员们说，在62%的案件中，青少年抱怨父母"管教过严"，"过多地干预"他们的个人生活。

　　家庭精神健康方面的专家稻村说，近年来日本富裕的小家庭越来越多。在这种小家庭中，父母对子女"更为娇纵"，结果使孩子变得越来越自负，越来越不能忍受困难。

　　④趋向预测式。常用于有进一步发展趋势的动态消息和少数评析性报道。用于前者，它主要引用消息来源的话客观预测；用于后者，它主要基于事实分析之上进行结论性预测，可以是笔者自身的主观"臆断"，也可以是消息来源的观点而被笔者所认同。不管怎样，趋向预测式结尾在文句上都应该"持重""成熟"和"深沉"，反映独道的见解。同时，不管这种见解是否有悖于导语或主题精神，它都必须与报道内容有内在的逻辑联系，是对主题精神和见解的反应。

附：美国提案被击败　中国将进入联合国

　　联合国的代表们今晚击败了美国为保住台湾在联合国的席位所作的努力，从而为北京进入联合国铺平了道路。

　　代表们在走廊里大声发笑，他们唱歌、欢笑、喊叫、拍桌子，有人甚至跳起舞来。

　　这次投票使美国与其主要盟国——其中包括英国和法国——分道扬镳。尽管美国大使布什为阻止台湾被驱逐作出了巨大的努力，但仍出现了这个表决结果。

　　布什立即提出动议，要求已递交给大会的关于给北京以席位并驱逐"蒋介石集团"的阿尔巴尼亚提案中撤掉驱逐这一条款。

　　大会主席、印度尼西亚外长马利克裁定这个动议不合议事规程。

　　在早些时候，大会否决了沙特阿拉拍和菲律宾提出的要把所有表决推迟到明天的要求。

　　观察家认为，这个要求反映了美国的愿望。

　　当代表们点名应答时，大厅中气氛紧张。

　　电子统计牌上终于显示出结果，表明美国的建议被击败。这时，大厅里沸腾起来了。

当代表们在阿尔巴尼亚方面获胜后于今晚在表决程序方面斗争时，一些人士预测，使北京获得席位的提案将以三分之二的压倒多数得到通过。

⑤总结立论式。常用于评析调研性报道。它或许是总结性的，或许是立论性的，也可以是由总结而立论形式的。不管是什么形式，这类结尾都应该高度概括，贴切主题，立论准确，观点鲜明，讲究字句的力度和分量。欲褒，文笔应饱蘸浓情，潇洒豪放，如笑言，似欢歌；欲贬，字句应雷霆万钧，理论有声，或质询，或吐怨。

附：苏美开始跳探戈舞了吗？

（新华社记者　王崇杰）

苏联的主要领导人更迭以来，苏美关系将如何发展，这是国际上比较关心的问题之一。

人们注意到，在最近半个多月中，苏美双方都接连发出各种信号。勃列日涅夫逝世后，美国总统里根在唁电中表示了"美国力图改善同苏联关系的强烈愿望"。白宫并迅速决定派副总统布什和国务卿舒尔茨前往莫斯科参加勃列日涅夫的葬礼，同苏联新领导人进行接触。里根还乘机宣布取消禁止为苏联提供修建"西伯利亚天然气管道"设备的制裁措施。接着，以参议院财经委员会主席道尔为首的一批美国国会议员前往莫斯科访问；由美国实业界250多人组成的庞大代表团也到莫斯科参加中断已三年多的"苏美贸易经济委员会会议"。

与此同时，美国仍在继续全面扩充军备。11月15日，美国总统里根和西德总理科尔在华盛顿会谈时，双方重申忠于北约1979年的"双重决定"，其中，包括1983年末将在西欧部署美国中程核导弹。22日，里根又宣布美国决定密集部署100枚MX洲际弹道导弹。里根和舒尔茨在这期间发表的一些谈话中明确表示，只有苏联新领导改变政策，并在军备竞赛、阿富汗、柬埔寨和波兰等问题上作出让步，苏美才能就限制军备和发展经济合作等达成协议。

莫斯科也作了相应的表态，苏共中央总书记安德罗波夫会见了布什和舒尔茨，强调苏联"准备在完全平等、不干涉、互相尊重两国人民利益和使国际局势健康化的基础上同美国确立关系"。苏联部长会议主席吉洪诺夫会见出席"苏美贸易经济委员会会议"的美国代表团，表示苏联愿意同美国发展贸易和经济关系。苏联最高苏维埃主席团第一副主席库兹涅佐夫会见了美国议员团。

与此同时，安德罗波夫在几次重要讲话中都表示，苏联新领导坚持勃列日涅夫在世时奉行的内外政策的战略路线，"对外政策的目标不变"。他针对美国扩充军备，反复强调苏联"要认真地关注把国防能力保持在应有的水平上"。他表示，苏联赞成同美国和其他西方国家"首先就限制军备竞赛问题"达成协议，"但谁也不要等待我们（苏联）会单方面裁减军备"；苏联希望同美国缓和紧张局势和发展合作，但苏联决不会像美国所要求的那样"在各领域作出种种预先的让步"。

在这美苏关系的严冬季节，苏美双方发出的这种种信号究竟意味着什么？是苏美关系"趋向微微解冻"吗？是里根政府走向苏美关系"新开端"的表现，还是苏联准备改弦更张的先声？目前看来都不像。

《莫斯科新闻》周报最近一期引用里根的话说："跳探戈舞需要两个人，因此要有事实表明他们（苏联人）也想和我们（美国人）跳探戈。"这家周刊接着指出，"邀请跳舞不应当附带要求舞伴修改发型，更不用说改变思维方式"，"但是华盛顿却保持着提出各种先决条件的爱好，以大洋彼岸的观点来要求'改善苏联的行为'，这既包括在对外政策方面，也包括国内政策方面，这不是邀请跳舞的姿态。"

《莫斯科新闻》在归纳苏联专家们对苏美关系现状及其前景的看法时写道："自1933年美国在外交上承认苏联以来，苏美关系从没有这么坏。一些人认为，只有华盛顿新政府上台，情况才可能向好的方向转变。另一些人则倾向于，在经济方面遭到一切失败和在国会中期选举中受到明显挫折之后，里根政府可能对苏联采取比较理智的立场，特别是在东西方贸易问题上。"

事态究竟如何发展尚有待观察。但是最近人们既没有看到苏美双方的立场有了什么明显的改变，也没有发现两国的关系有了什么转折。华盛顿和莫斯科在加紧军备竞赛和在世界各地争夺的同时，只是作了一些"裁军"和"合作"的表示，但要价都很高，僵持不下。事实表明，苏美两家各有困难，但又都不想从原来的立场后退一步，短期内还难以跳起探戈舞来，而且即使将来跳起来，也免不了总是要互相踩对方的脚。

⑥引语式。这在国际新闻报道中也是较常见的一种结尾形式，其特点或在于直截了当，或在于生动感人，或在于理智论宏。它可能是对主题的呼应，也可能是对上文的承接，或是对全文的总结和对未来事态的预测。它综合了各种结尾形式的功能，但就个别而言，它却是不同结尾形式中的任何一种。我们之所以将它作为结尾形式之一来单独探讨，不仅因为它在新闻报道中的普遍性，而且更主要

的还是着眼于它的独特性及其功效。就写作技巧而言，引语式结尾不管是直接引语还是间接引语，都应该注重引语的精辟、独道和色彩，而且必须考虑它对主题的逻辑联系和贴切。

附：三岁娃娃将被征入伍

　　谁也搞不清楚这是怎么一回事儿——本星期五，居住在纽约市约克城高地的三岁小女孩皮丽·夏普洛收到了应征入伍通知书。

　　昨天，她像平时那样吃早餐，她边吃边看一张华盛顿征兵处寄来的通知单。根据这张通知单，她得在"从十八岁生日那天起三十日内报到入伍"。

　　尽管小皮丽仍有许多年时间考虑这件事，但她已明确表示："我不去！"

　　我们对结尾写作形式的上述分类也不可能包括全部，人们还可以举出其他分类形式，或从别的角度来分析研究结尾写作。但不管怎样分类和探讨，作为新闻报道的结构之末，结尾在整体结构中的地位比较而言是相对微小的，显然不如导语和主体那样对通篇报道起关键作用。

第三节　体裁

　　体裁是对不同结构和标准文体的具体分类。就国际新闻报道而言，通常运用的报道体裁主要有三大类，即消息（含快讯或简讯、日常动态和突发性新闻、连续报道、新闻综合、花絮等）、评析性新闻（含综述、新闻分析、述评、评论、短评、社论、札记、编辑部文章等）、新闻通讯（含通讯、特写、专访、目击记、游记、随笔等）。其中，动态消息、综述、述评、新闻分析、通讯（含特写）和专访等是国际新闻报道中最普遍常用的具体写作形式。

　　不同报道体裁的写作究竟有什么技巧和特征呢？

一　消息

　　消息在日常国际新闻报道中占最主要部分，主要包括快讯、动态新闻、连续报道、新闻综合和花絮等。世界各地每天都在发生具有国际意义的大事，对这些大事及参与者的日常报道就构成了"消息"这种报道体裁,其特点在于尽可能快速地反映日常世界动态。快讯、动态新闻、连续报道、新闻综合和花絮,都应该是对世界各地日常发生的新鲜动态的书面或音像反映。

1、快讯(Flash Bulletin)。重大动态新闻报道之"前奏",外文报道中还应包括"急稿"(Urgent)。驻外记者为争取时效,抢发独家新闻,往往在某一突发事件或重大事件发生后当机立断,争分夺秒地向编辑部传递这一重要讯息,就事论事,不管前因后果和新闻要素齐全与否,简明扼要,三言两语甚至一句话就成。快讯贵在神速,一言中的。待快讯发出后,记者再就事件的方方面面进行滚动报道,分段发出详讯,作深度报道。有时记者在情况不太明朗的情况下,就种种迹象抢先发出快讯后,应立即深入采访,尽快摸清情况,作出后续报道。但这种快讯不能主观武断,妄下结论,只能客观报道某一现象或迹象,并客观引用消息来源的说法,报道中一般不用肯定性词汇。

快讯是各新闻单位抢发独家新闻的有效办法。"后方"编辑部收到前方快讯来稿后,也应以最快速度编发"上天"。作为一种滚动发稿模式,抢发快讯之后还要立即跟进后续报道,即简讯和详讯,也可称之为连续报道。

连续报道实际也是动态新闻的组成部分,只是它报道的不是孤立发生的事件,而是对某件已发生的事件的进一步跟踪和深入报道。因此,就写作技巧而言,这类报道从总体来看仍应采取动态新闻的"倒金字塔"报道模式,但同时必须密切与此前有关报道的内在联系,通过回顾性段落或有关背景介绍把同一事件的"前天"或"昨天"同"今天"衔接起来,使读者和新闻受众对某一事件的进展状况和来龙去脉有一个完整和清晰的了解。

世界许多媒介现在对重大新闻事件采用"滚动"发稿方式,实际这也是一种行之有效的"连续报道"形式,而且正在受到越来越多媒体的重视。"滚动"报道既可以不断地在快讯的基础上"增添"新的内容,也可以把新的内容独立成篇地"滚动"推进,对整个事件作逻辑系列报道。不管用何种方式,目的只有一个,即保持报道的时效和连贯,使报道善始善终。

例:(连续报道)简讯:塔拉巴尼宣誓就任伊拉克新总统

例:新华社快讯:伊拉克库尔德领导人塔拉巴尼7日宣誓就任伊拉克总统。

伊拉克库尔德领导人塔拉巴尼7日在巴格达"绿区"内宣誓就任伊拉克总统,并正式提名临时政府副总统、达瓦党总书记易卜拉欣·贾法里为伊拉克过渡政府总理。

当天，塔拉巴尼在议会里不停地向议员们挥手致意，议员们也长时间起立鼓掌，向他表示祝贺。塔拉巴尼表示，他"将致力于维护伊拉克独立和主权完整，维护伊拉克的民主和联邦体制"。他还呼吁伊拉克逊尼派穆斯林积极参与国家的政治进程。

塔拉巴尼是在6日举行的伊拉克过渡国民议会第四次会议上当选为新总统的。他是伊拉克历史上第一位库尔德人总统。两位当选副总统亚瓦尔和阿卜杜勒—迈赫迪7日也宣誓就职。他们与塔拉巴尼一起组成三人总统委员会。

塔拉巴尼7日还宣读了总统委员会提名贾法里为过渡政府总理并由他进行组阁的决定。贾法里将有两周时间进行组阁。他提供的阁员名单需提交议会批准，但只要获得简单多数赞成票即可通过。

在总统宣誓仪式结束后举行的新闻发布会上，伊拉克过渡国民议会议长哈桑尼说，临时政府总理阿拉维当天早些时候已经提交辞呈。

例：（连续报道）详讯：塔拉巴尼宣誓就任伊拉克总统

伊拉克库尔德领导人塔拉巴尼7日在巴格达"绿区"内宣誓就任伊拉克新总统，临时政府副总统、达瓦党总书记贾法里当天被提名为过渡政府总理并负责组阁。

宣誓仪式上，塔拉巴尼对在场的议员频频挥手致意，议员们也长时间起立鼓掌，向他表示祝贺。随后，塔拉巴尼将右手放在一本《古兰经》上宣誓说，他"将致力于维护伊拉克独立和主权完整，维护伊拉克的民主和联邦体制"。

塔拉巴尼说，"那些攻击平民、清真寺和教堂的人都是罪犯，消灭恐怖主义刻不容缓"。他呼吁逊尼派穆斯林积极参与到国家政治进程中来，并表示他"将与有意参与起草正式宪法的逊尼派穆斯林合作"。

塔拉巴尼6日在过渡国民议会第四次会议上当选新总统，也是伊拉克历史上第一位库尔德人总统。两位当选副总统亚瓦尔和阿卜杜勒—迈赫迪7日也宣誓就职，他们与塔拉巴尼一起组成三人总统委员会。

宣誓仪式结束后，塔拉巴尼还宣读了总统委员会提名贾法里为过渡政府总理的决定。贾法里将有两周时间进行组阁。他提供的阁员名单需提交议会批准，但只要获得简单多数赞成票即可通过。据悉，大部分内阁部长职位已经有了归属，但关键的石油部长目前仍是各派争夺的焦点。

贾法里在获得提名后说，他"将设法拿出一个建设伊拉克安全部队的时间表，这个时间表同样也是多国部队撤出伊拉克的时间表"。他还表示，将以"爱心"吸纳那些抵制大选的伊拉克人。

舆论认为，贾法里的提名进一步巩固了曾在萨达姆统治时期受压迫的伊拉克什叶派穆斯林在新政府中的政治地位。什叶派穆斯林除了在 275 个议席的议会中占有 140 个议席外，还拿到一个副议长和一个副总统的职位，并有望获得几个关键部长的职位。同为大选赢家的库尔德人获得了总统和一个副议长职位，并将有数个部长职位进账。

在总统就职仪式后举行的新闻发布会上，伊过渡国民议会议长哈桑尼说，临时政府总理阿拉维当天早些时候已经提交辞呈，但阿拉维在新内阁产生前将继续看守临时政府内阁。

伊拉克过渡政府组成后，将负责在今年 8 月 15 日前完成正式宪法的起草，并在 10 月 15 日前就正式宪法举行全民公决。如果正式宪法在全民公决中获得通过，伊拉克将于 2005 年 12 月 15 日按照正式宪法举行新的大选，届时将产生正式的议会和政府。

当然，外文报道，特别是英文报道的滚动发稿方式与上述中文对内报道略有不同。一般是先抢发一句话快讯或一段话"急稿"，然后再迅速分节跟进后续报道，视内容跟进一节或多节详讯。

2、动态新闻。不同的消息来源于不同渠道，或由驻外记者现场或实地采访获得，或由驻在国有关方面正式宣布，或据当地通讯社电讯稿、报刊和各类文字材料（如声明、公报等）编写。不管是对突发事件还是就某一事实或某一会议发言进行报道，动态新闻在写作模式上目前主要都采用"倒金字塔"形式，提倡短小精悍，尤其重视导语和消息前半部的写作，讲究新闻要素的齐全和适当的背景介绍。有一点有必要在这里作较为详细的说明，即"抄报"问题。

所谓"抄报"，指的是驻外记者转发当地报刊和其他文字材料中刊载的具有国际意义的消息。作为一种消息来源，这种"转发"对驻外记者来说是日常报道不可缺少的一部分。但这里有个如何"转发"的问题，是照转照抄或稍作改动，改头换面？还是只作参考，重新改写或据此进一步采访后再行写作？显然后者不失为积极的方法和态度。这是因为：一方面，报刊资料上登载的消息已被人知，至少已在当地公开化，时效上已不太新鲜，即使这类消息对国际上许多地方还是个"未知数"，但经过报刊登载，显然绝大多数已是"昨日"新闻。因此，驻外记者应从中探寻新鲜由头，或就该新闻事实与有关方面联系核实，从而将"旧闻"变成"新闻"，甚至变成自己的独家采访新闻；另一方面，这类消息往往从当地官方观点考虑，在观点和倾向上受本国政府和政治的影响制约较大。记者就应变换角度改写，使之符合国际新闻意义。

记者"抄报"应具有如下本领：把旧的变成新的；把死的变成活的；把转手得来的变成主动自采的；把繁杂的变成简明的。善于把"新与旧""死与活"的材料结合起来使用，从而使被转发的"二手货"掺杂和夹叙于新鲜事实之中。

这里有两篇"动态新闻"范例。一篇是记者自采的新鲜事实报道，一篇是"抄报"消息。

例：（自采）世界名画《蒙娜丽莎》乔迁新居

达·芬奇的名画《蒙娜丽莎》6 日下午在卢浮宫的新展厅与公众见面。为了让"全世界最被关爱的女性"带着"全世界最负盛名的神秘微笑"乔迁新居，卢浮宫精心准备达 4 年之久。

卢浮宫德农馆二层、修葺一新的国家厅中部隔断墙上，悬挂着一幅 77 厘米高、55 厘米宽的"小画"，这就是卢浮宫的镇馆之宝《蒙娜丽莎》。卢浮宫最大的油画——韦罗内西创作的《卡纳的婚宴》与它面对面，占满一面墙。此外还有大约 50 幅 16 世纪的意大利名画与他们同厅展出。

"搬家"之前，《蒙娜丽莎》悬挂在相对狭小的玫瑰厅。每天 2 至 4 万名参观者纷至沓来，就为一睹其真容。镇馆之宝搬家是卢浮宫的重大工程，为翻修国家厅就耗资 481 万欧元，工期长达 4 年。

在迁入新居之前，专家们还对这幅名画进行了"全面体检"。2004 年 10 月中旬，《蒙娜丽莎》被两次请出卢浮宫，在法国博物馆机构的"修复与研究实验室"接受全面检查。十几支专家队伍分头对《蒙娜丽莎》进行了总计达 76 个小时的高科技检查，每次行动最多只有 3 人被允许与之亲密接触。检查结果令人欣喜：《蒙娜丽莎》的"身体"很健康。

1502 年，达·芬奇开始在一块薄薄的白杨木板上创作这幅油画，这块木板现状良好。除了表层保护涂料年久变质，使画面发暗发绿，油画本身的颜料附着良好。一条年代久远的细小裂痕，从画面顶边延至蒙娜丽莎的右太阳穴，长达 11 厘米，但是这条"伤疤"近年来不曾恶化，预计今后很长时间内还将保持稳定。

检查还发现，达·芬奇画技之细腻令人难以想象，每层颜料都非常之薄，如同中国古代画作。专家断定，如果试图通过处理表层保护涂料恢复油画的亮度，哪怕使用高科技手段，结果也很可能弄巧成拙，酿成大祸。

达·芬奇以佛罗伦萨一位丝绸商人的妻子为模特，用了 4 年创作这幅传世之作。无论走到哪里，他都带着这幅画，说他自己无法与其分离。1517 年，达·芬奇将这幅画带到法国，自 1804 年起，《蒙娜丽莎》一直收藏在卢浮宫。

例：（"抄报"）以色列总理沙龙就是否收受贿赂接受质询

据以色列《国土报》14 日报道，沙龙总理当天在议会接受了一个议会特别小组对他是否收受贿赂提出的质询。

成立议会特别小组对沙龙进行质询是由 40 位议员联名提出的。该小组主要针对沙龙是否卷入 2 起私人公司曾为他提供竞选资金提出质询，并讨论沙龙涉嫌腐败的事件对公众产生的不良影响。按照以色列法律，沙龙必须回答议会特别小组对他提出的任何问题。

一向与沙龙不和的议员乌齐·兰多当天说，以色列要清除腐败，必须将矛头对准腐败的源头——沙龙总理办公室，而其中最关键的人物就是沙龙本人。

沙龙在接受质询前发表讲话说，对他涉嫌腐败的质询是政治阴谋，所有的指控都是"恶意的诽谤和谣言"，其目的是为了诋毁他领导的执政的利库德集团。他指出，这些人的阴谋不会得逞。

沙龙上台后曾涉嫌卷入 2 起腐败案。在第一起"希腊岛事件"中，沙龙被指控接受以色列建筑商阿佩尔的贿赂。当时，阿佩尔为获得政府支持在希腊进行旅游项目开发，以聘请沙龙儿子吉拉德为顾问的方式，向沙龙家族支付了数十万美元。这些钱随后成为沙龙的竞选经费。第二起被称作"科恩事件"。沙龙的密友科恩是南非富商，他涉嫌于 2001 年向沙龙提供 150 万美元的政治捐献，以弥补 1999 年沙龙在党内竞选时经费的巨额亏空。

据以色列媒体报道，这 2 起腐败丑闻都与 1999 年沙龙竞选利库德集团主席有关。沙龙在那次竞选中获胜，并最终以利库德集团主席的身份出任总理。

3、综合消息。 这里指的是各国际新闻编辑部，特别是报刊编辑部就某一国际事件，特别是某一突发事件综合各方消息来源而进行的报道，其特点是全面、详细和完整。它有点类似于连续报道，但连续报道的新闻事实是单一的，其新鲜动态性更强，而且新鲜事实占报道的主要部分，对"前天"或"昨天"只是回顾衔接而已，使读者明了"今天"的事件是此前的继续。而综合消息的新闻事实则是多头绪的。它也可能是对某个新闻热点当天不同动态的逻辑综合，同连续报道的区别主要在于新闻事实的多重性。也可能是综合各方消息来源对同一事件的不同反应，新鲜动态性相对薄弱，时效参差不一，不一定都是最新鲜发生，目的只在于全面反映。

因此，编辑在进行新闻综合时应善于"裁剪"，将不同消息来源中的实质性内容和精彩之处归纳成文。

例：综合消息：美军大举围剿反美武装　伊呼吁叙利亚安全合作

驻伊拉克美军25日凌晨在巴格达西北约220公里的安巴尔省小城哈迪塞采取大规模军事行动，围剿反美武装人员。伊过渡政府外长兹巴里再次呼吁邻国叙利亚看好自己的边界，阻止外国武装分子渗透到伊拉克。

约1000名美军士兵25日参加了代号为"新市场"的行动，这是美军一个月内在伊拉克西部发起的第二次较大规模的军事行动，规模和本月初的"斗牛士"行动相当。

在行动中，至少有3名反美武装人员被打死，美军有数名海军陆战队员受伤。在夜间行动中，美军直升机把海军陆战队员空降到哈迪塞附近。美军还在路上设置检查站并封锁该城，搜寻和追剿反美武装。伊军队的侦察部队也参加了此次行动。哈迪塞城有9万居民，位于伊拉克通往叙利亚的主干道附近，也是从伊西部向摩苏尔和巴格达等地运送物资的交通枢纽。

意大利外长菲尼25日抵达伊拉克访问，他在和伊过渡政府外长兹巴里举行的联合记者招待会上说，意大利军队在伊拉克的存在取决于伊新政府在恢复安全和稳定方面的建树。菲尼还将到伊南部的纳西里耶视察为数3000人的意大利军队。

兹巴里说，伊拉克相信有许多恐怖分子通过伊叙边界渗透到伊境内，并制造各类恐怖袭击，导致无辜伊拉克百姓死伤。他呼吁叙利亚多做有利于伊拉克安全的事，因为叙利亚政府有义务阻断并禁止恐怖分子进行渗透，以便建立两国安全合作机制。

兹巴里同时说，伊拉克并不认为伊所有问题都来自国外或邻国，伊国内也有许多问题，政府也面临诸多挑战，但外国武装分子不受阻拦地进入伊境内是很严重的问题。叙利亚此前否认支持伊境内的反美武装，并表示正在尽力控制边界，但不可能全面关闭两国长达600公里的边界线。

自伊拉克过渡政府4月底组建以来，已有620多名包括政府官员在内的伊拉克人在不到4周的时间里丧生。针对武装分子活动猖獗问题，伊过渡政府总理贾法里上周说，他将在近期内访问叙利亚，同叙当局讨论边界控制问题。

4、专访。 作为一门国际新闻报道体裁，"专访"有着自己的独特魅力和写作技巧。"专访"报道形式的独特性质和魅力表现在"专"字上：采访对象"专一"，凸显人物的重要地位和影响，受众关注他头顶上"一抹神秘的光环"；访谈内容"专特"，总与当前重大国际时政或舆论最为关切相关联，受众希望透过访谈获得真相或权威性解释；报道形式"专特"，不同于一般意义上的动态报道，受众乐见将人物、事件、情境和见解串联一起的报道方式。

不管"专访"的魅力有多大，就写作形式而言，它主要包括两种文体形式：一问一答全部实录式。往往访谈时间较长，涉及面广，主要为著书立说或电视电台实况转播所用；动态消息报道式。

就国际新闻报道而言，"专访"应属于动态"消息"写作范畴，因为这种访谈本身具有"动态消息"性质。即便少数简短访谈以"一问一答"形式刊载，或将以著书立说为目的而进行的长时间访谈节录作"问答式"报道，其写作形式也仍然具有"动态消息"性质：访谈时机和访谈内容一般都具有时效性，宜及时进行报道；写作形式主要呈"倒金字塔"消息写作模式，讲究新闻价值取向和5个"W"的和谐统一。

"专访"报道是一种"专特"的"消息"写作，其写作技巧除了基本共性外，还是有一些独特之处。主要体现在这样几个方面：①记者要善于提炼"精华"，将访谈中最有新闻价值的信息放到标题和导语位置；②巧妙地将人物、事件、情境和见解融汇一文，吸引受众眼球；③对采访对象的风采、心绪和访谈情境的描述要恰如其分，逻辑推出，忌讳"本末倒置"，妨碍对最具新闻价值的信息的报道。

例："我有一个梦想"

——专访巴勒斯坦民族权力机构主席阿巴斯

满头白发，深蓝色西装，加上一副金丝边眼镜，他显得文质彬彬。而文质彬彬的背后，却是一段曾经在中东战争中沦为难民、为巴勒斯坦民族权利奔波的奋斗史。正访华的巴勒斯坦民族权力机构主席阿巴斯同记者坦诚相对：我有一个梦想——希望我的孩子们将来能无忧无虑地生活在一个独立的巴勒斯坦国。

"我需要的是和平，不是暴力；我希望巴勒斯坦人民过上正常人的生活，有正常人的衣食住行。"作为"奥斯陆和平协议"巴方的设计师，阿巴斯善于从历史角度审视巴以冲突，主张和平谈判，反对在争取恢复巴民族权利的过程中滥用武力。

尽管日程安排异常紧张，阿巴斯还是在就任巴领导人以来首次访华期间，于18日下午接受了新华社的专访。在30分钟的采访中，阿巴斯侃侃而谈，显示出学者特有的儒雅和敏锐。

"巴勒斯坦人民需要有人领导他们走向这样的生活，我相信我能够做到。"年逾古稀的阿巴斯对自己的能力充满信心。"我将带领大家努力去争取，无论收获多少，只要有利于我们的民族，我就无怨无悔。"

阿巴斯1991年出任巴方代表与以色列进行谈判。1993年，阿巴斯作为巴解组织谈判核心人物先后在挪威首都奥斯陆与以色列进行14论秘密谈判，并代表巴方签署了巴以第一个和平协议，即关于巴勒斯坦自治的原则宣言，被誉为"奥斯陆协议"的巴方设计师。

作为巴民族解放运动的一名战士，阿巴斯跟随阿拉法特在争取恢复巴勒斯坦民族权利的道路上奋斗了40年。阿拉法特2004年11月11日去世后，阿巴斯接任他在法塔赫的职位，成为巴解组织执委会主席，并在1月举行的巴勒斯坦历史上第二次大选中以最高得票率当选巴勒斯坦民族权力机构主席。

"战争和暴力手段已经不能为世界所接受。"阿巴斯说。

阿巴斯被以色列和国际社会公认为是"温和、务实"的领导人，他在"武装斗争"与"和平谈判"之间，选择了后者。2月他与以色列总理沙龙在埃及沙姆沙伊赫达成共识，宣布停止暴力行动，标志着持续了4年之久的巴以流血冲突终于告一段落。

然而，尽管巴以达成共识，但巴方一些武装派别并不愿放弃武力，以色列撤出定居点计划面临右翼势力的严重挑战，巴以地区实现永久和平前景尚不明朗。

"目前的巴以局势相当敏感，暂时的平静期也非常脆弱，一丁点儿火星就有可能引发大的暴力冲突。"阿巴斯对此深感忧虑，其肩头的压力可想而知。

"巴勒斯坦人民目前处境悲惨，无法过正常生活。以色列修建的隔离墙、检查站、哨卡使巴人民的生活深受影响。孕妇把孩子生在检查站、病人死在路上的事情时有发生。"阿巴斯紧缩眉头。

"巴以之间的确有很多问题，但并不是无法解决的。"作为巴勒斯坦高层中屈指可数的以色列社会问题专家，阿巴斯深谙巴以和平问题的解决之道。

舆论普遍认为，目前困扰阿巴斯的难题之一是巴内部派别对实现巴以和平方式的分歧严重。阿巴斯上台后首先要做的就是整合内部力量，进行内部改革。

"巴勒斯坦内部派别之间有协议和约定，不可能爆发任何敌对冲突事件。我完全有把握控制局面。"阿巴斯紧握双拳，在空中挥舞。"我更期待巴方加强内部团结，在政治体制上取得进展。"

阿巴斯此次作为巴领导人首次访华，但很多人并不知道他已多次畅游中国，有着深厚的"中国情结"。他曾经多次观光游览万里长城、故宫、兵马俑等中国历史文化古迹，对中国古老文化钦佩不已。采访临近结束，阿巴斯拍着记者的肩头说："中国文明古国本身就足以说明一切。"

最后，阿巴斯面对记者敞露心扉："我有一个梦想——希望我的孩子们将来能够无忧无虑地生活在一个独立的巴勒斯坦国。"阿巴斯严肃的表情在这一刻凝固。

5、消息写作技巧。 消息写作技巧应着重掌握以下几个关节：

（1）怎样强化时效。除尽可能多地深入现场采访、写出第一手独家新闻、在时效上占绝对优势外，记者在多家新闻单位采写同一动态事件的情况下，应争分夺秒抢发消息，写出有自己观点和特色的新闻报道。如果记者利用驻在国便利的通讯条件，根据当地新闻机构发布的消息，或利用其他消息来源编写新闻时，应想方设法将对方的时效变成自己的发稿时效。如某国家元首会见来访的某国特使并就某一国际事件发表重要表态性讲话，本记者因故或难以进入会见现场采访，只好以当地新闻机构的报道为消息来源。这种情况下，本记者可以通过电话采访，证实消息，从而在报道中避开"据×××报道"的字眼，而用"×××今天向本社记者证实"。少数情况下，甚至可以用当天电头直接报道会见和讲话消息，既在时效上给读者以新鲜感，也隐去了转发别家新闻的痕迹。只要不是照转照抄，这种写作上的技巧处理，加上记者在报道内容上的独道观点和文字修饰，显然不会影响报道的权威性和公正性。也许有人认为这样报道缺少"消息来源"，但新闻事实发生在记者驻在地，记者的报道就应被视为"消息来源"。尽管这样做记者有亲临现场的"作假"之嫌，但报道并未明确说是记者亲临现场采访，而报道技巧要的就是这种"含糊"效应。驻外记者不可能事必躬亲，每每都能到现场采访。为便利工作，根据新闻交换协定转编当地新闻机构，特别是当地通讯社和电台的一般动态性国际新闻是不足为怪的。为增强报道的时效性和立体感，记者"转编"时进行一些技术处理则必不可少。

如果驻外记者转发当地报刊新闻或其他隔天新闻，从时效考虑，应使用"据×××报（台）报道"为宜，并尽可能地设法避开"昨天"或"前天"的过时字眼。如某报今天刊登了某国家元首昨天就某一国际事件发表的重要表态性讲话，本记者在转编时只需写上"某报今天援引某某国家元首的话说"即可，因为读者和受众重点关心该国家元首的表态，而不一定或不怎么在乎这一表态的具体时间。从新闻要素来说，这也是齐全的，因为报纸是消息来源，出版发行时间是今天，时效上当然是新鲜消息。

（2）怎样使用消息来源。这有两方面技巧。一方面是从加强时效的角度来运用消息来源，关键在于避旧标新，使用最新消息来源；另一方面是从加强稿件质量和信誉的角度来运用消息来源，使被用的消息来源具有权威性和公正性。比如，阐释同样一件事，国家元首与政府部长或一般官员的讲话分量和权威性就大不一样，政府职能部门的官方宣布显然要比报刊猜测或"小道消息"正式。

有一种情况值得一提，即保护消息来源问题。这在那些揭露性报道中尤为重要。出于种种考虑，不少人在向记者提供消息时私下就达成"君子协定"，要求记者不公开自己的姓名和身份，以免引起不必要的麻烦或遭受打击报复。因此，保护消息来源不仅是新闻媒体及新闻工作者的职业道德准则，而且也是新闻自由与否的标志之一，理应受到法律保护。不少国家都把保护消息来源列入法律条款中，西方世界尤其重视这一点。为了保护消息来源，新闻机构在报道中往往使用"据消息灵通人士""据可靠人士""接近×××的人士称""有关专家认为""这里的外交人士说""一个不愿公开自己身份的人告诉记者"等托词，以替代消息来源的真实面貌。这在国际新闻报道中是不足为怪的。但严格来说，使用这些消息来源的方式会使报道的真实性和权威性受到影响。新闻受众对这样的新闻报道在心理上大多持保留态度，产生"不可不信，也不可全信"的感觉，从而使报道的可信度略逊一筹。因此，不是在迫不得已的情况下，记者应尽量避免使用这种方式。

（3）怎样立意和确立主题。这对报道专门事件的事实性报道较为容易，但对摘录发言和书面材料之类的报道就颇费精力。因为无论是一位总统或知名人士的某一次讲话，还是一份书面声明、公报或讲话稿，往往都包含多项新闻要旨，究竟以哪一点为报道主线？怎样确定导语？这些都需要记者费神选择。此外，在同样一次采访现场，记者的报道主线也时常各有不同。这里除了有一个记者和编辑部的立场和观点歧异问题外，表现在写作技巧上的不同则属于采编人员的新闻素质、修养和水准差别问题。记者和编辑在写作和处理某一报道时，对新闻主题的立意和选择主要应考虑这样几点：①新闻事实重大。某国家元首对某一热点事件的言论当然要比他对一般性国际问题的抒发感慨重要；②新闻客体新颖。重大的透露性讲话和一些老调重弹，前者鲜为人知，当然要比后者优先考虑报道，后者甚至用不着去报道它；③内容翔实。反映实质性内容的数据和例证理应比空洞的高谈阔论受到重视。

国际新闻写作的立意和主题确立问题实际是记者或编辑对国际新闻的认知水准问题。只有加强对国际新闻业务的学习和理论探究，注意并善于总结新闻实践的经验教训，才能在报道时迅速立意，准确而鲜明地确定主题。

（4）怎样贯穿主线，善始善终。消息写作虽然不像通讯、评论之类的报道那样强调首尾相顾和逻辑展开，但文字运用和段落之间的联系还是应该讲究逻辑条理的，从而使之贯穿主线。比如报道某非洲国家的经济成就，其中包括工业、矿业、农业、旅游、交通运输等诸多方面，报道时就不能东一榔头西一棒子，把这一方面的成就散乱地混杂于对另一方面的成就的叙述之中，而应同类合并，使读者一目了然。

另外，报道成就并不说明没有困难和失误。在同一篇报道中如何把成就、困难或失误以及改进措施或奋斗计划有机地结合到一起，使之具有内在的逻辑联系并贯穿主题，这也是消息写作的技巧之一。这方面除了善于归纳分类外，有时只要略加几个字或转折词，就能把前后文连贯起来。如"关于农业，他指出…""在谈到国家经济困难时，他说……"或"但是，他表示，政府已采取措施扼制通货膨胀……"诸如此类。

消息报道中还时常出现这样的情况，即一篇报道中有两个以上的不同新闻要旨，也就是说，导语前半部说的是一回事，而后半部说的却是另一回事或另两码事。这种情况下，记者一方面需要在写作中首先确立主线和导语，另一方面则要用连接词把后半部的不同新闻要旨同前半部有机衔接起来。常用的词句是："关于××问题，他说……""这位发言人还透露说""同时，他还提及……""另据××报道"等等。

从工作作风来说，严谨、认真和一丝不苟任何时候都应该是新闻工作者必须遵循的准则。一篇报道是一个整体，善始善终不仅能使自己的写作技巧不断得到精炼和升华，而且还有助于充实主题。

（5）怎样添加背景材料。消息写作提倡短小精悍，言简意赅。要做到这一点，添加必要的背景材料和说明是重要的。因为短小的目的在于精悍，言简的同时必须意明。新闻报道也是文字写作，文字写作必须重视读者的理解因素和接受能力。国际新闻的读者群和受众具有世界广泛性，受教育程度和知识面千差万别。记者和编辑必须把自己置于广大受众之中，在报道某一事件时应考虑新闻受众的理解和接受能力，让自己的笔下背景清晰，一目了然。

添加背景材料主要应考虑这样几方面对象：

第一，名称。包括地名、人名、团体名称和品名等。地名背景主要应交代国别、方位或称谓（如首都、省府或某机构总部所在地等）；人名背景主要应交待头衔、年龄和人际联系等；团体背景主要应指出团体的性质、成立时间、重大创举和活动范畴等。如，20世纪70至80年代的新闻报道中，经常出现"南非非洲人国民大会（ANC）"，这时就应在适当段落中交代它是南非的一个反种族隔离的解放运动；谈及"前线国家"（frontline states）时，应告诉读者它是南部非洲六国（安哥拉、博茨瓦纳、莫桑比克、坦桑尼亚、赞比亚和津巴布韦）为共同反对南非种族主义侵略、颠覆和破坏而结成的政治联盟；品名背景主要应指出物品的性质、作用和计量换算等要素。

第二，国际事件。不管是历史事件还是近代或最近发生的事件，报道中都应该向新闻受众交代清楚他们发生的时间、地点、经过、性质和主要参与人物等。

第三，新闻人物。尽管都是新闻人物，也许在世界上已经知名度很高，但报道时仍要对他们作出交待，包括与本次报道紧密相关的年龄、性别、职业、头衔、重大成就或失挫，或在重大事件中所担当的角色和责任等。

第四，科技成就和发明成果。科技发明成果是新生事物，专业知识性强，只有添加必要的资料介绍，通俗地解释他们，才能使非专业的新闻受众理解。

第五，历史知识和专业术语。

总之，凡是考虑到新闻受众和读者群会提出疑问或表示不解的地方，都应增加背景材料来解释和说明清楚。

如何添加背景材料？比较常用的有这么几种方式：

第一，对缩写作出说明。这在上面已经谈及，总体精神就是，缩写名称或名词第一次出现时应用全称，哪怕是那些已被新闻受众广为接受的缩写。

第二，直接交待背景。笔者在谈及某事、某人或某一问题时，紧跟着添加片言只语式的补充、说明或介绍，使读者一目了然。

第三，专段背景介绍。往往在关系主题或为承上启下时，需用专门段落来进行背景介绍。如导语提及南部非洲前线国家对南非释放黑人领袖曼德拉表示欢迎，那么最好紧接着在第二段就用专门段落交待一下曼德拉是何时、在什么背景下被宣布释放的等相关内容。这样不仅使读者清楚事情的来龙去脉，而且还能起承上启下的作用，使报道通畅。如果报道某次国际会议的闭幕式，那么应该有专门段落（最好放在最后一段作为结尾）交待一下会议背景，包括何时开幕的、谁参加了、会议主要讨论和做了些什么等等，从而给读者对会议全貌留下一个完整的印象。这种专段背景介绍究竟是放在报道的前部还是穿插中间或作为结尾，则应视写作过程的具体情况而灵活掌握，主要应看它在全文中的逻辑联系。

第四，穿插介绍背景。一篇报道可以把对某人、某一事件或某一团体的背景材料分散到若干段落中介绍。比如黑人领袖曼德拉在被南非当局关押27年之后被无条件宣布释放。报道中就可以将他的年龄、经历、在何种背景下被宣布释放，甚至有关他的家庭、子女等背景材料，穿插到有关段落中分散加以介绍。这样介绍的好处在于简洁明了，避免专段背景介绍的累赘和冗长。西方新闻界尤其擅长这种写作和编辑办法。不过，穿插介绍背景时应特别注意背景内容和本段落叙述内容的逻辑关联，使两者之间在意义上贴切，互为补充，浑为一体，从而保障上下文之间的通畅和流利。

二　评析性新闻

评析性新闻实际主要包括国际评论、综述、述评和新闻分析等。他们是国际新闻记者和编辑对世界突发事件和重大国际问题阐述见解和观点的有力武器，具有本新闻机构鲜明的政治或意识形态倾向。就写作及写作技巧来说，评论、综述、述评和新闻分析还是各有侧重的，属于不同的新闻报道体裁。

1、评论。评论以论理为主。不管是否依据某一件或某几件新闻事件，它都必须注重"理"和"论"，以理服人，以论立意，讲究深入浅出，言简意赅，道理透彻，观点鲜明。较之述评和新闻分析等，评论更有针对性和倾向性，对某一国际事件、某种行为或某个观点，或批驳和抨击，或赞赏和支持，围绕主题层层论理，逻辑展开，特别注重导语和结尾的力度，使之引人注目。

此外，诸如报刊的社论、评论员文章和短评之类也都应是国际新闻评论的范畴。

社论是报刊的旗帜，代表报刊编辑部的指导思想，对国际社会发生的重大事件或问题进行及时地评说，从而旗帜鲜明地表明自己的立场、观点和态度。社论可长可短，根据论理需要而定。不管长短大多字斟句酌，讲究文字修辞，有点"钻字眼"之嫌。

评论员文章，即便由个人撰稿，也大多不署个人名，常常冠以"本报评论员""本社评论员"或"特约评论员"发表，目的在于增加评论分量，引起国际社会的重视。文章虽然署名"评论员"，但实际却代表编辑部，甚至代表政府和官方对某一重大国际事件或问题的观点和看法。既谓文章，一般较长，甚至宏篇大论，但绝不应随意拼凑，啰嗦冗长。应围绕立论、逻辑分析，夹论点于叙述之中。

短评是评论中的一种重要形式。为了配合某一国际新闻报道，编辑往往需要代表编辑部就报道中的重要之点阐明观点和立场，从而形成"短评"这一国际新闻报道体裁。短评必须内容集中，简明扼要，且论理深刻、犀利，语言精辟、生动，尤其比其他评论形式更注重时效。

例：短评：美化侵略绝非"内政"

日本文部科学省5日最终审定并通过了严重歪曲历史、美化侵略的《新历史教科书》，它激起了许多亚洲国家的强烈抗议。然而，日本发行量最大的《读卖新闻》却在6日发表社论声称，亚洲国家政府对教科书审定表示抗议显然是"干涉内政"，说什么审定教科书制度是有关国家主权的问题，决不允许外国施加压力。这简直是颠倒黑白的逻辑：当年，日本军国主义的对外侵略行径给所有受害国人民带来了巨大的灾难，如今，篡改历史、美化侵略竟然成了日本的"内政"！这种逻辑是绝对不能为受害国人民所接受的。

历史是不容篡改的，但日本右翼团体"新历史教科书编撰会"编写的《新历史教科书》却肆意歪曲历史、美化侵略。教科书关于南京大屠杀的记述是这样的："日本军认为，如果攻陷了国民党政府的首都南京，那么蒋介石就会投降。日本军占领了南京。当时，由于日本军，中国军民出现了多数死伤者（南京事件）。另外，关于这一事件的死亡人数等实际情况，在资料上存在疑点，有各种各样的见解，现在仍有争论。"教科书将日本发动的侵略战争赞美为"大东亚战争"，"是为了自存自卫"。在铁的事实面前，教科书却如此狡辩，其本质不言自明。

日本军国主义发动的侵略战争给亚洲各国造成了无法弥补的生命和财产损失，战争的创伤至今都不能愈合，亚洲各国的"随军慰安妇"和侵华日军细菌战受害者依然生活在那场灾难的噩梦中。但是，日本领导人至今都不能正确对待历史问题，难道受害国政府和人民要保持沉默吗？日本右翼势力蓄意歪曲的历史教科书竭力为日本军国主义开脱罪责，美化侵略，甚至公然鼓吹侵略有功。这是对人类正义和良知的挑衅，是对所有受害国人民感情的严重伤害。美化侵略不是"内政"，这种行径当然要遭到包括中国人民在内的所有亚洲受害国人民的强烈谴责。

这样的历史教科书也遭到日本有识之士的强烈抗议。日本早稻田大学研究亚洲政治史的著名教授天儿慧发表文章认为，既然是历史教科书就应该忠于历史事实。例如：关于太平洋战争的目的，新教科书将其写成"为了亚洲的解放"，而极力淡化日本谋求在亚洲的霸权地位的真实目的。关于大东亚共同宣言的记述，也没有阐明各国在此问题上受到了日本的挟制，并非出于自愿。日本都留文科大学教授笠原十九司指出，教科书肯定了日本明治以来的侵略和殖民统治的历史观，日本不能正确对待对外发动侵略战争的历史错误，所以不能思考自己犯错误的原因。

此间分析人士指出，历史不是日本一些右翼分子可以随心所欲篡改的。日本只有正确对待历史问题，并真正深刻地进行反省，才有可能卸掉沉重的历史包袱，与亚洲其他国家实现和睦相处。正确对待历史，是日本赢得亚洲国家人民信任的唯一选择。

2、札记。即读书阅报时摘记的要点和心得。国际札记，就是笔者在浏览国际时事后就某重要问题所阐发的个人感慨和心得体会。就其性质而言，札记类似于随笔，都是就重大国际时事抒发个人感慨。他们主要为报刊所用，一般短小精悍，专就一点"评头论足"，但却极具理性和逻辑。若赞赏，便旗帜鲜明，罗列"功德"或实绩；若抨击，便切中时弊或要害，言辞犀利。国际札记和随笔应是国际评论的偏狭范畴，是记者或编辑就某一国际热点话题抒发个人议论和感慨的一种极好文体。同述评、新闻分析和评论等评析性报道体裁相比，札记和随笔也应提倡篇幅短小，言简意赅。同短评相比，他们更体现"个人"观点和心得，不像短评和其他评析性文章那样"严肃"，代表体现编辑部或某一方面的社会共识，因而文字表达较为随意活泼，敢哭敢骂敢怒敢言。

例：札记：西方媒体与非洲形象

非洲西部的尼日利亚总统奥巴桑乔对媒体的报道曾打过这样一个生动的比喻："善意的人会说杯子里已经有半杯水了，而恶意的人会说，杯子还有一半空着哪！"

国际新闻学会第 54 届年会正在此间召开。会上，西方新闻观受到批评。卢旺达总统卡加梅说，西方对非洲的报道往往是歪曲的、片面的，在他们的报道中，非洲是一个疾病流行、冲突频仍和管理混乱的地区，导致全世界对非洲的印象不佳。的确，现在说起非洲，许多人总是习惯地联想起非洲的落后甚至阴暗面，真所谓"众口铄金，积毁销骨"。

卡加梅表示，西方媒体对非洲的负面报道妨碍了外国对非洲的直接投资，是非洲落后于世界潮流的原因之一。非洲人口占世界总人口的 12%，但非洲吸收外国直接投资额仅占全球总量的 2%，而联合国最近一份报告称，非洲的投资回报率在全球是最高的，达 25.3%。这种现象在某种程度上是由"形象问题"造成的。

在过去一年中，非洲大陆令人欣慰和振奋的好消息其实不少：安全形势趋稳、地区热点降温、经济稳中有升、非盟作用增强。非洲发展银行 5 月 19 日发表的年度报告指出，经过一段长时间的"蛰伏期"后，非洲经济开始呈现好转迹象。报告指出，2004 年非洲经济发展势头"特别好"，平均国内生产总值的增幅由上一年的 4.1% 上升到 5.1%，这是非洲经济自 1996 年以来的最高增幅。遗憾的是，大部分西方媒体对此不感兴趣。非洲经济发展的可喜成果完全淹没在西方媒体关于人事变动的大量猜测报道之中。

在本届国际新闻学会年会上，肯尼亚总统齐贝吉呼吁媒体在报道非洲时更多地关注经济发展取得的成果和通过区域合作解决争端的努力。卡加梅总统则表示，要树立"正面形象"，非洲人首先要对自己进行不遗余力的正面报道，以影响国际舆论。长期饱受"国际形象不佳"之苦的尼日利亚，在 2004 年 6 月发起了"尼日利亚形象工程"，拨款 460 万美元用于改变国内和国际媒体对该国的口碑。

西方媒体一直自诩秉持"客观""公正"的原则，非洲国家希望他们把这一原则体现在对非洲的报道中。

例：科技随笔："摩尔定律"40 岁

今年是英特尔公司创始人之一戈登·摩尔提出著名的"摩尔定律"40 周年。40 年中，半导体芯片的集成化趋势一如摩尔的预测，推动了整个信息技术产业的发展，进而给千家万户的生活带来变化。

1965 年 4 月，当时还是仙童公司电子工程师的摩尔在《电子学》杂志上发表文章预言，半导体芯片上集成的晶体管和电阻数量将每年翻一番。1975 年他又提出修正说，芯片上集成的晶体管数量将每两年翻一番。

当时，集成电路问世才 6 年。摩尔的实验室也只能将 50 只晶体管和电阻集成在一个芯片上。摩尔当时的预测听起来好像是科幻小说；此后也不断有技术专家认为芯片集成的速度"已经到顶"。但事实证明，摩尔的预言是准确的。尽管这一技术进步的周期已经从最初预测的 12 个月延长到如今的近 18 个月，但"摩尔定律"依然有效。目前最先进的集成电路已含有 17 亿个晶体管。

"摩尔定律"归纳了信息技术进步的速度。这 40 年里，计算机从神秘不可近的庞然大物变成多数人都不可或缺的工具，信息技术由实验室进入无数个普通家庭，因特网将全世界联系起来，多媒体视听设备丰富着每个人的生活。

这一切背后的动力都是半导体芯片。如果按照旧有方式将晶体管、电阻和电容分别安装在电路板上，那么不仅个人电脑和移动通信不会出现，基因组研究到计算机辅助设计和制造等新科技更不可能问世。

"摩尔定律"还带动了芯片产业白热化的竞争。在纪念这一定律发表 40 周年之时，作为英特尔公司名誉主席的摩尔说："如果你期望在半导体行业处于领先地位，你无法承担落后于摩尔定律的后果。"从昔日的仙童公司到今天的英特尔、摩托罗拉、先进微设备公司等，半导体产业围绕"摩尔定律"的竞争像大浪淘沙一样激烈。

毫无疑问，"摩尔定律"对整个世界意义深远。在回顾 40 年来半导体芯片业的进展并展望其未来时，信息技术专家们说，在今后几年里，"摩尔定律"可能还会适用。但随着晶体管电路逐渐接近性能极限，这一定律终将走到尽头。"摩尔定律"何时失效？专家们对此众说纷纭。

美国惠普实验室研究人员斯坦·威廉姆斯说，到 2010 年左右，半导体晶体管可能出现问题，芯片厂商必须考虑替代产品。英特尔公司技术战略部主任保罗·加吉尼则认为，2015 年左右，部分采用了纳米导线等技术的"混合型"晶体管将投入生产，5 年内取代半导体晶体管。还有一些专家指出，半导体晶体管可以继续发展，直到其尺寸的极限——4 到 6 纳米之间，那可能是 2023 年的事情。

专家们预言，随着半导体晶体管的尺寸接近纳米级，不仅芯片发热等副作用逐渐显现，电子的运行也难以控制，半导体晶体管将不再可靠。"摩尔定律"肯定不会在下一个 40 年继续有效。不过，纳米材料、相变材料等新进展已经出现，有望应用到未来的芯片中。到那时，即使"摩尔定律"寿终正寝，信息技术前进的步伐也不会变慢。

3、综述。这种体裁也可归属于综合报道一类，但它同一般纯消息性综合报道比较起来，在时效上允许缓慢些（但最好不要隔天撰稿），在内容上较多评析和立论。写得较好的综述，实际也是一篇深度报道文章。虽然综述也是记者或编辑将最新新闻事实与最近一段时间内发生的具有内在联系的若干新闻事实综合起来进行报道，但它却要用这些事实来阐发本编辑部的观点或论断，用事实立论说话。因此，综述在写作上讲究主题贯穿始终、整体划一和新闻事实之间的逻辑联系。大多情况下它不呈"倒金字塔"形式，但导语最好概括全文主旨和实质。

　　例：综述：日本大型银行不良资产问题基本解决

　　日本7大金融集团日前相继公布的"财务决算报告"显示，亚洲金融风暴之后一度陷入危机状态的日本金融业经过长时间艰难调整，终于实现了日本金融监管部门在"金融再生工程"中提出的目标，不良资产问题基本得到解决。

　　据三菱东京、瑞穗、三井住友、日本联合金融、理索纳、住友信托以及三井托拉斯7大金融集团先后发表的财务决算报告，今年3月底结束的2004财务年度，7大集团的不良资产余额已经从高峰时的27万亿日元（1美元约合107日元）下降到约7.4万亿日元。不良资产余额在总资产中所占的比例也从高峰时的平均8.42%下降到现在的2.9%。其中，住友信托银行的不良资产比率已经降到了1.8%。

　　财务决算报告显示，2004财年日本7大金融集团的税后纯利总额已达到7300亿日元。其中，住友信托银行、三井托拉斯、瑞穗等4大金融集团的税后纯利分别创下了历史最高记录。就连2003财年亏损1.67万亿日元的理索纳金融控股集团也出现了3655亿日元税后纯利。

　　日本金融国务大臣伊藤达也在25日举行的新闻发布会上说，在各有关方面的不懈努力下，日本各主要金融集团已经超额实现了"金融再生工程"中提出的到2005年3月将不良资产余额减少一半的目标，这具有重要意义。

　　随着日本景气持续恢复，企业利润增加，银行等金融机构新产生的不良资产减少，盈利能力得到增强，预计在明年3月结束的2005财年，日本7大金融集团的税后纯利将达到1.9万亿日元。随着不良资产的大幅减少，大型金融机构的资本充足率也得到进一步提高。目前，住友信托银行的资本充足率已经达到12.5%，瑞穗金融集团的资本充足率也提高到11.91%，就连一度濒临破产，财务状况最差，实际上已经被国有化的理索纳金融集团的资本充足率也达到了9.74%。

　　日本媒体指出，随着金融业改革的深入发展，银行的经营和收益结构也发生了变化，开始逐步改变过去依赖于存贷款利息差获利的基本格局，实现了经营业务和收益多样化，积极开展信托投资、委托理财、企业兼并中介、企业信誉调查、代收各类费用等银行中间业务。这些业务的手续费收入已经成为各大型银行的重要利润来源。在 2004 财年，三井住友集团的各类手续费收入已经达到了 2981 亿日元，约为 1990 年的三倍。三菱东京和日联银行的手续费总收入也达到了 3797 亿日元。

日本全国银行协会会长前田晃伸认为，日本银行业经过大规模的分化、重组以及调整改革之后，经营状况迎来了转折期。部分主要银行的经营战略已经从被动防守转入战略性扩张阶段。日本大型金融机构已经摆脱了不良资产的束缚，逐步呈现出活力。

然而，综述毕竟是综述，同述评比较起来，其通篇内容则是以述事为主，评析为辅，且不宜记者或编辑自身在其中直接阐发感慨。为区别两者之间的不同，下面我们将剖析和研究国际述评的写作特征和技巧。两者加以比较，便不难发现他们之间的不同点和写作要求。

4、**述评**。述评是际新闻报道较常用的一种评论形式。述评在写作上既要"述"，更要"评"，由事而发，据事立论，叙事为主，叙论结合。国际述评应该是对重大国际新闻事件的有感而发，是带有议论性的新闻。它一面叙述某一重大国际新闻事件的发展，一面围绕新闻事实评论这一事件的意义和是非曲直，揭示新闻事实本身的逻辑力量，摆事实讲道理。这是"述评"区别于"评论"的主要因素所在。

就结构安排而言，国际述评也难以采用"倒金字塔"的写作模式。它或先提出一个观点，然后从几个侧面加以分析、印证；或先交待各种矛盾，然后层层剖析，最后得出结论。不论是采用前者形式还是采用后者形式，述评都很重视整体逻辑和首尾呼应，切忌凌乱不堪、支离破碎和言之无物。

例：述评：不幸的导弹"袭城战"

伊朗、伊拉克之间的"袭城战"已经持续了 40 天。除掉中间 3 天间隔，连续袭击共 37 天。现在还不知道双方死难平民的确切数字，但无疑将大大超过了历次的"战果"。

这一轮"袭城战"始于 2 月 27 日。这一天，伊拉克飞机轰炸了德黑兰炼油厂。于是，双方一发而不可收拾。其他城市不算，仅双方首都挨的导弹已经超过历次"袭城战"的总和。伊拉克打到德黑兰的导弹约 130 枚。伊朗打到巴格达的约有 50 多枚。

伊拉克执行以战迫和的方针已经好几年了，迄今收效甚微，而且事与愿违。这一次也一样。本来，伊朗迟迟没有发动冬季攻势，这与往年不同，曾出现暂时的相对平静。这一轮"袭城战"一打起来，伊朗便在伊拉克苏莱曼尼亚地区发动进攻，占领 1000 多平方公里土地。两伊的导弹战使联合国的和平努力受阻，虽然双方代表即将同联合国秘书长举行商谈，但在这样的气氛下，更难指望会有什么积极的结果。如果"袭城战"继续下去，伊朗可能发动更大规模的进攻，从而导致战局进一步恶化。

导弹不能压服伊朗当权的人。他们的口号是"鲜血必将战胜刀剑"，意思是，严酷的条件会激发人们的斗志，去夺取胜利。导弹也在伊朗激起了民愤，加剧了对立情绪。

从 4 月 5 日，伊拉克又恢复了对伊朗首都的袭击。伊朗则以牙还牙。6 日上午，又有多枚导弹落在德黑兰居民区。没有人会相信，导弹对和平居民的互相袭击，会对战局带来有益的影响。人们殷切地期待着：不幸的导弹"袭城战"快快停止吧！

5、**新闻分析**。新闻分析在国际新闻报道中十分常见，是记者或编辑对某一重大国际新闻事件抒发已见的一种极好形式。新华社的报道栏目"国际观察"实际也应属于"新闻分析"一类。同述评比较起来，新闻分析对新闻事件的剖析成分比评论成分重，它主要是透过剖析来表达对重大国际事件的看法和立场，并评判其是非曲直。在写作上，新闻分析要求笔者具有敏锐的洞察和分析问题的能力，透过现象看本质。这样笔下才能条理清晰，层次分明，剖析透彻，立论准确。新闻分析以析为重，层层解剖"麻雀"，将观点和立论基于分析之上。往往是导语概括全文并提出立论，然后再围绕立论层层剖析论证。通篇贯穿主线，整体划一，禁忌不着边际，啰嗦冗长。

例：（国际观察）"伊人治伊"的重要一步

新当选的伊拉克过渡国民议会议员们 6 日在美军严密把守的巴格达"绿区"会议中心内通过不记名投票方式选出总统委员会：库尔德领导人塔拉巴尼将出任总统，什叶派人士阿卜杜勒—迈赫迪将任第一副总统，即将离任的现总统、逊尼派人士亚瓦尔将出任第二副总统。伊拉克总统委员会的产生是这个国家在"伊人治伊"的道路上迈出的重要一步。

象征主权并推动组阁

根据伊拉克临时宪法，伊拉克总统和两名副总统都属于礼仪性职位，处理国家事务的权力掌握在总理手中。虽然不具有实权，但总统毕竟是国家元首，象征着伊拉克主权。因此，6 日的议会投票具有很大的象征意义。

对伊拉克政治进程而言，产生总统就意味着离新政府的组建不远了。按照临时宪法，总统委员会产生后，将在两周内责令一名总理候选人组阁并将阁员名单提交议会投票，名单一经通过即被视为合法。可见，如果总统人选迟迟无法确定，组建政府的过程就更加漫长。

1 月 30 日的伊拉克大选已过去两个多月，各派就组阁等问题一直在幕后讨价还价。如今，总统的诞生终于给苦等的伊拉克人吃了一颗定心丸。1 月 30 日当天，超过半数的伊拉克选民冒着生命危险到投票站投票，就是希望早日成立一个伊拉克人自己的政府，实现"伊人治伊"。

均衡各派利益是难题

总统委员会的产生是"伊人治伊"的重要一步，但伊政治进程的推进仍然是一个艰难和复杂的过程。分析人士说，议员们 6 日的投票虽然表面上很正规，实际上也不过是象征性地"走走过场"。关于总统、副总统的人选，各主要派别在一天前就已通过谈判达成了协议。就目前的形势看，伊很多重要职位的产生都将需要经过艰难的幕后谈判。平衡各派利益成了伊政坛当前、也可能是未来最大的难题。

在口头上，几乎所有政治领导人都表示，不应以派别和民族的区别为准绳，而应根据实际领导才能来任命政府高官。但实际上，当选派别几乎在为每一个职位争论不休。大选中得票最多的什叶派联盟希望获得总理职位和政府的多数关键职位，库尔德人则一直想要得到总统和石油部长等职，得票较少的逊尼派阿拉伯领导人则不甘心受到排挤……

据悉，伊拉克达瓦党总书记贾法里有望出任总理，其他内阁部长的职位也基本被各党派瓜分完毕，但关键的石油部长职位目前仍是各派争夺的焦点。政府产生尚且不易，今后在遇到经济重建、收入分配、要求美国撤军、保留美军基地、打击反对派武装势力等一系列复杂的问题时，各派是否仍会争论不休？对于刚刚宣誓就职的过渡国民议会来说，目前只剩下 4 个月的时间来制定永久宪法。如果要在今年 8 月 15 日前完成宪法草案，并于 10 月中旬对此进行全民公决，议会各派就必须尽早结束无休止争论，推动政治进程。

武装抵抗仍难以止息

在新政府迟迟不能产生的同时，伊拉克境内的各种武装势力也在趁机掀起新的袭击浪潮。2日，在巴格达西郊的阿布格里卜监狱周围，武装人员向驻守监狱的美军发起了大规模袭击，造成40多名美军士兵受伤。两天后，在"逊尼三角地"中心的迪亚拉省某地，美伊军警也遭遇了强力抵抗，美军不得不出动战机支援。

在4月9日美军占领伊拉克两周年来临之际，一向以游击战方式袭击美军的反美武装居然还能"明目张胆"地组织起大规模进攻，这说明伊拉克距实现安全和稳定的时日尚早。对此，伊官员认为这是新政府无法产生导致警力削弱的结果；也有人认为是反美武装在新旧政府更替之际蓄意乘虚而入；普通百姓则认为，这是人们对美军持续占领和缺乏强有力政府的失望所致。

总统委员会产生后，伊拉克人希望各派领导人尽快摆脱分歧，成立代表民意的新政府，恢复社会治安，向世人展示"伊人治伊"的成果。

6、评论性新闻写作技巧。综述、述评和新闻分析较难简单区别，尤其是述评和新闻分析之间。综述的重心在"述"字上，述评的重心则在"评"字上，而新闻分析的重心在"析"字上。综述是"述"的综合，以"述"为主，述中见论析；述评以"评"居要，述为论基；新闻分析，"析"为文魂，新闻事实是分析立论之根。区别归区别，三者之间有一点是共性的，那就是都有程度不同的评析，写作技巧上也有较多相近之处。总体而言，评析性新闻形式写作都应注重以下几方面技巧：

（1）摆事实，讲道理。置议论和评析于事实依据之中，夹叙夹议，叙为根基，议为公理；或褒或贬，褒不浮夸，贬不辱骂。如果说"客观""公正"是整体新闻报道的灵魂的话，那么它对评析性新闻报道就更为重要。因为评析性新闻报道容易使笔者掺杂自身观点。事实上，评析性报道中也确实一直存在着自身倾向性问题，这与国际新闻报道的宗旨和原则相矛盾。需要新闻工作者特别注重评析性新闻的客观和公正问题。只要我们坚持摆事实、讲道理的严谨作风，在报道中做到客观公正并不太难。这是一个报道原则问题，也是一个写作技巧问题。写作技巧要求新闻工作者熟谙和掌握这一原则。

（2）逻辑严谨，层次分明。每一段落都要环绕主题和立论层层展开，环环相扣。评析性报道注重评论和分析，它主要的不是以论点吓唬人，而应以理服人。如果逻辑思维不严密，东一榔头西一棒子，结构稀松，就必然主题分散，论点不明，不能把道理说透，达不到评析性报道应有的效果。这如同说话艺术一样。逻辑思维清楚的人，三言两语就能把道理说透，入木三分，令人心悦诚服；相反，如果没有逻辑头脑，说起话来就只能啰啰嗦嗦，颠三倒四，不得要领，也许自己心里明镜一般，但别人听了就丈二和尚摸不着头脑，至少道理讲了半天，却仍不能令听者信服。因此，撰写评析性报道前，记者最好先进行逻辑思维，确定主题、立论及支撑或阐释主题立论的层次性论点。逻辑清楚了，评析起来才会顺其自然，水到渠成，读来不仅顺畅上口，而且晓之以理，以理服人。

（3）语言精炼，掷地有声。对任何形式的写作来说，语言精炼都是必需条件，但评析性报道和文章尤其讲究这一点。因为评析性报道不仅要逻辑和层次分明，讲透道理，而且还要给人以气概，透过语言的铿锵和感召力来创造一种"美感"，"压"服读者或受众，使他们"情不自禁"地跟着报道的逻辑推理走。可以说，一篇语言精炼的评析性报道不仅不显得冗长，而且由于其强烈的感染力而读来饶有兴味，令人鼓舞和震动，起一般动态新闻所不能替代的舆论宣传效果。

以上三点只是对评析性新闻共性写作技巧的粗线条概括，写好评析性新闻还需要做到这样几步：

第一步：调研和资料集累。这是写好评析性文章的前提和基础。比起一般性报道来，评析性文章更要求做好调研和资料收集整理工作。只有在调研的基础上，记者或编辑才能明晰国际时局和各方动态，了解时政大事的相互关联及来龙去脉，把握重点和问题的实质，进而在大脑中形成自己的独特见解，构思出文章的主题、论点和结构。新闻实践也表明，要写好评析性文章贵在平时的调研。具体方法不外乎这样几种：采访调研、交际调研、阅报调研和资料集累等。

所谓采访调研，主要是指那些以采访或采式式的行为方式为手段的调研活动，既包括那些以公开报道为主要目的的采访活动，也包括那些以调研为主要目的的采访活动。无论是在街上"遛达"，三言两语地和路人"搭讪""聊大天""侃大山"，还是坐在某一办公室或会场沙发上正尔八经地放上录音机，准备好采访本，等待对方侃侃而谈或有问必答式的正式采访。他们内中都明显包含许多公开报道难以全部容纳的内容，从而成为记者不可多得的调研成果，或使记者开拓新的思路和视野，或向记者撰写评析性文章直接提供素材。

交际调研是指通过对外交往而进行的调研活动。广交朋友，结识各方人士，是从事调查研究工作行之有效的一项主要活动方式。不管是一杯清茶或饮料，还是在餐桌上、饭馆里相见"谈天说地"起来，话题肯定不会只限于吃喝。更何况，一回生二回熟，有深交的朋友凑在一起"神聊"，内容会自然而然地涉及时政中一些"敏感"话题。

阅报调研当然不只限于报纸，应该泛指各种文字和广播材料，包括外电、外刊、外报、外台等，有关刊物往往对撰写评析性文章更为有用，因为报纸受篇幅限制，对一些国际事件多以"动态消息"刊载处理，而新闻刊物纸页相对较多，容易在深度和论点方面放开探讨，使读者从中得到更多一些的了解、借鉴和参考。当然，报纸和外电中也有不少可借鉴或参考的内容，但相比之下对一些事件的内幕透露却"浅显"得多。不过，不管是电讯稿还是报纸、杂志或电台广播，对记者和编辑撰写独道见解的评析性报道文章都不可缺少，他们既提供各种信息和资料，又能使记者和编辑从中了解到他人之言和国际流行观点，知彼知己，取彼之长补己之短，最终形成自己的看法和论点。

资料积累是对记者和编辑贯彻始终的要求之一。做笔记也好，剪贴报刊资料也好，资料的积累都需要从点滴做起，从日常做起。也许单一的一份资料并不起眼，甚至一时对自己撰写文章没有什么使用价值，但积累起来很可能便是"宝"。一方面他们会促使你总体而全面地分析时政，得出自己的看法和立论，帮助自己在撰写某篇文章时确立区别于他人的主题和论点；另一方面他们还可以为评析性文章提供旁征博引的素材和例证。实际上，积累资料的过程也是记者和编辑系统研究和分析国际时事的最初过程，因为需要对"资料"分门别类地归档，使之条理化、系统化。一旦需要，记者或编辑便能拈手而来。

记者或编辑的调查研究范围应尽可能地广泛些，不仅要了解驻在国或主管国的动态和情况，而且还应关注世界总趋势和洲际及热点地区形势，以便在撰写评析性文章时把某一问题与国际总形势联系起来，使文章的立论"站得高、看得远"，从而把问题说得更透彻，达到较好的报道效果。

第二步：确立主题和论点。评析性文章不管何种体裁，都注重论点的新颖、鲜明和独道。因此，撰文前的立论思维十分重要，其中应包括一个反映主题思想的主题论点和若干个阐释和支撑主题论点的层次论点。主题论点在文章中好比"树干"，贯穿全文始终；层次论点则像树干上的"主叉"，既同树干密不可分，又层次分明地随着树干向顶梢伸展。可见，论点是评析性新闻报道的灵魂和中枢，必须给予高度的重视。

论点是怎样确立的呢？怎样才能保障文章论点的新颖、鲜明和独道呢？主题论点也好，层次论点也罢，他们的确立过程对记者和编辑来说都是大脑逻辑推理的构思过程。通过对国际时事和动态消息进行客观分析，并对大量素材进行综合处理，他们在这一"净化"过程中便能去伪存真、去粗取精、去旧存新，筛选出文章撰写过程中有可能使用的真、精、新素材，透过他们再归纳出主题论点和层次论点。

论点的新颖、鲜明和独道是相对于"老生常谈""模棱两可"和"人云亦云"而言。要使论点新颖、鲜明和独道，我们还必须在思维中突破一般，打破原有的框框条条，用自己的思想去分析思考问题。要使论点新颖，你就应该同陈旧、过时或腐朽的观念和"陈词滥调"划清界线；要使论点鲜明，你就不能含糊其辞，模棱两可，不痛不痒；要使论点独道，你就必须旗帜鲜明，独树一帜，不做他人思想的奴隶，随波逐流，也不与庸俗、偏见和低级格调同流合污。

第三步：选择例证、数据和引言。一方面用以论证文章的主题或论点，另一方面也是给全文"添枝加叶"，使之"枝叶茂盛"，令通篇内容饱满充实，充满生机活力。一篇没有充分论证的文章，主题和论点再新颖独道，那么只不过是"论点"而已，总给人以干巴、空洞和枯燥乏味的印象，不仅不能说明论点，反而令人生厌。撰写评析性文章千万不可轻视这第三步。数据、例证和引言使用得当，文章才能"丰满"，不仅绘声绘色，而且有血有肉。他们对主题和论点来说，犹如"锦上添花"。

论证虽然我们视它为文章撰写过程中的第三步，但实际上例证、数据和引言之类的选择却应该从着手构思和撰写文章的一开始做起。因为文章的撰写过程从着手准备、构思到动笔及至完稿、定稿都是一个相互关联、互为补充的整体过程，人们不可能在着手准备资料和调研时不考虑主题和论点，不考虑选择什么样的数据、例证和引言，也不可能在论证过程中不回头重新审视一下自己已确定的主题和层次论点，不可能所有需要的数据、例证和引言都在一开始就已找定。一句话，文章撰写过程需要不断补充和修改。我们之所以将这一过程分为第一、第二和第三步，一方面是因为他们之间确实存有先后顺序的涵义，另一方面则更主要地是为叙述的方便。新闻写作同文艺创作一样，也应该提倡百花齐放、推陈出新。形式是人创造出来的，本来就是个因人而异的问题，实际写作中更应该灵活多样，不受框框条条的束缚。

三　新闻通讯

新闻通讯主要包括通讯、特写、目击记（记实）、游记、散记等。他们由动态消息演进而来，但对新闻事件的报道比动态消息更具体，更生动形象，主要由驻外记者亲临现场采访撰写而成，是国际新闻报道中较常见的体裁。由于他们现场气氛浓烈，且较之一般动态消息和报道更有文学笔调，所以文章大多给人以生动活泼和清新有趣之感，容易吸引和打动读者。

1、新闻通讯的特点。 比起动态消息和评析性报道来，撰写新闻通讯的难度更大一些。这是因为他们具有如下几个特点和写作要求。

（1）感情色彩丰富。这是新闻通讯区别于动态消息和评析性报道的最重要的特征之一。无论是通讯、特写还是目击记、游记或散记之类，他们都不是单纯的事实报道或事实综合，也不是概念和论点的空洞而简单地阐述和论证。他们必需熔新闻事实、人物心态、性景描绘和作者感观于一炉，是新闻和文学的综合体，因而需要声色，需要描绘，需要以情动人，以情感人。实际上，离开文学式的描绘，离开对与新闻事实相关联的人或物的细腻刻画，新闻通讯便不能称其为通讯，最多只能算是一篇干巴文章，犹如失去枝叶的树干，毫无生机。有人认为，感情色彩是新闻通讯的灵魂，这是千真万确的。

看一篇新闻通讯有无"感情色彩"，主要应看它是否准确生动地反映和把握人物心态和通讯环境。只有使之活龙神现，情景交融，才能扣人心弦，感人肺腑，引人入胜。要使文章感情色彩丰富，写人就要勾勒人物在主题中的个性和特点，使他们的喜怒哀乐之情和行为方式得到充分而典型化的表达，文字显得洒脱、深沉和爱憎分明；写景就应透过描绘升华主题，在描绘中渗透人物心境，把景与情鱼水般地融会在一起。只有这样，才能产生相应的读者效果，使文章的感情色彩打动、吸引和"同化"读者群体，在他们胸中掀起波澜和震动，产生共鸣。

就写作要求而言，一篇感情充沛、深深打动人心的好新闻通讯除了文字修辞和文学笔调外，还需要记者自身胸中的激情奔涌。国际风云千变万化，记者心中必须有杆秤。爱什么，恨什么，讴歌什么，鞭挞什么，需要爱憎分明。只有带着感情采访，带着激情下笔，笔下才能行云流水，深沉感人；也只有激情奔腾，记者的文笔才会清新有神，更增添文章的感情色彩和魅力。

（2）现场气氛浓厚。这是新闻通讯的又一个特点。透过对现场气氛的适当描绘，新闻通讯中的人物心态和场景才会栩栩如生，平添许多感情色彩。一方面它给文章以活力和色彩，从而在事情和文字欣赏方面同读者呼而应之；另一方面它使新闻事实真实可信，读者读后犹如身临其境，容易接受。新闻通讯写的主要是记者亲临现场的所见所闻，对现场氛围的适当描绘无疑会给读者留下深刻的立体印象。

现场气氛在新闻通讯中的地位非常重要。正因为重要，付诸笔端也就难以表达。这首先表现在对现场素材的选择上，即如何利用采访素材。驻外记者都知道无论是有意识还是无意识，无论是在一个地点还是在多处，采访过程中所见所闻是很多的，他们不可能都成为单篇新闻通讯的可用素材。单篇文章不可能也不容许"堆砌"那么多素材，而只能对全部素材进行精选，从中选用最能反映主题思想的精彩场面和实质内容。选择什么样的"现场"，既要看它是否贴题达意，更要考虑它的精彩程度。往往采访中了解到的好几个类似场景都对同一主题或其层次内容具有意义，这种情况下只能从中选用最精彩的场面。如果将他们全部"采用"，不仅为文章篇幅所不容，而且更会使文章臃肿冗长，从而将"精彩"场面淹没掉。

我们所说的新闻通讯的现场气氛具体地说，就是指文章中与主题密切相关的人物心境和现场即景。如何把他们生动真实地呈现给读者，这是撰写新闻通讯过程中需要特别注意的另一个难点。人物心境包括与主题密切相关的新闻人物的或喜或怒或哀或乐的情绪及其行为方式和言辞表达；现场即景指的是文章主题必需的特定场面，包括对新闻人物的投手举足和某些景观的描绘等。

如何描绘新闻现场气氛也是一个难点，这是一个如何丰富文章的感情色彩的问题。因为新闻通讯的现场气氛主要是指人物心境和现场即景而言，准确而生动地描绘人物心境和现场即景不仅可丰富文章的感情色彩，而且也是对现场气氛的实际反映。

（3）细腻描绘。无论是从感情色彩这个角度还是从现场氛围这个角度来看，细腻描绘都必不可少，从而构成了新闻通讯的第三个特点。细腻描绘的作用和目的在于体现和升华每一篇新闻通讯的感情色彩和现场氛围。感情色彩和现场氛围需要通过细腻描绘来实现和反映，细腻描绘是对感情色彩和现场氛围的具体表现。

细腻描绘实际上在新闻通讯中是典型的特征描绘。一般而言，新闻通讯不可能长篇大论，需讲究精练。文章既不能面面俱到、主题分散，也不能"事实"雷同、例证重叠，而应将主题贯穿全文，以典型和特征的"事实"和例征主导内容，从而以点带面，以质保量，既符合新闻通讯的篇幅要求，又能使文章不失文彩和华贵。

新闻通讯究竟怎样运用和把握细腻描绘这一手法呢？自然描绘和形象描绘是最基本手法，尤以自然描绘最为常用。所谓自然描绘，就是指对新闻通讯中的人物心态和现场情景作自然真实的叙述，让文章的感情色彩随着新闻事实的真实写照而顺其自然地呈现给广大读者，而不靠华丽词藻和"噱头"来哗众取宠。自然描绘貌似朴实无华，实则内涵丰富，关键在于文字运用和修饰得当。事实上，无论是通讯、人物专访还是现场目击记或游记之类，他们都不是小说式和真正意义上散文式的文学作品。尽管我们主张丰富他们的感情色彩和现场氛围，但他们却不可有丝毫的虚构，不允许任何非恰如其分的描述和形容，不可专门抒情或写景，而只能将情、景融入新闻主题之中。他们往往是记者为配合某一重大新闻事件的报道而写，时间紧，来不及仔细推敲而都使用优美精彩的文句来精雕细刻。

以上是新闻通讯独特于其他新闻体裁的三大特征，也是它独特于其他新闻体裁的三大写作技巧和要求。通讯、特写也好，目击记、散记之类也好，如果写作不注重感情色彩、现场氛围和细腻描绘，那么他们就肯定不是成功之作，就不能吸引和打动读者，起不到应有的新闻效果。上述三点并不是新闻通讯写作技巧的全部。为了达到新闻通讯的特有文字效果，我们还必须掌握和运用这样几种写作技巧：

2、新闻通讯的写作技巧

（1）把握重点。这也是一个如何"消化"和运用采访素材的问题。采访是撰写新闻通讯的前提，采访本身也需要把握重点，如提出关键问题、有重点地观察人、事物和环境、进行重点记录等。但这些毕竟只是写作的"前奏"。由于环境和种种客观条件的局限，记者不可能一下子就能完美地确定重点，而往往把"西瓜"和"芝麻"一齐抓起来。这样的情况也时有发生，即在采访现场记者觉得属于"西瓜"的东西，事后撰稿时就觉得没有必要给予重视。因此，对采访素材进行消化、研究和淘汰是必要的。这一汰劣过程实际就是撰写文章必须把握重点的选择过程。什么样的新闻事实要作为主题事实而予以重点报道？什么样的素材可选进文章段落之中？文章的结构层次如何安排？从导语到结尾的每一自然段中应如何把握重点等等，这些都应被视为新闻通讯撰写过程中必须重视的"重点"。

　　作为一种写作技巧，怎样才能在文章中突出重点呢？哪些因素是新闻通讯的写作重点呢？新闻通讯撰写重点应注重这样几个因素：①新闻事实或所用素材应贴切主题；②所选新闻素材新鲜；③选用的事例典型；④引言鲜亮生动，引文文笔优美。

　　（2）突出主题。这对各种新闻写作形式都是必须强调的一种技巧要求，新闻通讯在这方面要求更高。新闻通讯的篇幅较长，素材多样，内涵的新闻事实不像一般动态消息那样单一。如果主题分散，结构松散，文章必然"天花乱坠"，凌乱不堪。因此，新闻通讯必须突出主题，环绕主题，一切结构、一切素材，都应当服务于中心主题。

　　强调主题思想在新闻通讯中的地位，不仅在于从理论上说明一种写作技巧，而且也是针对新闻通讯写作过程中的失误现象而言的，具有一定的现实意义。新闻通讯中存在的"主题"问题主要有这么几点：第一，结构散乱，或正文的中心内容与标题和导语不一，文不对题；或正文段落内容散乱，应该在前一段说的话却放到后面段落中或同一段落多中心"开花"。第二，冗长空洞。为求字数故意拉长篇幅。第三，堆砌新闻素材。作者自我感觉素材精彩重要，舍不得去舍多余的新闻事实、例证、言论等，从而使段落内容臃肿散乱。文章表面上"充实丰满"，实际削弱主题中心的突出，读起来既显得冗长啰嗦又感到空洞乏味。第四，过分"描绘"和渲染，效果往往适得其反。人为追求词藻的华丽和文笔的精彩，喜欢大段大段地进行情景描绘，但由于这种描绘缺乏与主题的联系和缺乏必要的事实和例证、引言的充实而脱离文章主题和中心，给人华而不实之感。这与前面说的故意拉长篇幅的毛病有些类似，但这方面的毛病在新闻通讯写作过程中更容易出现，需要特别加以警惕。有些记者错误地把新闻通讯与文字描绘混为一谈，划上等号。实际上，新闻通讯的精彩之处固然与情景描绘十分有关，但描绘应掌握适度，恰到好处，特别需要贴切主题。

　　透过以上几点毛病我们不难看出，要使新闻通讯主题和中心突出，写作上必须注意这样几个要素：第一，文句和段落相互之间逻辑贯穿，联系紧密，做到文题统一。第二，精选素材，简洁文笔。第三，描绘应"画龙点睛"，以免不着边际、海阔天空地"瞎侃"。

　　（3）丰实内容。新闻通讯切忌言之无物和空谈阔论。在强调主题和文笔的同时，更应讲究内容的丰满和充实。写人不能只一个劲地描写外表特征，或大段大段地引用"豪言壮语"或"表白"。也就是说，不能由作者主观论断对方的"好"或"坏""是"或"非"，而应赋于他们与主题密切相关的特定意义，特别应注意运用典型事例或数据来反映爱恨、成败得失以及工作和生活等等；写事只靠华丽词藻堆砌在现场环境和景致上是不够的，关键在于写出事件的来龙去脉，让事实说话，使人读来真实可信。实际上这也是一个与"突出主题"相关联的一个问题。只有贴近主题，突出主题，稿件才不会成为简单的文字"串连"，而是逻辑连贯、融为一体的有机组合体，其内核必然丰实、饱满。

（4）首尾呼应。这是各类文字写作的基本要求之一。但就对新闻通讯和动态消息这两者之间的写作要求而言，前者更强调这一点。这里的所谓"首"，即指新闻通讯的导语或开头部分，它必须点出主题，引伸主题，起"启下"的"呼唤"作用，作为"引子"把主题意念一直延引到文末；所谓"尾"，指的是文章的结尾部分，特别是最后一段或最后一句话。它也必须点题，不仅要与主题意念有逻辑联系，而且特别讲究与导语和文首的呼应和"对称"。

可见，首尾呼应实际是文章贯彻始终的一种逻辑形式。具体分析一下这种呼应关系，比较常见的形式主要可以分为这样几种：

第一，主题呼应。所谓主题呼应，就是说文首和文末在"前呼后应"时不仅要紧贴题意，而且文末段落中更要同标题文字"挂钩"，使之直接呼应。

第二，主题意念呼应。包括两方面：直接意念呼应。如文首控诉以色列在被占巴勒斯坦领土上犯下的暴行，那么文末字句就应该对这种控诉作出呼应，或谴责以色列的暴行或声援和同情巴勒斯坦人民的斗争；间接意念呼应。如文首以称道某国某一成就突出、闻名遐尔的企业入笔，而文末却是有关人士对该企业工作的建设性批评讲话。看起来两者之间"矛盾对立"，但实际却存在着同一主题下的逻辑联系，因为建设性批评有益于该企业的今后发展。

第三，形式呼应，即文首和文末采用同一文字形式来"前呼后应"。如文首以情景描绘入手，那么文末也要以情景描绘结尾；如文首字句拟人化，那么文末的写作也应拟人化。

第四，问答式呼应，即文首提出发人深省的问题，结尾则针对这类问题作出明确的或意念性的回答。

上述四点只是几种常见的呼应形式。不管他们在写作技巧上有多大差异，但都必须强调与主题的紧密联系。不着边际或走题跑题的文首和文末，即便呼应得再好，也只能是败笔之作。

新闻通讯的写作难度确实较大，它既不像一般动态消息那样简洁明了、直截了当，也不像文学作品那样不受篇幅限制和随意虚构情节。要用一二千字写出一篇活泼清新、生动感人的新闻通讯，不精于写作技巧是难以写好的。我们只有多练笔，在反复实践中摸索写作技巧，才能把国际新闻通讯写活，既绘声绘色又闪烁光彩。上述几种写作技巧只是泛泛而谈，起到"抛砖引玉"的作用。实际上，新闻通讯的体裁不同，对写作技巧的要求也不尽相同。因此，下面我们还应对新闻通讯的不同体裁及其写作要求作一概略的探讨。

3、通讯。这里所说的"通讯"是指国际新闻报道中的一种特定的报道体裁，它在整个国际新闻报道中占有较大的比重。它虽然不像消息那样日常动态化，但显示和反映的内容却比消息和其他一般动态报道更系统、生动、详细，并富有情调。无论是写某一事件还是写某一新闻人物，它都需要在真实的基础上写事叙理，以形象的描绘揭示人的精神风貌和事物的哲理风情，反映现实社会和自然界中的真善美，揭露假恶丑。

通讯通常还可细分为人物通讯、事件通讯、战地通讯、概貌通讯等。他们的结构既可按事物的发展顺序来安排材料，也可按问题的性质，根据观点的需要来编排内容，即把同类性质的问题加以归纳后再用若干观点分别把有关材料统一起来，并体现通讯的主题思想。

就写作技巧和要求而言，通讯的表现手法可多种多样，基本手法以记叙为主，也可夹叙夹议，辅以适当的描写和抒情。尽管人们撰写通讯的风格各异、手法不一，但一篇好的通讯在一定程度上也是一篇好的散文，应具有文学感染力。因此，通讯这种体裁的写作更应讲究感情色彩和现场气氛，记者应善于运用细腻描绘技巧。由于国际新闻通讯写作受时效和地理环境等因素影响，人们往往忽视文章的文学笔调，要使文章具有浓郁的感情色彩和氛围实属不易。我们必须重视这一点，注意平时的基本功训练，注意平常的"练笔"。只要记者自身的文字修养和写作水平达到"炉火纯青"的地步，写出一篇好的通讯文章也并非太难。俗话说"熟能生巧"，指的就是这种基本功。

例：通讯：牢记历史 共护和平

雄壮激昂的乐曲，迎风飘扬的战旗，整齐威武的方队……5月9日，莫斯科的红场，成为世界瞩目的焦点。盛大的阅兵式将俄罗斯纪念卫国战争胜利60周年庆典推向高潮。

今天，中国国家主席胡锦涛和50多个国家的元首、政府首脑及国际组织的代表，同俄罗斯人民一起，共同庆祝这个光辉的节日——卫国战争胜利60周年纪念日。

60多年前，法西斯侵略者为实现重新瓜分世界的罪恶企图，野蛮对外侵略，引发了人类历史上规模最大的战争。全球60多个国家、近20亿人被卷入这场有史以来最残酷的战争。据估算，因战争死亡的军人和平民超过5500万，经济损失约为15万亿美元。在那场正义与邪恶、光明与黑暗的殊死搏斗中，世界反法西斯力量同仇敌忾，并肩战斗，终于夺取了最后的胜利，共同赢得了世界和平，在人类历史上写下了可歌可泣的光辉篇章。

今天俄罗斯举行的庆典，是各国人民庆祝世界反法西斯战争胜利60周年的一部分。

上午10时前，应邀参加庆典活动的各国领导人相继登上列宁墓前的检阅台。胡锦涛主席和俄罗斯总统普京等在前排就座。普京在致词中说，5月9日永远是个神圣的节日，俄罗斯人民永远怀念那些为了胜利献出生命的先烈。他呼吁国际社会思考如何共同努力阻止暴力和罪恶，防止再发生战争悲剧。

在阅兵式上，胡锦涛主席和其他领导人起立鼓掌，频频向通过检阅台的方队和接受检阅的老战士们挥手致意。

壮观的阅兵式，唤起了人们对历史的回忆，把人们的思绪带回到当年硝烟弥漫的反法西斯战场。苏联是欧洲抗击德国法西斯战争的主战场，2700万苏联军民在战争中牺牲。人们忘不了苏联军民在德国法西斯逼近莫斯科城下时展现的钢铁意志，忘不了列宁格勒保卫战的900个日日夜夜，忘不了攻克柏林战役和易北河胜利会师的场面……苏联人民为世界反法西斯战争的胜利付出了巨大牺牲，谱写了感天动地的壮丽诗篇。

从欧洲到亚洲，中国是抗击日本军国主义侵略的主战场。中国军民进行了长达8年的英勇抗战，伤亡3500万人。人们忘不了日本军国主义铁蹄在中国大地上的践踏，忘不了中国军民同日本侵略者浴血奋战的烽火岁月，忘不了日本侵略者宣布无条件投降的胜利时刻……中国军民牵制并消灭了日本侵略者的大量兵力，粉碎了日本军国主义称霸亚洲的野心，为世界反法西斯战争的胜利作出了重大贡献。

60年前的今天，当整个欧洲欢庆胜利的时刻，中国抗击日本侵略者的战争仍在激烈进行。3 个月后，中国人民抗日战争取得了最终胜利。

罗斯福、丘吉尔、斯大林都对中国人民为世界反法西斯战争胜利作出的贡献给予了高度评价。

罗斯福：假如没有中国，假如中国被打垮了，你想有多少个师团的日本兵，可以调到其他方面来作战，他们可以马上打下澳洲，打下印度……

丘吉尔：如果日本进军西印度洋，必然会导致我方在中东的全部阵地崩溃。而能防止上述局势出现的只有中国。

斯大林：只有当日本侵略者的手脚被捆住的时候，我们才能在德国侵略者一旦进攻我国的时候避免两线作战。

岁月悠悠，沧桑巨变。叶夫盖尼·别列茨基，一位参加过卫国战争的俄罗斯老战士，回忆起当年的战斗岁月，感慨万千。1945 年 4 月，20 岁刚出头的他已是苏联红军某先锋营营长。在攻克柏林的战斗中，他身负重伤。缅怀他那些牺牲的战友，别列茨基说，今天的和平生活是用鲜血和生命换来的，一定要倍加珍惜，让后代珍惜今天的幸福生活。

和平来之不易。为了让人们了解那场反法西斯战争的艰苦岁月，俄罗斯老战士委员会在卫国战争胜利 60 周年前夕专门出版了介绍卫国战争的一些书籍。俄罗斯老战士委员会第一副主席阿纳托利·波格丹诺夫上将在赠给记者的一本书上题词："在伟大的卫国战争胜利 60 周年之际，我衷心希望 20 世纪那场可怕的灾难永远不会降临到我们子孙的头上。"

今天红场的阅兵式结束后，胡锦涛主席和各国领导人从红场前往无名烈士墓献花。

无名烈士墓庄严肃穆，长明火在静静燃烧。胡锦涛主席和各国领导人依次默默将手中的鲜花轻轻放在烈士墓前，并低头致哀。

一束束鲜花，一份份哀思。胡锦涛主席表示："以史为鉴，开创未来，是人类社会对待历史悲剧的正确选择。只有牢记历史教训，只有不忘战争给人民带来的苦难，才能避免历史悲剧重演。"

这是中国人民和世界各国人民的共同心愿。

4、特写。特写比通讯篇幅短，短小精悍。如同影视和摄影中的特写手法，用极近的距离拍摄人物的某一部分使之特别放大一样，国际新闻特写也应抓住国际事件和国外社会生活中具有典型意义和富有特征的片断，或最为生动，或最为感人，形象而突出地加以反映。或突出人物性格及其活动，或显示有特殊意义的场景和场面，使读者看清某一细节，如临其境，如见其人，从而获得深刻的印象和强烈的感染力。总之，新闻特写的一个最主要特点就是"再现"，把自己亲眼所见的重大的现实国际社会和人类生活中的真人真事，真实及时地"搬"进文章中，用文字"镜头"把他们呈现给广大读者和受众。

同通讯体裁一样，新闻特写也可细分为人物特写、事件特写、速写等多种形式。

例：特写：法国永远不会忘记

24日傍晚，一场春雨给巴黎带来了丝丝寒意。法国领导人和近千名年迈的二战抵抗战士和受害者聚集在艾菲尔铁塔对面的夏乐宫人权广场，隆重纪念世界反法西斯战争胜利及纳粹集中营解放60周年。

几位步履沉重的老人，牵着年幼的孙儿孙女，首先登上了露天舞台。他们在长长的黑色幕布前无声驻足，久久注视着雨中广场上安静的人群。广场两边巨大的屏幕上，老人沧桑的面孔与孩子无辜的眼神依次展现，仿佛在同时诉说60年前的苦难与未来的希望。

随后，法国总统希拉克缓步登上舞台，发表了庄严的演讲。他说："今天，记忆再次将我们召唤在一起，向所有经历过被遣送的受害者和反抗者致敬。60年前，随着盟军在欧洲前进的步伐，纳粹集中营里惨绝人寰的罪行陆续公开。面对人类历史上最可怕的悲剧，世界震惊了。所有这些，法国没有忘记，法国永远不会忘记。血与泪的记忆深深刻入了历史。铭记历史是我们的责任。"

纪念活动现场分发的小册子上写着，1940至1945年间，法国共有16.1万人被遣送至纳粹集中营，仅5.4万人生还。他们中间有犹太人、也有吉普赛人，有抵抗分子、也有政治犯和同性恋者。根据1954年颁布的法令，法国每年4月最后一个星期天为"全国被遣送受害者及反抗者纪念日"。

希拉克在演讲中说，法国民众的英勇抵抗使法国境内大多数犹太人躲过了集中营的噩运，这是法国人民的自豪；但是法国未能阻止纳粹罪行，当时的法国政府和部分法国人甚至犯下了参与协助纳粹的罪行，法国应该承担责任并深刻反省。

希拉克说，不忘历史，就意味着汲取历史教训。当欧洲终于实现和解并团结在和平与民主的理想周围，当世界进入新的千年，只有记住历史并维护人类的共同记忆，才能防止野蛮行径的重演。国际社会更有义务与否认历史、无视历史的行为作斗争，与一切形式的种族主义和反人类罪行作斗争。

演讲之后的一场演出展现了无名幸存者的经历：天真小男孩的街头玩耍被渐近的炮声打断，随着车轮的隆隆声响，悲剧开始了——屏幕上，奥斯威辛、布痕瓦尔德等集中营的名字一个接一个撞击着观众的眼球，受害者回忆片断的朗诵冲击着观众的心灵。

当阴霾缓缓散去，舞台上一位小提琴手孤单而悲怆的演奏让纪念的人群陷入了沉思。最后，一群不同肤色的青年手挽着手走上舞台，他们朝气蓬勃，以平静而沉稳的无声凝视告诉台下的历史见证人：他们接下了历史的嘱托。

5、目击记。目击记是记者对重大国际事件现场的一种记实报道，其报道重点是那些突发性事件。记者在"巧遇"这类突发事件时或亲身参与，或在现场耳闻目睹。把这些现场即景用生动优美的文字形式真实客观地记录下来，公之于众，就是所谓的目击记或记实这类的报道形式。这类体裁在国际新闻报道中虽不常见，但也并不罕见。西方记者尤其擅长写作。

这类记实性报道之所以归类于新闻通讯范畴，是因为对他们的写作要求与对通讯特写之类的写作要求相接近。他们也讲究文笔和描绘，特别注重现场氛围和情感色彩。比较起来，新闻记实和目击记之类比通讯更具现场感；与特写相比，他们两者虽然都强调现场氛围，但记实性文章不是突出某一事件的片断，而是注重反映事件的来龙去脉，将事件真相公之于众，给读者和新闻受众对某一事件留下一个完整而客观的印象。

例：现场目击：连环爆炸重创埃及沙姆沙伊赫

埃及红海旅游胜地沙姆沙伊赫发生连环爆炸后7小时，新华社记者驱车赶到事发现场。整个沙姆沙伊赫城此时仍然弥漫着紧张的气氛，路上警车、救护车不时呼啸往来。

爆炸现场之一的老城区旅游品市场，平时商贾云集、游客如织，现在已被大批警车和安全部队包围。高级警官们厉声喝喊，指挥着士兵在爆炸现场布防。爆炸中心的地面被炸出了一个直径约5米、深半米的大坑。市场边上的停车场几十辆车被炸得面目全非，一个被烧得漆黑的汽车发动机被抛到50多米外的地方，孤零零地躺在地上。

四周的店铺也没能幸免。长长的一条街上，50多家朝大街的店铺门窗都被震碎。记者在一家连锁中餐馆看到，这间80多平米的餐厅已经人去楼空，里面一片狼藉，窗户被震碎，屋内的吊顶至少三分之一都塌了下来，桌椅被砸得歪歪斜斜。

在另一处爆炸现场——位于纳伊迈湾的贾扎拉花园饭店，饭店已完全被爆炸摧毁，到处是一片焦黑，地上还留着一摊摊的血迹和被烧的衣物。

一名仍留在现场的目击者说，大约凌晨1点多，一辆汽车突然强行冲向饭店的入口，一名保安试图进行拦截，但汽车在饭店的门口被引爆了。还有人说，爆炸的威力非常强大，在1公里外都能听得到。

埃及内政部长阿德利在视察现场后对周围的记者说，警方已经掌握了一些线索，这将有助于破案和找出肇事者。他表示，不能排除这次爆炸与去年10月份在西奈半岛塔巴地区的连环爆炸有关联。

在沙姆沙伊赫医院门口，一些外国使馆的车辆已经停在那里，部分西方外交官被允许进入医院。有消息说，埃及总统穆巴拉克当天结束在地中海海滨城市亚历山大市的休假，已经抵达沙姆沙伊赫医院探望伤员。

据医院人士透露，死亡人员估计会达到80多人。目前已经有7名外国人被证实死亡，另有28名外国人受伤。埃及内政部说，外国死伤人员主要来自英国、荷兰、俄罗斯、卡塔尔和科威特。

在医院外，一名等待探望受伤朋友的英国人对记者说，前不久在英国伦敦发生的爆炸和这次爆炸都是针对无辜平民的恐怖行动。我们在这个时候不应该被恐怖主义吓倒，而是应该更加坚强和团结。他还说，"我不会提前离开沙姆沙伊赫，当探望完朋友后，我还会照样到海边游泳和晒太阳。"

6、游记。游记是记录人们旅行游览经历的一种文体，是散文的重要体裁之一。总体而言，它在新闻写作中应属通讯体裁一类。一般的新闻报道尤其是对动态消息的报道基本不宜用这一体裁来写作。作为新闻报道范畴的游记，它只能是记者和其他新闻工作者在参观游览后为介绍游览地景致风情和游览经历、抒发个人感慨而采用的一种写作方式，多为报纸刊物等新闻媒介的"国际副刊"所采用。实际上，它是记者和其他新闻工作者国际时事报道的"副产品"。由于这类文章出自记者和新闻工作者之手，游览经历通常与一定的国际时事和动态新闻相关联，且多为报刊登载，因此他们应该说是对时事动态新闻报道的补充。新闻工作者尤其是驻外记者必须了解和掌握这一写作形式，善于运用它来完善和丰富自己的国际新闻报道。

游记的写法多种多样，自由灵活。它写的虽然也是作者亲身经历和目击，但它不同于目击记，一般无需叙述完整的故事情节，也不必突出人物形象。它往往是通过游览见闻中有深刻感受的片断，抓住一景一物、一花一木、一山一水的描写，表达作者的情感，反映异域他乡的风情和知识，涉牵国际大事和人民友谊，使读者和受众通过文章增进了解，增长见识。游记写作并不太难，只要把旅行和游览中所得到的实际材料和印象组织、串连起来，经过一些文笔加工，便可成文。我们常在报纸副刊上见到的某地"一瞥"、某地"印象"或某地"览胜"一类的文章可以说是游记的不同写法。虽然是"一瞥"或"印象"，但你读后却能从中领略些许异域风采或风情，获得你或许是第一次才知道的新知识。

描绘和抒情也是游记的显著标志，因而理所当然地属于总体新闻通讯的一种文体。其写作讲究和注重情景交融，借景抒情，情扣中心。为此，游记写作应注意这样几点：

（1）描绘真实，情感贴切。写游记一般都用第一人称，描述的都是作者自身的真实见闻和真情实感。它既反对为景而景、为情而情，更忌讳"移花接木""弄虚作假"。要做到真实，作者必须首先学会观察事物，勤于思考问题。只有在游览过程中观察细腻，才能写什么像什么，描绘出真景实情来。

（2）抓住特点，突出重点，避免面面俱到，对每一景致或感慨"平均用力"。写游记时常按游览顺序的先后有条理地叙述。如果不筛选素材，"眉毛胡子一把抓"，那么文章就会冗长，淡而无味，甚至可能会成为一本描写从出发到返回的游览过程的"流水账"，既无逻辑，更无中心。因此，游记写作必须环绕中心，详略有致。

（3）新闻游记应重视"时事性"，即尽可能使文章描绘的情景与现实或历史的时政事件相关联。一方面，作者的游览点和选用的景致素材应与相关的新闻事件或历史事件有关；另一方面，文章的字里行间应尽可能地交待相关的时事背景，顺便介绍一些环绕中心的历史知识或国际知识。

（4）注意逻辑连贯和层次过渡。游记写作中要使景物和情感的迁移自然贴切，除了文字应用和修饰得当外，还尤其应重视段落之间和层次之间的前后呼应和自然过渡。这一点对其他一些文体的写作虽然也有必要，但对游记写作来说尤为重要，因为游记介绍和叙述的往往是多处景致，如果不以一根主线将其串连贯通，统领全篇，那么文章就很容易写成杂乱无章的"流水账"，支离破碎，不得要领。

例：波恩植物园游记

对人类来说，无论是动物世界还是植物世界，都还是远未被全部揭开的谜。波恩大学教授、大学植物园园长巴特洛特博士说，全球大约有3000万种动植物，其中人类已经认识的只有近 140 万种。

日前，记者怀着极大的兴趣，参观了波恩大学植物园。植物园科学负责人洛宾博士介绍说，波恩植物园与波恩大学同龄，已有 176 岁了。植物园占地 6.5 公顷，拥有约 8000 个植物种类（植物实况几乎全部输入了电脑系统），30 名园艺工作者常年在这里工作。

波恩的气候属大西洋温带气候，来自全球温带地区的大约 3000 种植物可以在户外生长。洛宾领着记者进入了植物世界的迷宫。在系统区，约 1200 种植物有亲缘关系，棕榈树、西番莲和月桂树具有代表性。洛宾说，参观此区，可增加人们对种子植物亲缘关系的认识和了解这些植物演化的基本轮廓。在生物群落区，展示着波恩地区最主要的植物群体，特别是已受到损害的植物种类。

热带、亚热带的雨林和荒漠里蕴藏着地球上最大的奇异植物种类。植物园内 1984 年开辟的一块约 2500 平方米的园地上生长着大约 3000 种热带和亚热带植物，并根据气候带为这些植物建立了暖房。暖房的温度由电脑系统控制。在睡莲暖房里，生长着来自南美洲的闻名于世的睡莲。它那巨大的叶片边缘朝上，可托起重达 80 公斤的物体，两个小孩坐在叶上也不致落水。而来自非洲沼泽地区和亚洲的蓝色、白色和玫瑰色睡莲更是交相辉映。在多汁植物暖房里，游人可以看到有蓄水能力的沙漠、半沙漠植物，美国干旱地带的仙人掌和龙舌兰是这里的代表。植物园里还有一个令人惊异的食肉植物暖房。食虫植物以叶面卷捕小虫而食之。

作为波恩大学的科学机构，植物园的中心任务是研究。同波恩植物园密切相关的研究课题有三：

第一，热带植物系列分类。这项研究的主要目的是研究正在迅速减少的植物多样性。

第二，复原种子植物起源史和演化的系统工作。

第三，生态研究和物种保护。由于环境被污染，许多植物种类今天只能在植物园里才能生存。智利奥斯特海岛上的一种树在岛上已经绝迹，波恩植物园是世界上少数几个拥有这种树的植物园之一，专家们现在只能用现代遗传学方法使这种树繁殖。

为探索世界各地植物界的奥秘，波恩植物园同世界上 700 个植物园建立了合作关系，其中包括中国的 7 个植物园。他们通过免费交流种子扩大对植物世界的认识。波恩植物园今年供交换的植物种子多达 904 种。

7、花絮。花絮实际是一些零碎的趣闻集锦，常常是对重大国际会议、世界瞩目的重要事件和大型国际体育比赛等公众活动或盛大聚会的正常报道的补充，目的在于反映现场氛围，把读者引入"画面"，犹如身临其境，目睹现场即景和新闻人物在其中的举手投足。就写作而言，花絮"故事"必须短小精悍，一般只需三言两语就能勾勒出一幅令人捧腹或耐人寻味的现场画面。另外，记者在报道这些现场发生的短小"故事"时应赋予他们知识和报道意义，杜绝庸俗下流和低级趣味。

例：花絮：宇航员太空生活二三事

7月28日与国际空间站对接的"发现"号航天飞机，按计划于8月6日与空间站分离。在"发现"号与空间站对接的9天里，宇航员们工作非常紧张，生活却井然有序。

"分室而居"

"发现"号的到来，使空间站上的宇航员一下从原先的两名增加到9名，空间站"人气骤增"，但却不存在"床位紧张"的问题。

美国宇航局驻俄专家向新华社记者介绍说，"发现"号7名机组成员并没有跟空间站宇航员挤在同一个休息舱过夜，他们中有些人睡在"发现"号内，另外的人则睡在空间站的美国舱段内。空间站两名宇航员仍然在自己的"房间"休息："星辰"号服务舱"属于"空间站站长克里卡廖夫，美国宇航员菲力普斯则睡在空间站美国舱段。

由于失重，宇航员躺着睡或是站着睡没有任何区别。也是因为失重，宇航员的身体可能会在睡觉时不由自主地"乱动"，要是不巧碰到仪器设备，可能造成严重后果。因此，宇航员的睡姿通常为站立，还要在睡觉前把自己固定在休息舱的墙壁上。

"发现"号此行肩负多项重任，宇航员们有时需要早起"加班"，空间站两名宇航员有时会被忙碌的"发现"号宇航员"吵醒"，不得不早起。

有劳有逸

虽然"发现"号在国际空间站的日程安排得满满当当，美国宇航局还是给宇航员们安排了几次不值班的休息时间。空间站站长克里卡廖夫在与媒体进行电话连线时说，他和菲力普斯会尽量利用一切机会与"发现"号机组成员待在一块，和他们一起打发业余时间。

不过美宇航局驻俄专家向记者介绍说，空间站宇航员和"发现"号机组成员虽然有很多沟通交流的机会，但也谈不上"朝夕相处"。例如，在太空行走准备及进行期间，"发现"号与空间站之间的舱门处于关闭状态，宇航员们并非能够天天见面。

面包、盐和星空晚餐

国际空间站两名宇航员十分热情好客，与"发现"号机组成员在9天里结下了深厚友谊。

"发现"号宇航员7月28日抵达空间站时，空间站上的克里卡廖夫和菲力普斯用俄罗斯方式欢迎"远道而来"的客人，向他们献上了面包和盐。美国宇航局专家说，"发现"号宇航员进入空间站及成功进行太空行走后，9名宇航员都在空间站实验舱内举行了简单的庆祝活动。克里卡廖夫在与媒体电话连线时表示，"每天工作完成后，我们会尽量坐在一起共进晚餐。"

庆祝活动简单开心，星空晚餐也别有趣味，但美国专家告诉记者，要想来杯酒助助兴可绝对不行，因为喝酒是空间站行为准则所不允许的。

第四节　英文写作

谈论国际新闻写作，不能不涉及外文写作问题。驻外记者大多需要用外文撰写报道文稿，即我们常说的"电讯稿"，而后再发回各编辑部。各新闻编辑部不仅要将这些"前方"来稿编译成本国语言向国人报道，而且还需译成其他多种文种向世界各地区传播。即便是英美等国以英语这种国际通用语为国语，他们的报刊、通讯社、电视台或电台等大型新闻媒介也有个向全世界非英语地区供稿和发展有偿订户问题。可见，外文写作对他们来说也同样重要。

新华社作为世界性大型通讯社和消息总汇，其驻外记者除用中文发稿、供国内媒体和海外中文用户外，他们目前报道的最大量还是外文写作，主要用英文、法文、俄文、西班牙文和阿拉拍文等语种发稿，经北京的总社国际新闻编辑部有关编辑室及分设在世界几个主要地区的总分社编辑部加工处理后发送上天。当然，新华社总社还设有专门编辑部负责采集国内发生的重大消息并将其编译成英、法、俄、西和阿文发送上天。按照定义这类消息大多也应归类于国际新闻范畴，但因其采集和编译在国内进行，不是驻外记者所为，所以这里不对他们作进一步探讨。

　　中文虽然使用人口在世界上仅次于英文，但它并非世界通用语，因此中国驻外记者的外文写作无疑对搞好新闻报道至关重要，其中尤以英文写作最为普遍，需要进行专门探讨。英文写作同其他文种的写作技巧基本相通，我们探讨英文写作对其他语种的写作也具有一定的借鉴意义。

　　国际新闻写作技巧的基本要旨同样适用于英文写作，也应是英文写作的一些基本技巧。英文对中国人来说是地地道道的"外文"，国际新闻的英文写作和中文写作显然不仅是语言文字的差异，两者在表述方式、文体结构、逻辑思维和语法修辞等诸多方面虽有共性，但不同点也是显而易见的。我们在探讨国际新闻英文写作技巧时不妨首先从两者的共性和差异入手。

一　共性

　　国际新闻的英文写作和中文写作的共性主要由国际新闻的属性和要求所决定。国际新闻是对最新发生或发现的具有国际意义和影响的事实的报道，不管英文写作也好、中文写作也好，他们都必须围绕"最新发生或发现""具有国际意义和影响"去进行。这是国际新闻的属性。就国际新闻的写作要求而言，时效、新闻价值、要素齐全、背景明晰等都是他们的基本前提，国际新闻的英文写作和中文写作的"共性"是主导，是基本。舍此，英文写作和中文写作就会被"扭曲"，他们就会称为"废品"，或称"败笔"。

　　国际新闻英文写作和中文写作的共性主要表现在这样几方面：

　　1、"下笔"标准基本同一，即都强调新闻价值。国际新闻的新闻价值在于被报道客体或事实的国际意义和影响。新闻价值主要应表现在新闻性、重要性、知识性、趣味性诸方面。无论是中文还是英文写作，确定某一新闻事实或客体是否值得作为国际新闻进行报道，其评判标准都应如此，这方面应是同一要求。不管他们的文体结构如何不同，不管他们各应怎样做文章，如果从中文角度认为可以报道的"东西"，那么从英文的角度来说也应如此。换言之，从英文的角度认为可以立即报道或"做"点文章的话，那么它也一定适用于中文报道，其新闻客体从中文的角度去看也应是重要的。这当然是就普遍意义上的"新闻"而言，例外还是有的。比如对华反应、少有国际意义和影响的第三世界地区性新闻等，从英文写作的角度考虑可能在这些方面少"做文章"较好。

2、时效要求同一。中、英文写作都注重新鲜新闻"客体"。这在某种意义上来说也是新闻的评判标准和新闻价值问题。中文写作也好，英文写作也罢，记者和编辑从新闻选择到下笔都必须把时效作为首先考虑因素，都必须将新鲜"事实"搁入导语之中，都应该尽可能在导语中体现最快时效的时间词汇。

3、动态消息文体结构基本同一，都呈"倒金字塔"型。这里强调的是动态消息，包括日常动态、突发事件滚动报道和后续报道等，中英文写作都应将最具报道价值和最新时效的"东西"放在导语和稍前段落中，以突出重点，使人一目了然。

4、新闻要素同一。中英文稿件对时间、地点、人物、原因和有关背景等要素都要求必须齐全，以完整、准确地报道某一新闻事件，使读者明晰事件的来龙去脉。

5、写作规范同一。中英文写作都讲究文法修辞，力求简洁明快，既不"堆砌"华丽词藻，也不使文章空洞乏味；既要使报道贴切题意，又要字斟句酌，杜绝错别字。具体一点说，中英文写作的语句结构基本是一致的，一般都包括主语、谓语和宾语或状语等；两者都要求尽可能地使用短句和简单易懂的大众词汇，使新闻受众一目了然，一听就懂；就词性而言，中、英文都有名词、动词、形容词、副词、数量词、同义词、反义词之分，只是英文的词性分得更细，但真正对普通句型起支撑作用的却是基本同一的词性，如名词、动词、形容词、副词等，他们都是中、英文的主体词性；就标点符号而言，两者的区别亦不大。除英文的句号为一圆点，中文的句号为一小圆圈；英文的省略号为 3 小点，而中文的省略号为 6 小点这类无实质性的差异之外，其他标点符号还看不出他们两者之间有多大差别。更何况，两者对标点符号的使用价值的认识更是相近，只不过英文对句号的使用率更为频繁罢了。

6、文笔要求同一。中文也好，英文也好，撰稿时或改稿时除保证新闻事实的准确无误、新闻要素齐全、符合文字语法规范等要求之外，还应尽可能做到文字的清新活泼和生动有趣，使文笔既流畅又优美。不靠矫揉造作，但却要求画龙点睛，引人入胜。因此，文笔要求实际是对中英文作者的文字功底的统一要求，他们都应具备良好的文字功底，才能把握好写作，使新闻报道更具特色和文采。

二　不同点

中英文新闻写作的统一性当然不限于上述几点。从新闻写作的角度考虑，各种文字的共性是主要的。那么有人要问：难道中、外文写作之间就没有差异？这种差异就不值得重视？当然不是这个意思。他们之间的差异是显而易见的，否则他们之间就不会相互称谓对方为外文了。从语言和文字的角度来说，中、英文的差别不仅表现在语音、语调和字形及文字书写形式上，而且还表现在语句结构和语法修辞上。比如，英文很多场合下使用复合句或从句；英文的同一个动词要根据现在、将来、过去和完成时态不断变换；英文一字多义并配以不同单词构成不同短语等等。中文在这些方面却不一样，大多场合下要简单不少。

中、英文国际新闻写作的差别主要还不是表现在上面这些方面。归纳一下，他们之间有着这样一些主要差别或不同之处：

1、从新闻报道的重点来说，中文注重中国国内新闻受众，考虑国内的社会反应和政治环境等因素，特别要考虑符合中国社会主义革命和建设的宣传基调和国情国策。而英文写作则主要面向世界广泛受众，需注重稿件的客观公正性、情调和趣味等，使之符合世界更广泛受众的习惯和兴趣。因此，英文写作的着眼点和角度是世界性，而不只是中国，遣词造句不仅在文句上应符合英文规范和习惯，而且在词汇运用上也要尽可能地放开，许多情况下不受国内政治、政策和一些人为的局限和制约。

2、从报道体裁来说，中文体裁多且杂，仅评析性稿件一项就分类太多，如述评、新闻分析、评论、短评、社论、评论员文章、编辑部文章、随笔、札记等，且多以"官方腔调"为主导；英文体裁则相对简单。外国记者有的甚至很少对自己的报道分类，他们以动态消息为主要写作形式，至少以动态消息为导语和由头，评析性内容大多"掺和"在动态消息之中，且基本是即兴式的有感而发，说到一点，评析一点，较少使用甚至基本不用中国记者编辑撰稿明确分类的评论、综述、新闻分析之类的文体形式。

3、从文体结构来说，虽然"倒金字塔"形式都应是国际新闻报道中英文写作的结构模式，但两种文稿之间的结构差异还是存在的。这种差异主要表现在背景交代上。中文交代背景相对集中，往往用一个自然段专门介绍背景，或放在导语之后的文稿前半部，或放到稿尾最末一段；英文写作对背景的交代则显得自然分散，许多情况下"随笔而出""随笔而收"，一句话或两句话，或简单的几个单词放在句子当中"顺水推舟"，既显得轻松自如又使人一目了然。读者一边浏览新闻事实的过程段落，一边便了解了有关人和事件的背景，"故事"读完了，整个背景也就见了分晓。

　　一些外国通讯社除快讯、急稿之类的报道外，其他形式的报道往往采用分段发稿形式。虽然背景材料丰富些，但不少文章整体结构就显得冗长散乱。而中文写作在文章结构上则相对简明集中，主要是一事一报，即便有后续报道，也用不着再去重复前发的稿件，只需将前面的报道扼要归纳一下作为背景交代即可。当然，分段发稿的好处是能争取时效，对此中国驻外记者编辑正在借鉴这种形式发稿，对重大突发事件采取滚动发稿的报道模式，首先抢发快讯、急稿，然后再滚动进行后续详讯报道。后续报道也许只有一篇，也许有好几篇，不断将新获悉的信息放进详讯中滚动发出。即便是这种滚动报道模式，它在稿件结构上也还是较西方通讯社简明扼要，讲究上下文逻辑联系，不主张素材堆砌和啰嗦冗长。

　　4、从文笔技巧来说，中文写作较注重切题达意、文理顺畅及词汇的分量和色彩，特别注重语句之间和段落之间的逻辑联系和自然衔接。而英文写作则较少像中文写作那样，注意字面形式上的衔接和逻辑关系。这在外国人写的电讯稿中表现更为明显。他们往往稿件冗长，前后重复，拉拉杂杂，东一榔头西一棒子，也许他们太注重新闻事实了，只要与本文报道的主题有关，说的是事实，那么就可在文中"随意"写出，给人一种"想到哪里说到哪里"的印象。也许有人以为这种文风形式活泼，值得提倡，但它同逻辑严谨的中文写作风格显然"格格不入"。

　　尽管英文写作同中文写作在某些表现形式上存在着差异，但他们之间在国际新闻报道方面的基本原则和要求是统一的。对中国记者和编辑来说，英文写作如果说较为困难的话，那么难点主要不是难在写作上，而是难在英文上，如果说英文写作和中文写作有多么大的不同之处的话，那么他们之间主要表现的是语言和文字上的差异。因此，英文写作的基本功不在写作本身，而在对英文掌握、采编能力、专业素质及思维方式等诸多方面的综合处理上。下面具体讨论一下英文写作技巧问题。

三　英文写作技巧

　　中国院校国际新闻专业的学习和培训在较大程度上主要还是"学英文"。确实，英文写作当然首先得掌握好英文，舍此英文写作便失去起码的基础。但国际新闻报道的英文写作不同于文学创作或其他形式英文写作，它必须基于国际新闻这一专业要求，需要将英文词汇融会于新闻报道之中。英文新闻写作是对记者编辑的英文水平、采编能力、专业知识和思维方式等诸多方面功夫的综合考核和检验。

1、英文水平的要求。这是英文写作的最基本要求。不会 ABCD，不懂英文语法修辞，不掌握大量英文词汇，谈何英文写作？只有驾驭英文，才能应用自如，写好新闻文稿，搞好报道工作，这是一个不言而喻的简单道理。问题的关键在于怎样才算英文水平高。对国际新闻工作者来说，什么样的英文水平才能写好报道文稿？

长期以来，国际新闻教育和培训的重点过分地强调英文写作的"笔头"作用，"写"在国际新闻英文写作中是第一位的。实际上，听说领先原则和强化记忆英语词汇才应成为英文写作的学习主课，这对记者或编辑来说都应是统一的，因为对从事国际新闻报道的人来说，绝大多数人在自己的工作生涯中很难将记者和编辑的职衔在自己身上截然分开。一个时期你是编辑，而另一个时期你可能却被派往国外任记者；反之亦然，一个时期你可能为驻外记者，而过一段时间你却可能被轮换回编辑部搞编辑工作。

为什么说英文写作的学习应把重点放在听说和词汇量上呢？我们知道，国际新闻写作的第一撰稿者主要是驻外记者，驻外记者需要通过交往、采访和"道听途说"等多种途径获得消息。如果不会听不会说，或者听不好，表达不清，再好的消息你也写不出来；即便你再能写，你的"笔下"也难有消息来源，只能干着急，一筹莫展，等着"抄袭"别人已报道过的东西；要么，你笔下干巴巴，言之无物，甚至出错闹笑话。因此，驻外记者必须强调外文学习的听说领先原则。只有听得懂，"侃"得出，你才有源源不断的消息来源，笔下才会有东西可写。另外，掌握尽可能多的词汇量不仅有助于你的文字表达能力，而且同样也促进你的听说能力。所以在强调听说能力的同时，还需重视多背多记英文单词和短语，使你在采访听说过程中不致因个别单词而"卡壳"。

外语水平是听说读写译综合能力的全面体现，我们要求重视听和说，并非是对"写"的忽视和放弃。英文写作毕竟是一种"写"的活计和技艺，驻外记者采访和调查的结果最终都要通过文字的形式来表达和报道出去。如何按照英文文法和习惯用法，如何根据外国受众口味，如何讲究英文的表达技巧，如何驾驭英文词汇……都需要英文写作者在"写"字上狠下功夫。只有把"听""说"和"写"有机结合起来，英文写作才能真正体现出外语水平，国际新闻报道任务才能顺利而圆满地完成。

与英文水平相关联的另一个问题是采编能力。采编能力也是英文写作的重要基础之一。采编既需要一定的英文水平，以达到获取消息、"编织"素材的目的，又反过来促进英文写作，完善报道。当达到一定的外语水准时，采编能力如何就至关重要了。因为无论驻外记者还是国际新闻编辑，采访成果或编辑素材都需要通过"报道思想"来将其表现出来，并最终落实到文字写作上。这种情况下，光是英文好绝对是不够的，还特别需要采访能力来确定采访或报道重点，完成采访素材或报道目标，"构思"文稿或编辑框架，筛选采访素材或其他文字材料。只有具有较高的采编能力和外语水平，才能把握采编过程的具体环节，得心应手，"随心所欲"地驾驭英文写作，写出强时效、高质量的报道文稿。

实际上，采编能力与英文水平也是一个相辅相成的互补关系，"你中有我，我中有你"，很难将两者完全隔离开来。采编能力反映英文水平，英文水平表现采编能力，他们对英文写作和报道都必不可少，且起根本性的关键作用。如果说，采编能力主要表现为记者的活动能力或编辑对稿件的处理和组织能力的话，那么驻外记者就是如何更好地开展活动、广泛交际并迅速获取重大突发性消息；国际新闻编辑怎样才能高时效地审核和译编前方记者来稿，从而把握报道重点、确定报道内容等等，这些便不是单纯靠记者的活动能力和编辑的组织处理能力就能有效解决的。他们必须懂外语，会说外语，且达到相当娴熟的程度才行。外语水平和采编能力是国际新闻报道和英文写作的基础，需要特别引起驻外记者的重视。

2、专业知识。下面讨论一下专业知识和英文写作的关系问题。我们这里所说的专业知识当然是指国际新闻及其报道和报道技巧等方面的知识，涉及新闻理论和实践的方方面面。如何谓国际新闻、怎样采访和编辑稿件、如何评判报道、展望国际形势等，诸如此类的专业知识都对英文写作起直接或间接作用。无论是驻外记者还是国际新闻编辑，在捕捉新闻或确定报道要旨时，如果具有一定的专业知识水平，就会少为新闻选择发愁而举笔不定；下笔写稿时，如果能把握报道重点，了解撰稿需求，就不会被过多"累赘"素材烦扰得心乱如麻；在写作或编辑过程中，如果知识面广泛，心中有"资料"、有"历史"、有"人物"、有"形势"，就会笔下顺畅，既避免因查找资料和核对材料而耽误宝贵时间，赢得报道时效，又能保障写作质量，减少差错。

专业知识也包括采编知识和英文知识，同采编能力和英语水平也有一定的关联。他涵盖的内容、涉及的范畴十分广泛，突出的重点在"知识"二字上。我们之所以将英语水平和采编能力作为单独要素来加以阐述，目的在于表明他们对英文写作的基础性作用，而且强调的是技巧性和实践性，这同人们认识和了解的理论知识毕竟不同。就国际新闻报道的英文写作来说，英语水平和采编能力应是根本和前提，而专业知识如何则主要是写作质量的衡量标准和尺度。如果记者和编辑知识面广泛，谙熟国际新闻及其报道的方方面面，那么无疑会"笔下生花"，甚至会写出具有轰动效应的报道文章。有的记者英文很好，也有一定的采编能力，但往往写出的稿件却既单薄又干巴，或要素不全，或条理不清。其原因在于他们缺乏对专业知识的掌握，既不懂报道要则又不研究时事形势，更因为知识贫乏而"无话可说"。就同样一件国际时事的报道，对照一下外电和我们的一些报道便很容易发现我们在这方面的差距。许多情况下写不好稿不是英文水平低下，而是专业知识贫乏。

专业知识水平是新闻工作者素质修养的具体体现，是每个新闻工作者需要持之以衡地努力提高的一种工作技艺。这种提高既表现为报道文稿的质地，也能显示一个新闻工作者的职业敏感和精神风貌，它既是经验的累积提炼，更是专业理论和学术探究的结晶，非"一日这功"所能获得。

那么，国际新闻英文写作者应如何提高自己的专业知识呢？概括起来，不外乎通过这样几招来给自己"加油充电"

①关心时政。我们应熟悉并研究国内外重大事件，既要了解事情的来龙去脉，又应有自己的评判和分析。这方面，读报、看电视新闻、听新闻广播应是每个新闻工作者每天必须"忙中偷闲"、坚持不懈的活动内容。只有持之以衡地这样做，你才能对国内外重大事件有完整地了解和认识，并日积月累，不断丰富你的知识大脑。同时，透过广播电视和文字报道，你只要留意思考，便能从报道中看到长处和技巧，既开阔自己的视野，又扩充自己的知识，不失为提高专业知识水平的一种"无本万利"的有效途径。

②博览群书。记者编辑是文字工作者，他们既需要渊博的知识来指导英文撰稿，又需要渊博的知识来对一些英文来稿进行编辑加工。只懂"ABC"，不知"GPC"（即 geography、people、culture，地理和人文风情）就如同炒菜只会炒熟不会放佐料一样，显然很难烧出色香味俱全的美味佳肴来。因此，要写好英文报道，同样需要知识大脑，而知识大脑的丰富对一个在职人员来说除必要的培训学

习外，另一个很重要的途径就是平时挤时间看书。新闻是一门包罗万象的社会科学，编辑和记者应该在浩翰的书海中广泛涉猎，博览群书。随着"破万卷书"，你便能知晓"天下事"，工作才会得心应手，报道才会丰富多彩、优质高产。

③实践积累。我们常说："实践出真知。"工作实践不仅能使人"熟能生巧"，而且还能透过自己的有意研究，使我们掌握和丰富专业知识。这方面留心探究和日积月累十分关键。留心探究既是一种学习方法，更是一种事业心和责任感。只有对新闻报道工作一团火，你才会潜心研究这一工作的方方面面，才会在日常繁杂的报道事务中留心"积攒"知识，透过对新问题的研究，进而汲取新知识。否则，一个视新闻报道工作仅仅为找一份工作好养家糊口，便绝不会视这份工作为"事业"，绝不会喜爱他，也就谈不上去钻研、去苦心追求探索了。

事业心和工作责任感是留心探究的根本前提。在这种动力的驱使下，国际新闻工作者才会向工作学习、向稿件学习、向他人学习、向书本学习。"八小时之内"他们推敲每一篇稿件，研究报道思想和方针，探讨新闻理论和业务，记录有用素材，总结收获和失误。"八小时之外"他们仍心挂稿件和报道，或贪婪地吮吸书海点滴，或相邀相聚继续"八小时之内"那永衡的阔论主题——新闻报道。只有这样，新闻工作者才会在工作实践中提高技能，更新知识，不断充实自己的大脑。当然，这种留心探究需持之以衡，从一点一滴做起。因此，日积月累对"积攒"知识也至关重要。性急吃不得热馒头，任何企图只靠通过一朝一夕的努力就能全面地掌握知识宝库的想法都是徒劳无益的。"知识的问题是一个科学的问题，来不得半点的虚伪和骄傲"，寻求它没有捷径可走。只有老老实实、踏踏实实地日积月累，知识才会越"攒"越多，千万不可以"琐碎"为烦，以"一日"为短，以"少量"为虚无。

④笔记存档。这也是学习知识的重要方法之一。人的大脑记忆不可能兼容万象。知识是海洋，我们不可能一古脑儿地全喝下这一"海洋"。怎么办？还是那句话，从点滴做起。凡是新知识、凡是有价值值得保存的知识、凡是需要认真搞懂的知识、凡是需要进一步探究的知识，我们都应该随记随录，随剪随贴，并尽可能科学合理地分档归类。不管是笔记本还是剪贴报或卡片，他们都应成为便利工作的知识宝库。一旦需要，信手便可拈来。当然，笔记存档对个人来说是一件十分繁琐和艰苦的劳动，需要每个人的衡心、勤快和细心。正因为如此，每个人更需要从点滴积累，随记随录。只有透过这细微而繁杂的劳动，你才能熟识、拥有、

积累和增长知识，你才会在不知不觉中变得更加成熟、练达和博学多识。

以上可以说是新闻工作者增强专业知识水平的四条主要途径。学习知识贵在自觉。有了自觉性，才能想出各种办法，抓紧一切机遇学习，不断用新知识武装自己，促进自己的新闻报道和英文写作。实际上，就英文写作而言，知识还必须包括外语学习的方方面面。同外国人打交道，提高听说能力；听外语广播，习惯和增强听力；看外语报刊，积累和扩大外语词汇量……诸如此类的方法和技巧同样是国际新闻工作者学习知识的必由途径，千万不可忽略。国际新闻工作者必须"两条腿"走路，时常要从外文的角度来考虑你的报道和文稿。外文不过关，你就只能是"瘸子"，从事国际新闻报道工作是不称职的。

3、思维方式。同专业知识一样，思维方式对英文写作也起关键作用。如果说英文水平和采编能力是英文写作的基本要素的话，那么专业知识和思维方式则是英文写作水准的衡定要素。国际新闻采编人员具有一定的外语水平和采编能力便能进行起码的报道工作。但如果缺乏专业知识、思维混乱，那么即使他们的外语水平很高、采编能力很强，也难以写好报道文章。如果你具有一定的外语水平和采编能力，又精通专业知识，能够逻辑思维，那么写出来的报道无疑不一般。对国际新闻英文写作来说，专业知识和思维方式应是报道文稿水平的衡量标准。

也许有人认为将思维方式作为英文写作的衡定要素来单独加以阐述有点小题大作。其实不然。一切写作都有个构思过程，这就是思维方式的具体体现。思维方式对头，有逻辑，有条理，那么写出来的东西也必然清爽利索，引人入胜；反之，文章则会混乱不堪，读来索然无味。这不是危言耸听。从国际新闻报道中的许多"败笔"来看，表现在思维方式上的问题是显而易见的：标题、导语抓不住重点（思维不突出重点和中心）；文笔"东一榔头西一棒子"（思维逻辑混乱、缺乏条理）；文稿啰嗦冗长（思维不简洁明了）；喋喋不休地高谈阔论，随意抒发个人情感（思维不客观实际）；习惯性地抄袭和"套用"他人作品（思维懒惰、僵化教条）；文不切题，"驴头不对马嘴"（少有思维、胡乱思维、轻视思维）……

基于上述毛病，我们必须"对症下药"，在思维方式上狠下功夫，以促进英文写作，完善报道。实际上，思维方式的正确与否不是天生的，也不是一成不变的，关键在于平时的陶冶和训练。俗话说，"脑子不用要生锈"。我们只有多动脑筋，常开动大脑机器，多琢磨、多研究、多比较、多学习，问题是不难解决的。具体就国际新闻报道的英文写作而言，我们的思维方式应注重这样几点：

①思维要注重新闻写作的原则和规律，把握"倒金字塔"的写作方式，以突出重点，环绕中心；

②思维要讲究文法修辞和逻辑条理，避免语病百出，不着边际；

③思维要客观公正，符合实际，反对片面武断，随心所欲；

④思维要活泼敏捷，应付裕如，既不僵化教条，又不哗众取宠；

⑤思维要考虑外文习性，针对受众心理。

思维方式既是采编人员认识国际时政正确与否、撰写报道文稿成效如何的衡定因素，也是考查他们知识、文化和修养程度的检测标准。人的正确思想是从哪里来的？是通过学习和亲身实践总结出来的。只有善于学习，懂得总结，才能不断提高自己的思想认识水平，从而引导自己正确思维，使之日臻成熟和练达。

国际新闻报道英文写作的四大要素——外语水平、采编能力、专业知识和思维方式的基本功效就阐释完了。尽管这四大要素不可能包含英文写作具体技巧的全部，但采编人员只有从这些方面去探究、钻研、训练和提高，并结合实际将其具体化，才能促进自己的英文写作，写好新闻报道。

践行技巧篇

Practical Skills

同许多事物一样，国际新闻职业和工作对门外陌生人也充满了好奇和神秘。人们每天都要读报纸，看电视，听广播，自觉或不自觉地同国际新闻"照面"，在感叹世界各地发生的大事小情的同时，也不免时不时地关心起这些国际新闻的报道者，尤其对那些电视画面上经常出现的"名记"感兴趣，或"追星族"般一味赞赏，为在烽火前线临危不惧、镇定自若的报道扼腕叫好；或不屑地"指指点点"，就某一报道的疏漏不实、措辞不当而"耿耿于怀"。不管他们的评判是否片面和客观，但所表露出的对国际新闻及国际新闻工作的关爱之情和关切之心则显而易见。

在广大新闻受众心目中，新闻工作就是"当记者的"，记者的职业是神圣、光彩而神秘的。所谓"无冕之王"，在一定程度上就反映了这种对新闻记者，特别是对"满世界跑"的驻外记者的崇尚心理。只是许多人并不了解也懒得去搞清记者的区别和新闻报道"出笼"的前前后后，任凭一抹神秘的光环笼罩在所有新闻工作者的头顶上。

中国央媒驻外记者人数不算太多。在许多业外人士看来，他们头罩"外交"宠儿的朦胧光环，神秘莫测，似乎总是徜徉蓝天白云、游戏海水沙滩、饮食宴会大餐、访谈高官贵胄，遥不可及，高不可攀，受人追捧，令人艳羡。其实，同任何一项职业一样，国际新闻报道有其独特的工作环境和程序，大别于国内新闻报道工作。驻外记者和国际新闻编辑都有各自的酸甜苦辣和喜怒哀乐。

第四章
采 编

　　为了让广大新闻受众真正了解国际新闻这个行当，我们有必要对国际新闻工作的方方面面进行现场即景式的展示。为此，在本书进入"学究式"深层次探究国际新闻报道践行活动之前，笔者首先开篇揭秘，生动素描，呈现一个个趣味感人的真实故事，方便大家一目了然，加深认知，进而撩开国际新闻工作的神秘面纱。

第一节　记者素描

一　战地电视记者

　　由于电视画面的直观和色彩，卫星电视新闻报道正越来越受到广大新闻受众的青睐。但是，就电视新闻的采集，特别是电视记者的现场播报而言，其中的艰难困苦是常人难以体会的。比起文字记者来，电视记者同摄影记者一样更需要深入现场采访，否则你拍摄不到现场场景难以"交差"。而要深入现场采访，就必须准备应对艰辛、磨难和危险，甚至要付出血的代价乃至生命。随身"家什"：防弹背心、高像素手机、摄像机、三脚架、备用电池、干粮和饮水等等。

🔘 特写镜头

　　2004年9月1日，30多名武装分子袭击了俄罗斯北奥塞梯的别斯兰市的一所学校，将1000多名师生劫为人质。全世界为之震惊。凤凰卫视总部立即指令其驻莫斯科记者卢宇光赶赴现场采访。刚刚报道完头天发生的莫斯科地铁爆炸案、凌晨5点才躺下休息的卢宇光二话不说，叫上雇用的俄罗斯摄像师当即动身，并通过平时接交的关系花 1000 多美元凑巧搭上俄罗斯一公务飞机，赶紧飞赴别斯兰。

4 小时后，飞机抵达 1000 多公里之外的当地，但距离事发现场还有 26 公里，而且道路已全部封锁，需要第二天办理特许通行证才可进入。为了抢先报道，卢宇光决定和雇员分头徒步赶赴现场，然后再会合。由于封锁不让进，卢宇光乘警察不注意，说去厕所，让雇员首先乘机溜进封锁线，他本人则到晚上才找到机会也溜了进去。他身挎一台大型摄像机、一只三脚架、5 块电池和一部卫星电话，走了 6 个小时，于 2 日凌晨时分抵达现场，率先通过卫星电话向全世界华人进行现场报道，并亲历了此后不久发生的大批人质被害的血腥场景。

9 月 3 日，俄罗斯特种部队被迫强行解救人质，与绑匪展开激烈枪战。绑匪四下胡乱开枪，导致 335 人死亡，许多人失踪。当过兵的卢宇光感觉子弹正"啾啾"地向自己射来，赶忙停止跑动卧到地上，但却不忘与电视台主播进行连线，冒着生命危险进行现场报道："现在，现场非常的紧张，战斗是 5 分钟以前开始的，我们也听到了枪声。大概在现场 100 米的地方，能看到孩子不断地往外面送……现在又冲出一批人，我们不知道是从哪个方向来的，躲在汽车后面。我们现在可以看到记者前方大概 150 米左右，有一些人冲出来，当地警方有不少吉普车和装甲车在附近，部队运动上去了……现在恐怖分子已经向我们冲过来，打伤很多人，我们正在跑……恐怖分子冲过来了。向我们开枪……现在有几个人都躺在地下……我现在卧在地上，现在已经打伤了很多人……"

凤凰卫视有同事这样评论卢宇光的上述报道：他拍到了许多独家镜头。他在战斗打响后 5 分钟的报道被称为"世界传媒史上的经典声音"。"面对一桩震惊世界的大规模绑架案，我们分明感到了卢宇光的惊慌，还有他面对悲惨情景时的颤抖和语无伦次。但是，真正的勇气不是在不知情时的无畏，恰恰表现在明明知道死亡就在前面，仍能正视自己内心的恐惧，带着对死的厌恶和对生的渴望，迎上前去。有时候，岗位比生命还重要。"

二 文字记者

1、日常"办公"

依据各种消息来源撰稿，报道日常动态，间或搞调研：看报纸、盯电视、听广播、整理资料；参加重要记者招待会或有目的地外出采访；应付和处理日杂事务。不管干什么，记者头脑中必须始终绷着一根弦，那就是跟踪一切重大新闻线索，随时准备报道重大突发事件，而且通常情况下必须奋不顾身地冲到出事现场亲历采访。备用"家什"：笔、采访本、高像素手机、照相机以及检修过且加满油的车辆。

◉ 特写镜头

1999 年 8 月下旬的一天，新华社达累斯萨拉姆分社记者顾明没有外出采访任务，便坐在办公室看报纸搞调研。不经意间，当地出版的小报《家庭镜报》头版右下角的一则消息吸引了他的目光：77 岁的坦桑尼亚前总统尼雷尔身体状况严重恶化，被一架小型飞机紧急送往英国治疗。尼雷尔曾被联合国秘书长安南尊称为"领导 20 世纪非洲解放运动的巨人之一"，是非洲乃至世界上一个德高望重的著名政治活动家，如果他确实病危无疑是一条重要新闻。"神经敏感"的顾明立即驱车前往几天前刚结识的尼雷尔的儿子马达拉卡的住所，但得到的讯息却否定了《家庭镜报》的报道。记者没有轻信，又把电话打到尼雷尔家乡穆索马城，那里有经常给尼雷尔看病的中国医疗队，对方仍然否认了报纸报道，只说尼雷尔最近患过非洲人常见的疟疾。尽管小报的报道被方方面面否认，但顾明自此心里搁着这件事，进行了密切跟踪。

差不多将近一个月之后，顾明在另一场合再次从美联社记者口中得悉尼雷尔可能患了白血病的消息。为了核实消息，顾明找到了对华十分友好的坦桑尼亚时任总统姆卡帕的摄影师巴卢阿，终于从他那里得到确切消息。姆卡帕近期访美后专程取道伦敦看望病榻上的尼雷尔，因为尼雷尔年前就查出患有白血病，此次到伦敦例行体检，没想到病情突然恶化，神志虽清醒，但已不能说话。很快，坦桑官方也证实尼雷尔患病消息，并每天向新闻界公布尼雷尔的病情。

在根据各种消息来源不断报道相关消息的同时，顾明开始为尼雷尔一旦病逝抢发消息作准备，并在电脑上写好了相关的英文快讯预发稿。为此，他一面"缠"巴卢阿，经常晚上十点多钟还打电话给他"套"消息，一面同政府机关报《每日新闻》保持密切联络，同时不间断地收听当地整点广播新闻。

1999 年 10 月 14 日午间 12 点时分，收音机斯瓦希里语台播音员声音低缓沉痛，并伴随着悲壮的国歌声。顾明听不懂斯瓦希里语，只听懂坦桑人尊称尼雷尔为"姆瓦利姆"（导师）这一单词。他的心一下子悬了起来，立刻意识到尼雷尔可能病逝。于是大声招呼女雇员克罗蒂尔达接听广播。女雇员流着眼泪证实了顾明的猜测。顾明毫不懈怠，立刻拿起手机，拨通了新华社非洲总分社编辑室的电话，大声通知对方：尼雷尔已经去世，按预发稿赶快发快讯！新华社的消息比路透社快了近一分钟。

2、实地踏访

出席各种记者招待会、赶赴各种重要会议或重大活动现场采访、有目的地约会"新闻人物"访谈、参观访问、寻觅报道线索等等。奔波忙碌、心理紧张、废寝忘食是记者采访活动过程中的"家常便饭"。一旦遭遇动乱或交通事故等不测事件，记者采访往往还要冒生命危险。随身"家什"：笔、采访本、高像素手机、数码照相机、检修过和加满油的车辆，较远程采访时还需携带备用饮料和干粮等。

◎ 特写镜头

1997年3月30日是个星期天，新华社金边分社首席记者朱昌都一大早便驱车赶往东南亚电影节现场采访。谁知赶到现场，他被告知开幕式因故改期，只好"打道回府"。回到分社后，听说柬高棉民族党正在国会前举行抗议集会。想到这次集会可能影响柬政局发展，值得关注和报道，他便再次启动车辆，赶赴国会广场采访。

果然，等他赶到现场，那里已经一片闹腾。他一边在采访本上记录标语口号和相关素材，一边打开录音机收录演说，并不时举起相机拍照。突然，意想不到的事情发生了。有人向会场投掷了数枚杀伤力巨大的手榴弹，爆炸声震耳欲聋。现场顿时呼天号地，血肉乱飞，景象惨不忍睹。据后来统计，18人当场被炸身亡，100多人受伤。

一开始，朱昌都只感觉腹部受到一股撞击，但并未太在意，只是下意识地把采访包斜挎到胸前加以保护，同时密切关注现场，准备拍摄混乱场景。然而，随着骚动人群的潮水般推动，他明显感受到腹部的湿热和疼痛，左腿也软弱无力，趔趄难前。低头一看，衬衣和裤子上已是盈盈鲜血。不好，自己负伤了！多年的部队经历教会他镇定自若，他一手捂紧腹部，一手抱紧照相机和采访本，费劲地挪到存车地，强忍巨痛打开车门，匆匆驱车赶到附近一个小诊所进行简单的包扎。中国驻柬外交官闻讯后立即赶到诊所，并当即同柬政府部门联系，安排转院抢救和治疗。朱昌都就报道事项和车辆等国家财物托管事项一一安排妥当后才接受手术救治。经诊断，除腿部受伤进行缝合外，他的小肠两处被击穿，紧急中只得切去 10 多公分破碎的小肠。

脱离生命危险后，他被送回国内复查和进一步治疗。1998 年 5 月，朱昌都再次奉派赴新华社新加坡分社任首席记者。多跑、多看、多听是他对做好国际新闻报道工作的切身体会。

3、应对不测

面对突如其来的天灾人祸和种种不测事件，国际新闻记者在首先设法让自己和同伴逃脱险境的同时，还应牢记自己的使命和职责，沉着应对。条件许可，要抢先发送消息；没有条件，要想方设法创造条件尽快传递信息。"习惯性"素养：将采访包、手机、照相机和海事卫星电话之类的报道必需品固定放置，方便取携。

特写镜头

1999 年 5 月 8 日夜，白墙蓝窗的中国驻南联盟大使馆夜色中一片静谧。突然，从遥远的美国密苏里起飞的号称具有定点导向高新技术的 B-52 轰炸机袭抵南领空，罪恶地向中国使馆这座美丽的建筑投下了 5 枚重磅导弹。顿时，爆炸巨响，火光冲天。

临时寄住在使馆的《人民日报》记者吕岩松感受到强大的震撼力，炸弹就在距他房间不到一米的地方爆炸。职业本能使然，他迅疾地抓起每天固定放在一边的摄影机、采访包和海事卫星电话，然后冲出房门。正是这个"习惯动作"，使他成为向国内报告中国大使馆遭空袭的第一人。

然而，当得知自己的同伴——新华社记者邵云环、《光明日报》记者许杏虎和妻子朱颖在空袭中牺牲时，他一下子蒙了，脑袋里一片空白，众目睽睽之下号啕大哭，任凭外国同行将摄像机对准自己拍摄。同伴们的遗体从瓦砾中被抬出来后，保安人员不让混乱拥挤的人群靠近。吕岩松一边大哭，一边毫无顾忌地"吼"着："我是中国记者，让我进去！"他大哭着冲进去拍照，又流着眼泪出来发稿。靠着平时训练出来的职业素养和敬业精神，面对死亡的恐怖和同伴的牺牲给自己心灵造成的巨大创痛，吕岩松坚持采访，发出了一篇篇优秀的报道文稿和一张张感人的新闻图片。

谈及自己在南联盟战地采访的经历，吕岩松深有休会地说："拒绝采访、没收采访设备、被驱逐都是我们经常会遇到的难题，但我仍然不会放过每一个机会。""激将法、非正常提问法都是非常奏效的方法……对方辩解中就会透露出许多有用的细节。当然，这种采访法需要一些铺垫，递上一颗烟，用对方的语言聊聊天等。照相机被警察没收了，记者能拿着该国总统的照片把它要回来。"

三 记者招待会

记者招待会是国际新闻记者最频繁参与的一种采访形式，也是他们锤炼采访本领、提高采访能力和搞好新闻报道的一条必由途径。随着人类社会文明的不断进步发展，"发言人"制度已在世界各国普遍盛行，"记者招待会"因而司空见惯。不管是国家领导人和高级官员就重大内政外交事务阐述应对方略和举措，还是各别部门、团体或党派针对舆论关注的事务、话题或纠葛纷争阐释立场、争辨是非，记者招待会可谓是"舆论宣传大战"的最佳战场，为国际新闻报道提供了不可或缺的信息源泉。每每举行记者招待会，特别是那些有重量级人物出场，或涉及世界瞩目的重大敏感话题，或在重大场合下举行的记者招待会，不同媒体、不同形式的记者总是蜂拥而至，挤满会场，且纷纷抢占有利位置，亮出各自的"新式武器"，使记者招待会在某种程度上成为世界媒体展示各自最新通讯设备的"博览会"。

特写镜头

1992年6月23日，以色列工党大选获胜。24日，即将就任新一届政府总理的工党领导人拉宾在特拉维夫举行记者招待会，阐释新政府施政要点和工作重心。当时，中东和会自1991年10月在马德里开幕以来，以色列和阿拉伯国家之间虽然举行了5轮双边会谈，但一直未能取得实质性进展。因此，拉宾新政府的政策走向自然备受世界瞩目，记者招待会吸引了来自世界各地的300多名记者。

同许多大型记者招待会类似，此次招待会现场开始前也是一片嘈杂。数百名记者早早抢先入场，占据有利位置，同时将不同类型的麦克风和袖珍录音机事先堆放到讲坛上。大厅内人声鼎沸，热气腾腾。电视记者风头最劲，三脚架上的摄像机一个挨一个排开。摄像师或把镜头瞄准讲坛反复调焦，或让助手打着灯光，自己则肩扛摄像机，四下寻找目标拍摄现场氛围。同他们一样，摄影记者们身背摄影包或胸挂不同型号的相机，也是忙得不亦乐乎。他们手举相机，或站立或猫腰，瞄准试镜，寻觅最佳拍摄角度。只有文字记者们相对悠闲，或坐或站，或自个儿沉思默想，或歪着脑袋同邻近者交谈。

新华社时任驻点记者于大波踌躇满志，抢先靠前站立，争取提问。他认为，记者招待会是记者"擂台赛"，是考验记者"嘴上功夫"的最佳场合，而"嘴上功夫"必须表现在敢于提问和善于提问上。西方人老觉得亚洲记者是"哑巴"，自己作为一名中国记者，一定要用实际行动让他们改变陈见。然而事实令他沮丧，尽管他把手举得再高，拉宾的新闻秘书就是对他视而不见，同许多场合一样，被挑选提问的还都是些高鼻子蓝眼睛的西方记者。怎么办？于大波没有气馁，不言放弃，不停地靠前挪动位置，不断地举手示意，终于"感动"了拉宾秘书，获得最后一个问题的提问机会。

此前，西方记者们的提问大都跟被占领土的巴勒斯坦人自治有关。一个重要的问题没有涉及，那就是拉宾政府对被以色列占领的叙利亚领土戈兰高地的立场。于大波独特地提出这一问题，要求拉宾阐述立场。拉宾回答说："戈兰高地对以色列的安全固然重要，以色列目前不会轻易放弃，但这并不意味着以色列的立场不会改变。"显然，拉宾的表态蕴含着以今后在类似重大政策上立场有变化的空间，为阿以双边和谈注入了生机。

新华社消息播发后，引起阿拉伯舆论的高度关注。同事们夸赞于大波"问"出了中国记者的勇气和骨气。但对于大波本人来说，他对记者招待会和其他场合下的提问有着更深层次的思考，总结出"提问"的三个技巧：寻找有利角度、选择好切入点、要具体，不要漫无边际。

四　摄影记者

对许多人来说，拍照似乎谁都可以"玩"两下子。然而，作为摄影记者，其"拍照"就不是简单的"玩活儿"了，不仅讲究专业技巧和知识，而且更要具有新闻敏感和献身精神。同电视摄像记者一样，摄影记者也特别需要深入现场和实际，捕捉和抓拍现实世界中具有重要报道意义的镜头。身临战争前线和恐怖袭击现场，遭遇天灾人祸和危重突发事件，他们更需要排除万难，冲锋向前，拍摄真实，记录历史，把一张张经典图照迅速呈现给广大新闻受众。随身"家什"：高像素手机和数码相机、便携电脑、充电器，以及采访车辆和备用干粮、饮水等。

特写镜头

1999年11月10日上午，中美两国在北京举行关于中国加入世界贸易组织双边协议的谈判。随着中国经济的持续快速增长，中国"入贸"问题一直备受世界瞩目。现在，中美两个贸易大国坐在一起讨论这一问题，表明中国"入贸"谈判已经进入关键阶段，因而成为世界媒体聚焦的重大事件。新华社摄影记者刘卫兵接到紧急采访任务后，二话没说，背起摄影包就同另一位同事赶赴现场——中国对外经济贸易部谈判楼。

现场在谈判楼一层。刘卫兵熟门熟路，一下车赶紧占据有利位置，当美方谈判代表巴尔舍夫斯基等人刚一露面，他便抢拍下抵达镜头，然后采取"追踪"和"定点"拍摄相结合的方式，连续拍摄下谈判代表入场、握手寒暄和落座谈判等内容。首战告捷。

谈判需要时日和耐心，刘卫兵同其他许多媒体记者一样接下来只好等待谈判进展。一开始，他只是坐等外经贸部新闻处的电话通知，但编辑部一位领导的话让他警醒："中美谈判是件国际关注的大事，一定要盯死了。"于是，他立即返回谈判现场。果然，现场已被中外记者围了个水泄不通，大家都在现场"抓"消息。一连数日，刘卫兵再不敢松懈，每天一大早便赶到外经贸部"坐班"，捕捉谈判中的新闻，等待谈判最后结果。虽然坐等难熬，但内心坦然许多，因为有事不会漏了报道。

15日，谈判进入第六天。下午3点钟，中外记者们获"特许"进入谈判大楼一处房间等候，显然谈判已接近尾声。新闻大战一触即发，刘卫兵不由地有些紧张，一面将多次检查过的两台相机挎在脖子上，一面两眼不停地观察周围动静。就在一刹那间，不知哪位官员做了个手势，呼啦一下两百多名记者立即从一楼大厅攀楼梯向二楼签字大厅冲去。刘卫兵一马当先冲在最前面，身后一位记者摔了个跟头，他只顾喊声"快起来"，便第一个冲进签字厅。

3点55分，中国外经贸部部长石广生和美国贸易代表巴尔舍夫斯基在协议上签字，并互换文本，亲切握手，举杯庆贺，举世瞩目的中美关于中国入贸问题双边谈判宣告成功。伴随着经久不息的掌声，照相机快门声此起彼伏，闪光灯闪烁不停。透过取景框，刘卫兵看到中美双方官员的脸上都流露出略带疲倦而又欣慰的微笑。他自己也笑了，是完成任务后从心底里流淌出来的甜蜜微笑。

第二节　编辑素描

一　报道策划

　　报道策划及组织指挥是新闻媒体总编室、媒体所属各部门新闻编辑部或驻外总分社编辑部必须日常进行的一项重要工作。作为报道决策层次，参与者多为方方面面的业务主管和头头脑脑，需具备胸有方略、指挥若定的领导风采。为此，就整体而言，报道策划讲究形势务虚，集思广益；对个人来说，密切跟踪国际时事动态，把握总体报道格局至关重要。忌讳：下车伊始，叽哩哇啦；凭空想象，空发议论；啰哩啰嗦，优柔寡断。

⬤ 特写镜头

　　2003年年初，美国以伊拉克拥有大规模杀伤性武器和支持基地组织恐怖活动为由，对伊保持高压态势。十几万大军集结海湾，威慑萨达姆"独裁"政权投降就范。伊拉克战争一触即发。与此同时，世界媒体也纷纷调兵遣将，排兵布阵，为一场"新闻大战"的来临而紧锣密鼓地上下"忙活"。

　　新华社当时正开一年一度的社工作会议。社领导在会上明确决策，要把迫在眉睫的伊拉克战争报道作为新华社当年国际新闻报道工作的"重中之重"，只许成功，不许失败。新华社社长田聪明和总编辑南振中还找中东总分社社长吴毅宏进行个别谈话，"面授机宜"。

　　吴毅宏开完会立即赶回开罗，就落实"伊战"报道任务进行紧急策划和部署。他首先召集总分社领导小组开会，传达总社指示精神，同英、阿文编辑部一起商讨和研究报道预案。考虑到"伊战"报道意义重大和任务紧急，需要动员本地区所有相关分社共同应对，总分社领导小组决定立即在约旦首都安曼召开"飞行集会"。吴毅宏和英编室主任姜显明带着粗略起草的一份报道预案飞赴安曼"坐阵指挥"，巴格达分社及驻伊周边分社首席记者或负责人共8人应召赴会。大家聚精会神，集思广益，一个分社一个分社地摸底调研，过细策划。经过两天紧锣密鼓的磋商研究，终于制定出了一份原则明晰、分工明确、措施明细的"伊战"报道方案。

除具体考量和确定各分社在"伊战"报道中的地位、人力部署和需求，以及巴格达分社常驻记者根据国家要求限期撤离的路线走向等相关细节外，方案重点突出了如下几点原则精神：（1）打破原有分工和界限，允许所有分社在第一时间段率先抢发"伊战开打"快讯；（2）重点"经营"英文报道，保障新华社同西方通讯社真正在"同一起跑线上"竞争的实质意义；（3）紧急强化巴格达分社雇员建设和培训，使当地雇员成为伊战开打后新华社在巴格达坚持报道的中坚力量；（4）临时设置总分社监控平台，对"半岛"电视台等阿拉伯当地媒体的报道实行24小时不间断跟踪，使其成为新华社消息来源的重要保障之一。

方案很快获得总社批复，中东总分社及辖区各分社马不停蹄地抓紧落实。总分社社长吴毅宏肩扛重压，不顾身体疲弱，连轴辘转地投入"备战"工作，一面指挥整个地区日常报道，一面具体抓总分社监控平台的建设。在他的悉心指导下，总分社技术室很快利用旧有电视建起了监控室，英编室则"忙中偷闲"地抓紧选聘和培训英阿文双译雇员，具体教授他们监控操作办法。

在新华社上下一致、同心协力的精心组织策划下，"功夫不负有心人"，2003年3月20日凌晨"伊战"打响时，中东总分社英编室根据监控平台获得的信息和巴格达分社雇员几乎同时打来的电话报道，争分夺秒地抢发出"巴格达响起防空警报声"的"伊战"开打英文快讯，时效快于所有世界主流媒体的英文报道。直到此时，吴毅宏才长长地舒了一口气，立即又率领编辑部毫不懈怠地投入紧张忙碌的后续报道。新华社后来为"伊战"报道举行表彰大会，授予中东总分社"伊战报道先进集体"荣誉称号，吴毅宏和其他多人获得"伊战报道先进个人"荣誉。

二 编前会

"编前会"是各类新闻媒体编辑部组织、指挥和协调日常报道的一项常设机制，因为多在值班编辑开始日常工作之前举行，故被称之为"编前会"。它通常由编辑部值班主任或其助手和值班编委主持，下属各编辑室（组）当班负责人或发稿人（有权签发稿件者）参加。各编辑室（组）首先汇报最新重要信息及报道设想和安排。编辑部值班主任（或值班编委）一面听取各方汇报，一面适时发出各种指令，甚至直接同"前方"分社记者取得联系，对相关重大报道"口授机宜"。一些情况下，"编前会"还要在互通情况的基础上简单务虚，集思广益，通盘运筹某一战役性报道。"编前会"时间一般不会拖长，大家长话短说，简明扼要。忌讳：与会当班编辑不跟踪重大时事新闻，一问三不知；主持人缺乏"胸有成竹、运筹帷幄"的大将风采，应对突发事件"一头雾水"。

◉ 特写镜头

　　一位新华社记者曾以访问学者身份到美国进行学术交流，其间曾走进位于纽约时代广场洛克菲勒中心的美联社总部大楼，有幸目睹了美联社国际部的一次编前会。他在《我在美联社实习》一文中描述了这次编前会的现场即景：

　　美联社国际部"既监控和管理世界各地的分社，也负责将美国国内发生的大事向世界各地报道"。"8点15分左右，主任助理召集所有的人进入办公室召开编前会。会议室里的话筒连接着前方记者的电话或手机。"

　　主任助理：今天有什么新闻？

　　负责兼管纽约事务的编辑：纽约唐人街一个著名人物刚刚过世，今天要举行送葬仪式。

　　编辑（按主任助理要求，同前方记者进行联系）：今天打算怎么报道送葬仪式？

　　记者（在仪式现场）：送葬仪式还没开始，打算写一篇动态消息和一篇现场特写。

　　主任助理：要着重谈谈他的死对华人社区有什么影响，另外还要配上一篇介绍人物背景的讣文。讣文由编辑部撰写。（转换话题）克林顿和琼斯性丑闻进展如何？

　　编辑：今天总统将要在白宫举行记者招待会，届时记者将会穷追猛问。（话毕，拨通了负责白宫事务记者的电话）

　　记者：我正在白宫等候。

　　编辑：争取提问，尽快将稿件发回。如有重大消息，立即打电话告知编辑部，由编辑写消息。

　　记者：我会尽力而为。

　　"整个编前会从开始到结束不到半小时。末了，主任助理进入主任办公室向他汇报一天的工作安排，并请求指示。主任说，就按编前会的决定办。"

　　新华社记者抓住时机，就"编前会"问题进一步探询美联社国际部主任的看法。对方告诉他："编前会十分重要，所以每天举行，时间虽然短，但起到'提神醒脑'和提纲挈领的作用。驻外记者也可'听'编前会，只要将线路接通就行。不过，只有当国外发生重大事件时，总部的编辑才和驻外记者'开'编前会，直接向前方发布指示。在多数情况下，总部不干预驻外记者的报道，因为每个地区都由总分社负责。"

三　编辑当班

在一些影视作品中，编辑当班自由散漫，悠哉悠哉，好不闲逸。实际上，作为一名称职的国际新闻编辑，当班时必须全神贯注，一面要处理加工大量的前方分社来稿，一面要"监控"电视新闻报道，不断地调阅外电，从中发现报道线索，指令前方分社核实报道，或干脆直接抢发"快讯""急稿"，为前方记者先行"补台"。为此，国际新闻编辑必须具有应对重大突发事件报道的快速反应能力和驾驭语言文字的业务素养，特别要"屁股沉，坐得住"。当一篇篇稿件从自己手里满意地"出手"，特别是能受到好评，编辑的心里才感到欣慰和充实。忌讳：随意处置记者来稿，胡编乱改，坐不住。

🎦 特写镜头

2003 年 3 月，美国十几万大军集结海湾，对伊战争迫在眉睫。

19 日深夜，新华社中东总分社英、阿文编辑室和电视监控平台灯火通明，两个编辑室主任率领当班编辑一面紧张忙碌地工作，一面分工负责"盯"外电和外台，不敢放过任何"蛛丝马迹"。总分社社长亲临"督战"，一些不当班的编辑和闲杂人员也不断地走进编辑部细声打探。

头一天，联合国核查人员全部撤离伊拉克，世界舆论纷纷猜测 20 日凌晨伊拉克战争肯定打响。为此，中东总分社决定英阿文编辑部从即日起实行 24 小时不间断值班，打破原先与总社国际部和欧美编辑部约定俗成的分时间段值班办法。

女编辑（对两位当班发稿人）：加沙分社 139 号来稿已编好。还有稿子没处理吗？

男发稿人：暂时没了，你先盯一下外电。（面孔转向女发稿人）加沙的稿子我来处理（迅速从电脑中找出编辑加工过的 139 号稿，敲动键盘，修改、签发）。

电脑音箱铃声响起，提醒前方分社有新的来稿。

女编辑（立即将鼠标移到电脑"分社来稿"的"菜单"上敲开，告诉发稿人）：是巴格达分社雇员来的，我先编。

隔壁电视监控平台雇员翻译大声通知：半岛台报道，美军特种部队进入伊拉克……

男发稿人（打个手势，表示知道了，然后对女发稿人）：我来处理。

女发稿人：好嘞。外电报道说，外国记者已撤离伊拉克新闻中心，我跟踪编发一条。

值班发稿人和编辑忙忙碌碌，连上厕所都匆匆忙忙。

开罗时间 20 日零点（格林尼治时间 19 日 22 点），总分社社长站在英编室值班桌旁，用眼神询问 3 名当班者有无开战信息，大家无声地摇头。紧邻的阿文编辑室和"监控平台"也都回应"没有动静"。

格林尼治时间 20 日零点（开罗时间凌晨 2 点），编辑们和"监控平台"的雇员翻译再次示意"没有动静"。

此时，该处理的日常稿件已处理完，两个编辑室当班编辑和监控平台一门心思盯外电，看电视，注意接听分社电话。

格林尼治时间 20 日 1 点（开罗时间凌晨 3 点），依然没有动静。

格林尼治时间 2 点（开罗时间 4 点），还是没有动静。

大家的心开始松缓起来，认为当天凌晨开战已不大可能。总分社社长和英、阿文两个编辑室主任商量后决定：为了不影响正常工作秩序，不值班的编辑立即回去休息，但两个编辑室必须坚持 24 小时不间断值班，各留下一个发稿人和一个编辑继续坚守。

决定作出了，但大家依然精神亢奋，一个个仍呆在值班室不走，万一"伊战"就要爆发，谁也不愿失去见证这一重要时刻的机会。总分社社长只好一面"赶"大家，一面带头"撤退"。不过，到底心里有事，不一会儿他又回到了值班室。

格林尼治时间 2 点半稍过（开罗时间 4 点半，巴格达时间 5 点半），电视监控平台终于传出"巴格达响起防空警报声"的信息。与此同时，巴格达分社雇员贾迈勒传来同样的电话报道。没有按指令"撤退"休息的英编室女发稿人田斌动作飞快，立即敲动电脑键盘，迅速发出快讯，率先所有世界主流媒体抢发出"伊战"开打消息。总分社社长立即向总社报告。

当班编辑和在场人员群情激动。不过，大家没有时间沉湎在欢乐和喜悦之中，因为"伊战"报道才刚刚拉开序幕，前面将有更多的挑战和考验。实际上，从凌晨打响"伊战"报道"第一枪"起，英、阿文两个编辑室的电脑键盘一直在敲击不停，人员"四班倒"，吃饭轮流换，"24小时不间断发稿"真正得到了体现。据统计，"伊战"头一天，英编室 10 个人共自撰和编发各类稿件 210 条左右，其中快讯和急稿就达上百条。这样大的报道量前所未有，是日常发稿量的至少五六倍。

凡此种种，基本展现了国际新闻采编人员工作和生活的不同侧面。尤其是中国驻外记者，人数不多，对独立采编能力要求较高，越洋播报既精彩纷呈又艰辛困顿。实际上，他们也是"凡夫俗子"的普通人，驻外生活充满了酸甜苦辣。不说节假日基本无休、一天 24 小时紧绷神经怕漏报消息之类的劳心费神，单就远离故土家人，特别是长期夫妻分居及儿女亲情割舍而言，内中的情感缺失和亲情割裂则更令人悲催心碎。

然而，血总是热的。为了事业追求，抑或只是个人兴趣爱好使然，一代又一代的热血媒体人心甘情愿地抛家弃舍，不远万里，无怨无悔且奋不顾身地飞越大洲海洋，将自己的足迹踏访在异国他乡，用辛勤的汗水，和着泪水甚至鲜血，让中华电波永不消逝，让五星红旗高高飘扬！

第五章
采　访

　　如果说厘清对资讯理论学术认知和确立新闻选择标准是做好国际新闻报道的前提，那么探究和总结采编实践活动则应该是促进国际新闻报道进步发展的关键。其中，采访更应是践行新闻报道的根本和灵魂。

第一节　意义和目的

　　大千世界的变化、变迁和进步发展是怎样通过新闻媒介广为传播的呢？新闻传播首先应当归功于记者采访。除各国国内记者密切跟踪国内发生的大事件外，世界大多数国家的新闻机构都或多或少派出驻外记者，跟踪国外局势，力争迅速准确地将世界大事传给国内外受众。诸如路透社（Reuters）、美联社（AP）、法新社（AFP）、新华社（Xinhua）、美国有线电视网（CNN）、美国之音（Voice of America）、英国广播公司（BBC）以及"纽约时报"（New York Times）、"华盛顿邮报"（Washington Post）、"金融时报"（Financial Times）之类的具有世界影响的主流媒体对国际新闻的采访和报道尤为重视和活跃。他们的驻外记者和雇员、报道员遍及全球，形成国际新闻报道网。世界各地的每一重大举动都逃不脱他们的跟踪。没有驻外新闻记者的大量采访活动，世界大事就不可能得到迅速传播。如果说，采访点是新闻报道的最前线的话，编辑室只能算是"大后方"。尽管这一"大后方"无可否认对指挥和布署"战役"、处理"善后"起领导、组织、协调和决策作用，但"前线"采访则对胜利完成报道任务更具率先和直接意义。

一 采访的意义

1、采访是新闻真实性的前提保障。"客观""公正""准确""实事求是"历来是各国新闻机构普遍标榜遵循的工作准则。不管他们在实际工作过程中是否真正实行，或者说是否完全尊崇这些原则，但就他们的新闻工作章程而言，没有哪一家新闻机构愿意用"撒谎""偏袒""吹牛"来取代"客观""公正"这样的新闻工作准则。无产阶级也好，资产阶级也好；东方也好，西方也好，"客观""公正"之类的新闻实践准则"放之四海而皆准"。每个真正对工作和广大受众负责的新闻机构不仅对这些新闻准则推崇备至，而且还会在实际工作过程中想尽一切办法来维护他们，使本机构的声誉不受亵渎。

要做到这一点，记者实地采访是前提，是关键。只有实地采访，记者才能掌握第一手材料，真实而准确地加以报道。道听途说，听信一面之辞，或者坐在办公室里凭空想像，主观臆断，必然导致报道内容的失真。20 世纪 80 年代间，某个日本新闻媒体只根据一点迹象就推断朝鲜民主主义人民共和国发生了"政变"，报道金日成主席"被刺杀身亡"。一些西方新闻机构在记者没有实地采访的情况下跟着"起哄"，欺骗了世界公众，造成了很不好的国际影响。相反，新华社驻平壤记者没有随波逐流，而是经过认真采访之后获得确凿证据，报道金日成主席安然无恙，向世界公众澄清了事实，赢得了国际声誉。记者只有坚持采访，才能保障报道内容的准确无误。

有人认为，记者为了争取时效，抢发独家新闻，可以根据一些迹象和推断进行报道。实际上这种看法并不正确，这种做法更不可取，因为推断不是新闻。如果说记者连事实都报道错了，那么你争取来的时效又有什么意义？正确的做法应该是，当记者看到一些迹象或获得某些未经证实的消息来源时，应该立即实地采访，证实消息来源。这样做与争取时效并不矛盾。争取时效不是简单地抢发某一稿件，而应是在最迅速地弄清事实、保证报道准确的基础上抢发消息。也就是说，抢发不是随意乱发。采访才是准确抢发新闻的保障，正是由于记者深入现场采访，了解全面，掌握报道重点，才能及时准确地报道消息，比转抄别人报道或等别人报道之后再花时间证实消息，不仅快得多，而且准确可靠。

2、采访是保障新闻时效的关键。时效是新闻的灵魂，把最新发生的世界大事以最快的速度传播出去是新闻机构义不容辞的天职。这对吸引新闻受众和订户，提高本新闻单位的信誉无疑具有商业价值和政治意义。通讯社也好，报刊也好，广播电视也好，没有一家新闻机构不想抢发头条新闻或独家新闻，没有一个驻外记者愿意看到自己报道的消息迟迟不能"上天"和"落地"。CNN、路透社、美联社、法新社、英国广播公司、美国之音等西方主流媒体一直重视自己的新闻时效，对抢发具有重大意义的头版头条新闻或独家新闻的记者实行重奖，鼓励记者争分夺秒抢发每一条新闻。这些西方新闻机构之所以能长期垄断世界新闻市场，与他们快速的新闻时效显然大有关联。除了在技术设施和处理新闻稿件的工艺流程上争分夺秒之外，他们始终把争取新闻时效的立足点和侧重点放在记者实地采访上。因为采访当事人或有关人士，这在时间上比通过中间环节或间接手段取得消息来源进行报道要提前许多。尤其是独家采访或专访，其报道不仅内容独特，而且时效上也会有绝对保证，不存在同其他新闻机构竞争时效的外来压力。

世界新闻事业正在发展进步，社会主义和第三世界新闻力量正在不断加强和壮大。西方主流媒体垄断世界新闻市场的状况正面临日益严峻的挑战和威胁，要求打破西方新闻垄断、建立新的世界新闻秩序的呼声越来越高。西方新闻机构不仅要应付来自资本主义新闻界内部的商业性激烈竞争，而且还要正视第三世界发展中国家新闻力量的崛起。

1989年7月，瑞士新闻界名流举行新闻研讨会预测：21世纪新闻事业将更加发达，人们的消息将更加灵通，新闻竞争也将变得日益激烈。身处一线采访的记者们除应具有广博的基础文化知识和相当高的新闻采编水平、年青力壮等条件外，还必须具有高度的分析能力，善于作深入细致的调查研究，分析和选择报道从经济、政治和其他各界人士手中得来的各种消息。

这种新闻发展趋势不只是对资本主义新闻界的冲击，而且也必然要波及社会主义和第三世界国家的新闻媒体。社会主义和第三世界国家新闻界要想打破西方新闻垄断，必须敢于在所有工作程序和领域中同西方主流媒体竞争和抗衡。首先应在新闻时效上尽快摆脱远远落后于他们的传统状况。为此，社会主义和第三世界国家新闻机构的记者必须重视采访，学会并运用采访技艺，为提高报道时效提供前提保证。

3、记者采写的新闻具有现场感、立体感，生动活泼，可读性强。同样一条新闻，记者现场采访和不采访，写出来的消息读起来味儿会大不一样。为什么路透社、法新社、美联社等西方新闻机构发的消息可读性强，拥有世界范围的新闻受众？其中因素之一就是他们发的消息大多是记者在前方通过实地采访调研而撰写的，内容不干巴。美国有线电视新闻网、半岛台、英国广播公司和美国之音的国际新闻节目则现场立体感更强，大多重要新闻都有记者现场采访的音像剪辑。相反，20世纪80年代之前的一些新闻机构，虽然记者队伍遍布世界各地，但由于他们大多不善于现场采访，主要靠转抄当地报刊、广播和通讯社的报道，因而消息干巴，缺乏色彩和生动，国际新闻受众当然不喜欢读它。

新闻消息可读性的程度并不完全决定于采访，其中还有新闻机构的文风问题和记者编辑的文采及写作技巧等诸多因素。但一般来说，记者通过认真采访写出的稿件在事实和质量上是经得起推敲的，因为记者在采访现场能明确所要报道的新闻客体的实质和重点，并能通过提问或侧面了解等方式立刻搞清楚自己原先不清楚的疑点，不致于把新闻五要素弄错。另外，由于记者实地采访，了解现场气氛和被采访人物的性格特点，可在报道中"画龙点睛"，无疑能对稿件质量起到"锦上添花"的效果。这对通讯、特写这类体裁的报道尤为重要。新闻报道讲究客观公正，但报道质量无疑对吸引受众也特别重要。记者应该重视采访，通过采访写出内容翔实、文字生动活泼的高质量稿件。

二 采访对记者的重要性

采访是锤炼记者的广阔天地，是培养和造就新闻人才的最佳课堂。对新闻工作者来说，无论是从事记者工作还是搞编辑工作；无论是毕业于新闻高等学府或受过新闻专业培训，还是"半路出家"或在"干"中摸索着走上新闻战线，出外采访应该都是他们的必修课。假如你有机会搞一段时间的国际新闻采访，一定不要放弃这一机会，相反应竭力争取这一机会，要格外珍惜它。这对新闻工作者的业务成熟和专业造诣，特别是对年轻人的成长尤其具有重大影响和作用。因为驻外记者大多单一行动，采访过程中一般没有商量的同伴，一切全靠自己当场拿主意，对增强记者的活动能力及独立分析和处理问题的能力是最好的锻炼。同时，国际新闻记者不像国内记者那样分工精细，各管一摊，而是"大杂家"，其采访对象来自各行各业、各类人种。记者通过采访，可以广泛接触，了解多面，对扩大自己的知识面和视野无疑也有极大帮助。采访活动还迫使国际新闻记者充当"多面手"，除驾车、打字、摄影、使用电脑、文传或音像设施等通信工具外，他们还必须至少精通驻在国语言，听说能力和外文写作能力都必须过硬，否则报道起来就很抓瞎。

各国新闻机构一般都十分重视利用采访机会来培养各自的人才和队伍。许多新闻单位，尤其是那些世界性通讯社，为此都不断向世界各地派出有发展前途的实习记者或见习记者，为他们提供学习和锻炼机会。

采访只是为记者提供一种学习和提高的机会，提高的关键主要还在于记者自己的主观能动性。只有把握和充分利用这种机会，刻苦用功，才能获得成果。否则，就只能虚度年华，白白浪费机会，顶多不过是收效甚微。驻外记者必须全身心投入工作，投入事业，在采访实践中锻炼自己，丰富自己，提高自己，完善自己。没有生下来就无所不通的人，人人都需要学习，都需要升华。刚步入驻外记者行列的自然不必多说，就是有了若干年驻外采访经历的记者也还需要在实践中加强总结和学习，以适应形势和环境不断发展变化的需要。

第二节　基本功

一　采访中存在的问题

我们强调采访在新闻报道中的重要地位并非出于说教，而是针对报道时弊而言，以提高国际新闻工作者对采访重要性的认识，进而增强记者深入采访、不断提高报道时效和质量的自觉性。在国际新闻报道实践中，轻视和忽视采访的现象依然严重。这在那些由政府官方派遣的驻外记者中和许多第三世界新闻机构中表现更为突出。

1、许多第三世界发展中国家和新闻机构在采访问题上普遍存在自卑心理和甘居落后的精神状态，缺乏进取心和竞争意识。他们总觉得，诸如美联社、路透社、法新社、英国广播公司和美国之音之类的西方老牌新闻机构的传统影响根深蒂固，其人员素质、技术设施、通讯手段和经济实力都占有绝对优势，世界上的其他新闻机构无法或难以与之匹敌和抗衡。第三世界新闻机构与其同他们竞争，还不如节省财力，跟在他们后面"坐享其成"。因此，他们宁愿在国际新闻报道中"转抄"路透社、法新社、美联社等西方大通讯社的报道，不愿"自找麻烦"去现场采访。

许多第三世界国家历史上曾经是英国、法国等西方发达国家的殖民地，传统的宗主附属关系使这些国家的政府和领导人长期以来对西方世界形成一种"藕断丝连"的依赖心理。尽管他们在政治上都竭力主张民族自尊和独立，但在经济、文化上，特别是在心理上，却仍然迷恋和追随西方世界的一切。表现在新闻报道上，就是重视西方新闻机构和西方记者，轻视第三世界自身的新闻报道。虽然有时他们也因西方新闻机构在报道中揭露或抨击他们执政权的"阴暗面"而大骂对方"造谣中伤"之类，甚至将西方记者驱逐出境，但总体而言，他们在思想体系方面还是从"骨子里"重视西方新闻报道，愿意接受西方记者的采访，对西方记者发表谈话，在记者招待会上也还是乐于回答西方媒体记者的一个又一个提问。这种领导层意识无疑也是第三世界国家新闻机构和记者自卑心理的根源之一。

2、不少世界主流媒体虽然也在原则上不断强调记者采访的重要性，但在要求驻外记者如何深入采访的具体举措方面以及为此而应采取的奖惩和保障机制等方面却显得很松散无力，缺少行之有效的规章制度，因而对前方记者的要求时紧时松，有时甚至放任自流。只要你记者不漏报驻在国或驻在地区发生的大事，至于你是转抄报刊或他家消息还是自己采访，是积极采访争取时效还是大量报道"隔天新闻"，一般情况下都不予过问和追究。比较积极采访的记者也因此而得不到应有的奖励和促进，有挫记者的主观能动性和工作积极性。出于政治和外交考虑，有关方面甚至对记者采访驻在国高级领导人实行限制，需事先请示报告，征得同意后方可行事。往往因为官僚作风拖延和手续繁琐而时过境迁，使记者坐失采访良机。有的新闻机构还过高规定记者的报道定额，这在某种程度上也助长了驻外记者大量抄转当地报刊和通讯社新闻。为凑条数，驻外记者不仅大量报道那些不具国际意义的驻在国地方新闻，而且分散精力，从而忽视对驻在国或驻在地区重大事件的调研、采访和报道。

3、一些新闻机构"官僚主义"严重，对国际新闻报道实践了解不深，因而不能按照国际新闻报道的客观规律去组织指挥，而是"想起一招是一招"，随意性很大，使前方记者无所适从。比如，他们忽视记者的"采访"功能，或者说虽然在口头上也不断强调记者到现场采访，但实际上却赋予记者多头任务，要求单一记者或一个小分社方方面面全面涉足，不仅要多语种发稿且争抢时效和发稿量，而且要兼职网络、摄影乃至摄像报道；不仅在报道上不断给记者"增负"，而且还要他们兼管本媒体的营销落地工作，甚至不断地给前方记者布置一些毫无意义的统计任务，让记者身陷繁琐的数据中难以自拔。这种以为记者"无所不能""无所不精"的一厢情愿式的"发号施令"，显然令记者疲于奔命，只好对方方面面采取敷衍应付的态度，当然严重干扰和妨碍记者把主要精力投入采访和报道。

二　记者在采访中存在的问题

就记者素质而言，特别是在官方派遣的驻外记者中，轻视采访的现象也很普遍。主要表现在以下几个方面：

1、**采访恐惧症，视采访为畏途**。这在那些新闻业务水平较差、缺乏对外交往经历的记者中表现更为突出。特别是一些存在语言障碍的驻外记者，外语不过关，因而说不出，听不懂，不善表达，生怕当众"出丑"，可谓"死要面子活受罪"，于是干脆保持"沉默"，免开尊口，懒于实地或现场采访，即便必须前往采访的重要场合，也只是带着两只耳朵去听听而已，任由别的记者去提问采访，不愿同有关人士和采访对象直接交谈对话。

2、**采访肤浅化，流于形式，缺乏深入细致的调查研究**。这在驻外记者采访活动中是较普遍存在的一种现象。许多记者虽然也经常在重大场合和记者招待会上"抛头露面"，但他们仅仅是走马观花而已，主要目的在于寻觅书面材料方便自己的报道，或"名正言顺"地在报道稿件中署上自己的大名，以示系自己亲身采访撰写，"骗"取编辑部的好感。

采访是一项艰苦的调查研究和交际工作，不同有关人士就重大敏感问题进行广泛接触、交往和谈话，不作深入摸底，是难以写出有实质性内容和较有分量的报道的。特别是采访一些秘密会议，如何利用各种人际关系搞到会议讨论内容和结果，那却完全不是泛泛采访所能办到的。

3、**采访礼宾化，忽视实质性采访**。这也是采访表面化的表现之一。一些驻外记者热衷于机场、宴会新闻，在某某国家元首、某某政府代表团、某某知名人士来驻在国访问期间，他们像一个礼宾官员一样只注重这些来访者的礼宾活动，跟在迎宾队伍后面跑机场，奔饭店，跑完拉倒，采访就算了事。他们虽然忙得不亦乐乎，但却不知也不想知道为什么而忙。来访者的来访目的、将要举行一些什么有实质性意义的活动、怎样就这些实质性活动进行采访，或怎样通过采访搞到有关来访者真实访问意图的实质性素材……他们懒于理会，不愿就此作进一步跟踪采访。这种采访礼宾化的结果只能写出内容单薄、空洞的送往迎来式的礼宾报道，言之无物。

4、**采访参观化，像游客一样转悠**。参观甚至包括游览也是记者采访活动的一部分。但即便参观游览式的采访，特别是记者带有一定目的的参观游览，记者也不是纯粹意义上的游客，不能把这类采访活动同娱乐消遣式的观光等同对待。不少记者热衷于走马观花式的东跑西颠，每到一地，下车伊始，诸如"××印象""××一瞥""××散记"之类便成文在即，文中即使不是谬误和虚假，倒也确实只是"印象"或"一瞥"而已。

观光游览并非记者采访的全部。记者需要东奔西走，四下活动，但这类活动重点应围绕新闻报道而进行。不就驻在国和本地区政治、经济形势进行密切跟踪，深入采访有关方面和人士，而强调和侧重走马观花式的观光游览采访，结果只能是本末倒置，"捡了芝麻丢了西瓜"，甚至可能贻误对重大事件的报道。

5、**弄虚作假，欺骗公众**。极少数驻外记者或迫于来自某方面的政治经济压力和斗争需要，或为了哗众取宠，一鸣惊人，便不惜出卖职业道德和自身灵魂。明明没有亲往某一现场采访，却在报道中以浓笔渲染"目击"场景，甚至炮制骇人听闻的国际事件，造谣中伤，混淆视听，充当少数集团或个人阴谋活动的"软刀子"打手。还有不少记者偏听偏信，捕风捉影，结果报道内容漏洞百出，严重失实。这些表现虽然对个别记者来说，有品质不良与作风不严谨、有意所为还是无意疏忽之别，但其结果都是报道失实，弄虚作假，是对世界受众的欺骗和愚弄。

采访既是一项艰苦细致的劳动，更是一项复杂多面的报道技艺。我们在懂得采访的重要性和必要性，有所了解采访现实中的困难和弊端之后，并不说明我们真正学会了采访，掌握了采访技艺。学习采访不仅需要理论上的谙熟，更重要的还在于亲身实践，并在实践中不断总结提高。

三　记者采访的基本功

为了搞好采访和报道，驻外记者必须首先锤炼和具备以下一些基本功：

1、外语听说能力。同化语言是驻外记者同异国采访对象交谈的前提。否则，谁也听不懂还谈何采访。有些新闻机构对长期驻外记者配备翻译，这实在是一种弊脚之举，既将新闻记者外交官僚化，也不利于记者对新闻的采编。因为经过翻译译出的语言毕竟不是采访对象的原话，不仅浪费时间，准确度也往往难以保证，不少情况下甚至还会造成记者和翻译之间的矛盾，争论究竟谁是记者，谁在采访。

英语是世界通用语，国际新闻记者至少应能用英语采访。有条件的记者最好能掌握二门以上外语，除英语外，还能用法语或其他驻在国语言会话。为便于深入采访，了解驻在国地方风土人情，精力充沛的驻外记者不妨学学驻在国地方土著语言。对本国语言为非英语或非驻在国语言的记者来说，语言关更是必须解决的一个问题。有些驻外记者懒于采访，其中外语不过关是一个重要因素。要想深入采访，驻外记者必须解决听说问题。

曾任美联社拉丁美洲巡回记者的罗伯特·贝雷列斯虽然出身于一个讲西班牙语的家庭，但当他真正步入拉美采访时，他便发现"自己的那点西班牙语太不够用场"。他是这样谈及语言对采访和报道工作的重要性的：

"拉丁美洲人的西班牙口语差别很大，往往会使粗心大意的人闹大笑话。例如，在加拉加斯邀请女友来喝一杯的表达方式，在墨西哥就可能成为请她来共寝的话。一次看起来无关紧要的有关你的射击练习情况的谈话，在一些国家就可能被解释成这是一篇关于你正在接受性教育的报道。我是在亚利桑那州的一个讲西班牙语的家庭里长大的，而后来当我在20年前第一次受委派去拉丁美洲的哥伦比亚采访时，我却吃惊地认识到，在那里我的西班牙语是远远不够用的。十年后，为了做到充分适应古巴独裁者卡斯特罗的加勒比牌西班牙语，我花费了数月的时间，每天用四五个小时来听他的高谈阔论。"

另一名曾获得普利策新闻奖的美国记者林恩·海因策林也不无感慨地说，记者"在海外，最重要的障碍是语言"。他说："有人说，一个讲美国话的好的记者，可以在任何地方采访任何事情。这种说法是不大正确的。他也许最终能够掌握住一篇报道，但是，在他还没有确立联络线以前，他将要度过一些不愉快的时刻。以法语作为第二外语，工作就会方便得多；当然在非洲，学会阿拉伯语、斯瓦希里语和一种南非公用语是有用途的。"

语言对驻外记者进行采访和报道是重要的。贝雷列斯和海因策林既有较丰富的采访经验，又有坚实的语言基础，他们都觉得工作中语言匮乏，诸如新华社、俄塔社之类的讲非国际性母语的记者更应该懂得掌握外语的必要性。

  2、运用速记技巧。人的记忆力是有限的，记者在采访过程中不记笔记或单靠普通速度的笔记是不可能记下全部谈话内容的。由于采访时精力过度集中或过度紧张，或笔下功夫慢，往往采访过后难以全部回忆采访对象所谈内容，特别是一些关键性原话因未记全而贻误报道。因此，记者采访不但必须记笔记，而且要学会速记技巧。这种技巧有的需要通过专门学校或专门培训来学习，但更多的记者则自己编排一套速记符号，为自己专门使用。他们对记者采访都极为有益。采访完毕，记者只要打开笔记本一翻，便能立刻据此发稿既保险、不易出错又能节约时间，争取发稿时效。

  我们不妨来听听美国著名新闻工作者杰克·海敦谈记者记笔记的一段话：

  "现场采访和按专业分工的非正式访问都肯定需要记笔记。很少有记者能靠脑子把材料完全记住。但是在正式的访问中，有些记者不记笔记或很少记笔记。

  有些老记者认为记笔记会分散注意力，妨碍谈话的和谐进行。他们发现，如果不连篇累牍地记笔记，谈起话来对方会感到更自在一些。这样记者也就能够专心听对方说话，并注意观察对方的举止和衣着。

  《新闻日报》一位记者主张在正式访问时不记笔记，但他在同采访对象分手以后，就赶快把记得的东西写下来。

  初学者要记笔记。要努力集中注意力，记下要点和引语。就如同听历史课一样，你应该只记下要点，不要什么都记，这样就能听得更好，并且更好地吸收。

  不记笔记的缺点是显而易见的：要漏掉一些材料，准确性也受影响。正如中国有句成语所说的：心记不如手记。

  在正式访问时记笔记，要做得不引人注意。写下关键性的数字和片语。要自创一套简写符号，访问时最好眼睛盯着对方。"

  海敦这里所说的记笔记的方法是速记的一部分。此外还有很多速记办法可以供记者选择，如省略冠词、使用缩写、简化字母（用"culd""wuld""pls""MTG"代替 "could""would""please""Meeting" 等）、用单一字母代替不断重复的名称、用重点单词串记为人熟知的口号或短语等等。

  对驻外记者来说，记笔记不能不说是采访的基本功之一，而速记则是更重要的基本功。尤其是对那些使用语言为非母语的记者来说，有条件的应该进行速记专门培训。

　　3、交际广泛。这里首先让我们来截录一下美联社记者阿瑟·L·加弗向撰写的《报道白厅》一文。加弗向是个老资格的政治和外交事务记者，先后在伦敦、巴黎、日内瓦、柏林、罗马、布鲁塞尔、莫斯科和百慕大等地采访过许多最高级会议和外长会议。他在文章中就自己在伦敦采访英国外交事务这一经历的一番话充分说明了交际能力与采访成功之间的正比关系。

　　1963年，当领导危机冲击当时执政的英国保守党政府时，同持中立观点的人士交往这一手法使美联社得到了很大的好处。当时，有四个主要候选人在竞争接替患病的哈罗德·麦克米伦的首相职位。各种消息和宣传都出现了。在这一片喧嚷声中，我把注意力集中在政府内的一位一直提供准确消息的中间人士身上。此外，他还是一位接近麦克米伦的人。麦克米伦虽然躺在病床上，却仍然参与权力斗争。

　　一天深夜，通常是消息最灵通的几家全国性报纸有把握地说，当时的副首相、海军少将（现在是勋爵）巴特勒已经获胜。但是，一个接近亚历克·道格拉斯—霍姆（有时称为伯爵十四）的人给我家里打电话告诉我说，他的人将获胜。我给议会里的一位取中立态度的提供消息的人士打了电话。当时已经睡觉了的他，带着困倦的腔调说：'太好了'。然后，他以强调的语气证实了我得到的消息。这篇报道证明是轰动一时的政治性稿件：亚历克爵士果真是新首相。

　　一位中立的消息灵通人士在中苏分裂的初期帮助了我。俄国人当时在设法修补与南斯拉夫人的关系。苏联共产党政治局的一位成员把当时的苏联总理尼基塔·赫鲁晓夫在一次讲话中的一段话告诉了南斯拉夫驻莫斯科的大使馆。赫鲁晓夫在讲话中问道：'当你们（他的政治局同事）某天早晨醒来时发现中国人已经成了一个核大国，你们将作何感想呢？'经过研究，我便报道说，莫斯科与北京闹分裂的一个重要问题是俄国人拒绝同中国人分享核武器的秘密。几个月以后，赫鲁晓夫公开证实了这一点。

　　在伦敦，有将近一百个外交使团。每个使团都有自己的兴趣，有自己的消息来源，有自己的通讯线路。有些外交家感到寂寞、孤独，已经到了不能忍受的地步。他们非常希望有机会和居住在伦敦的人交换看法，甚至情报。我养成了同关键使团保持接触的习惯。20年前我不时与之会面的那些三秘们已经回到伦敦当大使了。我和一位三秘结成了亲密朋友，他现在是他的重要祖国的总理的最重要的正式顾问。无论何时，只要他在伦敦，我们就共进午餐，或在一起吃饭……

　　一个人怎样才能结识好的消息提供者，并保持同他们的关系呢？这话说来话长。从我的情况看，大部分答案在于美联社的连续性政策。多年来，尽管我的基地是在一个国家的首都，但是我已经结识了该国以及许多其他国家的数百名外交官和其他官员。

我会见过的这些人的一部分已经晋升到了高级职位上。一些普通议员已经成了内阁部长，然后又成了总理。当工党在战后执政时，我曾决心结识一些有希望的保守党人士。反过来，当工党在1964年以前一直处于在野地位时，我从1951年起又做了同样的事情。

在英国稳定的和民主的体制下，内阁的更迭不会产生太大的动荡，记住这一点是重要的。一个新政府上台时，大概有一百多个新人进入白厅工作，但是数千名文职官员却仍然留在原岗位上。因此，他们是掌握真正国家秘密的人。一个新上任的首相甚至不能拿到前任的档案。这些档案都由常设官员保管着。

加弗向的切身体会给我们最大的启示是，记者应特别注重同那些能够在关键时刻提供信息或为报道提供重要帮助的人士保持密切联系。这说起来有点市侩，把人际交往实惠化，但这不是一般的人际交往，而是工作。记者的工作性质就决定了他们对外交往的信息化，只有随时随地、不失时机地打探、寻觅、跟踪和深入了解新闻信息和情报，才能及时报道，写出自己的独家新闻。否则，你交往再多，成天东跑西颠，但不与消息来源、信息和情报联系起来，或不注重这些，那么作为一个记者，你的这些交际又有什么效益？对你的报道工作起何作用？

交际能力的大小不是简单地知道同什么人来往所能决定的。对驻外记者来说，知道什么人最需要或最有可能为你提供帮助，这是一码事；但如何与之打交道，赢得他们的理解和自觉支持，为你提供消息或消息来源则是另一码事。而且，后者是更主要、更实质的一码事。提供津贴或报酬、请客、送礼，诸如此类虽然在极少情况下必要，但最重要的一点还是友谊，以诚相待，了解对方，理解对方，交换对重大问题和共同关心的问题的看法，求得对方的信任。只有这样，对方才会把你视为朋友和知己，才会向你畅开心灵的大门。还有一点对赢得消息来源的支持至关重要，那就是记者自己的过硬功夫。当你经常在公众场合抛头露面，提出一些实质性问题；当你不断就一些重大事件报道独家新闻；当你经常周旋于驻在国政府高级官员、知名人士或外交使团之中，那么你的知名度和魅力就会显现出来。人们看出你的才华睿智，对你佩服，也就自然愿意和你接近，自觉告诉你他们所知道的消息，甚至秘密。

驻外记者的广泛接触和交往是重要的，尤其是在每到一个国家之初期阶段。这方面，林恩·海因策林的体会对我们不无教益。

知道你想要得到什么以后，下一步你就要考虑谁最可能提供这些情况。每一个国家都有一个新闻发布官，有时有几十个这样的官员。看起来我基本上考虑的是非洲问题，但是，同样的道理几乎可以应用于任何一个国家。

有些新闻发布官能够起帮助作用；另外一些新闻发布官即使不是有害的，也是消极的。无论如何，向他们表示问候，是一个好主意，至少在第一次去访问时应该这样做。但是，如果你不想让政府知道你在探求什么的话，那么，你就不要去理睬他们。

有时，比较好的做法是，通过你想直接见到的官员或部长的秘书或助手去接近他。许多达官显贵不信任新闻发布官，认为他们充其量不过是爱管闲事的人。

大使馆都是很好的消息来源，但是，最好同时和二三个使馆接触，以便得到对政治性事件的各种不同看法。

如果政治形势不太微妙的话，当地的商人往往也会有助于你的工作。

如果在这座城市里有一所大学的话，那么，那些教授常常热切地希望和你交谈，并且显示他们对许多事件的广博知识。

当地的报纸编辑通常很高兴看到一个外国记者，并且也很高兴向他提供情况，但是你必须要知道他的政治观点。传播福音的牧师也能够起帮助作用。

虽然出租汽车司机的话被人大量引用，但是，他们的可靠性就要看你给的小费多少。

4、反应敏捷，善于提问。提问是记者采访的前提。无论是采访对象接受采访或对记者发表谈话，还是有关方面举行记者招待会，或是记者自己实地踏访，记者都必须善于提问，否则就无所谓采访，甚至造成采访现场气氛的僵冷和尴尬，特别是难以达到采访目的，抓不到具有实质意义的新闻。因此，记者在赴某地采访之前应事先准备一些与采访目的相关的问题。这是在有所思想准备的情况下提问，比较好办。但不少采访场合不容许记者事先准备问题，需要记者临场发挥。这一般来说比较困难，是对记者思维和反应能力的极大锻炼和检验。记者必须思维敏捷，随机应变，特别是在采访对象不愿就某些敏感问题"说三道四"的情况下，记者应学会运用多种提问方式，接二连三地从不同侧面和角度迂回提问，直到从采访对象口中"套"出报道所需的具有实质内容的言辞话语。

一个在拉美采访过的记者说，古巴总统卡斯特罗行踪不定，他最喜欢玩的"花招"之一就是让记者们等上老半天以后再出来会见他们。有一次，一位能干的记者为了确定卡斯特罗是否在首都哈瓦那，便说服一位能讲两种语言的女朋友给卡斯特罗的办公室打电话，让她谎称这是从艾森豪威尔在华盛顿白宫的办公室打来的电话。这位记者对女朋友说，如果是卡斯特罗的秘书接电话就照上面所说的那样去说。但如果是卡斯特罗本人接电话就什么也不说，把电话挂断。结果，果然卡斯特罗不在办公室，他的秘书告诉打电话的人说，总统外出了，但一小时以后就可找到他，并且出人意料地问打电话的人找卡斯特罗是否与访问华盛顿有关。这种随机应变的问话方式不仅使这位记者了解到了卡斯特罗的行踪，而且还刺探到卡斯特罗计划访问美国的秘密，使他第一个向公众透露了卡斯特罗1959年4月访问华盛顿的计划。可见，新闻记者不仅要敢于发问，而且要善于发问。

不管是有准备提问还是临场发挥，记者在采访时提问都应力求简单扼要，一语中的。切忌啰嗦废话，夸夸其谈，卖弄和不着边际。记者还必须谦和礼让，讲求礼貌，以避免引起采访者的不耐烦或光火，造成采访的被动和失败。赞比亚前总统卡翁达在回答记者提问时就总喜欢开玩笑地打断记者的提问，善意地提醒对方："请首先告诉大家，您的姓名、国籍和单位。"

5、强身健体，轻于疲劳困顿，松于连续作战。我们前面已经说过，采访是一项十分艰苦的劳动，需要强健的身体作后盾。采访本身不是新闻报道的终了，而只是它的开端或起点。每每采访完毕，记者必须紧接着编写稿件，然后再通过各种通讯工具将稿件传递回编辑部定稿编发。为争取发稿时效，其间记者顾不上吃饭和休息，连轴转是常有的事。遇上电讯故障，稿件传不出去，记者更是心急如焚，得马不停蹄地寻找他路。而且，在不少场合下，采访不是在某一地方一次就能完成的，需要连续或跟踪采访。在此地采访发现不能解决报道中的疑点、难点，记者就必须立即奔走他地，或往返奔波。如果采访中发现新的报道线索，记者便顾不上休息，立即着手新一轮采访。因此，作为一名驻外记者，保持强健体魄和饱满乐观的精神状态，不仅重要，而且必需。只有这样，记者才能适应各种采访环境，不怕疲劳困倦，为完成各项报道任务而连续作战。

弗兰克·科米尔曾是采访白宫的老资格记者，在总统举行的记者招待会上他往往总是最后一个提问。美国肯尼迪总统在达拉斯遇刺身亡时，他是随行记者之一。他迅速跑到美联社驻当地的分社，并且根据不断从帕克兰医院传出的消息以及新总统约翰逊宣誓就职的情况，原原本本地向世界报道了整个事件的发展过程。作为一名驻白宫记者，他惯于连续作战。他在《在白宫的工作》一文中回忆陪同总统们"环球旅行"和采访经历，读来令同行亲切。

环球旅行几乎在任何情况下都是令人激动的事。然而，和约翰逊旅行对总统和新闻界来说都是很累人的，虽然它充满了激动人心的事。我们一起在四天半内把地球环绕了一周，而且只在旅馆里住过一夜。记者团里有两个人在途中累垮后住进了医院，一个是在澳大利亚，另一个人是在泰国的一个边远地方。

健全的身体对驻白宫的记者来说是必不可少的条件。想一想反复考验体力的一些情景吧：追赶直升飞机、追赶车队、跑步去打电话；用力对付从四面八方向你拥来的人群；一接到通知就得立即起身到遥远的地方去，有时还不带行李；而且要在不规则的工作时间里，挤成一团从事工作，同时还要努力消除令人麻木的疲劳感，并且保持能够随时退席把重大的、突发性新闻动态口头传送出去的本领。

当尼克松总统在1969年环绕地球旅行时，我们这些随行记者度过了紧张的三天，从早到晚都超负荷工作，时间排得满满的。其中的一天因在关岛举行了宣布政策的记者招待会而达到了高潮，这次记者招待会第一次详细阐述了尼克松主义；而另一天的高潮则是在共产党的罗马尼亚受到令人难忘的欢迎。如果有人打算找出既使人极度激动，又使人极度疲劳的一天的话，它就是许多记者在黎明前就登上'黄蜂号'航空母舰的那一天。在那里，我们目睹了把第一批登上月球的人从海上打捞起来的全部过程；接着参加了在关岛举行的记者招待会，又过了许多小时以后，我们在马尼拉结束了一天的劳累。

记者们由于记住了这次旅行中的激动人心的场面，后来在最辛苦的日子里交换对工作的看法时，几乎忘记了在1967年的一天：那天以在关岛举行的越南问题最高级会议作为开始，而以在途中见到两次日落的返回华盛顿的飞行作为结束。

弗兰克·科米尔在这里所说的是陪团记者的采访活动。但就辛苦而言，各种类型的国际新闻记者都有同样的感受。不管是常驻某国的驻外记者还是巡回采访记者或短期访问记者；不管是文字记者还是广播电视或摄影记者，苦中有乐，劳中有获，每每把采访结果变成一篇篇稿件、随着电波的传播而"上天""落地"时，每每捧读自己的报道文稿时，一切的疲劳困顿便会烟消云散，甘甜尽在其中，关键在于有强健的身体支撑。

6、熟练使用各种采访辅助工具。由于国际新闻记者大多情况下是独自执行采访和报道任务，采访过程中他们必须会熟练驾车和使用照相或录音设备。即便专业文字记者，摄影和录音对采访也必不可少。记者采访时录音可以保障报道准确无误，以弥补笔录的不足；学会摄影不仅可以帮助和配合专业摄影记者工作，而且在许多重大场合下抢拍那些激动人心或突发性事件发生的一瞬。另外，随着时代的发展和进步，新闻电视录像技术正在日趋普及，除专业摄像记者外，凡有条件的其他各种形式记者也很有必要学习电视录像技艺，以丰富新闻报道色彩，加强新闻报道时效，一旦遇到紧急情况，还可充当专业电视记者进行现场采访。

第三节　形式

新闻采访主要由记者进行调查访问。采访是一门多类别的学问，需要分门别类地进行研究。不同场合的采访，对不同对象的采访，不同类型记者的采访，都有各自的具体特点和要求。我们下面一一进行具体探讨。

目前，国际新闻记者采访大致可分以下几种类型：

一　记者招待会

华盛顿是一个政治中心，单是参加官方的记者招待会就够一个记者忙的了。国务院新闻官向记者吹风答问，每星期的五天工作日几乎天天都有。国防部和其他政府部门以及学术机构也常有此类活动。当然，最受人注意的是白宫举行的记者招待会，尤其是总统的记者招待会。这种招待会经常是座无虚席，电视和摄影记者摆开架势围在四周。到这里来参加招待会的美国记者多半是些佼佼者，代表着全美有声望的新闻单位，而且传统地形成他们的前排专座，外国记者一般都坐在后排或者两侧。总统发言结束准备解答问题时，第一个站起来提问的总是资格最老的合众国际社的女记者海伦·托玛斯，这似乎已经成为一个传统惯例，谁也不会和她争。但是，从第二个提问开始，完全是另一种景象。"总统先生！"几十个声音，几十个人一轰而起，把手伸得高高的，期待着总统的手指向他。总统的手究竟指向谁，看来是颇有讲究的。当然，几个主要电视台、报纸的有影响的名记者是不会忽视的。为了表示并无歧视偏见，总统手指所向总是有个别的黑人和妇女。如果今天所谈的问题涉及某个外国，这个国家的记者如果举手，他很有可能受到照顾。然而，如果这个外国有敌对的两派记者同时出现的话，总统的手究竟指向谁或者先指向谁后指向谁，就更有讲究了，明显地决定于他当时的政治需要。

总统的记者招待会开得很紧凑，连讲话带答记者问往往不过半个小时。这种招待会一般都由电视台实况转播，任何人坐在家里都能观其全貌。

一位女职员坐在一架用作速记的特殊打字机前，不停地然而不慌不忙地工作。可是会一结束，全部的会议记录（包括所有问答）就已经印出来了，真可谓神速。凡是记录的订户，都能随即走进白宫记者室自取。如果不着急的话，可在第二天的大报上读到全文。电视记者效率更高，散会后立即就在现场向观众们作自己的综合评述。如果今天的内容事关重大，有的电视台还会事先邀请专家名人来演播室观看实况，事后随即就地举行座谈，向观众发表他们的观感和评论。像卡特谈营救美国在伊朗人质失败或者里根向全国宣布他的"经济复兴计划"时，都是如此。

以上是中国记者张彦对美国白宫记者招待会的一段精彩描写。张彦是中美关系正常化后中国首批派驻美国的记者之一。

美国如此，其他国家包括亚非拉第三世界国家在内，举行记者招待会也是司空见惯的事，驻外记者在采访过程中经常碰到。无论是国际会议期间还是驻在国领导人平时意欲采取某项重大举动时，他们都常常喜欢用记者招待会或吹风会形式，宣布或透露某些新的决策或战略性惊人之举，期望借助舆论的力量来宣传民众，扩大影响。

国际会议期间，特别是那些讨论热点问题和热门话题的重要首脑会议期间，有关各方更是不断举行记者招待会，宣传各自对一些国际问题的看法和立场，表明各自对解决某一问题的主张和办法。对立派集团更会利用记者招待会形式公开论战，相互指责，散发相互攻击的宣传材料。1989年4月，联合国在有关各方达成解决纳米比亚问题的和平协定之后，派出维和部队进驻纳米比亚，以监督纳米比亚大选和独立进程。一段时间内，各国派驻纳米比亚的记者云集温得和克。他们几乎每天都要参加几个记者招待会，听取和报道有关各方对时局的看法、分析和论战。

怎样来评估记者招待会的作用，这是个有争议的问题。美国著名报人、《底特律新闻》社论作家杰克·海敦曾经就此说过这样一段话：

"你可能找出很好的理由要求取消由政府官员举行的记者招待会。埃德温·纽曼在《严格说来》一书中说：'不管怎样说，对总统的记者招待会的估价是过高了。这也许是异端邪说……但是，如果根本不举行的话，也几乎不会有什么影响。'

这是一个可以商榷的问题。在由联邦、州或市政府官员举行的记者招待会上，新闻界与行政长官进行交锋，但很少取胜。

记者招待会的做法对政府官员有利。官员们只回答他们想要回答的问题。他们可以借助于遁词，可以长篇大论地说个不停，也可以用无可奉告来阻止提问，机智者还会答上几句俏皮话——既体面而又无实质内容。

总统举行的记者招待会往往很难控制。参加这样的会的记者有350多名，大家都吵嚷要求总统听他的问题，弄得招待会既混乱又不严肃。另外一个害处是话题不断变化，不过这种情况已经有所改善，因为现在记者可以接连再提一个问题。尽管如此，像下面这样的情况仍经常发生：在一个关于外交政策的问题之后，紧接着提出了一个这样的问题，'总统先生，你明天去看橄榄球比赛吗？'

乔治·麦戈文在1972年竞选总统时，答应要举行专题记者招待会，以便对一些全国都关心的问题进行更为深入的探讨。但是他始终没有机会实现他的诺言。

总统记者招待会还有其他一些问题。尽量婉转地提问题是其一，对政府官员过分尊敬、彬彬有礼到了几乎像对'皇帝陛下'那样敬畏的程度是其二。哗众取宠和抢出风头是电视时代的问题。一些记者热衷于在弧光灯的照耀下显示自己，好让家里的主编能看到他们。

记者在招待会上有时难免犯以发表意见的方式提问的错误。已故的美国广播公司的比尔·劳伦斯说，'如果总统问一个发言冗长的提问者，究竟是要回答他的问题还是回答他的看法，我绝不会怪罪总统。'

有一次，一个公开专题讨论会的主持人被一个长达五分钟的问题激恼了，他不耐烦地问道：'能不能请你赶快爬到你的问号上去？'

在提问题前先作点说明有时是必要的，但记者提问题应该简洁中肯。"

争议归争议，但在目前新闻采访实践中，甚至在将来很长一个时期内，作为一名驻外记者，参加记者招待会仍将是"家常便饭"。这看起来简单，可"家常便饭"要做得"美味可口"却并非易事，对记者招待会的采访也是很有讲究的。记者必须用心听讲，注意做笔记，以保证准确报道有关讲话的实质内容。除此之外，还有一个关键的问题就是善于提问。提问有两种形式。一种是有准备的、有目的的提问。记者在获悉举行记者招待会的消息时，应关注和明了国际时局的现实发展，最好书面准备好一二个为世界公众瞩目的问题或估计招待会主讲者有可能涉及的一些敏感问题，以便在记者招待会上"抛"出来；另一种是即席提问，因为往往记者事先准备提问的问题发言者已在讲话中作了回答，或其他记者已先于自己提出了同样的问题，这种情况下记者就得就发言者未涉及的另一些重大问题提问。

不管是有准备提问还是即席提问，记者都应该做到：

①明确什么问题是关键，需要招待会主讲者立刻作出回答；

②问题提出后，对方没有正面回答或有意回避，记者应该机动灵活，马上再从不同角度重新提出问题；如果没有机会，应另作打算。

③假如由于时间或其他因素，招待会主讲者未能容许记者提问，这种情况下记者应该想方设法接近对方，利用刚散场的短暂时间单独向他或她提问，或者至少征得对方同意，约定某个时间再进行个别采访。

二　会议采访

这里主要是指对具有国际意义和影响的国际会议和记者驻在国国内事关政局、经济战略等重要会议的采访，也包括对事关重大的会谈、谈判或演讲的采访这类采访比较容易，勿需记者临场发挥和提问。如果有兴趣，文字记者在开幕、闭幕式上照照相，然后只需眼观耳听，记下重要发言即可，最多再把讲话录下来供核对。许多场合下，记者甚至只要拿到会议发言的书面材料，据此编发消息就成。当然，会议采访也有一个争抢时效的问题。记者往往因会议散发的书面材料有限而需要不顾风度地"抢"，即便"抢"不到书面发言，也应凭借自己的笔记或录音抢发会议消息。

不少国际会议喜欢开秘密会议。遇到这种场合，记者采访就困难得多，但切不可一走了事或一味等待"消息"。而应想方设法接近与会的关键人物及其亲信侍从，从他们口中"掏"消息，或者"纠缠"大会秘书处，力争搞到会议发言书面材料或实质性议题。如果此路不通，记者就得另辟新径，通过和与会的驻在国官员打交道，或透过熟识的朋友来了解会议内情，抢发新闻。

大凡重要的国际性会议或谈判都为世界瞩目，记者云集。除驻在国记者和常驻的外国记者外，与会各国代表团的随行记者就很可观，因而在采访和报道上是国际新闻界的一场"真枪实弹"的大拼杀，竞争十分激烈。如果记者是"孤身"作战，会议期间不仅需要具有连续作战的奋斗精神，吃苦耐劳，废寝忘食，而且还要当机立断。不能一头钻在与会者冗长的发言堆里，而应有选择地抢发重要消息，即便开幕式或闭幕式的发言仍在进行，也应立即"退"出会场，先抢发已获得的重要信息。当然，各新闻单位一般在重要国际会议期间都会派出或抽调一定的力量前往现场采访，本新闻单位的记者就要搞好分工协作。一人离开会议现场去抢发某条重要消息，其他记者就要有人留在会场盯住现场，以防会场随时"爆发"出新的重大新闻。

1986 年 10 月 11—12 日美苏首脑冰岛会晤可谓当年重大国际事件之一。当 9 月 30 日美国总统里根突然宣布要在冰岛首都雷克雅未克同苏联总统戈尔巴乔夫举行会晤时，中国《人民日报》驻北欧记者顾耀铭便不失时机地从驻地斯德哥尔摩临时紧急办理各种手续，于 10 月 8 日赶抵雷克雅未克采访。他后来就这次采访活动撰文谈体会，不乏经验之谈，对我们了解和掌握独自一人参加重大国际会议采访的技巧不无裨益。

赴冰岛之前——"由于当时时间仓促，已容不得我有更多时间准备。我连夜翻阅了去年第一次美苏首脑会晤以来的文章，并把自冰岛会晤消息公布后美国、英国的报纸杂志尽可能买来。我带着三大本剪报上了飞机，一路上抓紧阅读。"

抵达冰岛后——"我尽快掌握了可以利用的消息来源。冰岛电视台在会晤期间将记者招待会、两国首脑的活动尽可能多地进行实况转播，冰岛电视台临时增加了一个英文新闻节目，每隔一小时报道一次有关会晤的消息。新闻中心还提供路透社的新闻稿，白宫新闻中心也在那里设立了办公室，提供一些材料。在两国代表团驻地也可索取书面材料。我通过这些渠道，及时了解有关会晤的动向。"

会晤期间——"凡是情况介绍会、记者招待会，我尽可能一个不漏地参加。但有时两个活动同时举行，我就不得不作出选择。如会晤结束后，戈尔巴乔夫和时任美国国务卿舒尔茨分别举行记者招待会，当时宣布是在同一时间举行，这给我真是出了个难题，两者不可兼得。按我过去的经验，白宫新闻中心在记者招待会后一个小时之内就会散发文字记录，我就决定参加戈尔巴乔夫的记者招待会。

没想到这个招待会名额有限，只准了300名记者参加。当我赶到苏联代表团驻地，得到的回答是名额已满。但我仍不甘心，向他们说明我是唯一从中国来的记者，是《人民日报》的。他们最后同意发给我入场证……不知何故，预定7点半举行的记者招待会推迟了20多分钟还不举行，各国记者只好干等着。我在进入会场时，留心带了个收音机，没想到它帮了我大忙。因为舒尔茨的记者招待会是按时举行的，我从收音机里听到了实况转播。周围的记者看到我有收音机，也都围拢过来听。舒尔茨的招待会刚结束，戈尔巴乔夫也正好到场。"

三　突发事件采访

这类采访大多情况下应该称之谓现场采访。这里所说的"现场"并不完全是就地点环境概念上的事件发生场所而言，而更主要的是就时间概念而言，是指突发事件发生的当时场景。所谓现场采访应是指对诸如案件、事故、集会、示威游行、罢工、罢课、地震、洪灾、空难之类的突发性事件的即景访问。记者也许是在事件发生的一开始或一瞬间碰巧就在现场目睹，但大多情况下却是在事件发生的短时间内得到信息后才赶到现场采访的。不管是前者还是后者，现场都会存在或得到保护，采访都应是即景式的。记者在采访过程中不注重笔录，除了详细勘视现场外，只需注意倾听周围的议论，并就一些关键性细节提出简单明了的询问或求证，便可以获得报道所需的事实、数据、引语及事件发生原因和经过等详细材料，从而以最快速度将消息报道出去。

对突发事件的报道只是说明某某事件发生了，一般还有一个该事件发生后的连续报道问题，需要记者跟踪采访。就对事件突然发生时的采访来说，记者最要紧的也是速度：以最快速度通过不同渠道获取信息并以最快速度抢发快讯急稿，以最快速度赶往出事现场采访，以最快速度了解突发事件的详情和报道所需要的基本素材，以最快速度滚动跟进后续报道。要抢先报道这类突发事件，记者是需要"脚"下功夫的。

日本《朝日新闻》社著名记者辰浓和男刚踏入新闻界时被分到人地生疏的一个分社工作。当他下了火车，提着沉重的行李期待分社派车来接时，分社社长却在电话中对他好一顿训斥："什么？自己的分社不用脚找怎么行？"

在现代汽车作为交通工具习以为常的情况下，驻外记者出外采访不一定非要靠双脚走，但辰浓和男的上司所提倡的那种"脚力"精神却应成为记者进行采访工作的座右铭，永远值得提倡。这对专门从事电视或摄影采访的记者来说尤为重要。现场采访是他们大显身手的用武之地，他们的镜头对准哪里，哪里就会留下永久的历史见证，关键在于"脚力"过硬。哪里有新闻，就向哪里奔；哪里有消息，就要把镜头对准哪里，马不停蹄，奔波忙碌。

获得消息来源是驻外记者采访突发事件的关键前提，必须给予特别重视。在科学技术迅速发展的当今世界，一些新闻机构正在尽量利用现代化技术手段和设施来"抢"消息来源。20世纪80年代之前，电子信息时代尚未在全世界形成。香港《文汇报》那时利用电脑监听机来监听巡逻警察与警察公署的通话，它可以同时收听五六个对讲台的通话，从而成为该报重大社会新闻线索的主要来源。监听人员收听到重大突发事件后，立即提供给突发新闻组记者外出采访。这帮记者外出时都备有对讲机，不仅能随时和编辑部通话，接受指令和调动，而且遇有特别紧急新闻还能在现场通过对讲机直接向编辑部发稿。还有那种如半个火柴盒大小的电子信号器，即BP机。记者外出时带上它，编辑部如有紧急采访任务就可按编号发出信号，记者一听到BP机鸣叫，便可立即就近打电话与编辑部联系，接受指令，直奔突发事件现场。这些当时很先进的信息工具，现在早已被淘汰，取而代之的是五花八门的卫星电话和"手机"之类的高尖端科技信息产品。千里之外，不仅信息畅通，而且有的还能直接编发稿件。

这些现代化技术设施虽然有益于新闻采编，但获悉突发事件消息来源的根本还在于记者本身的劳动。一方面，记者平时应广交朋友，同驻在国上至国家元首、政府阁员，下至各界名流、公共关系官员和消息灵通人士；同外交使团和国际机构以及驻在国新闻界人士保持经常性联系和友好接触，甚至需要花钱"买"通一些关键人物。做到一旦有事，便会有人立即通知你奔赴现场。另一方面，记者应加强平时调研和积累，特别应关注驻在国或驻在地区的政治、经济局势和动向。对敏感区域和地带进行重点监视，有事无事都带上相机和采访本，经常出门转悠。一旦有事，便有可能"碰巧"赶上，抢在别人前面报道突发事件。

对突发性事件记者需要平时关注种种迹象和动态。美联社一位驻刚果记者在比利时殖民统治刚果末期把自己的注意力集中于刚果人对比利时人的动向。一天清晨，他发现一位比利时上校没有像人们所预料的那样进入他通常呆的岗位。新闻敏感驱使他前往这位上校的宿舍打探，结果发现上校刚刚带着一个排的部队往机场去了。于是，他跟踪追往机场。当比利时人向控制机场的刚果人开火并使大约 100 名人质获得自由时，这位美联社记者是惟一在场的新闻记者。

不断收看驻在国广播、电视应成为记者每天的"例行公事"。一些国家发生政变往往都是从占领电视和广播设施开始。广播电视节目的突然停顿或反常变化往往都是一条重大新闻"出笼"的前奏。

采写突发性事件并不一定都有即景现场。比如某个国家领导人因病逝世，为保证国家政局稳定，这类消息往往在开始之初严密封锁和保密，驻外记者根本不可能进入病房或停尸房之类的现场采访，记者就只能凭借自己的敏锐洞察力，根据种种迹象来判断、调查和核证。

1982 年 11 月 10 日，苏共中央总书记勃列日涅夫逝世，苏方于 11 日下午五点才由塔斯社公布了这一消息。而在此之前，美联社驻莫斯科记者根据苏电视台十日晚变动原定节目，改播庄严的音乐和回顾第二次世界大战历史的影片等迹象，推断"在包括勃列日涅夫总书记在内的国家领导人中可能有人去世"，并于 11 日上午 10 点左右发了消息。这引起日本共同社的注意，立即根据平时的资料搜集，做好勃列日涅夫逝世消息的全部发稿准备，并指令该社驻外记者就此加紧核实和采访活动。共同社驻北京记者终于于 11 日下午 4 点 21 分抢在塔斯社之前 39 分钟发出独家新闻："据在北京的东方消息灵通人士透露，苏共总书记勃列日涅夫已于十日晚逝世。据说，这一消息将于日本时间 11 日下午五点通过塔斯社发表。"

这是一件非即景式突发事件报道，对这类突发事件的采访更需要记者敏锐的嗅觉和洞察力。

四　专访

专访就是独家访问，主要包括记者主动采访式的时政性专访、人物专访、专题专访和主要为背动采访式的"对记者发表谈话"等。不管是主动还是背动采访，这类采访都是各新闻机构记者独家行动，其报道一般情况下都是独家新闻。因此，这类采访不像其他形式采访那样记者云集，竞争激烈，一般不存在同他人抢发消息的问题。但这并不意味着不去积极争取时效。

时效是任何形式新闻报道的基本要求。即便专访，记者也要以最快速度迅速报道。何况往往会出现这种情况，说是专访，实际驻在国新闻机构记者也被容许进入采访现场"旁听"，了解全部谈话内容。这种情况下，记者更要重视时效竞争。哪怕采访记者和当地记者达成"君子协定"，他们不得抢先发稿，也很难保证不出现意外。因此，唯一的办法还是坚持时效竞争观念，毫不懈怠地抢发消息。

就专访的活动方式而言，无论是时政性或专题性专访还是对人物专访、对记者发表谈话等，这些专访一般都是在事先有所准备或在某种安排下进行的。这比没有准备的即席式采访在形式上显得简易，在时间上比较充裕，采访内容上也更深广透彻得多。记者不受他人干扰，不需同他人争相发问，可以有较充裕的时间就自己感兴趣的重大问题"自由"提问。驻外记者专访的对象一般都是驻在国头面人物和知名度极高的人士，他们的时间都很"宝贵"，往往对记者采访有时间限制。因此，记者一定要把握重点，切忌就一些鸡毛蒜皮的小事啰嗦，纠缠不休。这就需要记者事先精心准备问题，使实际采访大体围绕自己的构思进行，不致于太乱方寸。

时政性专访、专题专访、人物专访和对记者发表谈话这几种专访形式在采访方法上有上述一些共同点，但具体而言，他们之间还是各有自己特点的，需要对他们作个别研究。

就时政性专访来说，记者采访的重点在国际政治和经济形势的重大问题上，目的在于了解有关各方或有关人士对某一个或某一些世界最新发生的事件，对某些"热点"地区的形势等国际瞩目的问题的观点、态度和意见。即便这些观点和见解是"老生常谈"，但由于这些有关方面和人士的权威性和重大国际影响，作为本新闻单位的独家采访新闻，其意义还是非同一般。大多记者进行时政性专访的目的不仅在于利用有关方面和人士的重大影响，而且更重要的还在于从他们口中掏出新东西。记者往往是根据种种迹象判断有关方面或人士在对某些重大问题的态度和立场上出现新的变化，或风闻这类变化需要加以证实的情况下提出采访。

采访应自始至终围绕一个"新"字转。被采访者一般都是谈一些已经公开化了的言论，小心中记者的"圈套"而过早地泄露一些暂时尚不宜公开的东西。记者对此应该有所心理准备，在自己的提问中不断地向对方"进逼"，甚至不妨抛出一些记者已掌握的事实或传闻，或向对方求证，造成对方心理防线的"崩溃"；或就对方谈话中出现的一些契机和"漏洞"而向对方发起正面"进攻"，迫其"就范"。

1972 年 11 月，意大利著名女记者奥里亚娜·法拉奇在美国、南越和北越三方未能于 10 月 31 日如期签署越南问题和平协议的关键时刻采访了当时任美国国务卿的基辛格。从她和基辛格的"唇枪舌剑"式的谈话记录中，我们不难看出这位女记者的机敏、胆略和采访能力。她是怎样就南、北越和平协议问题步步"紧逼"基辛格，不断深化采访进程，从而使她的这次访问报道产生世界轰动的呢？这里，还是让我们来重新读一读她的这篇访问记的有关部分吧。

奥里亚娜·法拉奇（以下简称"法"）：基辛格博士，我在猜想您这几天的感受。我想知道您是否也像我们以及世界上大部分人一样感到失望。您失望吗，基辛格先生？

亨利·基辛格（以下简称"基"）：失望？为什么失望？这几天发生了什么事会使我失望？

法：一件不愉快的事，基辛格博士。尽管您说过和平"已经在握"，尽管您确认已与北越人签了协议，但是和平并没有实现。战争像过去那样在继续，而且情况比过去更糟。

基：几星期内，甚至不用几星期，也就是在与北越人为签订最后协议而恢复谈判以后，和平即能实现。几个月来我们一直在进行谈判，而你们记者却不愿相信，你们一直在说这些谈判不会有任何结果。后来，你们又突然叫喊和平已经实现。可是现在，你们又说谈判失败了。于是你们每天向我们试探，一天四次。但是你们是抱着河内的观点来进行试探的……请注意，对河内的观点我是清楚的。北越人希望我们 10 月 31 日签约。这是有道理也是没有道理的……

法：但是你们是同意 10 月 31 日签约的！

基：我说过了，现在我再重复一遍，是他们坚持这个日期。为了避免一场在当时看来纯属理论性的关于日期的毫无实际意义的争论，我们说我们将尽一切努力使谈判能在 10 月 31 日以前结束。但是很明显，至少我们是清楚的，不可能签署一份其细节尚待商定的条约。我们不可能只是因为我们答应过要尽一切努力在某个期限内结束谈判而遵守那个期限。当然，如果河内破坏协议并拒绝讨论任何修改的建议的话，我会失望的。但是我不相信会这样。不会这样的。我简直不能相信他们会走得这样远，竟然由于威信、程序、日期问题和一些细微的差别就达不成协议。

法：基辛格博士，但是他们看来很固执。他们又重新使用强硬的措辞，进行严厉的谴责。对您的谴责几乎带有侮辱性……

基：噢，这没什么。以前也有过这样的情况，我们从来也没有把他们放在心上。我认为强硬的措辞，严厉的谴责，甚至侮辱性的语言都是正常的。实质上没有什么变化。10 月 31 日（星期三）以后，也就是当这里一切都平静下来时，你们不断地问我们病人是否还病着。我看不到有谁患病。我的确认为事情大体上按我说过的那样在进行。我再说一遍，和平将在谈判恢复后的几个星期内实现，不是在几个月内，而是在几个星期内。

法：什么时候恢复谈判？这是关键。

基：当黎德寿再想见我的时候。我在这里等候。但是我可以告诉您，我心里没有感到不安。你们不愿意相信，从我说和平已经在握那时开始，一切都在按照我预想的那样发展，好像我当时就已经估计到需要几个星期的时间……也许在 11 月底……您听我说，为什么我们不在 11 月底见面？

法：基辛格博士，因为现在见面更有意思。因为阮文绍向您提出了挑战。请您看看这则从《纽约时报》上剪下来的消息，上面登着阮文绍的话："你们去问基辛格，我们的分歧在哪里？哪些问题是我不能接受的？"

基：请给我看……啊！我不回答他。我不理他的挑战。

法：基辛格博士，他已经作了回答。他已经说了，根据您所接受的协议，北越军队将留在南越，这是产生分歧的原因。基辛格博士，您能说服阮文绍吗？您认为美国应单独与河内签约吗？

基：请别问我，我应该坚持我十天前公开讲过的话……我不能，也不应该考虑我认为不会成为事实，也不应该成为事实的假设。我只能告诉您我们决心实现和平，在我与黎德寿再次会晤的最短时间内无论如何我们要实现它。阮文绍爱说什么就说什么，这是他的事情。

法：基辛格博士，如果我把手枪对准您的太阳穴，命令您在阮文绍和黎德寿之间选择一人共进晚餐……那您选择谁？

基：我不能回答这个问题。

法：如果我替您回答，我想您会更乐意与黎德寿共进晚餐，是吗？

基：不能，我不能……我不愿意回答这个问题。

法：那么您能不能回答另一个问题：您喜欢黎德寿吗？

基：喜欢。我发现他是一位对他的事业富有献身精神的人。他很严肃，很果敢，总是彬彬有礼，很有教养。他有时也非常强硬，甚至很难对付。但是，这是我一向尊敬他的地方。是的，我很尊敬黎德寿……真的，有时我们还互相开玩笑。我们说也许有一天我会去河内大学教国际关系学，他会来哈佛大学讲授马列主义。可以说，我们之间的关系是良好的。

法： 跟阮文绍的关系您也作同样的评价吗？

基： 我过去与阮文绍的关系也很好。过去……

法： 对了，过去。南越人说你们相处时不像亲密的朋友。

基： 他们说什么？

法： 我再说一遍，他们说你们相处时不像亲密的朋友。您想说的正与此相反吗，基辛格博士？

基： 关于这一点……当然我们过去和现在都有自己的观点，也毋需强求一致。我们说，我和阮文绍像盟友那样互相对待。

法拉奇对基辛格的这类专访是以著书立说为主要目的的一种访谈，谈话时间较长，问起来也是"旁敲侧击"，似乎"随意性"较大。而且，其访谈内容只能从中摘取一些精华内容作为"日常消息式"的专访形式进行简单的公开报道，不可能将所有访谈内容囊括在单一稿件中，也很难按照"一问一答"这种实际访谈形式予以报道。显然，它不同于以日常报道为主要目的的时政性专访。但就采访技巧而言，两者之间是统一的。上面之所以大段摘录访谈内容，旨在让大家从中体悟和学习法拉奇的提问技巧，帮助自己提高进行时政性专访的采访技巧。

就人物专访而言，尽管采访对象都是风云人物或知名度极高的一些人物，而且总是与一些重大事件纠缠在一起，采访中不可能完全就人论人。但记者采访的重点应是人，是采访对象本身及其抱负、经历、作为、家庭和爱好等。这样，人物专访在难度上甚至比时政性的专题采访更显得困难，往往会出现这样的情况：采访对象或出于政治和品行方面的考虑，不愿过多谈论自己，特别是不愿谈论隐私；或虽然知名度极高，却不善言谈，使记者失去深入采访的兴致和动力。记者进行人物专访前一定要作充分准备，阅读有关资料，有所了解甚至熟知对方的经历、性格和爱好志趣等，以丰富采访过程，增加话题。采访过程中，记者应尽量用对方感兴趣的话题把对方引入"高谈阔论"的心境之中，让对方"畅所欲言"。一旦出现"冷场"，记者应善于运用自己已掌握和了解的"资料"，开辟话题，"牵引"对方说话。另外，记者自始至终都应留心观察细节，"窥视"对方的内心世界。从某种意义上说，时政性专访较为枯燥，而人物专访则可丰富多彩，具有文学色彩和人情味，就如作家"深入生活"。实际上，一篇好的人物访问记也确实应是一篇好的文学作品，不能有丝毫的虚构。

我们说人物专访的重点是人物本身，但这并不是说采访要脱离有关事件。那些反映采访对象经历、命运、精神、个性、志趣和抱负的事件与人物息息相关，记者不仅不能忽视，而且应着力加以采访，让采访对象充分表达他们对有关问题的看法，把人物和事件紧密地结合在一起，才能写出有血有肉、具有感情色彩的人物访问记。

奥里亚娜·法拉奇曾用一句话总结自己的采访经验说："人物采访是一出戏，一场战斗，对话生动，交锋激烈。"具体看看她 1973 年 8 月 28 日和 9 月 23 日采访前西德总理勃兰特的谈话录音，将更有益于我们对人物专访的技巧的了解和认识。

奥里亚娜·法拉奇（以下简称"法"）：勃兰特总理，坦率地说，我不知从哪儿开始提问。要问您的事情太多了，包括您的名字的来历。它不是您出生时的名字。您出生时叫赫伯特·弗拉姆……

维利·勃兰特（以下简称"勃"）：是的，维利·勃兰特这个名字我是从 1933 年初开始使用的，也就是在我离开德国以前和纳粹分子上台以后。那是我用来从事反对希特勒的地下活动的"化名"。我用这个名字在 19 岁那年逃亡国外。我用这个名字开始在报上发表文章，出版书籍。用这个名字我从事政治活动，直到成年，直到战后又回到德国。我的一切都与这个名字联系在一起，我从来没有想过要用我出生时的名字。

法：这就是说，您结婚和加入挪威国籍时也用维利·勃兰特这个名字。好吧，也许我们应该从这个问题谈起，也就是您曾多年成为另一个国家的公民。除犹太人外，当时离开希特勒德国的德国人并不很多。

勃：相反，离开的人不少。以我出生的吕卑克市为例，很多人都要走了，几乎所有走的人年龄都比我大。我为什么离开德国呢？要是我留下来，他们将逮捕我，并把我送进集中营。当时我没有多少逃脱的可能……当时我的小组里有一个人要逃往挪威。他准备在那里开设一个办事处，负责我们抵抗运动的事情。但是这个人没有走成。他被逮捕，送进了集中营。当时柏林的朋友们问我是否愿意代替他，我接受了。当时我没有想到这一走就意味着将在国外呆那么长的时间，因为很多人认为纳粹统治不会太久，有人认为它一年后就要完蛋，最多超不过四年。

我虽不是乐观主义者，但是也认为不会比第一次世界大战持续的时间更长，可是事实上却持续了12年。

　　法：正是您在斯堪的纳维亚度过的那12年，使您的对手们经常对您进行指责。因此，我的问题是：您对没有在德国直接参加对纳粹的斗争感到遗憾吗？

　　勃：无论是当时还是后来，我的表现都说明：一旦需要，我随时准备冒生命危险。我曾秘密潜回希特勒统治的德国。几个月后因为他们要逮捕我，我又第二次逃亡。我前往希特勒占领的挪威和瑞典。所以我也是冒过风险的。如果用推理的方法来考虑您的问题，那么我的回答是：如果我不离开祖国而留在德国，也许我就没有同样的机会得到锻炼和成长，因而也不可能从事我在柏林时以及在那以后所从事的工作。我指的特别是我在欧洲和国际事务方面的活动。自然，任何事情都必须付出代价。我所付的代价与我的大多数同胞所付的代价是很不相同的。我的代价就是出走。

　　法：勃兰特总理，我猜测您在谈论出国后付出的代价时也暗指您失去德国国籍的问题。您在丢了德国国籍加入挪威国籍时有没有感到痛苦？

　　勃：没有。

　　法：为什么？您是不是太热爱挪威了？

　　勃：是的。我把挪威看成是我的第二祖国。如果一个人从小就去国外，在那个国家定居，生活得像在自己家里一样，而且学会了那里的语言……我的意思是说，开始时你失去了一个国家，而最终又找到了另一个国家。这不是今天才发现的，我一直承认这个事实。战争期间，我在出版于瑞典的一本书的序言中这样写道："我为争取自由的挪威和民主的德国而奋斗。"总之，加入挪威国籍对我来说并不意味着抛弃德国，或者更确切地说并不意味着抛弃我主张的德国。

　　法：那么我想反过来问您，您在丢了挪威国籍又重新加入德国国籍时是否感到痛苦？

　　勃：没有。有的国家不要求你作这种选择。要是我成为美国公民，我就不需要归还护照，最多不过保持双重国籍。在挪威没有这种先例。要么是挪威公民，要么不是。因此我痛快地归还了挪威护照，而且我非常清楚，护照不会影响一个人的立场和原有的关系。我知道我还会回挪威去，那里仍然有我的朋友，回去后，我仍然讲挪威话。总之，我原有的关系绝不会因为缺乏一份护照而中断。许多人的护照不符合他们的国籍。要是您问我："难道护照不重要吗？"我的回答是：是重要的，特别是在通过国境时，但是证件的重要性经常是被夸大的。国民的身份是另外一回事。

法：这就是说，您是为了寻求国民身份，寻找祖国，战后才重返柏林的？

勃：不是。1945年秋天和1946年，我以记者身份两次回过德国。我回德国是为了报道纽伦堡审讯，同时也想到各地去看一看。我被聘请去德国领导一家报纸或一个新闻社，但事情进行得不顺利。于是我的好朋友，当时挪威首相兼外交大臣霍尔瓦德·兰格对我说："要是你一年之内不回德国，为什么你不作为我部的成员去巴黎执行挪威的使命？"正当我准备接受他的建议时，他改变了主意。他对我说："我认为你最好以新闻专员的身份去柏林，任务是向挪威政府提供政治情报和提出你的看法。"于是我去了柏林。很明显，柏林之行加速了我确定自身归宿的过程；而且同样明显的是，比起去巴黎，柏林之行更能使我加速这个过程。如果我到巴黎去，我可能进入某个国际组织，那起码还得有几年……

法：……继续当挪威公民？

勃：是的。至少会再当一段时间的挪威公民。最终也许不会当了。事实上，要是我再等些时候，我根本没有必要重新申请德国国籍。根据1949年的宪法，我只要去某个办事处对他们说："我来这里是为了恢复被纳粹分子剥夺的我的国籍"就够了。那是1948年春天，也就是新德国出现之前，申请恢复德国公民权的。在施勒斯维希·霍尔施泰因政府时期，他们在印有纳粹标记的纸上恢复了我的国籍！真的如此！当时穷得连新印制的表格都没有。他们不得不用墨水随便把纳粹标记涂掉。这个证件我保存在家里作为纪念，它说明我是怎样重新成为德国公民的。

法：很有意思。但是我不能相信您回德国是出于偶然，而不是出于感情。

勃：然而事实却是如此。这不是一件涉及感情的事，不是。我回柏林只是因为柏林引起大家的兴趣，是东西方争执的中心，是个值得去的地方。至于这一点加速了我确定自身归宿的进程，这是另一回事。我指的不仅是政治上归化的进程，而且也指与生活在苦难和失败中的人们融为一体。当时的柏林是一片废墟，但在废墟中可以看到人民的优良素质。是的，这种素质往往在逆境中表现出来，可是每次都使人吃惊。啊，柏林人的士气从来没有像战后头几年那么高涨。即使在封锁时期，也没有那么高涨。因此，我确定自身归宿的进程……

"对记者发表谈话"实际应是时政性专访和人物专访的综合或其中之一。这里之所以将它作为"专访"的一种表现形式单独加以探讨，主要是基于这样一种现实考虑，即这种谈话往往是被采访者主动邀约的，一般不需记者事先繁琐申请和"耐心"等待。由于被采访者主要为国家元首、政府首脑或代表他们行使某种职权的高级官员，因此采访过程中主要是被采访者主动谈话。他们"居高临下"，往往谈话目的和主题很明确，即就涉及本国对外关系的某个国际事件表明立场，或宣布本国某项重大政治或经济决策并对此作出解释。记者采访这种场合，不少情况下为突然应召，少有思想准备。不过有些时候也用不着着急和准备，因为对方谈完就完，余下的就是记者如何去发表这一谈话。当然，谈话者有时也可能对外国某家比较有国际影响的媒体的记者谈话，由于记者不受驻在国政治约束，往往能比较随意地提问。

1936年10月3日下午，中国国民党爱国将领张学良为表明自己希望"停止一切内战，团结抗日"的态度和立场，特地约见当时的美国驻华女记者海伦·斯诺，使她能够最早获悉中国当时处于内战状态的信息，并向世界预报了"西安事变"的迹象，从而使世界舆论在此后不久果然发生的这一事变时能很快明晰事件的成因和真相。节录一下这次谈话的主要内容对我们加深了解"对记者发表谈话"这一专访形式会增添教益：

海伦问：当前在中国，一场新的强大的爱国运动正在发展，如学生运动。他们在救国方面，有一个明确的计划。例如，要求民权和从事抗日运动的自由；各党各派，团结对敌；停止内战，一致抗日。去年冬天，被关押在北平监狱里的46名东北学生，由于你设法帮助，最后被释放了。许多人，尤其是青年学生们认为，你对这场爱国运动持同情态度。你对此有何想法？

张学良回答：只要这场运动是合理、合法的，政府一定会允许。不过，政府在这方面有时也有它自己的难处。

问：很明显，日本决心沿着广田计划的路线走下去，并且在华北付诸实践，任何阻力也没遇到。你对此有何看法？

答：就我所知，政府没接受广田计划。政府必须顺从民意。即使政府想与侵略者在此基础上合作，人民决不会容许。政府如不顺从民意，就无法生存。例如，北京政府1915年接受了"二十一条"，但人民却拒绝承认它。

问：最近在成都、汉口、上海等地发生的八起事件，对中日关系已造成新的危机。你认为政府会拿出什么样的政策——是继续镇压抗日运动，还是反对日本的要求？

答：抱歉得很，我不是政府，我个人回答不了这个问题。我坚信，中国实现真正的统一是有可能的，那时，我们就能成功地抗击侵略者。这一点，我是深信无疑的。自侵略者占领东北三省以来，内战危机不绝。但因全体国民实想团结对敌，各种内战均被公众舆论所制止。然而，唯有抗击外敌，中国才能实现真正的统一。

问：那么，南京政府和红军之间的内战如何看待？你是否认为，中国的真正统一也包括停止这样的战争？据说，东北军不愿意这样打下去，而是想同红军合作，协力抗日。

答：我和我的东北军高级将领，绝对忠诚于政府。如果共产党能够在中央政府的领导下，诚心诚意地同我们合作，抵抗共同的外敌，这个问题，也许会像最近的"西南事件"一样，得到和平的解决。

海伦采访到这条独家新闻如获至宝。她顾不上吃晚饭，连夜整理出采访的详细纪录，并写好发往国外的报道。10月4日上午，张学良同英文秘书一起，将海伦打出来的谈话记录仔细地进行了核对，同意发表。海伦带上修改后的稿子，立即去西安东大街邮电局。负责发报的一个职员看了看稿子，断然拒绝受理。海伦心急如焚，于10月5日早晨搭乘第一班火车前往北平（即现在的北京）。她一下火车，便直奔电报局，把她写的电讯稿连同采访记一起发给了伦敦《每日先驱报》。1936年10月8日，该报以"宁可要红军，不要日本人，中国将军要团结"的大幅标题，发表了这篇访问记。

海伦后来就这次采访和报道深有感触地回忆道："1936年10月3日的采访，唯独仅有，非同凡响——张少帅第一次以个人名义发表声明，向蒋介石国民党（政府）的政策公开宣战。大约两个半月之后，震惊世界的西安事变终于发生了。当然，我也感到震惊，但并不感到突然。因为张、杨发动的'兵谏'，并非偶然的事件。"

对驻外记者来说，能获得驻在国高层人士单独约见谈话这种殊荣是难得的，这需要记者在驻在国任职期间不断显示超群的工作实绩，扩大影响，增加知名度。

就"对记者发表谈话"这种专访形式的采访技巧而言，它和时政性专访并无多大差别，除了听对方谈他们主动想谈的一些东西外，也需要记者机动灵活地提问，"步步进逼"，直到把对方不愿谈或未想起来谈的东西"掏"出来。这对驻外记者和那些本国新闻机构的记者的要求都是一样的。所不同的是，被采访者可能更重视前者一些，而对后者的自由提问则不予重视，甚至反感而不予理睬。

驻外记者往往主动就一些重大问题要求单独采访驻在国高层人士，这种采访形式也被称为"对记者发表谈话"。但这实际上是时政性专访或人物专访。

"专题专访"主要是指记者单独对某专业单位或某专家进行的专业性采访。访问主题大多涉及具有国际影响的重大科技问题、发明创造、医学、气象和环境保护等。

多次荣获科技新闻报道奖的美联社科技新闻编辑奥尔顿·布莱克斯利曾就专题采访问题写道，采访时"千万不要被专家及其专门术语所吓倒""好的科学家和医生对令人哑口无言的问题是并不介意的，如果你讲清楚，为了做到完全准确，因此你需要得到答案的话。他们都渴望给认真的听众介绍情况，也喜欢你对他们研究的课题有一些背景知识，或者你如果有时间的话，已经在刻苦学习他们研究领域的基础知识了。他们喜欢自己毕生从事的工作，而且对他们充满了热情，并希望别人也能分享这种乐趣和热情。"

记者进行专题采访时应特别重视对专业知识和专门术语的详细了解，以便在后来的报道中将那些专门术语和专业知识通俗化、大众化。科技专题报道实际也是一种翻译艺术，记者要掌握它，只有在采访中请教专家。记者就采访专题事先阅读和参考有关资料也很重要，这样会使自己对该专业知识有所了解，心中有数，便于在采访中提问，进一步完善这一"翻译"艺术。由于专题采访中涉及的对象大都是专业技术人员和专家学者，不少人不善言谈，特别是让他们单独对记者谈话更不习惯，所以记者必须事先充分准备问题，激发采访对象对他们各自本职工作的"优越感"和表达自豪感的热情，变被动为主动。

以上是对"专访"形式的粗略分类和探讨。是否这样分类并不重要，重要的在于探讨各种专访形式的采访技巧。专访是记者采访业务中难度较大的一种，学会专访可能也就学会了主要采访技艺，其深度和广度是会议采访、记者招待会、现场采访等一般性采访所无法比拟的。记者应当特别重视花气力学习各种专访技巧。

五　跟踪采访

跟踪采访主要包括三部分：对突发事件进行追踪，以作后续报道；战地采访；案情调查。他们的共同点在于跟踪事态的发展，最终向读者、观众或听众作出完整、全面和结局性的交待。为此，记者需要深入现场，进行一段时期甚至是较长一段时期的"盯梢"，往往"疲于奔命"。

1、采访对记者的"五多"要求。 就采访技巧而言，跟踪采访不仅需要记者具有吃苦耐劳和连续作战的顽强精神，而且还要勤于观察，敏于分析研究和善于"顺藤摸瓜"。跟踪采访记者需要做到"五多"：

①多跑。事件发展到哪里就往哪里跑，战火打到哪里就往哪里跑，调查开展到哪里就往哪里跑。一句话，记者要跟着事态发展跑，采访需要到哪里就跟踪到哪里。

②多看。看者，观察也。观察现场，观察人物，观察采访目标和对象，以增加报道的现场感、新鲜感，并透过观察和分析得出自己对某一事态或战情和案情发展的认识，使采访不断向纵深方向发展。

③多问。包括提问题、交朋友、"聊大天"和"正儿八经"的谈话等多种对话交流形式，与采访目的有关更好，与采访目的无关也行。不少采访对象不喜欢正式谈话，喜欢轻松环境下的自由"神聊"，而一些问题的症结往往就在这有意无意的"侃大山"之中迎刃而解。这种采访形式值得各种类型的记者学习和借鉴。

④多记。用眼记，用脑记，用笔记，当然最终还是要"落实"到文字上。如果采访现场容许用笔记或录音当然最好，但如果条件不容许，记者就要通过眼观耳听，默记在心，待采访下来后立即加以回忆整理，写成书面记录。这种记录习惯无论是对有时效性的连续报道还是对时效性不太强的通讯或特写式的写作都是必不可少的。

⑤多想。未进入采访现场时想一想怎样开展活动，想一想自己主要应了解些什么，想一想为此自己应做些什么必要的事先准备，包括对一些采访辅助工具的准备，以及对报道思想的考虑和提问计划等。采访时，记者应针对现场状况想一想怎样调整自己的具体采访计划，想一想有无值得自己采访后立即要报道的新闻及为此而应在本次采访中需要进一步了解的基本素材。采访后，记者应对采访现场实况在脑海中"过"一次"电影"，去伪存真，区别主次，分析重点，研究新的线索，为下一步采访制订计划。

跟踪采访需要记者坚韧不拔的工作意志、灵活机动的"战略战术"和敏锐聪颖的洞察能力，这对记者进行各种形式的跟踪采访都是适用的。当然，个别形式的跟踪采访有着各自的特点和要求，对他们进行个别研究是必要的。

2、对突发事件的追踪采访。 这在跟踪采访的几种形式中属于较简单和容易的一种，其目的只在于了解某一突发事件的后续发展状况和连锁反应，以便对他们进行后续报道，不需要特别深入地调查。除了在时间上连续作战甚至需要"疲于奔命"外，他的采访技巧同一般事件性采访基本一样，没什么区别。由于突发事件本身在形式和规模等方面千差万别，因而对记者采访的要求也就不尽相同。记者跟踪采访的深度和难度将主要取决于突发事件的规模大小和严重程度如何。例如，1997年5月，前扎伊尔反政府武装——解放刚果（扎伊尔）民主力量同盟在战场上节节推进，短短几天内先攻下国家经济命脉沙巴省首府卢本巴希，然后直逼首都金沙萨，前总统蒙博托被迫下台。与此同时，反政府武装击溃政府军，攻占金沙萨，解放刚果（扎伊尔）民主力量同盟领导人卡比拉宣布改国名为"刚果民主共和国"并自任总统。很快，卡比拉武装控制全国局势，组成新政府。显然，跟踪采访这类突发事件会受到战火和动乱等危险因素的影响，因而难度和深度肯定比跟踪采访一架客机失事及其后事处理之类的突发事件要大得多。

　　我们不妨来具体看看美国电视记者对里根遇刺事件的跟踪采访实践。透过这一典型例子，将加深我们对突发事件跟踪采访的认识和了解。

　　1981年3月底的一天，下午两点半左右，美国总统里根从华盛顿希尔顿饭店出来遇刺的时候，正在门前拍摄总统活动的美国电视摄影记者马上机警地把镜头一转，对准正在发生的这一突发事件现场。半小时后，这一重要历史事件便活生生地出现在美国家家户户的电视荧光屏上，从而震动了全世界。而且，美两家大电视台网迅即采取紧急措施，停止其余的一切节目，新闻部全体上阵，跟踪里根遇刺事件的发展，进行后续报道。记者的镜头从希尔顿饭店刺杀现场跟踪到里根被送进医院，抓到的青年凶手欣克利表情如何，他在何时何地买的行刺手枪，他远在千里之外的父母这时候怎么想，白宫官员此时此刻采取什么措施，黑格主动走上讲台向记者宣布："我现在在白宫负责！"前往得克萨斯州作报告的副总统布什掉头飞返首都，世界各国对此如何反应等等。正在莫斯科访问的美国电视明星瓦特·克朗凯甚至在事件发生两三个小时后就从红场向美国观众"面对面"地报道了苏联人对这一事件的反应。

　　总统遇刺，必然人人关心，正是电视新闻发挥强大威力的黄金时刻。美国各大电视台正是抓住了这个时机，动员了一切可以动员的力量，以最快的速度连续五、六个小时把这一重大事件的全貌呈现给守在电视机前的亿万观众，而且让他们几乎事事都如身临其境，自己去思考判断。他们之所以能这样做，固然是由于有高度发达的通信技术条件，但和他们的"新闻必须及时报道"的传统观念和做法也密切有关。

这里所说的是电视记者跟踪采访突发事件的实践，但其中采访技巧的精神实质对文字记者也是适用的。那就是：①快速，讲求时效，以最快速度跟踪调查事态发展的每一环节及其波及面；②注重细节了解，进行实况"转播"，呈现给新闻受众的是事态连贯发展的画面和完整过程；③明确重点，不失时机。什么是跟踪的重点？谁是事态发展的关键人物？只有对这些心中有数，采访才能有的放矢，不会坐失良机。

以上几点只是就记者对突发事件的跟踪采访而言，这类采访往往需要协同作战。某一事件突然发生了，随后有可能发生一连串与之有关的后续事件，甚至是在差不多同时的短时间内相继发生，这种情况下只靠个别记者进行采访是无法完成报道任务的，需要多名记者分头配合采访。特别是多起后续事件发生在不同地区或不同国家，或某一突发事件发生后引起世界普遍反响时，同一新闻单位驻不同国家的有关记者都应密切关注有关动向，及时采访有关方面，配合编辑部搞好后续报道。

3、战事采访亦称战地采访。战事有久战不决和较短时间内速战速决之别，但无论激烈程度如何，战争都不是一般性军事冲突。因此，战事采访必须跟踪战场形势，前线在哪里，记者就应出现在哪里采访。他们除应具备事件性现场采访所必需的那些本领和技巧外，另外一个很重要的素质要求就是不怕牺牲，勇敢向前。如果你要及时准确地连续报道战情进展新闻，你必须随军冲在前线，紧跟战场，你才能掌握第一手材料，报道战争的真实面貌；如果你要写战地通讯、特写，你还是要置身于枪弹炮火的威胁之下，跟着士兵走。舍此你就失去"灵感"，发现不了战争的残酷性和战斗的激烈程度，特别是理解不了参战官兵的内心世界，写不出有血有肉、感人肺腑的作品。

也许有人认为，要报道战情，看看军事指挥部的战情通报，或听听军方发言人的介绍，就能了解敌对战场的伤亡数字和战斗进展状况；要写通讯、特写，听听各方面汇报，找从前线撤下来的官兵或住院伤兵谈谈也能写出文章来。应该说，这些也是战地记者采访的组成部分之一，但仅仅如此是远远不够的。从新闻的真实性来说，靠听汇报和介绍是极不可靠的。战时，敌对双方为了鼓舞士气，为了宣传鼓动，为了保守军事秘密，往往都以胜利者自居，夸大战绩，而对自己的失利和伤亡则轻描淡写一带而过，甚至压根儿就不提。记者对他们的战报不可不信，却不可完全当真。真正的战情报道必须靠自己的亲眼目睹。从新闻的时效性来说，战情通报之类的东西大多是"昨日黄花"。只有记者亲临前线才能及时捕捉新闻。从新闻的感情色彩来说，也只有记者亲临战场的所见所闻才能使笔下充满激情，把新闻场景和人物刻画得栩栩如生，生龙活现。

有着三十多年前线采访经验的新华社老军事记者阎吾曾就自己的亲身体验写道："从事前线记者的事业，首先就碰到生与死的考验。从这个意义上，可以说（战斗情景）这种新闻不光是用笔写，而且是要用血汗来写的。要是没有一点不怕困难、置生死于度外的精神，就到不了战斗的第一线，也就写不出真情实感的情景新闻。"1979年，中国发动对越自卫反击战时，阎吾不顾高龄坚持随军采访，并在炮声隆隆、弹片横飞、越军严密封锁的情况下三次到最前线的谅山战地采访。3月5日，中国军队在攻下越军这一要塞后主动撤出，但越方则把这种撤出说成"恢复"，成了他们的"胜利"。为此，阎吾再次深入前线，用亲眼所见写成《战后谅山情景》目击记，报道了中国军队胜利攻下谅山的现场情景，为世界澄清事实真相。

欧尼·派尔是以跟踪报道第二次世界大战美军战情而驰名世界的美国记者。第二次世界大战期间，他一直随美军在北非、西西里岛、诺曼底、冲绳岛等地采访，活跃在最前线或迫近前线的地方，并坚持与普通士兵同吃同住同行军，因而十分熟悉官兵生活及他们的心理状态，被誉为"大兵记者"。他通过亲身见闻，采编了大量的长篇战地通讯稿，先后汇编成《这便是你的战争》《勇敢的人》和《大战随军记》等。这些通讯每每从战地传回美国国内，300多家报纸争相登载，日销量高达1250多万份，举国上下争相传阅。1945年4月17日，欧尼·派尔在冲绳岛前线采访中不幸被日军机枪子弹击中遇难，以自己的生命为战情采访实践书写了不可磨灭的一页。

跟踪采访战事，记者必须具有吃苦耐劳和不怕牺牲的勇敢精神，这是进行采访和搞好报道的最首要前提。"大兵记者"简洁而生动地显示出战情采访的火药味。

4、新闻侦查。20世纪70年代以来，特别是1972至1974年间，《华盛顿邮报》记者卡尔·伯恩斯坦和罗伯特·伍德沃德通过不间断的明查暗访和侦探式手段调查并揭露时任总统尼克松"水门事件"丑闻，写出《总统的一班人马》一书，从而导致尼克松总统下野。之后，"侦查性新闻"或"调查性报道"之类的术语便在美国新闻理论界广泛流行，并逐步为国际新闻界所认同，引起关注。

从新闻实践现状来看，这类调查性报道也确实具有研究和探讨的现实意义。它以"暴露"和"揭丑"为己任，着重抨击政府和政府部门及达官显贵的腐败行为和丑闻。社会主义国家的"舆论监督"与资本主义世界的"暴露新闻"尽管在本质上和暴露的深度上都对对方持异议和否定态度，但这类"监督"或"暴露"却都是客观存在，不同社会制度的国家都需要并且都已造就出了一批专门从事侦查性新闻报道的记者。

当然，这类新闻侦查一般都为本国记者所为，驻外记者极少采用这种方式，理应属于国内新闻研究的范畴。但由于这类新闻涉及的往往是国家最高层领导人和国际名流为世界瞩目的那些案件，因而应是那种由本国新闻机构报道而为世界受众感兴趣的国际新闻，也应具有国际新闻研究价值。

从国际新闻的角度来研究新闻侦查，只应基于对那些具有国际新闻价值的大案要案的侦查实践上。从这类侦查实践来看，记者的采访手段和技巧都大别于一般的事件性采访。

①记者需要坚韧不拔的信念。伍德沃德和伯恩施坦为调查"水门事件"除了不辞劳苦、坚持不懈地为挖掘材料而东奔西颠、追根求源之外，最主要的还在于要顶住干扰和压力，不屑于尼克松政府一次又一次地否认和有关方面的冷漠态度和压力。

②记者需要具有侦探般的本领，决不半途而废，决不上当。杰克·海敦在他为美国高校撰写的新闻学基础教材中就调查性报道提出的一些具体意见很值得我们参考：

为了避免落入别人的圈套，要遵守以下各点：

千万不要忽视秘密消息。报纸接到大量的怪电话，但是要进行核对。也许一千条秘密消息中有九百九十九条是毫无价值的。但是有一条可能会导致一篇揭露性新闻，并获得普利策奖。

威廉·兰伯特偶然从一位低级政府官员那里听到一句话以后，为《生活》杂志进行一项调查，最后迫使最高法院法官阿布·福塔斯辞职。尽管福塔斯和美国总统用甜言蜜语向他奉承讨好，兰伯特坚持完成了他们的调查报道。

在访问时，一边核对材料和文件，一边要不断提问：还有谁牵连在内？

绝对仔细。伍德沃德和伯恩斯坦谈到，每一篇关于水门事件的报道至少有两个来源可以证实。伯恩斯坦在《鹅毛》杂志中写道:"我们作了一些规定,我们使用任何材料决不仅仅根据一个来源,因为我们知道有些消息是假造的。我们要求能够从两个地方进行核实。"

制作文件的备份是重要的。必须把记录、证明材料和不用的核实过的材料进行影印,以防文件"神秘地"遗失。

在法律范围内行事。不要窥探保险柜或到办公室进行夜盗。但是,《华盛顿邮报》的调查记者朱尔斯·威特科弗在职业新闻工作者协会年会的小组会上承认,调查报道需要很多使人讨厌的策略。威特科弗说:"在一般情况下,我不会违反法律。但是,如果赌注太高了,那我就只好在所不惜。"

(美国)已故的德鲁·皮尔逊从一位康涅狄格州的参议员的助手那里弄到了他的私人文件,从而揭露了这位参议员的一件丑闻。因此《纽约时报》的赖斯顿提出了一个难以解答的道德问题:皮尔逊是应该被捕呢,还是应该授予普利策奖?

抛砖引玉的手法。有时候,报纸无法完成一篇调查报道,于是他们决定先处理"已经到手的材料",希望从局部报道中引出一连串的电话、访问、秘密消息和新发现,以便继续完成这篇报道。

核对材料。搞调查的记者经常受到编辑和诽谤诉讼律师的询问:"我们怎么知道这是真实的呢?"

有时候有效的策略。消息来源不愿意谈怎么办呢?那你就要尽量多打听一些小道消息和背后议论,然后把你所知道的情况摆在他们的面前。有时候,消息来源不愿意谈,你要厚着脸皮。有时候,你要假装知道的情况比你真正知道的多。记者对待提供消息的人采取傲慢的态度,有时候能促使他们把肚子里的一切都倒出来。

独立工作。搞调查的记者要同自己的朋友、同事断绝联系。他们没有社交活动或者没有多少社交活动。他们很少同妻子见面……

他们需要有直取要害的本能。

从职业道德和法律观念来说,一些西方记者目前采用的那些新闻侦查手段显然不应该成为"调查报道"记者普遍效仿的办法。有人认为,那种跟踪监视、电话窃听记录、按装专用窃听器或截取邮包等方式,包括伯恩斯坦为调查"水门事件"而通过"消息来源"搞到事件参加者私人打长途电话的收费账单这种手段都是非法的,不符合新闻道德。

③记者需要牺牲精神。由于新闻侦查涉及权贵,记者随时有遭撤职、绑架、

非法监禁或暗杀的危险。《亚利桑那共和报》的47岁记者唐·博尔斯就曾为采写一篇黑手党的稿件而被一个阴谋组织放在他汽车内的炸弹炸死。

新闻侦查是一门勇气加侦探技巧的跟踪采访形式。

三　体育采访

体育报道在国际新闻报道中占比较重要的地位，而且越来越受到新闻的重视。无论就发稿数量还是就其对受众的需求而言，国际体育报道的分量都举足轻重。因此，将"国际体育采访"专门列项进行研究是必要的。实际上，国际体育采访也确实有别于其他各类采访形式。国际新闻记者，特别是专门从事体育报道的记者，都应该了解和认识体育采访的独特技巧和方法。

让我们来看看新华社记者华幼中对汉城第九届亚运会期间各国记者活动所发的感慨：

在亚运会采访期间，亲眼看到了一些外国记者的工作情况，他们的工作方法、工作劲头和活动能力中，确有不少地方值得我们学习和借鉴。我这个初学采访体育比赛的人不光从中国记者那里受到不少教益，从外国同行身上也学到不少东西。

"干我们这一行的，情况熟很要紧"

马来西亚一名记者在我国足球队第一场同孟加拉队比赛后，拉住我问：今天怎么没有见你们的苏永舜教练，他来了没有？我在世界杯亚太赛区预选赛时，在电视屏幕上见过他。对他观察细致的本领，我不由得暗暗佩服。我在向他说明苏永舜有事没有来新德里后称赞了他一句："你的眼睛真厉害。"他有点得意地说："干我们这一行的，情况熟很要紧，我这一发现，不就是一条新闻素材吗？情况熟、背景熟，往往会从中得到新闻。"

眼观六路　耳听八方

记得在观看足球比赛的那天晚上，在中场休息时，我同一个印度电视台评论员在聊天，谈着谈着，我看他有点心不在焉，王顾左右而言他。隔了一会，他对我说，他在听坐在我们后排两个科威特记者的谈话，并问我听到了没有？他说，他们正在谈亚洲足联开会讨论处理北朝鲜足球队的情况，"处处留意，事事关心，可以探听到不少消息"。那是在女子跳水决赛的那天，全场聚精会神观看我国女选手李艺花和阎淑萍的精彩表演。突然间，站在我身旁的一位美联社记者捅捅我说：

你注意到没有？今天贵宾席那边有点异样，担任服务员的女学生们好像比往日穿得漂亮，会不会有什么大人物要来看比赛。我朝贵宾席上随便扫了一眼，有点不以为然。不料，一会儿，英·甘地果真到场了。我不由得佩服他这双"新闻眼"。

反应要灵　　出手要快

我看到的外国记者在采访比赛时，都是一面看一面写稿，而且大都是写详细的比赛经过或特写，比赛完，稿子也完，而且马上奔去发稿，出手都很快，很少见场上先记点笔记，回去再写报道的。我还看到一个六十来岁的印度老记者，同时写两种文字的稿子，写一段英文，写一段印地文，笔如蛇行龙游，似乎不经过思考似的。我看了他写的日本和南朝鲜女篮比赛的英文稿，稿内有现场气氛，有分析评论，夹叙夹议，比较生动。他对我说，体育新闻报道，时间十分的要紧，赶不上发稿，过了一天，情况大变，新闻早变旧闻，有谁看你的！在中朝足球赛那一天，我边看比赛，边听香港一家电台记者的实况播讲，他的反应之快，实在令人叹服，可称快语连珠，滔滔不绝，一脚球都不漏，没有刻苦的磨炼，很难做到这一点。

"敢闯、敢钻、脸皮要厚"

印度人对西方记者似乎比较客气，对本国记者，特别是对没有什么名气的记者限制较多，我常听到他们抱怨，不过他们很"钻"，往往能突破限制，搞到消息。一位从孟买来的年轻电台记者告诉我三访组织委员会主席辛格的经过。他一到新德里就申请要去采访辛格，却遭拒绝。第二次他闯到组委会办公室，又被挡驾。后来他干脆守在组委会门口，守了两个上午，终于拦截住辛格，作了十分钟的录音谈话。他对我说，吃我们这碗饭的，脸皮要厚，要敢闯敢钻，不去活动，什么也搞不到。

华幼中的上述"感叹"实际反映了国际体育采访的一些技巧和要求，诸如"熟悉情况""新闻眼""反应灵敏"和"脸皮厚"之类，都应该是记者采访大型国际体育比赛所必须具备的素质，当然这些只应是国际体育采访技巧和方法的一部分。系统而整体地来看，国际体育报道的核心是体育名星及金牌和名次，采访必须重点围绕这些开展。记者要始终"想"着名星，"盯"着名星，"听"着名星，"追踪"名星。既要重视"蝉联冠军"的体坛宿将，更要关注咄咄逼人的后起之秀；既不放松对金牌得主的兴趣，也不要对老将失误放弃热情。另外，记者进行体育采访还要具备这样两个基本功：了解甚至精通体育知识和运动规则；掌握摄影技巧，随时抢拍镜头。这对大多数驻外文字记者孤身采访体育比赛尤其需要。

七 随团临时采访

采写国际新闻主要是常驻某国或某一地区的驻外记者的事。但当某国家元首或政府首脑出访时，当举行诸如不结盟首脑会议、非盟首脑会议之类的大型国际会议时，当有关各方为解决国际"热点"问题而举行最高级会晤或谈判时，当举行奥林匹克运动会、亚运会、世界锦标赛等大型国际体育盛会时，当某些特别重大突发事件发生后原派记者力量不足或本来就没有派驻记者时……各新闻单位都会根据需要派出随团记者或巡回记者前往支援，进行临时采访，有时还需要组成报道团组前往采访。

无论是个别记者单独执行任务还是由记者团组集体行动，无论是原先有本单位派驻记者还是没有，这类采访都是一份"苦差事"，要求记者吃苦耐劳，精明强干，并且技术全面。如果采访地本来就有本新闻机构派驻的记者，尚能获得某些便利和支持。但大多情况下，尤其是陪团采访，则只能主要靠自身活动。从食宿到发稿，一应杂务都必须在采访和发稿间隙处理，奔波忙碌和废寝忘食是可想而知的。新来乍到，打探旅馆和邮局路线、熟悉交通就够你忙上一阵。因此，记者临时采访善于交际也十分重要。当你一下飞机，你就要"盯"住当地的新闻官，就要和驻当地的同行打得火热，递上一张名片，自我介绍一番，请求对方提供方便是必不可少的礼节。我们在前面曾提及美国驻白宫记者陪同总统"环球旅行"的采访经历，从中便可窥见一斑。

八 非正式采访

这里指的是那种没有既定报道目标、少有时效竞争，主要为调研及撰写通讯、访问记或著书立说而进行的参观访问式采访。

1、**参观采访**。就参观采访而言，一般时间较短，主要是指驻外记者在驻在国政府部门安排下或自行联系，对工厂、农村、市场、学校、军营、试验基地或某些建设项目等进行的短暂采访。记者通过走马观花式的现场参观，了解情况，积累素材，视情况确定报道题材。即便一时难以作为国际新闻题材加以报道，但它对于驻外记者调研驻在国局势和了解驻在国国情也是必要和有益的。在采访技巧上，这种参观性采访要求记者做到两个"勤"字，即勤动腿和勤开口。所谓勤动腿，就是说记者应在许可的范围内，尽量绕开大队人马或固定线路，多看一些"角落"和项目，并拍下自己认为有价值的镜头。所谓勤开口，指的是记者的好奇心。参观过程中，记者要边看边问，不能只满足于安排者或接待者的情况介绍或他们提供给自己的书面材料，而要善于发现新问题，就自己耳闻目赌的新情况或发现的疑点不断提问，求得证实和解答。

2、**闲逛式采访**。非正式采访的另一种形式是随意"闲逛"："逛"大街、"逛"市场、"逛"马路。通过"逛"接触基层民众，了解驻在国风情，并往往可以从中获得驻在国政局动向或经济实情，是新闻调研不可忽视的重要组成部分。当然，说是"闲逛"，实际不然。"逛"的过程中记者应善于广泛接触，同不同阶层的人士就各种问题交谈，并敏于"发现"。一旦发现报道线索，即立刻跟踪，深入采访。

3、**访问式采访**。还有一种非正式采访形式，即以著书立说、介绍访问国国情民俗或世界知名人士或领袖人物为目标的访问活动。这种访问包括游览、参观和同官方人士或领袖人物的接触、谈话等综合性采访活动，一般时间较长，甚至分几次访问之后才能撰稿著书。我们之所以将这种访问作为国际新闻采访形式之一加以研究，主要出于这样两种考虑：①这种采访是访问记者在异国他乡进行的；②虽然记者撰写的这类书稿在时效和内容方面都大别于动态新闻或事件新闻等一般意义上的"国际新闻"概念，但由于他们介绍异国国情、风土人情、世界知名人士和领袖人物之类，因而实质上具有国际新闻意义。特别是这类采访中往往会获得一些鲜为人知的信息，作为一名新闻记者，你完全有义务和责任立即对此进行报道。

4、**非正式采访的技巧**。就采访技巧而言，记者进行这类采访活动除必须具备各类采访活动的综合技巧外，还必须特别重视锲而不舍的韧劲和洞穿情景的作家风格，集记者、作家和社会活动家之特长于一身。

美国著名进步记者安娜·路易斯·斯特朗从 1925 年起，先后六次访问中国，时间都选择在发生某些重大而明显的革命变化时期，为她报道中国革命和撰写有关中国革命的书籍提供了坚实的素材。1925 年，在中国军阀割据、国家分裂的形势下，孙中山却在广州成立了一个国民党和共产党合作的新政府。斯特朗不失时机地访问了这个政府。两年之后，国民党反动派叛变革命，镇压共产党和工农群众。在此前后，她顺长江北上武汉，又拜访了当时的武汉革命政府，并到湖南

"旅行"，耳闻目睹了共产党领导下的农民革命运动和国民党反动派对革命的残酷镇压。这两次访问使她完成了《千千万万中国人民》一书的写作，向世界揭示："那里的革命由于最为'赤化'而遭到了镇压。甚至革命的敌人也在谈论革命的事迹，这证明中国工农中兴起的新生力量的强大。"

宁姆·韦尔斯是撰写讴歌中国延安解放区的《西行漫记》（亦称《红星明耀中国》）一书的美国记者埃德加·斯诺的前妻。她像斯诺一样，既是新闻记者，也是作家和社会活动家。1937年4月，她女扮男装，躲过国民党特务的监视，跳楼越窗逃往延安，对当时中国的这块红色革命根据地进行了为期近半年的多次访问，同上至中国共产党领袖人物毛泽东、朱德，下至"红小鬼"和普通妇女群众，进行了广泛接触和交谈，前后共记下37本笔记，拍了300多张照片，并于两年后写成了著名的《续西行漫记》（亦称《红色中国内情》）一书。之后，她又多次访华，长期从事对中国问题的研究和写作，先后还完成另外十七八部著作，如《中国历史札记》《现代中国的妇女》等，为世界人民了解中国和中国革命起了积极的推动作用。

读一读艾壮的《韦尔斯与"续西行漫记"》一文的如下节录，更有助于我们了解访问记者的采访技巧。

韦尔斯进入了红色中国。一切对于她都透着新鲜。她把自己原来一身妇女服装脱了，换上了红军的灰色的制服，带着照相机，信步走动。在一个小队的游击战士面前，她给认出来了。战士惊讶地称她为"外国女同志"。于是，她把镜头对准他们，准备照相。战士们高兴得呼起革命口号来。韦尔斯从来没有听过这样威武雄壮的口号声，几乎吓得把照相机都跌落了。她惊叹道："这是统一的群众心理。"

四月底，韦尔斯来到了延安，在一个好几进深的院子里住下来，史沫特莱早先就住在这里。春天来到延安，真是庭院深深深几许！韦尔斯说，一个美丽的金色黄昏在等待着她。

第二天早上，韦尔斯起来迎接玫瑰色的黎明。有个小鬼把她房间里的桌子和凳子拿到院子里去。她正迷惑不解时，从窗口里看到，毛主席和朱总司令看她来了。她连忙迎了出去。宾主就在院中刚摆下的凳子上坐下了。毛主席高兴地笑道："欢迎你到延安来。"

"我知道你的故事。"韦尔斯理起了线索，"因为我丈夫斯诺写了你的故事，是我给打字的。"

毛主席会心地笑了。气氛融洽起来。韦尔斯从笔记本中取出一张照片来，对毛主席说："我早就从这张照片上认识你了。这是斯诺给你照的。我从西安跳窗户出来时，只带了两样东西。一样就是你的照片，一样是一盒口红。你知道，一盒口红对美国年青妇女多么重要，几乎什么都可以贡献出去，而口红是不能丢的，所以，你也就不会诧异了。"

诙谐的语言，招来一连串的笑声。毛主席接过了那张他戴着红军八角帽的照片，眯着眼睛笑。韦尔斯说："这张照片照得很好看。"

"我从来没有想到，我的照片会这么好看。"毛主席笑道。

从这里开始，一见如旧，谈话不那么拘束了。朱总司令在这个气氛中，也插进了几句幽默的话。韦尔斯说："我在延安看到你，看到一位中国革命的领导人，就仿佛回到 1777 年，在美国的一个村落里看到华盛顿一样。"

毛主席听见韦尔斯提到华盛顿，就点点头笑道："我知道美国有个华盛顿。"

"不过"，韦尔斯说："我读过的斯诺写的你的传记，仿佛更像林肯的传记一样，而不像华盛顿。"

"我知道林肯"，毛主席说："我也喜欢林肯这个人。他颁布了解放黑人奴隶的宣言，胜利地进行了那场影响深远的资产阶级民主革命。民有、民治、民享这个口号就是他提出来的。"

"而你"，韦尔斯笑道："是要解放全中国人民的。"

这次清晨的会见是漫长的采访的序曲。韦尔斯概括她这段会见说："要采访一个人，尽可能先了解他，了解到像一个未见面的老朋友一样。待到见了面，又要有捷径，找到沟通双方思想感情的桥梁。比如我吧，拿了斯诺的那一张照片，就是一道桥梁。"

韦尔斯在延安进行了广泛而深入的采访，一切都是顺利的。到了六月，她已经写了 14 本笔记。前后她一共写了 27 本笔记，照了三百多底照片。9 月 7 日，她告别延安，骑着骡子到西安去了。这个时候，她心中盘算，这 13 本笔记，必须好生保藏。眉头一皱，计上心来，她买了两件衬衣，把 13 本笔记缝在里面，胸前背后都有，这就好比一件中间鼓鼓的救生衣。她把这件"救生衣"穿上，就像怀了孕似地膨胀起来，加上外套，连钮扣都扣不上。就这样，在国民党军警的鼻子下面，她把笔记本带到了上海，写她的《续西行漫记》。

采访形式细分起来当然不止上述八种。

九 采访的报道形式

以上只是对国际新闻采访的纵向分类，就他们的横向关系来说，国际新闻采访还可分为文字采访、摄影采访、广播电视采访等。下面就让我们来对这几种采访形式作一些简要的分析和探讨。

1、文字采访。它是最重要也是最普遍使用的一种采访形式，因为文字报道历来是新闻报道的基础。尽管目前电视、广播、摄影报道发展迅速，但他们不仅无法取代文字报道的传统威力，而且自身还时时需要文字报道的支撑和辅助。就对文字报道的需求状况来说，通讯社、报刊、广播和电视等各种新闻传播手段都离不开文字报道，它是新闻受众必不可少的精神食粮。因此，进行以文字报道为主要形式的国际新闻采访应该成为驻外记者和国际新闻工作者最主要的日常工作。

文字报道采访主要采用记者和被采访对象、场景直接接触的形式。从前述的各类采访形式中我们就可以清楚地看到这一点。会议采访、记者招待会、突发事件现场采访、人物采访、体育采访、观光访问式采访等等，记者都必须亲临现场，同采访对象直接交谈，直接感受到采访现场的气氛。但是，是不是所有的文字报道采访都必须记者亲临现场？例外是有的，至少书面采访和电话采访是被新闻界认可并一直在实践的采访形式。虽然这类场合不多，不是记者采访的主要方法，但这类形式是客观存在的，也是可取的。

书面采访一般是在采访对象事务繁忙、难以安排时间专门面见记者，或为谨言慎行，需要充裕时间冷静地、深思熟虑地考虑记者问题的情况下进行的。记者只需列出"问题"ABCD，将若干"问题"书面提呈采访对象即可。至于对方是否全部回答或怎样回答，能否得到圆满回答，就不是记者凭本身采访技艺所能左右得了的。一般情况下，真正善于采访的记者轻易不会采用这种方式，宁可下次再找机会采访，也不愿让采访对象来左右记者的思维和报道。当然，在记者本身时间有限，急需采访对象就某一事件作出反应，而对方一时又无暇安排面谈的情况下；在临时采访记者即将离开，估计难以再找机会面访采访对象的情况下；在采访对象即将对记者所在新闻单位的国家进行访问前夕，需要做点"官样文章"引起舆论重视的情况下；在记者存在语言障碍，难以听懂对方语言和使用对方语言提问和交流的情况下……书面采访形式仍不失为一种解决办法。问题的关键在于怎样提问题。一般来说，这时候记者所提问题既要简明扼要，又要具体实质，要从记者最希望对方回答而估计对方有可能最容易回答的角度出发，切忌在提问中掺杂记者自己的过多感慨并使问题冗长，造成对方的厌烦和反感，最终借故拒绝回答。即便已经呈送书面采访问题，记者也应加强同采访对象的联系，取得对方的好感和允诺，以便采访对象在书面回答提问时予以配合。由于联络加强，采访对象有时会改变初衷，"挤"出时间专门面见记者。记者不能放弃对这种机会的竭力争取。

　　2、电话采访。同书面采访比较，记者采用电话采访的场合就要多得多。电话采访不是一次完整意义上的采访，而是对此前某次采访的补充性采访。往往记者在写稿或报道过程中发现需要补充某些内容或为了证实某些事实或材料，特别是为了证实一些关键性数据和讲话，打个电话既简便又能解决问题；一些突发事件发生现场又不容许记者立即亲赴现场采访，这种情况下记者也只好通过电话了解情况，证实事件，以便及时发稿。比如，某个国家在平息一场动乱后宣布首都部分地区实行戒严，从而使外国记者活动受到限制。这种情况下，外国记者借助电话进行采访不失为一种好办法。

　　这种采访形式很容易使记者受骗上当或偏听偏信，记者应谨慎使用。必需使用时，也应多方面了解，多同几个消息来源通话，多方核对事实，并对对方的通话进行分析研究。

　　还有一种情况也常常采用电话采访形式来补救，即某一事件发生后，由于种种原因记者未能及时发稿。这时记者打个电话同有关方面或人士取得联系，获得对方的证实或反应，作为新的由头来补发消息。这种做法不仅可行，而且在时效上也会给人以耳目一新之感。

　　电话采访方法还是比较有用的，驻外记者必须掌握它，关键在于具备外语听力和表达能力。其实，只要记者具有一定的外语听说能力，电话采访比较起来相对简单，不需要也不容许记者在电话中啰嗦。通话时记者应注意语言礼貌温和，讲话干脆利落，提问简要明了。有条件的，进行电话录音采访则更好，将有助于记者完整准确地引用对访谈话。

　　广交朋友应是电话采访的重要前提之一。否则，一旦需要，你往哪儿打电话？你想联系某一方面，人家不予理睬或敷衍塞责还不是白搭。具体地说，驻外记者应随时索取和记下经常联系单位和每一个打过交道的朋友的电话号码，并编成号码簿放在电话机旁，以方便同外界及时联系。

3、摄影采访。如果说法国人达盖尔根据合作者尼普斯十多年前经过八小时曝光将窗外景象固定在镀银铜板上的经验、于1839年发明成功摄影术并将它公布于世的话，那么最初将摄影作为新闻采访工具的则应该是19世纪50至80年代的事了。1842年5月，法国人比鸥乌用铜版法拍下汉堡大火，被认为是世界上最早的新闻照片。之后，1855年罗杰·芬顿在克里米亚用湿版法拍摄了英、法和土耳其与俄国战争的照片。1860年意大利人F·A·拜阿托在中国第二次鸦片战争最后阶段，跟随英法联军拍摄过有关天津和北京的照片。1865年美国内战期间，纽约摄影师麦秀·布莱迪曾带领20名摄影师进行战地采访，拍下了一百多张照片。1870—1871年普法战争和巴黎公社期间，法国摄影师对公社的全部过程都作过摄影纪录。但是，由于技术条件限制，所有上述新闻照片都未能在当时的报刊上露面。直到1880年3月4日，纽约《每日图画报》才首次将新闻照片搬上报刊，刊印出H·J·牛顿拍摄的《棚户区风光》(亦称《山蒂镇风光》)。

新闻摄影历史虽然短暂，但却发展迅速。20世纪30年代以来，随着摄影器材和制版印刷术的不断改进以及传真技术的发达，新闻摄影越来越成为整个新闻事业不可缺少的组成部分。1836年8月23日创刊的美国《生活》周刊由于刊登大幅的、来自世界各地的图片，报道一周内的新闻大事，很招徕读者。一开始只刊印42.5万份，三个月后超过100万份，到1938年竟达到200万份。在新闻事业高度发展的当今世界，新闻受众不仅在数量上要求报刊杂志提供越来越多的"把新闻现场形象的瞬间精华固定在画面上"的摄影图片，而且随着电视录像业的发展，对摄影报道的质量也越来越"苛求"。因此，新闻摄影记者的素质和采访技巧至关重要。

美国报人埃特在《新闻摄影的原理与实践》一文中就此指出：

摄影记者应当成为尽责的新闻工作者，用"头脑、感情和相机拍照"，而且顾及公众，只拍真实的照片。

新闻摄影远非单纯地纪录事实。摄影记者应当把他的敏感和感情倾注在工作中。只有如此，才能使他懂得把客观存在的事物用形象的照片来表现，必须是值得报道的事物才花精力报道。

有成就的摄影记者对于他生活的世界总是充满好奇，对许多事物是详细了解的，并且有诗人般的敏感性。总之，他们是有见识的，能够吃苦耐劳的，敏感的和有觉察能力的，对周围一切都是关心的。

照片要有新鲜感和新水平，这应成为努力目标。报道要有深度，应探索独特的思想及更广阔的社会，反映人们的活动。照片要有内容、有意义——不但注意事件本身，而且报道隐藏在事件之中的原因或深刻意义。也需要简洁地、悠闲地反映生活的照片，因为生活是由大事与小事一起构成的。

如上所说，国际新闻摄影采访，记者固然需要熟练掌握诸如相机操作、选景和传真技术之类的纯技术性基本技巧，但明确新闻摄影的主题思想对他们来说应该更为重要。

新华社摄影记者钟巨治说：

新闻摄影主题思想的形成，是产生于采访实践的过程中，产生于对事物的思考和认识之中，而决不是产生于摄影采访结束之后。如果没有明确的主题思想，既拍不好照片，也写不好文字说明，只能算是一次失败的摄影采访。

新闻摄影的主题思想的确定，和文字新闻不同。文字记者可以在调查研究、搜集素材的过程中酝酿新闻的主题思想，直到提笔写稿时才确定下来，甚至在新闻写好之后感到主题不好，还可以推倒重来，重新确定主题，重新写作。而新闻摄影的主题思想的确定，必须在调查研究之后，开始摄影采访时就是确定，否则你就不知道该拍什么样的照片，该用哪一个或哪几个瞬间形象去表现某一事物。某些摄影记者那种"下一把抓，回来再分家"，等到坐下来编写文字说明的时候，才考虑摄影报道的主题思想的做法是不符合新闻摄影规律的，是有碍于提高新闻摄影报道质量的。

当然，作为一名国际新闻摄影记者或兼职摄影记者来说，善于抢拍镜头也是十分重要的。当那些突发性世界大事发生的瞬间，当记者群人头攒动、为摄取某一历史性镜头而前拥后挤时；当那些不被一般人注意，表面看是细微末节而实际却蕴含深刻意义的情景在眼前浮现时等等，时间的刻不容缓不容许记者多想什么报道思想之类，全凭灵感和平时对国际新闻主题思想的研究和透彻理解。摄影记者的新闻采访是现场即景式采访。在现场采访，必须自始至终处于"临战"状态，随时准备抢拍镜头。

4、广播电视采访。严格说来，广播采访和电视采访是不一样的。广播采访以录音为形式，以音响为效果，以听众为宣传对象；而电视采访则集录像和录音为一体，讲究画面和音响的统一效果。其报道不仅要取悦于听众，而且更重要的是要取悦于观众。电视节目的播出效果应是画面和音响两方面效果。电视采访必须重视这一点。

①广播记者采访的主要形式。广播记者采访主要围绕这样几种录音报道形式进行：口播新闻、录音通讯（含特写）和答记者问（或称录音专访）。

口播新闻——是由电台编辑部汇集驻外记者来稿和不同新闻渠道的信息，经过编辑处理后再由播音员播报的一种报道形式。其特点是快捷，语言简明通俗。

录音新闻——即时事性广播报道，内容主要为日常重要时事动态，消息简短但时效性强。这种报道形式运用现场实况音响和一些文字插播剪辑、复制而成。从结构上看，它和文字新闻差不多，也突出导语，讲求主题突出、叙述简练和真实、及时等。

广播通讯（含特写）——是一种由文字通讯（或特写）和所反映事件的实况音响复制而成的广播形式，比录音新闻叙述得更详细、更生动形象、更真实感人。不仅有一般过程的叙述，还有一些生动场面和情节的描写以及突出主题的实况音响和有关人物的讲话录音。

广播特写同广播通讯一样也需要运用音响和文字描绘现场情景，强调生动形象真实感人，但特写更集中突出描绘重点场景片断或事物。

"答记者问"——也可称"录音专访"，是记者就听众特别关心的国际时局、重大事件和驻在国形势及外交表态等方方面面的热门话题单独或有意识地对驻在国头面人物或有关方面权威人士进行的录音访问。这种访问主要为直接问答形式，记者需要将自己和被访问者的直接对话以录音形式报道出去。

广播新闻报道形式还有其他一些不同形式，上述几种广播报道形式最常使用。他们只是广播报道形式，和广播记者采访不完全是一回事。就国际新闻广播记者采访而言，由于他们身在异国他乡，工作环境和地理条件的限制使他们在很大程度上与驻外文字记者的采访活动没有多大区别。所不同的是，不管采访结果用于哪一种广播报道形式，他们必须携带录音设备赶赴现场录音，之后经剪辑处理后再将消息传回编辑部。对驻外广播记者来说，他们必须精于录音和剪辑等音响技艺，熟知不同形式的广播报道形式，同时也要具备文字记者采访的必要素质和能力。

②**电视记者采访的主要形式**。电视记者采访主要围绕这样几种报道形式进行：口播新闻、电视新闻片、现场报道、人物专访、答记者问、新闻专题报道、新闻评论等。这当然是从研究角度而进行的一种分类，实际上目前大小电视媒体则越

来越多地开辟专门的新闻频道，成为最主要的一种电视新闻报道形式，即滚动报道。它集上述各类形式于一体，除不时插播一些广告或娱乐短片外，节目主持人一天 24 小时不间断地轮换采用口播加现场即景记录片（包括记者在前方的现场报道）、人物访谈、电视资料片等综合手段进行滚动播报，将最鲜活的世界新闻动态传达给广大受众，文风生动活泼，报道效果极佳。

滚动新闻播报形式虽然别开生面，色彩纷呈，但"万变不离其宗"，其内涵的电视报道形式仍然还是传统意义上的几种形式的综合。为了更好地结合电视记者采访这一话题展开讨论，我们还是有必要分别介绍一下几种具体的电视新闻播报形式。

口播新闻——近于广播新闻，也是由电视台编辑手写和汇集各新闻渠道的信息，经编辑加工处理后由主持人播报。电视口播新闻现在越来越倾向于将口播内容和有关画面相结合，使报道效果更加鲜明生动，倍受观众欢迎。

电视新闻片——采用录像系统或电影摄影机把新闻事件记录下来，配以相应说明词，再通过荧光屏显现，向观众提供新闻。

现场报道——它应是电视新闻的最主要一种节目体裁，特点是最富有现场感，并因运用 ENG（"电子新闻采集"）系统和通讯卫星等技术手段而使电视新闻的现场报道达到了报道过程与新闻事件发展过程在时间上的统一性，从而获得最真切、迅速、及时的报道效果。就体裁而言，现场报道主要包括记者的现场播报、现场景象的实况纪录和当事人或目击者的口述等，通过录像、直播或新闻电影进行报道。

人物专访——这也是电视新闻节目常用的体裁，记者可以在新闻事件现场或电视演播室，甚至可以采用电视电话形式采访某位新闻人物或有关方面权威人士，实况转播或录像播出。

答记者问——它以新闻节目主持人或电视记者采访某位新闻人物的方式，发布新闻、发表评论或提供被报道事件的细节和背景等，既可在新闻事件的现场，也可在电视台演播室内进行，甚至可以通过电视电话交谈。由于被访问对象的权威性，这种答记者问的方式本身往往便构成新闻事件。

新闻专题报道——即指对一个时期以来的某件重要新闻的发生和发展，作系统和深入的专门话题报道。有点文字报道体裁新闻"综述"或"新闻分析"的味道，只是它配以大量的"现场即景"式的电视镜头而更富感染力和吸引力。

评论——由电视评论员或节目主持人对某一新闻事件发表意见，或对一个时期以来某一新闻事态的演变、发展进行分析和述评。这类评论国外电视台常用，应有充分可靠的事实根据和简明精辟的剖析论断，并配有诸如图片、电影、录像、图表和数字字幕等视频信息作为补充，在准确、鲜明的同时力求形象、生动，富有可视性。这种形式同"新闻专题报道"基本相同。

无论上述哪一种报道形式，电视记者采访与广播记者和文字记者采访不同的一点是，他们都要通过录像形式报道新闻，许多情况下为表明报道的现场感和真实性，记者本身必须"融入"新闻录像之中。因此，记者的影视形象很重要，要"对得起观众"。衣着、风度、言谈举止都要有讲究，要显得既稳重又潇洒，平时还应特别训练自己的口才和幽默感，尽可能做到"灵牙俐齿"，应付自如。

电视采访大多还是记者、摄影师和照明师以及编辑在内的集体行动，记者兼摄像或兼干其他辅助活儿。驻外电视记者必须掌握文字报道、摄像和灯光照明等全面技艺，一旦遇到突发事件，能独自及时摄下历史镜头，作出实况报道。

尽管广播和电视新闻是两回事，但由于他们都具有音响效果，与通信技术联系紧密，都需要通过通信卫星经广播电视发射台对外播出等因素，因而经常被人们视为一体。无论从各国新闻机构分类还是从新闻研究分项来看，广播电视大多情况下都被归为一个系统。实际上，广播电视新闻之间也确实存有许多共性，他们的报道都非常及时直接。通过他们，你可以"耳闻目睹"某一重大突发事件的实况，一些情况下还能使听众和观众成为新闻报道的"参与者"，从而为国际新闻报道提供报纸和文字性报道所不能企及的新天地。可以说，人们听电台广播、看电视新闻、了解世界大事是在轻松娱乐状态中进行的。

就广播电视采访而言，在现场录音录像采访的过程中，驻外广播或电视记者都应该掌握文字记者常用的那些采访技巧和工作素质。"抢"时效的竞争意识，连续作战和吃苦耐劳的拼搏精神，善于提问和反应敏捷的灵活战术，"打破砂锅"穷追不舍的攻坚斗志，诸如此类，广播电视记者都不可忽视。在许多情况下，他们甚至更应该比文字记者做到这一点，因为某一重大突发事件发生后最可能被优先允许进入现场报道的是电视记者。

事实上，目前大多驻外广播电视记者也都兼顾文字记者职责，因而更应善于用文字形式向编辑部报道新闻，因为现今广播电视新闻中最经常、最大量、也是最主要的报道形式还是广播或电视新闻节目主持人的口播新闻。它由广播电视编辑部汇集驻外记者发回的文字新闻稿和其他各种渠道的文字报道，配上现场音响和图像，再经过编辑处理，以口播形式对外报道。

由于广播电视新闻特别要求视听效果，一些记者在采访中显得圆滑和装腔作势是不可取的，应当引起警惕。

关于广播电视采访，杰克·海敦发表的议论不无偏颇，但也不无教益，广播电视记者应从中琢磨采访技巧。他说：

简略——这是收听广播的新闻工作者最伤脑筋的地方。比如希腊发生了一次危机，电台就只给你一句话的报道，末了加上一句沾沾自喜的提示："这是来自雅典的最新消息。"

戴维·布林克利承认有这个问题。有一次他在谈到电视和报纸的区别时，就发表了这样的观点："我们电视就是快，分秒不误。你们报纸快不过电视，你们不能和电视竞争，连试都不用试。但如果说到对新闻进行详尽的报道，那我们连上场比赛的资格都没有。电视本身的特点使得这样做根本不可能。"

在新闻报道方面，广播和电视永远不能做到报纸那样深入，如刊登加花边的体育比分、股票行情表、重要讲话的全文。

广播和电视的长处是显而易见的。它非常及时。通过它，你可以耳闻目睹。电视观众实际上成了参与者。广播和电视为新闻提供了报纸不能企及的新天地。

比如说，劳工领袖约翰·刘易斯逝世后，报纸为他的讣闻费了不少笔墨，但电台和电视台播出刘易斯那洪亮、富于戏剧性的声音所造成的令人寒心的效果，却是任何报纸都不可望其项背的。

广播新闻业应该设法改进本身最严重的缺点之一，即新闻广播员在事实报道中插入自己的见解的做法。广播员在广播新闻时喜欢用扮怪相、假笑、声音的变化、眼珠的转动、皱眉头之类的小动作来表示自己的好恶，对于这种做法，文字记者是很反感的。

诱导性提问方式也属于这类花招。但是最令人讨厌的，恐怕还是自以为比新闻本身更重要的广播员作出的种种粗俗的丑态。讨厌的玩笑、无聊的闲扯以及"现场拍片小组"成员之间的插科打诨，既使人生气，又令人难堪。我们希望你读到这里的时候，电视里的"愉快的谈话"已经不复流行了，但是到那时也可能出现更糟糕的情况——为了扩大收视率，新闻广播也许要强调暴力行为了。

电视还有一条罪状：地方电视台在采访灾难性新闻时，常常显得趣味极低。

如电视记者把麦克风伸到一个死里逃生的人面前，居然提出这样的问题："当你看到你的全家人被大火吞没的时候，你有何感觉？"对于地方电视台的新闻广播员来说，麻木不仁似乎成了合乎礼仪的行为了。

采访是国际新闻报道的根本和灵魂，作为一门学问，它有着丰富而深奥的学术探讨内容。我们在理论上作上述研究只是基本的，肯定不够深入，目的在于提高国际新闻工作者对采访的重视，引起新闻同行的共同兴趣，期望能对国际新闻记者的工作实践有所借鉴和帮助。

采访毕竟还只是新闻报道的前提。驻外记者只有将采访获得的素材成功地变为时效快、质量高、能吸引众多受众的新闻作品才是自己的真正努力目标。由于本文主要是从文字报道的角度探讨国际新闻报道，因而新闻写作应是驻外记者继新闻选择、采访之后的又一大新闻实践领域。它是记者采访的成果，是新闻报道的进一步具体化步骤，有着独特的技巧和具体内容。

上述是对广播电视采访的泛泛而谈，主要涉及传统新闻形式。现如今，一种广播电视直播形式十分流行，它是一种不经过预先录制的传播形式，在一个完整的时空里同步展现新闻事件现场及发生过程以及演播室工作状态等，使报道质量凸显真实生动和受众效应。这特别适用于突发事件、预定要举办的活动和某些对现场感要求较高的策划类新闻报道。

广电直播特别是电视直播形式起步晚，又伴随着网络直播的蜂拥而至，因而总体质效欠佳，不少流于形式，需要对采编人员加大培训力度，精准施策，提质增效。

第六章
记　者

16 世纪时期的威尼斯是欧洲的经济和贸易中心。随着商业活动的频繁开展，各国达官显贵、银行家和商人纷纷云集水城。为了投其所好，使他们及时了解和掌握涉及切身利益的世界各地的消息，一些人便想出新的生财之道，专门搜集和采写有关政治事件、物价行情、船舶起航等方面的消息，或手书成单篇新闻，或刊刻成报纸，然后公开销售。这些采写者可谓是世界上最早的职业记者，当时被人们称之为报告记者、手书新闻记者或报纸记者等。实际上，如果追溯国际新闻记者历史的话，他们无疑就是国际新闻记者的先驱。

当时的新闻记者人数有限，活动范围狭窄。国际新闻记者及其专业化既是现代新闻事业发展的重要标志，也是这一发展的必然结果。因此，对国际新闻记者进行探讨和研究十分必要，对促进新闻事业的不断发展极具实践意义和理论价值。

谈论采访离不开对记者和记者业务的研究。新闻采访主要是针对记者而言，是记者最重要的一项日常业务。采访是新闻报道的前提，记者是搞好新闻报道的首要关键。记者处在新闻报道的第一线或最前线，如何深入采访和调研，如何撰写稿件，无疑是新闻报道成败和质量优劣与否的决定性因素。编辑部门时常称分社和记者为"前方"，对前方的采访活动和撰稿"品头论足""发号施令"，这并非是对记者的苛求，而是对他们工作的重视和负责，说明"前方"记者在报道工作中的分量。

就国际新闻报道而言，"前方"记者的工作岗位尤其重要。这不仅因为国际新闻报道竞争激烈，在质量上要求具有世界先进水平，从而要求记者素质上乘，知识全面，既要包揽驻在国或驻在地区的所有方方面面的报道，不像国内记者那样分工细微；又要全面掌握业务、调研和处理勤杂事务这样一些范畴广泛的工作和生活技能。而且，由于驻外记者身处异国他乡，远离编辑部，难以迅速或直接接受编辑部对具体报道工作的指导性意见，只能主要靠"前方"记者自身对问题的分析判断能力和文字修养来撰稿。反之，编辑部对"前方"来稿中现场描绘或陌生的技术性名称和术语等时效性较强的文字内容也只能主要采取相信"前方"的态度。即便在当今通讯联络技术十分先进发达的今天，为了讲究新闻时效，编辑部不是在万不得已的情况下也一般不愿通过浪费时效的电讯往返联络方式来检查稿件内容的。更何况由于种种因素，"前方"往往不可能立刻就能对编辑部的来电询问作出及时答复，或者即便马上就能收到来电，但却需花一定的时间进一步调查核实。"前方"记者除了主要通过电讯联络方式从编辑部获取原则性战略指导外，对日常的具体报道就只能"独断专行"，许多情况下甚至只能是"将在外，军命有所不受"了。这既是国际新闻记者的工作性质和特征，也是他们工作重要性的体现。如何搞好国际新闻报道，记者的素质、修养和水平是十分重要的。

什么是国际新闻记者所必需的素质、修养和水平呢？谈论这一点，我们必须首先明确国际新闻记者的特定涵义，了解国际新闻记者的职责和任务。

记者是从事新闻采访和撰写新闻报道的专门人员。国际新闻记者就是被派往国外或受聘于某一新闻机构，专门采访和报道驻在国或驻在地区重大新闻消息的人员。不管是千里迢迢来到异国他乡的受委派记者，还是土生土长被外国新闻机构雇佣的当地雇员，他们的采访和报道都必须着眼于国际意义和影响的事件，都必须考虑世界性受众的需求和反应。当然，这只是对国际新闻记者的概念性解释。实际上，国际新闻记者这一名称的内涵却十分丰富和广泛。

第一节 职责和任务

国际新闻记者的具体业务就是采访、撰稿和报道新闻。如何搞好新闻报道是记者每天必须进行的日常工作，是他们的最主要工作职责和任务，他们每天都要在采访、写稿、调研这三大业务领域里与时光较量、竞争和拼搏。

一 采访

采访是新闻记者最基本的一项业务，他们在日常工作中应该花主要精力进行采访，以便更好地完成报道任务。如果把新闻工作者喻为人体的耳目喉舌的话，那么只有深入采访才能使记者耳聪目明，使报道绘声绘色。在新闻报道的过程中，采访不仅是首先步骤，而且更是完善报道的关键环节。驻外记者如果不把采访列入自己的主要工作日程，那么他们就只能"依据"或"抄袭"别人的成果，使自己的报道陷于背动，缺乏特色和光泽，而且特别影响时效，进而大大削弱他们在国际新闻市场上的竞争力和采用率。采访对完善新闻报道至关重要，记者应花主要精力用于采访，尽可能多地掌握第一手材料，撰写独家新闻。这对那些世界性通讯社和其他世界性新闻机构来说尤其应该和必需。他们之所以到处派遣记者或招募雇员，目的就在于此。

深入采访是每个新闻记者义不容辞的神圣使命，必须努力完成。记者采访应着眼于如下几个方面并力求取得成效：

①密切跟踪驻在国政局动向及相关事件和动态；

②重大突发性事件必须尽速赴现场查访；

③事关重大的记者招待会。特别是驻在国国家元首、政府首脑或估计有可能有重要新闻发布的其他高级要员举行的记者招待会，记者不仅应赴现场采访，而且必要时或在可能的情况下记者要就举世瞩目的重大国际问题或驻在国国内重大问题积极举手提问，以使报道体现本新闻机构的特色和观点；

④为撰写特写、通讯、访问记或其他现场感强烈的报道体裁之前，记者必须有目的地进行实地调查式采访，以增强报道文章的现场气氛、真实性和感染力；

⑤调研性采访，即平时的积累性采访。平时上街、办事、外出……只要有机会接触外界，每到一地记者都应该不断就感兴趣的问题询问和了解情况，为日后的可能性报道搜罗素材。

二　撰稿

作为一名职业记者，尽可能多地撰稿不仅是工作任务所必需，而且也是自己的职业乐趣所在。一个勤奋上进、事业求成的记者，不管驻在国是大是小，是"热点"还是因封闭而寡为外人关注；不管新闻采写条件和环境状况如何，他们都会"绞尽脑汁"、挖空心思地多撰稿，写好稿。撰稿是所有驻外记者最主要的一项日常工作任务，尤其是对事关驻在国政局或在驻在国及兼管地区内发生的具有国际意义和影响的重大动态，他们更应该争分夺秒地抢发消息。他们撰稿越多，题材越广泛，就越能全面真实地客观反映驻在国和驻在地区的政局和形势，从而给后方编辑部提供尽可能多的"产品"和工作便利。撰稿对记者来说是第一性的，他们是编辑部整体报道的首要环节和主要依赖。记者的发稿数量和质量直接关系到编辑部整体报道的声誉和影响。一个新闻媒体在同行中的声誉如何，他在国际新闻市场上的竞争力怎样，关键在于他的报道时效、质量和数量，在于他如何在新闻报道方面"把地球管起来"。而要想在这方面有所成就和贡献，很重要的一点就是看他拥有多少真正的名记者及他们写出多少时效快的优质好稿。舍此，媒体新闻编辑部就会成为无源之水，即便"大编辑"们再能撰稿也无从下笔。他们不能凭空编造新闻，最多只能"抄袭"外电。

目前西方四大通讯社美联、路透、法新和合众以及美国有线电视网、美国之音和英国广播公司等之所以称雄世界，很重要、很根本的一个因素就在于他们拥有各自的强有力的记者队伍，能够迅速采访到高质量的新闻消息，写出高质量的稿件，从而为这些新闻媒体的优质报道奠定基础。

记者怎样才能不断撰写好稿呢？人们从新闻实践的不同角度已经总结出许多经验和教训，足以说明记者撰稿内涵的大学问。记者撰稿有这样几个基本活动范畴：

1、根据采访结果撰稿。这类稿件的写作一般比较讲究现场感和文笔，是记者自身对采访素材的"消化处理"和"有感而发"，因而要求记者具备较高的分析能力和文字修养。特别是要根据采访素材撰写通讯、特写类报道文章，更需要记者文笔优美，透过笔下功夫，将文稿写得感情充沛、情景交融、生动活泼、引人入胜。

2、根据驻在国新闻媒介的报道或其他文字材料撰稿。这类撰稿不太讲究记者的文笔，但要求记者具有编辑思想，善于运用编辑手段，通过"改头换面"、删节和添加背景等办法将这类报道"据为己有"。改写不是抄袭，切忌照抄照转，甚至一字不动，而应在改写过程中夹进自己的立场、观点和文笔。

3、根据调研撰稿，也可称之为自编稿件。主要根据记者本人平时对驻在国或驻在地区政治、经济、写事、文化和民俗风情等各方面情况的深刻调研和素材积累写稿，写出记者自己的见闻、感受、观点和对时政的分析，既可作综述、评论、新闻分析等公开报道体裁，也可作资料稿供内部参考和学术研究。写这类文章要求记者洞察敏锐，逻辑严谨，运用材料简洁、准确、翔实、真实可信。

以上三点实际是就稿源范畴而言。就体裁而言，记者撰稿最主要的体裁当然应该是日常动态消息，但他们也必须善于撰写通讯、特写、评论、综述、新闻分析等其他各类形式的报道体裁，因为这些体裁虽然不像动态消息那样为记者日常运用，但他们却也是记者比较常用的新闻报道形式，其效果和"战斗力"往往比一般动态消息更大，更具重要性。

三　调研

有人认为，记者的工作就是跑跑颠颠、写写画画，搞好报道主要在于采访交际和笔下功夫。这有一定的道理，但这只能是相对而言，并未包括全部。调研是记者工作和职责的重要组成部分，且必不可少。记者搞好新闻报道需要明晰报道思想和驻在国政治、经济形势，需要随时掌握政局和世界动态，需要添加背景材料，需要熟悉各方面情况，了解各方反应，而所有这些都必须在扎实调研的基础上得以完成。调研是记者搞好新闻报道的重要基础和保障。否则，记者就有可能陷入盲目性，甚至会因为情况不明、背景不清等因素而大大影响报道的时效和质量。调研对新闻报道具有这样几个功能：

1、调研对新闻报道的功能

①直接为撰稿服务。这是调研的一个最基本也是一个最重要的功能。一方面，记者每次采访在一定程度上就是一次调研活动，其结果往往可以直接编写动态消息或其他体裁的报道文章，从而使这类调研成为报道不可分割的组成部分；另一方面，由于记者注重调研，熟悉情况，编写稿件时才能得心应手，利用素材和添加背景才能运作自如，从而不仅使报道质量得到保证，而且能加快报道时效，用不着花费过多的时间和精力去核对名称、术语和惯用提法等。

②广泛接触驻在国社会，广泛涉足，广交朋友，从而为掌握驻在国政局动向、了解和熟悉驻在国政治、经济和社会等各方面情况奠定基础。由于情况熟识，朋友多，便能顺藤摸瓜，洞悉内幕，别人难以搞到的信息和材料你能搞到，别人难以进入的地方你能进入，别人认为没有报道价值的线索你能深入采访，从而写出独家新闻。由于你情况熟识，见多识广，不管什么人都能"搭上茬儿"，有"共通"语言，因而往往得到新闻同行的好感和驻在国有关方面的特殊看待和重视，

进而对你的采访和报道工作提供优于他人的便利，这无疑对报道工作极有益处。所谓名记者光靠本编辑部认可和栽培是不够的，它更不是自封的称号，而应该得到驻在国有关方面和新闻同行的一致重视才行。只有在广泛接触、情况熟悉和撰稿等方面表现出非凡的才华，显出你的独特活跃，你才能获此殊荣。

③积累资料和素材，为撰写内部参考文章"供血"。这不仅方便记者自身的报道工作，而且也能使驻外分社和后方编辑部整体从中受益。因为这些资料和素材经系统加工后便会成为集体财富，供大家共同使用。此外，由于这些资料和素材是记者第一手调研成果，其中不乏鲜为人知的东西，因而极具知识性和学术研究价值。

调研在新闻报道中的地位不容忽视。记者具体应该怎样来进行调研工作呢？我们在前面讨论评析性新闻体裁的写作技巧时曾介绍过四种调研方法：采访、交际、阅报和资料积累。实际上，这些也就是驻外记者在自己整个新闻采编过程中必须承担和完成的基本调研任务。换句话说，这几种调研方法不只是针对评析性报道体裁的撰稿而言，对其他各种新闻报道体裁的撰稿也都有用。诸如动态消息、综合消息、通讯、特写、游记、散记之类的公开报道体裁以及资料和参考性报道等内部报道体裁，也需要通过这样的调研办法来确证、充实和丰润其报道内容。

2、新闻调研的课题与渠道

采访、交际、阅报和资料积累这几种调研办法虽然都是从具体的工作方法这一角度考虑而归纳出的调研方法，但毕竟还是很笼统。从调研对象和目的性考虑，记者尤其应特别重视这样一些具体调研课题及渠道：

第一，调研课题（研究重点）。

①驻在国或驻在地区政局动向（包括最高层施政现状及其言论和决策动态、军心、民情和反对派、在野党动态以及发生政变的可能性等）。

②驻在国经济形势（包括政府经济决策和改革规划、工农业生产或支柱性国家经济部门的活动状况及具体数据、科技和经济情报以及反映驻在国经济现状的种种统计报表等）。

③军情（包括军事力量、武器装备及军队动态和发生军事政变的可能因素等）。

④驻在国外交动向和各国驻当地外交使团动态（包括重大出访活动的背景和重大外交事件的内幕等）。

⑤驻在国民情风俗等等。

第二，调研渠道（研究方法）。

①政府要员，特别是亲近驻在国党政最高决策层的有关顾问、助理和秘书等。

②新闻界，包括驻在国新闻界朋友和其他国家新闻单位驻该国的记者，特别是驻在国新闻界的头面人物、名记者、名编辑等。

③驻当地的外交使团，特别应多接近消息灵通人士，同他们友好交往。

④驻在国民间组织，包括工会、国际友好团体和各类派别的有关人士。

⑤各种有可能获取信息和情报的集会和活动，如游行示威、抗议集会、罢工、学潮等。

⑥记者俱乐部和外交官俱乐部之类。

⑦各种招待会和宴会等自由交往场所，如外交使团举办的国庆或建军节招待会之类。

⑧"神聊瞎侃"，或走出去，或请进来，或有目的地行事，或随意而行，目的在于加深交往，交换看法，从中获取信息。

⑨走访和漫步，包括家访和逛街走市等，既了解市场行情和平民生活，又能听到各种反应，从中窥测驻在国政治经济生活脉搏及民心归向等情况。

⑩参观访问，对具有驻在国政治、经济、军事和文化诸方面典型特征的著名单位进行有重点地调查研究。

综上所述不难看出，采访、撰稿和调研是驻外记者日常必须进行的主体业务，是新闻报道的中心环节。就记者职责和任务而言，采访、撰稿和调研并不是他的全部内容。实际上，驻外记者往往在自身修养和业务提高以及行政管理甚至包括新闻落地等诸多杂务方面也承担着难以推卸的责任和义务，只有加上所有这些方面恐怕才能较为完整地反映记者的职责和任务。为此，我们还必须在如下几方面对记者的任务和职责作进一步阐释：

3、记者调研的修养

（1）国际新闻记者必须自觉加强思想锤炼，不断提高自己的理论水平和素质修养。作为一项世界广泛性传播工具，国际新闻的舆论宣传作用不容忽视。为了在政治上对自己的报道把关，使之符合职业道德和行为规范，记者应该加强政治理论学习，不断研究发展变化中的国际政治，特别应学习和运用辩证唯物主义和历史唯物主义来指导自己的新闻实践。作为国际新闻记者，不管来自"东方"还是"西方"，不管服务于什么样意识形态的新闻机构，他们都应当具有正确的政治理念，坚持正义和真理，维护职业道德，并在报道中宣扬正义、真理、和平、团结和友谊，反对和抨击霸权行径、强权政治、侵略扩张、干涉别国内政和恐怖暴力等犯罪行为。

中国新闻工作者章程明确规定，学习和宣传马列主义毛泽东思想是新闻工作者义不容辞的职责和任务。中国驻外记者和其他国际新闻工作者作为国家整体新闻队伍不可分割的一部分，他们理所当然地也要把学习和运用马克思主义，特别是马克思主义新闻理论原则作为自己的根本职责，以确立正确的人生观和世界观，并指导自己的专业实践，使自己在正确思想的武装下，心明眼亮，不迷失方向。

（2）国际新闻记者必须加强学习和训练，在专业知识和工作能力上不断努力进取。一方面，世界格局和国际形势不断变化发展，记者必须紧密跟踪形势，特别应明晰驻在国形势及其在整个世界格局中的地位和相互影响等，以把握报道思想和方针，研究新的报道技巧和方法；另一方面，记者需要博览精深，不断积累新鲜经验，更新和扩大知识范畴。人们的知识和技能并非先天生成，而主要靠后天的学习和平时的积累，只有勤奋好学的记者才能知识富有，业务娴熟，写出名篇佳作。

我们这里所说的学习指的既不是那种空喊口号的假把式，也不是"临时抱佛脚"式的一朝一夕的软功夫，而是平时日积月累地实打实的"苦修行"。国际新闻记者学习专业知识和技能应注重这样几种方法：①实战摸索和总结，即干中学（包括调查研究）；②博览群书，但要作系统和重点研究，特别要重点研究对提高业务水平颇多效益的学术论著；③积极参与学术讨论和交流，取人之长，补己之短；④留心观察和思考，并坚持记心得笔记；⑤系统搜集和整理资料，从中摸索新闻和新闻工作的规律。

（3）国际新闻记者应当学会行政管理。事实上这也是驻外记者必须履行的一项职责。当过驻外记者的人都知道，驻外新闻机构通常人手都少，一家新闻单位在某一国一般只派出一二名记者，派往亚非拉小国的记者往往都是"单枪匹马"。因此，他们既要花主要精力采写新闻，搞好日常报道，也要略懂一些行政管理知识和手段，以保障报道工作的顺利进行。否则，记者千头万绪只会抓瞎，不仅弄得精疲力竭，影响身体，而且往往贻误"战机"，丧失报道时机或影响报道效果。这对那些已经在某国设有常驻机构的"定点"记者来说更为重要，因为他们所在机构的行政杂务更多。机构虽小，却"五脏俱全"，诸如房产管理、设备更新、财务结算、机器维修、交际安排和后勤供应等一整套勤杂事务都得靠记者本人奔波处理。即便有的记者携带夫人，在家务方面可以缓解记者一些劳累，但由于夫人们往往还要照顾孩子，或受语言不通等因素的制约，所以真正的行政管理事务主要还得靠记者本人去处理。

要求记者学习行政管理并非是对他们的"苛求"，要他们在这方面如何花大气力达到精深博通的水准是不现实的，但要他们了解、熟悉并善于应付和处理影响报道的这类行政杂务是必要的。不管你愿意不愿意学习这些，作为一名驻外记者你每天都必须面对吃喝拉撒睡和其他大大小小的行政管理杂务，现实会迫使你在这方面履行职责。驻外记者尤其应注意这样一些琐事：

①制订有关行政规章，筹划内部建设和财务开支。如果人员超过两人，还需计划分工合作，搞好内部协调；

②熟练操作通讯工具，掌握播发新闻稿件的技术手段，并了解机器设施的运转状况，粗通维修保养；

③跑银行，取款，存款，熟悉有关手续；

④跑邮电通信机构，租订线路和信箱，缴付订报费和其他各种通信费用，发信或收取邮件等；

⑤联系维修各种设施（如车辆、电器和房屋等）；

⑥后勤采购，包括吃喝拉撒睡所需的一切食品和物资；

⑦办理出入境签证、订购机票等；

⑧宴请待客；

⑨保持环境卫生和整洁；

虽然琐碎，但不可不干。干好了，行政管理顺畅了，对新闻报道工作就会起促进和保障作用；反之，就会拖主要工作的后腿。记者参与行政管理，一要谙熟外语会话，二要交际能力强，但最根本的还在于勤快。只有积极主动，行政杂务才会日清日了，不致于久拖不决，成为包袱。

（4）国际新闻记者应该关心本编辑部在驻在国或驻在地区的新闻"落地"工作。所谓新闻"落地"，就是指本新闻单位报道的新闻被本国或其他国家新闻单位采用的情况，这对那些国际性通讯社来说尤其重要，因为他们采编的新闻主要供报刊、电台和电视台等其他新闻媒介采用，被采用率越高，成效率越大，越能显示本通讯社在国内的声誉和竞争力。从商业价值来说，被采用率越高，本通讯社的经济效益就越好，就越能赢得众多订户和用户。

新闻"落地"状况如何对一个通讯社来说至关重要。美联、路透、法新、合众等西方通讯社目前之所以在国际上颇具影响和竞争力，新闻"落地"率高就是重要因素和标志。西方报道之所以被世界各国广泛看好，主要因素还是他们的新闻报道时效快、质量高。近些年来，新华社已跻身世界性通讯社行列。由于下气力狠抓报道时效和质量，新华社在新闻"落地"方面已取得明显成效，其报道通过双边合作和无偿供稿等多种形式已经被亚非拉第三世界国家新闻媒体广泛采用，并且开始拥有一批商业订户。这一状况表明，西方的新闻垄断正在被打破，新闻"落地"并非是只有西方新闻机构才能谈论的"神话"，所有有条件向外部世界发布新闻的通讯社和其他新闻单位都有在国外新闻"落地"问题。所有各国的驻外记者都应该关心本新闻单位在驻在国或驻在地区的新闻"落地"情况，作为本新闻单位在某国或某一地区的代表，这无疑是他们肩负的神圣天职之一。

驻外记者应该怎样关心本单位的新闻"落地"呢？首先，驻外记者应该多作宣传、说服和动员工作，争取让本单位的新闻电讯稿在驻在国或驻在地区尽可能多地"落地"。为此，他们必须同驻在国政府有关部门和新闻单位密切联系，了解对方对本单位新闻报道的意见、建议和想法，并采取多种措施说服对方为尽可能多地采用本单位新闻尽力；其次，记者应随时掌握当地新闻界采用本单位新闻的实际数据及有关情况，及时将这方面的动态报告本单位有关部门，并提出相应的改进建议和意见，以便及时改进供稿办法，扩大订户；第三，记者应经常了解供稿线路和有关机器设施的运营情况，督促驻在国有关单位保障顺利供稿。一旦新闻接收遇到障碍和困难，记者应积极协助当地有关部门及时抢修线路，检查设施；第四，记者应广交朋友，不仅要同当地上层官员打交道，而且更应注意同具体技术人员和办事人员搞好关系，以便使有关方面对供稿工作提供方便，给予及时帮助和优先考虑；第五，必要时，记者应充当出稿员，将本编辑部的新闻稿精选后直接递送到用户和订户手中。这在许多新闻事业和通信技术相对落后的亚非拉小国不失为一种行之有效的办法。在这些国家，记者往往会遇到这类情况，即当地新闻机构对接收和采用外国新闻，特别是对那些非商业合同性的外国新闻表示出一种不冷不热的无所谓态度，一旦遇到线路或接收设备出故障，有关技术人员往往听其自然，放任不管。驻外记者为使本单位新闻恢复"落地"，就只能采取应急措施。一方面亲自登门，抓紧督促有关方面排除故障，尽快恢复收讯供稿；另一方面应根据备份线路接收的新闻稿，有选择地传送到驻在国各新闻单位，以方便当地编辑们采用。

如何做好本职工作，完成既定的报道任务，除了需要有关方面进行必要的检查、督促和推动外，最根本的还在于记者本人的工作责任心。只有把条条款款和要求、规定变成他们的自觉行动，才能最大程度地调动人的积极性和主观能动性，使他们心甘情愿、兢兢业业地干好本职工作。

第二节　素养要求

素养，人们平时的素质和修养。素质是指事物的本来性质，是人们在社会活动和专业生产中的本质反映和应该表现的行为水准；修养是指专业所需的知识和技艺水平，是人们行为的实际表现，当然也包括一定成分的要求和衡定标准。素养实际上既是人们在社会交往和专业活动中的表现，也是对人们行为的检测和要求，从而成为人们的行为准则。在现实生活中，人们会常常听到这样一类议论：某某某素质太差，某某某太没修养，说的就是这个道理。不过，人们的文化水平、所处地位和环境、工作性质和专业特点各各相异，因而素质和修养的实际表现也会各各不同。但作为一种标准和要求，"素养"对同一专业的人来说，都应目标统一。我们现在谈论国际新闻记者的素养问题，也只能是从这个"统一"的角度出发。

同其他所有职业和工作一样，国际新闻记者作为新闻报道者和舆论宣传者，只有具备一定的专业知识和文化素养才能明晰自己的工作要求和学习奋进目标，才能把各项报道任务变为自觉行动，成为一个合格的新闻工作者。越有素养，工作就越有成效，就越称职。反之就越失误，越不合格。一个素质和修养低下的驻外记者，是不可能胜任工作、出色完成各项报道任务的。

国际新闻记者究竟应具备什么素养呢？归纳起来，有这样几个方面：

一　素质

1、**喜动**。即活动能力强，既有益于交际，尽可能多地获取信息和情报；又便利开展工作，不至陷入琐碎事务堆中。

2、**爱问**。遇事喜欢"打破砂锅问到底"，追根求源，对寻觅消息和充实报道极为必要。

3、**勤思**。指的是逻辑分析能力。记者不仅应该遇事多问几个为什么，而且更为要紧的是还应善于"打腹稿"，通过静心思考，把杂乱无章的大小事件和有关素材理顺，使之逻辑条理化，成为撰稿的基础。另一方面，勤思还可使记者才思敏捷，提问能问到点子上，不至给人冒冒失失、胸无城府之感。

4、**善写**。记者要会"耍笔杆儿"，遇事就想写，想写就能写，写出来就是好文章。当然，其前提是爱写，有动笔的瘾头和冲动。虽然文字功夫并非主观兴趣就能达到，但多写、多练笔无疑是成功之母。

5、**好学**。要博览群书，知多识广，特别应注重学习外语和阅读中外文学名著、世界知识和名人传记等。

6、**博趣**。一方面要兴趣和爱好广泛，能与各方人士"谈得来"，有"共同语言"，从而扩大消息来源；另一方面应志趣向上、风趣魅人、精神乐观、性格开朗，有利于精神调节和思想锤炼，使自己始终保持旺盛的工作心境。

不管我们作为一名国际新闻记者是否从一开始就已具备良好的工作素质，我们都应该自始至终坚持用高于自身素质的标准来要求自己，不断学习，不断锤炼，不断进取，不断发展。

二　修养

1、**道德修养**。这是要求国际新闻记者必须具备的一项起码的基本政治素养。国际新闻记者的道德修养主要应该表现为为人正派、情操高尚。应自尊自爱，不计较个人得失，不为名利诱惑，不丧失国格人格，一身光明正大，浩然正气。就专业而言，国际新闻记者应讲求职业道德，遵循职业风范。在报道中既不屈从于某种势力的干扰破坏而放弃揭露，也不为名利所动而丧失原则，弄虚作假。记者应始终坚持客观公正和实事求是的报道原则，不断增强报道信誉，弘扬正气。作为舆论宣传工作者，国际新闻记者还应力求自己的报道成为正气篇，立场坚定，旗帜鲜明地宣扬真善美，揭露假恶丑。

一个品质高尚的记者必须注意平时品德修养的锤炼，只有注重学习和检点，刻苦磨炼正确的世界观，不断同自己的错误思想和观念作斗争，才能逐步坚实自己的良好品德，才能在工作和社会生活中自觉地遵循道德准则办事。

2、**思想修养**。这实际上也是一个与道德修养紧密相连的政治素养问题。只有具有坚定正确的政治方向和思维方式，才能运用辩证唯物主义的立场、观点和方法观察问题、认识问题，处理日常报道。记者平时应认真学习政治理论、对外政策和新闻理论，特别应重视对辩证唯物主义的学习和研究，使自己在思想上日臻成熟，在理论上日臻完善，从而把握报道方向，使新闻报道立场坚定，旗帜鲜明，赋予报道文稿以思想性和战斗力，为维护世界和平、正义、平等和人民大众的利益而呼号呐喊。国际新闻记者的思想修养核心在于如何运用辩证唯物主义的立场、观点和方法指导自己的行为和报道工作。这里需要特别指出的一点是，思想修养绝不等同于夸夸其谈或教条式的空洞而僵化的说教。

3、**专业修养**。国际新闻这门专业需要记者具有良好的专业修养，它是记者专业水平的反映。主要表现在两方面：专业知识和实践能力。

所谓专业知识，指的是国际新闻记者应对新闻发展史、新闻观、国际新闻采编知识及技巧、国际新闻传播知识及相关技术手段、世界名人轶事、国际新闻界现状及动向、世界知识和国际时政等诸多方面的认知。每一个国际新闻记者都应该对诸如此类的知识有较深刻的了解，有自己的见解和分析。每每谈及于此，都应对这些话题有共同语言，兴趣盎然地热烈探讨，各抒己见，可能争得面红耳赤，却不致因为自己知识的贫乏和浅薄而寡言应对。

就实践能力而言，有专业修养的国际新闻记者应该十分内行，既懂行又在行。如何采访、怎样分析和运用新闻素材、撰稿时如何确定标题、导语和报道主线、使用什么样的措词、引用什么人的什么话、撰稿后怎样尽快向编辑部传稿、怎样争取时效、在采编过程中如何操作和使用文字和通讯工具……诸如此类，记者都应该熟中有巧、运用自如。当然，实践能力同记者的文字修养关系重大。文字修养是记者完成各项报道任务、搞好本职工作的基本保证。为突出其显要地位，我们需要对它作专门阐释。

4、**文字修养**。国际新闻报道说到底还是属于文字工作范畴。从新闻报道的整个作业流程来看，文字水平的高低始终影响和决定报道工作的成效。越有文字修养，就越明晰报道思想和编辑要求，知道什么具有报道价值，从而使采访目的明确，提问有针对性；越有文字修养，撰稿就越娴熟生巧。写什么题材、使用哪些素材、以什么为导语、怎样使文章逻辑连贯等等，都能做到胸有成竹，动起笔来一气呵成。否则，文字水平差，报道工作就困难得多，别人采访完马上就能抓住重点编写稿件，他却需要花时间首先来整理那"千头万绪"的采访素材；别人写稿一气呵成，他却要左一稿右一稿地"瞎折腾"，既耽误时间，影响报道时效，又不能保证报道质量。因此，提高文字修养对搞好新闻报道意义重大，国际新闻记者必须把它作为一项业务基本功来训练和提高。

如何提高自己的文字修养呢？首先应当明白文字修养对国际新闻记者有些什么具体要求。主要包括如下几个"善于"：①善于搜集和运用报道素材；②善于撰写各种报道体裁，从动态消息到评论、分析、通讯、特写等各种体裁都能较为熟练地驾驭；③善于文字点缀和修饰，使文笔优美、笔下深沉；④善于文字加工和编辑，能比较娴熟地将驻在国新闻媒体的文字材料作为消息来源加工改编成自己的报道文稿；⑤善于快速作战，抢发消息。下笔行云流水，文稿快捷质优。

要做到这些，最根本的办法还是刻苦学习、钻研和实践。记者要努力做到5个"勤于"：①勤于阅读。不仅要博览群书，积累知识，而且最主要的在于研究和借鉴别人的写作方法和文字运用技巧；②勤于实践。就各种不同报道体裁多撰稿。新闻实践是文字学习的大课堂，你写初稿，看看别人是怎么为你改的，文字上有哪些精美之处，每每下来，会给你留下深刻印象，从而也就成了你的经验和进步；③勤于思考和逻辑分析，善于"理乱麻"，练习在一大堆"乱纸"堆里找"头绪"，在纷纭繁杂的国际事务中归纳形势特点和论点；④勤于练笔。所谓练笔，就是多写。除上述工作实践练笔外，这里主要是指记者应特别注重文学创作之类的练笔。这种练习不受新闻事实的框框约束，可以"随心所欲"地运用文字技巧，对提高文字水平极有好处，其目的主要不在于被采用与否，而在于提高自己的文字意识和文趣习惯，从中琢磨和学习文字技巧。久而久之，记者的文字修养必有长进；⑤勤于文笔研究，包括稿件评价、文笔比较和改正败笔等，从中悟出运用文笔的真谛，取他人之长，补己之短，升华自己的笔下功夫。

5、文化修养。这是一个与文字修养有密切关联的问题，因为文化修养既是记者文字修养的源泉和基础，也是文字修养的一方面体现。文化修养是教育程度和知识水平的体现，对记者的素质和报道业务起左右和保障作用。记者受教育程度高，知识广泛，工作必然称职顺手，反之便大受影响。即便对一个半路起家、未受过高等教育和专业培训的人来说，要想当一名合格记者首先就必须"补课"，通过学习不断充实知识，丰满自己。所谓实践出才干，其前提条件必须是"干中学"。

国际新闻记者应具有这样的文化修养水准：①受过高等教育和新闻专业培训，最好应系统接受过国际新闻的专业教育或培训。②至少精通一门外语，在听说读写译诸方面能够基本胜任工作。③知识全面广泛，特别应对世界知识和新闻专业知识有较深刻的了解。④能运用所掌握的文化知识熟练地为国际新闻报道工作服务。⑤文笔通畅，言辞优雅，谈吐不凡。

6、语言修养。这是国际新闻记者必须掌握的基本功。不懂外文，出国工作无异于聋哑人，至少得靠翻译这根"拐杖"。一般而言，他们要当好一名驻外记者是难以想像的。国际新闻记者必须花气力学习外语，在语言修养方面下功夫，从而使自己灵敏自如地与外国人对话交流，一般不依靠字典就能快速浏览外文报刊或其他文字材料，并能熟练地用外文撰写各种体裁的报道文稿。目前在中国，许多国际新闻记者都毕业于外语院校，这从另一个侧面说明了语言修养对驻外记者报道工作的重要性。

7、风度修养。风度，美好的举止姿态。国际新闻记者成天对外打交道，更应注重自己的仪表和言谈举止，显示文明教养，维护国格人格。为了使自己达到一定的风度，适应对外交往的工作需要，记者应做到：穿着大方、谈吐儒雅、待人热忱、遇事沉着。不过，一个人的风度气质如何，在一定程度上还取决于受教育程度及道德和文化水平的高低。记者必须净化自己的心灵，不断充实自己的知识大脑，这是造就自己翩翩风度的根本。

国际新闻记者应该在所有这些方面严格要求自己，锤炼自己，提高自己，以适应各种工作环境，完成好各项报道任务。

记者要想造就自己的优良品质和良好素养，必须努力在以下几方面的实践中培养自己，改造自己，升华自己。

首先，记者必须有强烈的事业心和工作责任感。这是造就自己良好素养的一项根本性前提。所谓事业心和工作责任感就是记者对本职工作的一片爱心和深情。只有拥有这种爱心和深情，记者才会在工作实践中全身心地投入。即便是苦苦追求和探索，也不能动摇信念，从而放松对自己的要求。

其次，记者必须认真、刻苦并坚持不懈地学习：坚持对政治理论和时事政策的学习，用正确的理念武装头脑，提高思想觉悟，指导工作实践；加强对专业知识的学习和更新，不断提高工作能力和业务水平，把自己的新闻报道工作不断推向新的高度；乐于学习和吸纳一切科学文化知识，以充实自己，丰富自己。一个富有素养的记者应该也是一个胸有才略、满腹经纶的的才子。

第三，记者应抓紧世界观改造，高标准严要求，不断同自己的错误思想和行为作斗争，自觉抵制形形色色的非正义、不道德和卑鄙下流等不健康行为的侵袭和腐蚀。只有坚持正确，纠正错误，才能不断培养和造就优良品质和行为方式。

第四，记者要善于总结经验教训，通过典型剖析、对比和品鉴，取他人之长，补自己之短，在素养和思想境界方面不断提出新的要求。这方面，改正自己缺点的勇气、决心和具体措施不仅必要，而且是"取长补短"的前提。

素养问题是个人品质和才华的锤炼和提高问题。包括两方面，一方面需要人们坚定正确的行为方式，另一方面需要人们认识、克服和改造不正当行为方式，并学习和借鉴他人的优良品行。不少记者之所以素养水平低下，其根源就在于他们不善于或者根本就不愿意在这两方面下功夫。他们要么对自己的缺陷熟视无睹，得过且过，自我感觉良好；要么明知自己的缺陷和差距，就是不愿下功夫去克服和改正。素养的优化和提高是对每个人意志和力量的考验。为了新闻事业的进步和发展，为了更好地完成国际新闻报道任务，为了自身品行和才华的进步和完善，驻外记者及所有国际新闻工作者都必须重视提高自身的素质和修养。

第三节　类别

在探讨驻外记者的职责和素养问题时，主要是从这一群体的整体角度进行阐述的。实际上，驻外记者，或称国际新闻记者，由于分工不同和工作性质的差异等因素，他们各自所应承担的职责和对他们各自的素养要求也就不完全一样，我们需要对不同类型的记者作具体研究和分析。

就工作性质而言，驻外记者主要应包括文字记者（主要对应通讯社和报业）、摄影记者、电视记者、广播记者等；按活动范围来看，他们还可分为常驻国外记者（即委派驻外记者）、随团记者、临时特派记者等。

一   文字记者

文字记者俗称"耍笔杆儿的"。除为数不多的报业记者外，国际新闻文字记者主要是指世界性大通讯社派往某一国或某一地区的常驻记者和这类通讯社雇用的外籍报道员。他们目前是国际新闻记者的主体和中坚力量。美联、路透、合众、法新和新华等世界性通讯社的驻外记者遍布全球各个角落，竞争十分激烈。

文字记者的主要职责是将驻在国或驻在地区发生的动态和大事以文字形式予以及时报道，这是他们区别于摄影和广播电视记者等其他形式记者的最主要特征。广播电视记者只是近几十年世界广播电视事业迅速发展的结果。在此之前，除少数专职摄影记者外，文字记者一直是国际新闻的最主要传播者。由于各国派驻国外的记者人数有限，文字记者也时常兼事摄影和广播电视报道等。可见，文字记者在国际新闻报道中的重要地位。即便在广播电视事业、特别是电视和互联网高速迅猛发展的现代，文字报道的传统作用也依然毫不逊色，文字记者仍然是担当国际新闻报道的主导和中坚力量。

1、文字记者的素质。文字报道既是文字记者的标志和特征，也是他们日常必须完成的最主要工作任务，是他们赖以奋斗的武器，源源不断地向不同类型的新闻媒体输送。为此，他们比其他形式的记者更需要强调这样几方面素质：

（1）文字运用娴熟。这不仅表现在对各类题材和不同报道形式的文字写作方面，而且特别反映在文字表现技巧上。如何恰如其分地遣词造句，如何"调动"字和词的色彩、神韵和力量，如何言简意赅、字字千钧等等，他们都应是每个文字记者必须悉心探究、孜孜以求的工作技巧。

（2）外语基本功过硬。作为一名国际新闻文字记者，必须具有较高的外语功底和外语实践能力。除了采访和交际需要有一定的外语听说能力外，他们还必须用外文写作和调研。国际新闻文字记者必须精通至少一门外语（主要为驻在国官方语言），在听说读写译诸方面都应具有较高水准的基本功，以保证对外采访和用外文写稿。这方面对文字记者的要求显然要高于对广播电视和其他形式记者的一般工作要求。广播电视记者主要通过录音或录像来报道新闻，反映自己的工作实绩。他们一般无需像文字记者那样进行细腻的会话访谈，更少用外文直接撰写报道文稿。文字记者用外文撰稿是他们的基本报道形式，外语会话采访是他们撰写报道文稿的必需前提。

（3）能言善谈。驻外文字记者应"能言善谈"，在采访和调研过程中善于运用"三寸不烂之舌"打动被采访对象，获得对方的信任和好感，从而搞到最新信息或文字报道所需的素材。文字记者必须比其他形式的记者更能过细采访，才能使自己的报道内容翔实。而要做到这一点，"嘴下功夫"不能不说至关重要。电视、摄影或广播记者只需如实地录像、拍照和录音就能完成自己的报道任务，电视、摄影记者最多附加一些简短的文字说明即可。不少情况下，电视记者甚至连简短的文字说明也用不着，因为他们所在的新闻编辑部可以根据各种渠道获得的文字报道材料给记者发回的图像配音，完了来一句"这是本台编译报道的"。但文字报道却不能只靠记者的"耳闻目睹"和心灵感应，而必须主要靠前方记者扎扎实实的采访，即通过同有关人士的"对话"和交流，使自己耳闻目睹的那些画面性素材具有较丰满翔实的报道内容，进而化为具体的报道文稿。怎样交谈？怎样提问？怎样打破冷场和僵局，变被动为主动？怎样突破对方防线？怎样理解采访对象的举止和神态，判断他们的心理状态？怎样根据不同采访对象从不同角度"追踪"访谈？诸如此类，都含有谈话艺术和采访技巧，掌握他们对文字记者尤为重要。

（4）新闻素养全面。除了具备与其他形式记者的"共性"素养外，文字记者还应具备自己独特的工作风格。广播、电视和摄影记者主要心系"画面"或"音响"。而文字记者则必须心系"文章"，不仅要留心"画面"和"音响"等现场场景素材，还必须构思文章结构，既要考虑如何表达现场即景，也要考虑如何运用和安排文字，特别需要掌握具体数字和相关素材细节。采访前，如果时间允许，文字记者必须尽量多准备一些问题，考虑文字报道的重点；采访中，他们必须随机应变，尽量多从对方口中"掏"出一些重要信息；采访后，他们必须立刻抓住重点，对全部谈话和采访素材进行"编辑"整理，力争迅速成品出手。要做到这些，冷静、多思、善谈、一专多能等基本功尤为重要和必需。当某一事件发生后，文字记者除概要性地抢发一条快讯外，还必须对这一动态的来龙去脉和事情经过作过细调查和采访，以求报道的翔实；当其他形式记者都在忙于抢发某一动态消息时，文字记者在同他们竞争的同时，还必须冷静考虑更深层次和不同角度的报道以及可能发生的后续报道，以求报道的深入。

从技术角度来说，文字记者更需要"多面手"。文字记者必须兼事摄影报道，特殊情况下，文字记者顶替广播电视记者，搞搞录像和录音报道也是必要的。文字记者只是文字报道者，其工作性质和实践程序毕竟不同于摄影和广播电视记者。摄影和广播电视记者各有自己的一套工作方式。

就国际新闻文字报道而言，通讯社记者既是主体，也是根本。通讯社记者始终站在国际新闻文字采访和传播的最前线，世界重大事件能得以迅速报道，驻外通讯社记者是最主要的报道队伍。他们站在前哨阵地，时刻关注驻在国或驻在地区的举动和迹象，同有关各方和各种"消息来源"保持最紧密联系，一旦有事，他们最先获得消息并作出文字和电讯"反应"。美联、路透、法新、合众、新华等世界性大通讯社竞争激烈，不仅各有一支能征善战、遍布全球的庞大记者队伍和通讯网络，而且各有报道特色，拥有各自的新闻订户和用户，从而成为国际新闻报道时效和质量的衡量标准，是世界新闻媒介国际新闻传播和发布的最主要消息来源和消息总汇。

2、文字记者的独特要求。通讯社记者虽然是文字记者，却又不同于其他形式的文字记者，其主要独特之处表现在这样几方面：

（1）特别讲究时效。时效是每个新闻工作者都必须讲究的一点，但通讯社记者尤其重视时效。所谓时效，实际就是指某一新闻报道从采访、撰稿、编辑处理到播发上天这一整套工作程序的最快速度。对采写新闻的记者来说，时效就是保质保量完成采访和撰写稿件的时间反映和工作效率。由于通讯社主要为报刊、电台和电视台等其他新闻媒体提供消息，不像这类新闻单位主要靠外部文字供稿来报道国际新闻，因而通讯社可称之为国际新闻的第一供稿者，需要 24 小时不间断地争分夺秒地编发消息，以适应不同形式媒体新闻报道的需要，保障他们的信息需求。

就通讯社和报纸这两种主要文字性新闻机构而言，由于报纸大多一天集中出版一次，许多头天发生的大事要到第二天才能同读者见面，因而对时效的要求相对而言要松一些，因为"急"也没用，报纸只能隔天发行。而通讯社则不然，它是消息供应者，其发行对象广泛，消息发布随到随发，急于让世界最迅捷地了解刚刚发生的某一件事。由于这些差异，通讯社记者因而特别讲究时效，不仅在于要反映自己的工作效率，也不仅在于世界主流媒体相互间的竞争，而且更在于及时向订户和用户供稿。

（2）特别注重动态新闻报道，报道量较其他形式媒体要大。由于通讯社是消息供应者，所以记者对各类动态消息特别敏感。这不仅表现在他们对重大突发性事件的兴趣和追踪上，而且尤其表现在他们对那些影响稍次的驻在国或驻在地区的政治、经济、军事和外交等方面日常动态的采访和报道上。这些日常动态新闻、特别是那些亚非拉第三世界国家发生的新闻，往往为一些大报大刊之类的文字报道机构所"不屑一顾"，而通讯社却对他们"一视同仁"，不搞"歧视"，更不搞"排斥"。通讯社担负着"消息供应者"的角色和职责，没有版面和篇幅限制，可以 24 小时不间断地工作，因而要求记者报道面宽泛，报道内容丰富多彩。只要具有一定的国际意义和积极影响，驻在国或驻在地区发生的"大事小情"都可报道。由于通讯社的"客户"多且广泛，所以不愁这些"一般性"动态新闻的"出路"，大报大刊不用，电视广播可能因自己的"滚动"新闻栏目"吃不饱"而急等着要。

（3）特别具有全方位服务和竞争意识。所谓全方位服务，指的是记者在撰稿时考虑各方面用户的需求。通讯社记者不像报社或刊物记者那样对自己撰写的稿件那样有着落感，因而必须像"推销商"那样想办法根据不同用户的不同需求进行撰稿，尽可能使自己的稿件能像商品一样被推销出去，取得较好的社会效益。尽管这主要是总部编辑部的总体安排和统筹考虑，但作为记者本身来说，具有这种"为全方位服务"的"商人意识"却极重要。通讯社是消息总汇，但却主要是消息发布机构，记者与受众的联系主要为间接性质，需要通过报刊、电台和电视等其他报道形式作"中间媒介"，将稿件刊登或播出后才能与受众"正式见面"，产生间接的报道效应。

通讯社记者特别珍惜自己的劳动，"挖空心思"地撰写每一篇稿件。一方面，他们需要通盘考虑新闻价值，确立报道原则和报道重点，使动态电讯稿能够为各新闻单位所重视并被采用，不仅要考虑本编辑部的报道思想和要求，而且更要考虑被其他新闻媒介的采用需求和读者效应；另一方面，他们必须根据不同新闻单位和用户的需求撰写报道文章。给报纸写稿和给杂志刊物写稿，记者在写作形式、内容和篇幅上都会大不一样，而不同的报刊都会有自己对写作的不同要求。报刊是一回事，而给电台电视台新闻节目撰写稿件则是另一回事，其写作要求与报刊对记者的撰稿要求又大不一样。总之，通讯社记者需要"精心策划"，在采访和平时调研的过程中应注意"整理"采访素材和其他相关材料，并分门别类，根据不同素材撰写不同形式的专稿或文章，使之尽可能符合不同写作对象的要求。

"全方位服务"意识实际也是一种竞争意识。通讯社记者只有具备"全方位服务"意识，才能目的明确，争分夺秒，有针对性地撰稿，从而使稿件时效强、质量高，具有明显的竞争优势。否则，稿件即便被本编辑部采用，也难以被其他新闻订户采用而造成自己心血结晶的浪费。通讯社的新闻落地"阵地"是客户，不能强迫人家长期、固定采用，只能靠竞争取胜。在当今新闻事业和通信技术高度发展、特别是电视新闻"闪电"效应的冲击下，通讯社电讯稿的"出路"将越来越面临挑战和竞争。通讯社记者不在这竞争角逐的大潮中顽强拼搏，奋力向前，就只能落伍掉队，甚至被淘汰。通讯社记者应该格外具有竞争意识，既要有紧迫感，又要不断提高自己的业务水平，在寻觅消息来源、采访、撰稿和新闻传递等每一报道程序中抓紧自己，提高技艺，使之在不断发展变化的新闻实践中处于领先地位。

（4）特别能吃苦耐劳，连续作战。请注意，这里有个"特别"二字。一方面它表明，说通讯社记者"特别能吃苦耐劳"是相对而言，并不是说其他形式记者的工作就不辛苦；另一方面强调，通讯社记者的工作性质需要他们吃大苦耐大劳，一天也不能"轻闲"过日子，必须随时"警惕"和跟踪重大动态，准备立即投入战斗。驻外通讯社记者确实要比其他形式的驻外记者为报道工作付出的心血和劳动要大得多、强得多。就日程安排来说，通讯社记者几乎没有节假日，在大多只有一名记者的驻外小分社中，记者更不能擅离职守去"游山玩水"，只能靠工作间隙进行自我调节来休息。通讯社记者不像许多报刊记者那样只注重一些特别重大动态事件就行，而必须每天都要"盯住"驻在国及驻在地区发生的具有报道意义的每一条新闻消息，发稿量多，工作时间大大长于任何其他形式的记者。就精神状态而言，通讯社记者始终处于"临战"状态，脑袋中的神经之"弦"绷得紧紧的，丝毫不敢放松和懈怠，生怕漏报消息，随时准备"应付"突发事件的发生。通讯社记者从一大清早到深更半夜都必须处于工作状态，除处理日常事务和后勤琐事外，听广播、阅报、看电视新闻、采访、撰稿、传稿、调研等等，这些都是他们每天必须循环往复的作业节目表。一旦遇有重大国际会议或突发事件发生，通讯社记者更需"马不停蹄"地连续作战，既要跟踪会议进展或突发事件的事态发展或结局，又要抢发消息，往往来回在分社、采访现场和发稿中心之间穿梭奔波，顾不上吃饭，睡不了安稳觉。有时，一个报道战役刚刚完成，紧接着又有新的报道任务等着你去干，记者顾不上喘口气休整，便只好再次精神饱满地投入新的战役报道。

通讯社记者是个"苦差事"。在驻外记者群中，他们既少有将其报道文章"落地"直接发表的机会，又必须没昼没夜地"玩命儿"工作。但是，通讯社是国际新闻媒介中最传统、最有权威性的新闻发布机构。通讯社记者是国际新闻报道的"排头兵",尽管吃尽辛苦,却把世界大事传遍五洲四海,为国际间的讯息交流无私地奉献,其职责神圣而光荣。特别是将某一突发事件或重大消息第一个独家报道出去以后,一切疲劳困顿便会烟消云散,精神状态便会显得格外充实和亢奋。他们会惊喜地发现,自己的工作是如此地重要。在某种意义上来说,报刊记者毕竟主要服务于本报刊编辑部自身,而通讯社记者则立足本职,面向全球。这也应该说是通讯社记者区别于报刊记者的又一大特征。

3、报纸与刊物记者的异同。作为文字记者的一部分,报刊记者在国际新闻报道中的作用是不应忽视的。驻外报刊记者大都来自世界各地的大报大刊,如《纽约时报》《金融时报》《泰晤士报》《世界报》《人民日报》《时代周刊》《新闻周刊》等。他们都具有一定的国际影响和商业声誉,有的还因其专业性或专门报道而备受读者青睐,成为某一方面或某一专题的权威报道。可见,驻外报刊记者职责和任务并不简单。一般认为,报刊不是国际新闻动态的发布机构,其新闻报道职责以转载通讯社消息为主,因而派驻国外的记者人数较少,且"覆盖面"相对稀疏。驻外报刊记者的主要任务不在于对日常新闻动态的采访和报道,而重点在于通过深度采访和调研为本编辑部撰写具有一定深度的"大稿子",如通讯、特写、专访、新闻分析、综述或综合报道之类。这些是他们撰稿的主要体裁。

报纸大多辟有国际新闻专版,日报需每天向读者报道最新新闻,越来越多的大报正要求其驻外记者对当地发生的突发事件或重大新闻必须像通讯社记者一样"奋不顾身"地进行最快时效的采访报道。但这类重大突发性事件毕竟不是经常发生的事,报纸记者的日常报道并非主要着眼于此,他们的日常工作任务比起通讯社记者来说还是要相对轻松自如一些。

就期刊驻外记者来说,他们比起通讯社记者和报纸记者更显得专门化。由于期刊都为定期刊物,对新闻的报道注重于深度而不怎么在乎时效,所以期刊记者的报道重点往往在于评析、"探秘""曝光"和"追踪"上,尤其对新闻人物表示出极大兴趣,而对动态消息则无所谓。即便比较重大的新闻事件也激不起他们立即抢发"快讯"的"冲动"。但这并不表明他们的轻松,突发事件和重大动态的发生给他们提供了深度采访课题,他们必须深入有关方面,采访权威人士,阐释事件的来龙去脉和内幕,刻画事件细节,从不同角度撰写重头稿件和大块文章,往往因其"曝光"和"探秘"而爆冷门,使其报道成为独家轰动新闻。

尽管报纸和期刊记者之间工作职责和工作重点有所差别，但话说回来，他们之间的共同点是显而易见的。主要有这么几点：①不太注重对较一般的动态消息的报道，尤其对老生常谈的"动态"不感兴趣，因而时效观念相对淡薄；②重视细节访谈和追踪采访，善于调查研究，能与"纠缠"采访对象"打破砂锅问到底"，追求读者效应和轰动；③擅长写"大块头"文章和情景描绘式的综合报道、通讯、特写、访问记之类，讲究文采和语言生动，以吸引众多读者，因此报刊记者特别要求笔下功夫；④不愁稿件"出路"。报刊记者撰写的报道文稿一般都会被本报刊采用"见报"，基本上为"旱涝保收"，不像通讯社电讯那样只能间接"落地"，记者撰稿时就不得不双重采用，既要顾及本社编辑部对所撰稿件的采用，也要考虑是否符合社外媒体用户的采用"口味"和需求。

二 广播电视记者

虽然广播和电视是两回事，但由于电台和电视台都离不开无线电波和导线传输，都需要声控广播，专业技术系统相近，且许多国家在政体上都将其合而为一，派出记者也往往两者兼顾，所以人们习惯于把广播和电视事业视为一个整体。

谈论广播电视记者不能不涉及广播和电视工作的性质和特征。

1、**广播新闻及其主要职能**。何谓广播？广播是通过无线电波和电缆导线传送声音进行宣传的新闻舆论工具的总称。从传播手段看，广播分两大类：通过无线电波传送节目的称为无线广播；通过导线传送节目的称为有线广播。广播电台和广播站把声音转换成电信号，通过电波或导线传播出去，人们用收音机或广播喇叭收听，极具宣传教育效果。广播的特点可以概括为一句话：通过无线电波传送声音并供听众收听。它包括三大要素：声音——电台编辑部同听众实现交流的媒介；电波（或导线）——把声音传输给听众的手段；发收装置，即发射机和收音机——实现交流的物质基础。同报刊比较，广播的优势是：对象广泛、时效迅速、功能多样和感染力强。但它也有自己的短处，即转瞬即逝，不留痕迹。

广播新闻是电台工作的一项主要职能。广播新闻的体裁是在报纸和通讯社的新闻体裁基础上发展而成的，其新闻写作除讲究迅速及时、真实准确和鲜明生动这样一些报纸和通讯社等其他传媒的共同要求外，还应适应电台广播特点和听众需要，注重"实、短、浅、活"四字技巧。"实"就是形象具体，用生动的事例、感人的情节、形象的方法表达抽象的概念；"短"即句子短、段落短、篇幅短，结构简单，层次分明，重点突出，易听易记；"浅"指的是浅显通俗，使人一听就懂；"活"意指生动活泼，清新悦耳，协调音节，和谐声调。这是广播新闻写作的要求，也是其特点所在。广播新闻体裁通常采用口播新闻、录音新闻、录音通讯或特写和答记者问（或称"录音专访"）等形式。就国际新闻报道而言，口播新闻、录音新闻和答记者问是广播新闻的最主要报道形式，他们都需要由记者用简洁的文字和现场实况的音像来反映某一新闻事件的过程或其中的重要片断。

2、电视新闻及其主要职能。何谓电视？电视是通过光电变换系统使景物在一定距离之外迅速、连续地重现的通信传播手段。电视传播过程首先是用电视摄像管和话筒摄取景物的图像和伴音，然后再用电视显像管和扬声器把电信号还原成景物的图像和声音。它传达给观众的信息包括图像、声音和色彩。利用上述技术手段制作一系列的电视节目并将其传送给广大观众，以达到传播信息、宣传教育和娱乐欣赏的目的。

电视的突出优势是现场感。它透过双项器官的传媒，形声兼备，视听结合，使人们对客观事物的感受具体、生动，犹如身临其境，立即受到感染。同广播一样，电视也是一项多功能的媒介，集传播新闻、普及知识、提供娱乐和欣赏，以及为观众服务等职能于一身。同时，它又兼容了绘画、雕刻、建筑、音乐、诗歌、舞蹈、戏剧、电影和报刊等多种表现形式的长处，并在此基础上分门别类地设立专门频道和栏目，从而形成自己独特的综合表现方法，给新闻传播和文艺宣传开辟了一个广阔而别开生面的新天地。

电视台运用电视技术手段把图像和声音素材加以剪辑、播放，从而构成一系列的电视节目。一般主要包括：新闻性节目、教育性节目、文艺性节目、服务性节目、电视教学节目。新闻性节目是电视作为一种传播媒介而具有的最主要的一项功能，人们统称其为电视新闻，即运用电视传播手段对新近发生、发现的事实所作的报道。

就国际新闻报道来说，电视新闻同广播新闻一样，其最日常、最具时效性的报道形式也是口播新闻和现场报道，或者是两者的有机结合。

3、卫星新闻广播。卫星广播是20世纪70年代发展起来的崭新的科学技术，由通讯卫星、上行站和测控站、地面接收网三大部分组成。

通讯卫星位于距地球表面赤道上空约3600公里的静止轨道上，与地球自转同向运行，绕地球一周的时间恰好等于地球自转一周的时间。从地面上看，卫星是静止不动的，所以也称静止卫星。通讯卫星上装置一定功率的转发器（或称发射机），把从地面发送来的广播电视信号经接收、处理、放大后，向预定地区播送，它实际上是建在太空中的广播电视转播台。通讯卫星的特点是星上转发器的功率大，抵达地面的信号强，使地面接收站设备简单、投资省，适合于大面积的广播电视覆盖。

上行站是将电视中心制作好的电视节目，用微波设备发送给通讯卫星。测控站则遥测卫星的工作状况，根据实际需要校正卫星的位置和工作状态。地面接收网由数以千万计的、用直径约二三米以下的抛物面接收天线和转换设备的接收站构成，将卫星发来的广播电视节目信号接收下来，然后再用电缆分配系统传送给用户电视机，或用小功率发射机转播出去，覆盖附近地区。

卫星广播与地面广播传输系统相比较，其特点和优点在于：覆盖面积大，卫星"居高临下"，传送信号不受地理条件限制，一颗卫星就能覆盖几百万平方公里；传送节目环节少，不受高山和建筑物阻挡，因而广播质量高，收看收听效果好；易于普及，投资少，见效快。

广播电视具有很强的渗透性、适应性和极其广泛的群众性，受众基本不受文化水平的限制。广播电视工作是一项运用高尖端电子通信技术、通过音像和画面反映、极具宣传和舆论效果的大众传播媒介。其特点可以具体归纳为三点：①需借助尖端通信技术和设施，属高科技领域；②现场氛围浓烈真切，需要广播电视工作者面向听众和观众"直接"传播或交流，使他们亲身"耳闻目睹"；③新闻效果逼真，易打动听众和观众，起一般文字宣传难以起到的效应和作用等等。

4、**广播电视记者的特点**。广播电视记者的工作性质和职责有别于文字记者，其独特之处可以归纳如下：

（1）采访工具较复杂。除像文字记者一样有必要备有笔和笔记本之类外，电台记者还需配备录音设备和声控工具系列。电视记者则更非一人就能完成采访任务，起码需灯光师和摄像师配合协调，除摄像机和照明设备外，还需配备声控器和备用录像带等。有些设备甚至较笨重，令电视记者不少吃苦受累。遇有实况转播场合，有时仅靠摄像机还不行，还需要实况转播车开进现场。当然，这对驻外记者来说一般不会有条件进行现场实况转播，而只能借助录像设备进行新闻采访，但它却是电视工作和职能的重要组成部分。实况转播大多是报道一些重大事件，是国际新闻报道手段的研究范畴。广播电视记者都较之文字记者的采访手段复杂，除身背肩扛，付出较大体力劳动外，他们还需熟练操作和使用手中的"武器"，掌握有关知识和技艺。这是"技术活儿"，一般非文字记者所能做到的。

（2）报道注重现场氛围，讲究听众和观众效应。广播电视记者既要抓被报道的新闻事实或客体的本质特征，更要通过录音和录像效果来表达现场氛围，给听众或观众以立体感和现场感，使他们如同身临其境，亲耳听闻或亲眼目睹事件，从而加强对该新闻报道的兴趣和关注，加深对被报道动态事件的了解和研究。文字记者只能就事论事地做"文字游戏"，通过"抠字眼""拨字洞"来生动报道。有时最多通过配合一些通讯、特写之类的不同写作体裁来加强报道效果。广播电视记者报道的活动天地却要大得多。一方面，他们可以将文字和语言及画面结合起来进行报道；另一方面，他们可以将"自我"与报道融为一体，通过自我的提问、议论或抒发感慨和解说来加强报道效果，丰富报道色彩，完善报道内容。

（3）广播电视记者的"自我表现"意识较强，因而需要比文字记者更讲究自身修养、风采和水平。在许多场合下，他们的报道方式都是以与采访对象直接对话交谈的方式进行的，没有或少有像文字记者那样"字斟句酌"的修饰时间和机会。一方面需要他们知识面广，熟悉新闻采编技巧，能够灵活自如、随机应变地提问、抒发感慨，或议论、解释新闻客体，从而保持报道的逻辑连贯，突出实质内容，给听众或观众以了解、启迪和教育。这是一个记者的素质和水平问题。另一方面，由于广播电视记者直接将"自我"话音或形象传输呈现给听众和观众，就不能不考虑自己的口齿和形象，应有"君子"风度。尤其是电视记者的形象，更要"对得起"观众。不少广播电视记者出身于播音员，或某个播音员在某一特定场合充任广播电视记者，这样的现象并不鲜见。这充分表明，广播电视记者与自身仪表仪容之间的内在联系的重要性。

（4）"流动"作业重于"计划"作业。广播电视记者最主要的活儿就是四处"跑"消息，奔波忙碌。广播电视记者必须面对新闻现场进行采访。一方面他们需经常背着录音设备或摄像机及辅助工具在新闻敏感地点寻觅和追踪消息，看似闲逛遛达，实则"重任在身"，一旦"巧遇"大事发生，他们便能立刻抢拍现场即景，从而以最快速度在现场报道独家新闻，甚至产生世界性轰动效应。另一方面，他们"始终"处于待命状态，一旦哪里有事，不管原来是在"闲逛"或是在驻在地"休息"，他们都必须立即奔赴出事地点。即便是对一些重大会议或重要访问之类事先有所计划和安排的活动进行采访，广播电视记者的"活动性"也很大，"忙乱"得很。一会儿将镜头或话筒伸向这里，一会儿又伸到那里；一会儿"场内"，一会儿"场外"；采访了此方，还得采访彼方，忙得不亦乐乎。往往他们刚采访完某个重要来访人物的欢迎仪式，这里迎宾车队才启动离开现场，那里电视记者便也驱车紧随其后，将摄像机镜头对准车队目标。

（5）强调整体行动。特别是就电视记者而言。电视记者难以独立完成采访任务，需要以"小组"形式进行"作业"。大多为2至3人一组，一个摄像，一个负责灯光，一个手持话筒进行口头采访。这种集体采访形式许多情况下都是必需的。至少当一名记者将话筒伸向采访对象进行现场对话时，还需要另一人将这一采访实况拍摄下来。在极少数情况下，记者无需以问答形式进行采访，而只需扛起摄像机将新闻现场"实录"即可。电视新闻采访和报道需要集体作业，需要配合默契，需要团结协调。这对那些短期出国访问，采制时效性不强的专题电视新闻报道更为必要，而且这类记者组往往不仅2—3人，需要包括记者、摄像师、照明师、编辑、翻译等多人。

以上5点是就广播电视记者的整体特点而言，实际上广播记者和电视记者还是有各自不同特点和工作手段的。他们最主要的区别在于：广播记者只着眼于听众，工作重点在音响和听觉效果上，而电视记者则着眼于视听效果两个方面。电视观众也是听众，既要看画面也要听音响。因此，电视记者既要重视画面效果，也要顾及音响效果，使音像同步、和谐统一。

三 摄影记者

摄影记者也是国际新闻报道大军中的一支强有力的分队，不仅人数多，且战斗力强，新闻效应好，他们中通过抢拍、抓拍和捕捉而报道独家新闻或引起世界轰动者不乏其人，他们对文字记者来说，既是补充更是完善。许多文字记者为了完善自己的报道也时常身背相机出现在各类采访现场，这更表明摄影报道对文字报道的重要性。比起广播电视记者来，摄影记者既可抢拍抓拍到一些广播电视记者摄像机下的现场即景，又可避免电视记者那种过于繁杂的作业，显得轻松自如得多。从传播技术角度讲，摄影记者只需通过图片传真设备便能及时将报道图片发回编辑部，既保障质量和时效，又无需像其他形式记者那样争抢发稿工具。摄影记者是国际新闻报道队伍中不可分割的组成部分，其地位和作用不容轻视。从组织和团体的角度来说，他们主要隶属于各通讯社或报刊，是文字记者的"盟军"和战友，但他们的职责和工作特性却不同于文字记者，有其独特的活动方式。从这个角度来说，他们自成体系，独为一行，对他们进行单独分类和研究是必要的。

　　1、国际新闻记者的工作特性。国际新闻摄影记者有哪些工作特性呢？

　　（1）他们必须深入现场采访，同被报道的新闻客体进行面对面地现场直接"对象"。文字记者的报道来源于各种渠道提供的信息，无须所有消息来源都必须由记者到第一现场采访消息提供者而获取，因而时常可以在报道中搞点"偷机取巧""移花接木"之类的花头，通过间接消息来源进行报道。但摄影记者就不能运用这类间接获取报道资源的手法，他们的报道"内容"是实打实的图片。一张图片你可以对它的内涵作不同解释，但它的画面即景却必须是实体，其基本主旨是毋庸置疑的。摄影记者的报道"成果"必须来自于自己在新闻现场的实拍，摄影记者若脱离现场，也就无从谈起采访和报道，这是他们同文字记者的一个最根本的区别。文字记者可以"笔下生花"，而摄影记者只有深入现场摄下镜头来，才能使自己的报道开花结果，否则便"一事无成"。

　　（2）必须重视"瞬间"效果，善于运用抢拍和抓拍之类的摄影技巧将"瞬间"动态变成轰动新闻。比较而言，文字记者也喜欢在报道中突出某一"瞬间"，借以充实或强调，但这类"瞬间"除非特别具有意义，否则文字记者不会给予特别重视，毕竟文字报道篇幅有限，且讲究文稿的整体逻辑连贯。而就广播电视记者而言，他们的采访似乎更重视整体场景一些，为了突出某些"瞬间"，他们最多只能将这类"瞬间"变成特写镜头。只有摄影记者才始终重视"瞬间"效应，他们摄下的每一个镜头都是他们认为必须要摄下的"瞬间"。对摄影记者来说，他们必须掌握报道思想和方针，明确新闻价值，从而在采访和报道中区分什么是真正值得实拍的"瞬间"。新闻敏感对摄影记者来说至关重要。意大利著名摄影师焦尔乔·洛迪一次作为国际友人在北京受到周恩来的接见，当时规定不让带相机到现场。但洛迪心里有"新闻"，知道周恩来在国际上的威望，于是他"偷"带了照相机，并在会见结束时有意落在人群最后，"忐忑不安"地掏出相机向周恩来"认错"，同时请求为他拍照。周恩来温和地答应了洛迪这位白发老人的请求。洛迪喜不自禁，立刻举起相机，选准最佳角度按动了快门。这张照片后来成为传世佳作，流传甚广，传神地记录了周总理为国家和人民操尽了心的伟人形象。当然，动态新闻摄影是一种"时效战"，那些"瞬间"总是一逝而过，不容记者多去考虑。所以记者在采访中往往"浪费"一些胶卷，拍下一些次要的"草稿"瞬间，这也是常有的事。但无论如何，对摄影记者来说，"瞬间"效果必须铭记在心，一方面促使自己少浪费胶卷，少拍"草稿"瞬间；另一方面促使自己加强基本功训练，在抢拍和抓拍等技巧上下功夫，从而不断拍出一些产生轰动效应的图片。

（3）必须具有新闻动画敏感。新闻敏感对每个记者来说都是必须具备的工作素养之一，但文字记者和广播电视记者的敏感却有着区别于摄影记者的自身特征和动机。文字记者主要是从某一新闻客体的总体规模上去把握报道重点，判断该新闻客体是否具有报道价值或重大报道价值。这种新闻敏感主要基于对新闻客体整体精神和实质的理解和认识。尽管文字记者也要敏于捕捉新闻事件中的镜头，但这一敏感主要目的则在于充实和加强报道文稿的主题实质，以便将某一镜头"提高"到导语位置上，而导语当然是报道文稿主题实质的浓缩和体现。广播电视记者不仅要敏于从总体规模上去把握新闻客体的报道价值和意义，而且还要特别敏于采访过程中的价值片断和镜头。他们的敏感是全方位、多角度的，不仅"提问"时记者要注意在同采访对象交谈过程中发现"敏感"话题，而且摄像师也要敏于捕捉"敏感"镜头，不仅要注意摄像机镜头的视线之内，而且要特别警觉视线之外，往往需要整体配合行动。当记者手持话筒提出一个敏感问题时，摄像师突然发现另一个更重要的"敏感"镜头或场面。在他马上转移摄像镜头准备抢拍时，许多场合下他不仅需要照明师的灯光配合，而且也需要"提问"记者手持话筒跟踪新的"镜头"。

与文字记者和广播电视记者不同的是，摄影记者的敏感主要在于对单一镜景的"瞬间"捕捉，且要考虑到"动画"效果，使人透过照片一眼便能看出"新闻"所在。因此，摄影记者在采访现场，相机应始终处于"临战状态"，随时准备将相机镜头对准某一突发的"敏感"目标。这种抢拍"瞬间"的功夫既是技术性的，需要记者拿起相机便能拍摄成功，如同百发百中的神枪手，更是记者新闻敏感的高水平体现。舍此，记者便不辨实质，熟视无睹，该抢拍的不抢，或因对某一"瞬间景观"犹豫不决而错失良机。

对体育摄影记者来说，新闻动画敏感更为必需，因为他们在体育摄影过程中经常碰到一些情况，需要记者当机立断。体育项目比赛本身就是运动性的，运动员的一投手一举足转瞬即逝，没有新闻敏感和精神专注是拍不好体育比赛的。有些体育记者由于敏感于某一"镜头",往往不惜"丢车保帅",死盯着某一体育名星的比赛现场捕捉机会,把相机始终瞄准目标,专等那令世界星迷们激动不已的"瞬间奇迹"或"瞬间精华"的发生。绿茵场周边,尤其能发现如此"全身心投入"的摄影记者们,他们丝毫不顾身前身后如醉如痴般摇旗呐喊的球迷们的"疯狂",却甘于"寂寞",匍匐在地,手举相机而专心致志地专等著名球星们的"一脚劲射"。

（4）必须对图片进行"同声翻译"。这里所说的"同声翻译",实际是指记者发稿时必须将图片和相关文字说明或简介同时传回编辑部编辑处理。新闻图片不是画图或漫画,只要人们意会即可。新闻图片既是画面,需要人们意会,又是对最新发生的新闻客体的报道,具有时效性,因而图片画面本身往往难以反映清楚或反映完整诸如时间、地点、人物身份等各种具体报道要素。如果没有记者的同步文字说明,他们便有可能不会获得新闻受众的充分理解和接受,从而难以达到新闻报道和宣传的良好效果。摄影记者必须对被报道的新闻图片进行必要的文字说明,一般虽"三言两语",却不失为记者本职工作的组成部分。

对图片进行文字说明看似"举手投足"之劳,实际并非没有技巧可言。如何用最少最精练的文字来概括或说明一张或一组图片内涵的全部或主要内容和意义,不仅需要记者的新闻敏感和职业意识,而且也要求文字水平和概括能力。一张精彩的图片配上一则令人拍案叫绝的文字说明,它所起的新闻效果显然要远远超出新闻事实本身。如果一张不错的照片配以平平淡淡的"解说",只能给新闻受众留下平平淡淡的感受,甚至容易被忽视。这文字说明对摄影报道的重要性,它既是阐释,更是充实和润色。言简意赅、画龙点睛、幽默、清新,会给摄影记者的文字说明工作带来受用,也应该成为他们必具的工作素质。

2、记者的分类。以上是从采编业务的角度对驻外记者的分类。但就职衔而言,驻外记者还有另外形式的分类。

中国驻外记者主要受中央级通讯社、电视台、电台及大报大刊等主流媒体派遣,一段时间内常驻国外采访报道。他们一般2—4年为一任期。在常驻国外期间,他们一般以驻在国首都为基地,建立分社或记者站。大多驻第三世界国家的分社规模较小,往往只有1名派遣记者。新闻报道较为热点的分社一般有2—3名记者。大分社记者（含技术、行政保障人员和相关工作人员）则多达十几二十来人不等,主要分布在美、英、法、俄、日等国际通讯网络便利、政治经济格局重要的国家和地区。

首席记者。除大分社设分社社长、副社长等职衔外，首席记者是驻外记者中的"最高级别"，也是各分社的实际负责人。他们同普通记者一样进行日常的采访和新闻报道，同时担负计划、安排和协调日常报道和行政杂务的职责，起指挥和表率作用。首席记者为"一班之长"，如何在分社工作和生活中起先锋模范作用，对团结分社一班人齐心协力搞好报道工作至关重要。他们不仅需要精通新闻采编和报道业务，而且应具备组织和协调能力。

记者。这里指的是普通记者，他们是驻外分社报道工作的中坚和骨干力量，一般都受过良好教育，在新闻采编业务方面具有一定的理论和实践经验，通常情况下能独立完成采访和报道任务，撰写的报道文稿基本能成品出手。协助首席记者搞好日常报道是他们的最主要职责，同时还需分担处理分社各项杂务，带好见习记者，当好首席记者的"参谋"和助手。

助理记者或见习记者，低于记者职称的一种称谓。他们资历较浅，大多刚跨出校门不久，初涉新闻业务实践，在分社或充当记者的助手，或当实习生，借以锻炼和提高自己的采访能力及新闻业务水平。他们也需向普通记者一样全身心地投入采访和报道工作。驻外记者在国外报道工作实践中并无太多的职称界限，对助理记者或见习记者来说，职称上的内部称谓并不影响才华和业务水平的充分发挥，更需要向资深同行和他人学习，向经验学习，并注意不断摸索、积累、总结和提高。

驻外记者的职责和任务。因媒体类型各异和派出单位的工作性质不同。驻外记者的职责和作雾各有侧重，密切关注、了解和跟踪驻在国或驻在地区甚至整个世界的政局动向，报道驻在国和驻在地区发生的重大时事动态对所有驻外记者应是统一的，采访、报道和调研是每个驻外记者都必须进行的最基本的工作任务。比起陪团或短期访问记者来，驻外记者的工作和职责则是"日常性"的。驻外记者以分社为家，虽然可以对非动态性的新闻报道"从长计议"，计划安排，但却必须防止懈怠行为，不可养尊处优、松松垮垮，不讲时效、节奏和效率。

驻外记者的"常驻"性质还特别需要他们根据如下几个特点去开拓工作，约束自我，努力进取。

其一，利用分社或记者站这一报道基地，不断加强基本建设，使报道中心化、通信现代化、办公高效化、资料系统化。报道中心化，就是说分社一切基本建设都必须环绕报道这一中心任务。通信现代化实际是报道中心化的具体体现和最主要保障手段，办公高效化既要求记者在采访、撰稿和发稿"一条龙"作业流程中讲求时效、注重质量，也要求分社办公设施先进配套，以保障记者顺利而富有效率地正常工作。资料系统化。驻外记者不仅自己工作需要资料，而且资料保存和整理下来还可为"后来人"提供工作便利。他们平时必须注重资料的整理和积累，而且应使之系统化，诸如"剪报""发稿登记"之类的归档工作必不可少，而且需要日常进行。

驻外记者以分社为家，进行基本建设应是他们义不容辞的职责，他们也完全有条件这样做。在不少驻外新闻机构中，忽视基本建设的现象和意识仍然不同程度地存在。驻外记者既需立足眼前，更应该着眼未来，切不可把自己的职责只局限于撰稿一个方面，这既不利于分社整体的系统建设，也不利个人的全面发展和进步。首席记者尤其应重视这一问题，起表率带头作用，并就此合理组织和安排人力，团结和发挥整体力量。

其二，利用常驻记者熟悉当地"人头"这一优势，广泛交际，广交朋友，多方联络，并建立联系档案。这既有利于记者开展工作，又为分社扩展消息来源提供了选择基础。驻外记者报道功效如何在很大程度上需取决于"消息来源"的多寡。记者是普通平凡的人，不可能具有特异功能而无所不知无所不晓或先知先觉，从而对驻在国发生的一切突发事件或重大新闻都"了如指掌"。为了抢时效，及时报道，驻外记者需要"自己的耳目"。只有广交善酬，才会赢得众多朋友，拥有及时的多方消息来源，其中既应有高级官员和上层人士（甚至包括驻在国最高决策层领导人），又应有中下层"消息灵通人士"；既有新闻界同行，又有其他各界有识之士；既有传统联系对象，又有新交朋友。

驻外记者正因为常驻一地，因而往往自以为情况熟悉而疏于"应酬"，视交际为"浪费时间"，不以为然，敷衍了事。他们特别应注意这样一种倾向，即交际"势利"化，追求急功近利，忽视人际友谊真情，惟我需要者或对我有用者则"交"，否则就冷漠待之，甚至不理不睬。实际上，报道得益于交际，而交际更需要善意和真诚，有一些一时看似"无用"的朋友或许能在关键时候为你帮上大忙。千万不要"势利"，这对与外国朋友交往非重要。

其三，驻外记者了解驻在国新闻界需求和新闻市场的"行情"，应不失时机地为双边新闻交流和合作，特别应为本新闻单位在驻在国的"新闻落地"工作提供信息，提出建议，牵线搭桥。记者一定要以战略眼光看待问题，考虑整体利益，切不可"事不关已，高高挂起"，而应积极、自觉、主动地做发展用户工作。因为关心本新闻单位的"新闻落地"是每一位驻外记者事业心和责任感的表现，同时也能体现他们对本新闻单位和对本职工作的热爱。

其四，驻外分社是本新闻单位在驻在国或驻在地区的一个"基地"，理所当然地还应为本单位同驻在国之间的一切交流活动提供便利。安排和协调本单位陪团记者或访问记者的采访和报道活动，为本单位过往人员提供报道和后勤便利。分社记者必须尽"地主之谊"，开车接送、安排食宿、陪同采访、引荐拜会、参观游览、办理签证、甚至订购机票，这类具体杂务有分社记者"引导"比来客们自己"盲人骑瞎马"般地"瞎撞"当然要省时、省力许多。

驻外记者常驻一地，虽然情况熟悉，开展工作有较多便利，但毕竟工作任务繁重，既要"盯牢"日常动态新闻，搞好报道，防止漏报消息，又有那么多繁杂事务缠身，其辛苦可想而知。许多驻外记者远离乡土，久别亲人、朋友，往往又与驻在国生活习俗"不合"，尤其是那些长期工作在亚非拉第三世界艰苦地区的记者还需要同恶劣气候、环境污染和传染性疾病"共处"。许多人独身一人在外，长年与配偶和子女分居两地，心挂两头，其中苦涩可以想见。对"局外人"来说，驻外记者是个令许多少男靓女羡慕、景仰和竞逐的崇高职业，殊不知记者们也有苦闷和烦忧。任何工作和职业都有各自的"苦"和"乐"，重要的是要有一颗积极向上的进取心和事业心，有一种不畏艰难、勇往直前的无私奉献精神。

随团记者，或称"随访记者"。随团记者即随某一出访代表团赴国外采访并负责对此次访问活动进行新闻报道的记者。需要有记者随同前往出访的代表团都为各国党政最高层次代表团，不仅出访活动重要，且代表团级别和规格高，常由国家元首或政府首脑或执政党领袖率领。这类代表团的随行记者会有多人，由各国各官方新闻单位共同派出。记者主要来自官方通讯社、大报大刊、电视、电台和摄影单位等，报道媒体门类齐全。由于记者人数多而不得不在代表团中专设"记者团"，统一安排采访和报道事宜。

由于代表团的规格高，出访活动重要，随团记者的派遣需要重点挑选和审核，要求更严格。除保障完成出访报道任务必需的专业水平和体质外，还必须在政治素质上进行把关，要求持有同代表团规格相应、能体现国家精神风貌的良好品德和工作作风。这是随团记者区别于一般国际新闻记者的一大特点，也是关键所在，通常受到被访问国的格外优待，获得代表团一般工作人员相当的采访和生活便利。

随团记者的地位虽然荣耀，但比一般驻外记者更因为连续作战、难以休息好而更加劳累困顿。当代表团成员步下飞机、在旅馆稍事休息时，随团记者此时却只能带着旅途中的疲困而抓紧撰稿发稿；当代表团成员在宴席上频频举杯互致祝辞时，随行记者便顾不上"吃喝"，而要抓紧时间采访和报道；代表团活动时，记者要随行采访；代表团不活动时，记者仍要不失时机地抢发活动消息，或寻找对象进行追踪采访。如果说代表团的活动日程安排得满满的话，那么记者的工作步履就更是"紧锣密鼓"。一次陪团下来，记者掉几斤肉是很正常的。

随团记者的"美差"并不轻松，有一些"机会"是随团记者的采访技巧，对减轻他们的劳动强度和工作负担颇有好处。陪团记者需要从如下几方面去把握机会，搞好报道：

①利用已知出访计划和代表团初步活动日程，确定报道重点。本国代表团初步定稿并可报道的一些书面材料可预先拟稿，为正式定稿后的报道早作准备。

②利用随团记者身份同被访问国家的礼宾和新闻官员密切交往和联系，争取尽可能早地安排有关采访活动，或弄到对方的有关重要书面材料，从而为报道早作准备，至少可以减少活动现场采访的紧张程度。

③利用给代表团配备的一切便利条件，特别是装置在代表团驻地的专用通信设施（包括电脑、国际直拨电话和传真等）抢发消息，争取时效。

④利用本国新闻机构在被访问国的常驻记者，求得他们对本次访问活动报道的充分合作和帮助，包括联系采访对象，使用发稿设施和交通工具等。如果双方都在同一新闻单位，还需协调报道，对整个报道统筹安排，有分工有合作，或各有侧重，或共同撰稿，不至于重复劳动。

⑤利用代表团活动间隙采访被访问国最高领导人（或国家元首，或政府首脑，或执政党党魁），以增添出访报道色彩，加强报道质量。

⑥利用参观游览活动之便，增加对被访问国风土人情和国情的感性认识，通过耳闻目睹酝酿感情，为撰写通讯、特写或专稿积累素材。

只要随团记者灵活机动，顺应变化，采访和报道中不乏机遇和技巧。为了出色完成出访报道任务，随团记者还需要掌握分寸，注意这样几个问题：

①陪团记者的报道重点是出访活动，具有重要意义的日程活动必须单报或综报，也可报道被采访国发生的一些与出访活动没有关系的其他动态消息，特别是

一些重大突发性事件当然更需抢发。

②随团记者必须有高度的时效感和时间概念，对事先计划内的活动的报道应率先发稿；对当日活动安排应不断核实，以确定采访和报道重点，并注意"追赶"活动车队，盯牢代表团的行踪。

③随团记者既为官方派遣记者，报道口径应基本符合官方宣传基调。对代表团团长的重要讲话和代表团的重要活动最好应交有关负责官员核定，以求措词一致。陪团记者仪表和举止应与自己的身份相符。

④随团记者组之间要搞好内部协调和分工合作。文字、摄影和广播电视记者应各有自己报道的侧重点，特别是来自不同单位的文字记者之间更需要协调报道重点。如通讯社记者侧重动态消息的报道，报刊记者侧重通讯、特写之类的现场描绘性报道。有时活动日程安排紧张，他们还可以各分工采写一项活动，既减轻劳动强度，又避免重复报道，对一些重要活动他们可合作采写。

⑤随团记者应注意自我调节，尽可能地减少疲劳强度。他们特别应注意旅途和饮食卫生，防止食物中毒和染病，如疟疾、肝炎和艾滋病之类。

临时特派记者。各新闻单位在某种重大突发性事件预测发生或已经发生但却在不断发展的情况下，往往临时抽调记者前往出事地点临时采访，一些重要国际会议或重大国际活动期间，诸如亚运会、奥运会等体育盛会期间，各新闻单位也喜欢抽调记者前往采访。这些以完成某种临时报道任务为目的的记者我们把他们称为临时特派记者。他们或一个人单独行动，或由若干人组成记者组甚至记者团集体采访和报道，具体将视新闻事件的规模而定。临时特派记者执行的是一种短期内可望完成的临时任务。就时间概念而言，临时特派记者和随团记者都是临时抽调，少则三五日，多则十天半月就能完成任务，但随团记者的采访活动时间更短些。当然，有些情况下临时特派记者的活动时间也可能更长一些，一个月、几个月都有可能，需根据被报道事件的延伸和发展情况而定。就活动和报道范畴而言，虽然两者都是就单一事件进行专门采访，但从总体研究角度来看，随团记者主要是对出访报道而言，而临时特派记者涉及的报道面则是多方面的，也可能是突发战争，也可能是重大敏感国际事件，也可能是具有全球意义的重大国际会议或体育盛会等。

不管临时特派记者担负何种报道任务，许多情况下他们都是本新闻单位在报道地点原先没有派驻常驻记者的情况下而被临时抽调前往的。独立活动是临时特派记者的一大特点，需要他们在踏上征途之后就自主决定一切，自我办理一切事务，食宿、交通、打电话、发电传、订票购物……等等。特别是如何寻觅消息来源，获得最新消息并抢先报道，都需要记者随机应变，当机立断，施展自己最大的活动能量。临时特派记者的另一大特点，即吃大苦耐大劳。面对人地生疏、甚至是战火纷飞的恶劣环境，尤其是在不具备正常采访和编发稿件的条件和便利的情况下，他们没有别的出路，只能靠自己的不懈努力。疲倦、焦虑、废寝忘食往往是临时特派记者的"家常便饭"。其他类型的记者也会遇到这些情况，但临时特派记者遇到的难题会更多些，可利用的便利条件更少些，需要自己付出的心血和辛劳更大些。在炮火连天的战争环境下，或面对躲避不及的特大"天灾"，临时特派记者更有可能遭遇死神的威胁。

临时特派记者需要注意这样几方面素质和修养：

①强烈的工作责任感和开拓进取精神。对临时特派记者来说，这一点特别重要，因为他们少有工作优惠待遇和便利条件，面临的困难很多，往往要在条件极其恶劣和危险的环境下采访和报道新闻，没有使命感和责任心是难以完成任务、搞好报道的，甚至连生活难关都不能渡过。只有在强烈的事业心的驱使下，才能激发他们的开拓精神，"逢凶化吉"，化险为夷，主动自觉地克服种种难关，想尽一切办法搞好报道。

②机动灵活的自我活动能力和一专多能的新闻采编技艺。这实际是新闻业务水平和工作能力问题。临时特派记者所要求的业务水平和工作能力更应强调一专多能和自我活动能力，因为他们面对的许多难题主要不在于有无消息可报，而在于如何应付各种环境去采集消息和素材，怎样运用自我专业技艺将消息尽快传递出去等等。在恶劣、艰险和复杂的环境中，在少有外部帮助和工作便利的情况下，要完成好报道任务只能最主要靠记者本身的活动能力和专业技艺。主要包括：主动采访，善于同各方面"消息来源"打交道并保持联系；密切各种人际关系，善于在"夹缝"中伸展自如，获得包括宿食在内的一切工作和生活便利；点子多、办法多，运用自己的聪明才智和娴熟技巧来克服一道道难关；通晓驾车、发报、传真、摄影、摄像及有关器械一般性故障修理等新闻报道必需的"十八般武艺"。

③身强体壮，经得起"折腾"和"摔打"。由于没有什么外部特别帮助和工作便利，临时特派记者饱一餐饥一顿会时有发生。遇到战事或灾情采访，碰破皮、掉几斤肉更是在所难免，他们更需要有强壮的身体来支撑和适应各种恶劣环境，

以保障自己胜利完成采访和报道任务。没有强身健体，光靠精神支撑是完成不好报道任务的，甚至有可能因身体弱而使报道任务半途而废，从而影响到编辑部的整体报道计划。

临时特派记者还要特别注意的一点是，他们在赴任采访之前应充分做好准备工作，尤其应对个人生活必需品和有用药品尽量多携带一些，以防不测。

访问记者。访问记者指的是那些以新闻或记者团体身份出访，或以学术交流和著书立说为目的前往他国进行专事访问的记者。这类记者主要以参观访问为活动方式，因此冠之为"访问记者"。

访问记者不就动态消息发稿，而是往往在访问结束后发表一些见闻或观感性文章，向受众报告被访问国的社会风情和独特之处，兼新闻、知识和趣味于一文。就其访问期间的活动而言，他们不像常驻记者或其他以日常动态报道为己任的记者那样注重独家时效性采访，但他们在整个访问期间的活动也应视为一种采访。不管是参观游览，还是拜会、约访或是出席礼仪活动、应邀旁听会议和座谈讨论等；不管是团体活动还是单独行动，访问记者都必须"投入"角色。笔记、提问，刨根问底，觅新探秘，甚至录音拍照等等，他们应该充分利用记者工作职能进行尽可能详尽地调查研究。这对那些以撰写人物传记和著书立说为主要目的的访问记者来说尤为必需。

将"访问记者"作为一种国际新闻记者的形式来探讨，主要基于这样两点认识：其一，访问记者虽然不以日常动态消息为采访和报道目标，但其采访手段和撰稿内容都涉及国际新闻重大主题，或专访国际知名人士，或探究重大国际事件的来龙去脉和最新发展，特别是这类采访和书稿所透露出的鲜为人知的事件和内幕更应是国际新闻报道所应涉足的范畴。其二，这类出访者大多是各国新闻界从事国际新闻报道的实际工作者或理论研究者，其中许多人曾担任过驻外记者，他们在国外的活动理应视为国际新闻记者活动的范畴，更不要说其中有许多人本来就是以记者身份对外开展交往和活动的。

访问记者由于"不管"日常动态新闻报道，因而日程安排和采访节奏较之其他形式的记者轻松闲逸。特别是对一些以促进双边交流为目的而组团出访某国的记者和那些年事较高、以著书立说为目的的访问学者来说，有关方面不仅会提供多种便利，而且在日程安排上更会考虑宽松和舒适一些。访问记者的各种活动安排是调查和采访的机遇，他们必须富于使命感和责任心，在各种场合下娴熟和精湛地运用采访技巧，尽可能多地获取鲜为人知的信息，了解情况，解决疑问。访问记者特别应注重这样几点技巧和方法：

①多方接独，广泛交际，善于运用各种人际关系，畅通联络渠道，便利拜会和采访。既要充分利用官方或计划安排的契机，抓紧拜会、访谈和参观，又要临时把握机会，根据自己的目的和要求变更或增加采访计划。这对那些以著书立说为目的的访问学者来说尤为重要和必需。不管他们是否有人接待，他们都必需为解决著书立说所需素材中的疑难之点而追根求源，四处奔走，多方接洽。

②讲究访谈艺术，陶冶访谈氛围。记者不见得都要能言善谈，谈起来都能头头是道，但他们都应善于启迪各种心态，使被采访者消除戒心和疑虑，尽可能多地透露真情，表达实感。访问记者还应学会反客为主，变被动为主动，引导不善言谈的被采访者畅所欲言，引导滔滔不绝的被采访者"言归正传"。

③注重细节调查和情景留意。一方面记者要敏于捕捉"镜头"，留意观察现场，即情即景，于细微末节处见精神，见意义；另一方面，记者要敏于追根究底，不放过细节提问，并作好详细记录。只有通过自己的细心洞察和过细询问，访问记者才能尽可能多地获得写作素材，为以后的撰稿带来便利。

第七章
编　辑

　　国际新闻编辑包括两层意思：一是指对前方驻外记者来稿或其他国际新闻报道作品进行整理加工；一是指从事国际新闻编辑工作的专门人员。一个是专业工种，一个是人员职称。作为工种，国际新闻编辑工作是国际新闻报道的定稿程序，对各类报道体裁和文稿起取舍、校订、改编、把关和完稿播发作用；就编辑人员而言，国际新闻编辑既是国际新闻稿件的修正者和定稿者，又是国际新闻报道的设计师和指挥员。他们还要就国际新闻时事亲自撰稿，发表综述、评析性文章等，以丰富国际新闻的整体报道。

第一节　职责范畴

　　新闻编辑，最概括的一种解释是：为出版、播报准备稿件。新闻编辑业务是各媒体新闻编辑部最主要的一种日常工作。无论是通讯社还是报刊、广播电台或电视台，他们大都设立总编辑室，然后再下设国内新闻编辑部（室）和国际新闻编辑部（室）等专门编辑分支机构，根据各自的特点和工作性质，日常处理稿件，安排和敲定报道内容，最终为各单位每天的新闻报道划上句号。

一　国际新闻编辑的职责范畴

　　具体而言，国际新闻编辑业务的工作范畴和专业功能主要包括这样几方面：

　　1、根据本编辑部报道方针和编辑思想选择和确定日常报道内容。其中，制定阶段性具体报道计划和审核当日稿件是最主要的两大中心环节。

制定阶段性具体报道计划不仅是总编室或编辑部的事，各编辑处室等职能分支部门也必须对各自的报道作出阶段性考虑和安排，尤其应对国际热点地区的新闻报道制订计划。什么是本媒体或本部门、本处室的报道重点，怎样选题和安排前后方报道人力，如何提前约稿等等，编辑部上下都应提前议决并参照执行。

审核当日稿件目的在于把关定向，确保稿件质量，使稿件符合报道方针和原则。无论是前方记者发回的稿件还是编辑部内部撰写的国际时事文稿，无论是动态消息还是评析性文章，稿件在签发前都必须经值班编辑层层核定。稿件符合不符合报道方针和原则，是否具有报道价值和积极意义，哪些是重点新闻应优先报道，哪些是"凑数文章"应"枪毙"不报……这些问题和编辑事务都应是编辑人员日常考虑和实际操作的工作程序。"一读"的普通编辑必须首先实施这一程序。"二读""三读"的编辑"带班人"或"发稿人"以及值班编委也都应如此，层层把关，层层负责，既堵塞"漏洞"，避免出错，又精益求精，提高稿件质量和报道效果。

审核稿件毕竟不同于编稿，更需要从报道方针和原则的角度来对稿件作更高层次的过细研究和推敲。稿件报道的新闻事实越重大，社会影响和波及面越广泛，审核就越应审慎细密。

制定报道计划也好，审核稿件也好，都是实际编辑操作的前提和指南，是对报道方针和原则的深刻理解和具体体现，其重要性不仅在于计划性和指导性，而且更重要的在于它的决策性。20世纪80年代末90年代初，社会主义制度相继在原苏联和一些东欧国家被颠覆，国际共产主义运动在一定程度上受挫。新华社作为社会主义世界性通讯社，根据社会主义新闻报道原则和方针及时制定了较周密的报道计划，注意对每一事件的报道严格把关定向，从而使报道既客观公正又积极全面，没有跟着西方一些新闻媒介不负责任地报道基调转，既不隐瞒和回避事实真相，又不搞谩骂恐吓，特别注重在报道事实真相的同时，指出问题的实质和全部，振奋人们追求美好未来的精神，因而取得了良好的报道效果和影响。不仅中国人民透过报道明晰了国际共运的形势和真相，而且世界主流舆论也普遍信服我们的新闻报道。

2、加工和处理日常报道文稿。这是最日常、最基本、最重要的一项编辑业务。一个新闻媒体，其编辑部只有下功夫编好稿件，才能使报道富有用户和读者，从而提高本新闻单位和编辑部的声誉和效益。不管是通讯社还是报社或是广播电视编辑部，他们都必须集中主要精力"抓稿子"（含音像带和摄影图片等），以保证国际新闻报道的时效和质量。尽管他们因各自的报道特点的需要而对选题和稿件处理形式等编辑技巧和方式各有侧重，不尽相同，但作为工作程序而言，处理稿件对他们都必不可少。稿件是各新闻媒介赖以运转的基础，是他们对外宣传报道的基本手段和必备前提。以文字报道为主要特征的通讯社和报刊编辑部如此，以口播和电视画面报道为主要特征的广播电视单位也应是如此。稿件是文字，但并非只服务于文字一种报道形式，编稿和处理稿件都是各新闻媒体编辑部的一项主要工作程序。

二　编辑的主要工作程序

编辑日常处理的稿件主要来自前方记者，也有少部分出自编辑部内部撰稿或通过外界投稿而获得。但不管稿件来自何处，他们都必须经过编辑程序而加以筛选、修改加工和定稿。这是稿件编辑程序中的三个基本步骤。

1、筛选。这实际也是一项新闻选择程序。新闻选择是对所有记者和编辑新闻理论和专业素质及水平的检测。所不同的是，记者选择新闻主要应敏于观察周围环境和事物，目的主要在于将观察结果诉诸文字，起一个"报告者"的作用。至于稿件结果如何处理，能否被采用或怎样被采用虽然也有主观考虑因素和建议权，但决定权则不属于自己。而编辑则同记者相反，其新闻选择则主要起"审判者"的作用，主要依据记者来稿进行观察和选择，既要敏于洞察重点动态，还要敏于洞察问题的实质及文稿的文法和修辞。在此基础上对来稿作出"公正的判决"：或"无罪放行"，播发报道；或扣留"枪毙"，弃之不报。前者需要对稿件酌情"动手术"，经加工修改后播发。

编辑程序中的稿件筛选应注重考虑这样几个因素：①时效；②新闻事实的重要性；③政治和外交影响；④社会效果；⑤文理通畅与否。这几方面尤以前两点为重点考虑因素。不过，最难把握的因素恐怕还是③④两点。各编辑部必须注重对编辑人员的政治思想教育，加强编辑人员的政治素质和理论修养。这既是一个政治要求问题，也是一个编辑人员筛选稿件所必需的专业技巧问题。只有不断加强学习，锤炼思想，编辑人员才能在复杂多变的国际风云面前把握方向，自如而敏锐地"驾驭"稿件。

2、修改加工（即编稿）。这是编辑稿件的实际操作过程，一个与筛选紧密相连的编辑步骤。如果说筛选是处理稿件的第一程序，主要为编辑人员思想意识活动的话，那么修改加工则是筛选的连贯程序，是编辑人处理稿件必需的实质性程序。就稿件从接收到定稿这一整套技术处理的角度来说，编稿（修改加工）可谓是"编辑"的同义词，没有"编稿"便没有编辑。通过"编稿"，编辑人才能具体完成稿件筛选工作，才能把编辑程序落到实处。风格是每一篇新闻稿件所表现出来的特色，编辑在加工修改稿件时应设法保留稿件的写作风格，否则，不仅是对记者的不尊重，而且往往还会造成新闻的单调无味。所谓"百花齐放"，就是对包括新闻稿件在内的所有文字作品写作风格的提倡。

编稿或修改加工稿件不单纯是一个技术手段，它也是一个体现编辑人思想素质和理论文字修养的专业水平问题。作为编辑程序中最关键的一个步骤，"编稿"应着重把握以下几点：①注重导语写作，把最重要、最精彩、最吸引人的部分放在导语段中，并在导语中以最新时效取代较慢时效，以最重大新闻事实取代一般意义的新闻事实，以重点突出取代杂乱无序。②力求要素齐全，全文贯通。变散乱不整为层次分明，变含混不清为一目了然，变啰嗦冗长为简明扼要。同时，何时、何地、何人、何事、何因五要素必须基本具备，使题意和内容表达完整。③讲究文法修辞。删节不必要的段落或语句，保持文章的紧凑结构和通畅，改正语病和错别字，尽可能地运用优美字句来取代平庸之辞。④注意核查事实和专门名称术语，纠正一切不规范、不统一的人名、地名、职衔、专业术语和非习惯性用语等。

编辑人在编稿过程中必须立足稿件，放眼全球，即下笔深沉又果决果断。作为稿件的第一读者，他们一般应完成这样几个编稿程序：

一阅。编辑人拿到稿件后一般首先必须将其通览一遍，以便总体把握稿件全文结构，确定标题导语，构划全文框架，并审核新闻事实，纠正错误。当然，这里所说的阅览是从程序角度而言，并不表示此后不必再阅。实际上，整个编稿过程编辑人必须一读再读，反复琢磨字句。

二译。译，指对不同文字的来稿进行不同文字的翻译。不是所有国际新闻编辑部都需要进行文字翻译工作，但由于国际新闻的消息来源主要依赖前方记者从不同文字国度发回的报道，其"最终成果"又需传播到使用不同文字的世界其他各国，所以国际新闻编辑过程中的文字翻译工作对拥有对外接收和发布消息职能的新闻机构来说必不可少。这些新闻机构主要是指那些世界性通讯社、大报大刊和一些国家的官方电台和电视台等。其中通讯社作为一种主要的新闻接收和发布媒体，对报道文稿的文字翻译尤为必需，特别是在那些国语为非英语、法语或其他主要国际通用语的国家中，那些负有对外接收和发布新闻任务的编辑部更应重视国际新闻报道的文字翻译工作。

在中国，新华通讯社既是国家通讯社，又是已具一定实力和影响的世界性通讯社。作为消息总汇，它担负全国的国际新闻接收和发布工作，每天通过 40 多条线路，接收和处理世界各地的新闻约 200 万字。新华社分社及其驻外记者遍布世界五大洲的 100 个左右国家和地区。除面向国内和海外华侨群体进行中文报道外，新华社每天还分别用英、法、西、阿和俄等多种文字向不同地区国家的用户和受众供稿，每天向国外播发新闻约 6 万字。此外，新华社还根据相关合同抄收路透、美联、合众和法新四大通讯社等外电，以完善和补充本社报道。这方面也有大量的文字翻译工作要做。总之，文字翻译工作是新华社国际新闻编辑部和新闻对外机构的主要一项日常工作，不仅阵容强大，且分工精细，新闻文译范畴广泛且全面，涉及五洲事务，囊括时政、经济、科技、文化、体育和社会趣闻等全部报道天地。

除新华社外，中央电视台、国际广播电台、中国日报、北京周报和人民日报等其他中国新闻媒体也都拥有各自的编译班子和队伍。

我们这里所说的"译"并非单纯的直译。就新闻报道的文字翻译来说，各新闻编辑部主要采用编译合一的方式，译中有编，编中有译，根据新闻报道的原则和要求，在对来稿修改、删节和增补的基础上进行文字翻译。主要包括两方面工作：将来稿中的外文译成本国文字面向本国读者和新闻受众；根据母语来稿译编成外文面向其他国家的新闻受众和用户。不管是哪一种形式，翻译都是编译程序的一部分。一般而言，这种翻译都应称为编译，不管是通讯社，还是大报大刊，或是电台电视台，各编辑部的文字翻译工作大体都应如此。

三核。核，即校对和查核。这是编稿实际操作全过程都必须贯彻始终的一项工作。实际上，"阅"和"译"过程也包含有"核"的成分。但就工作程序来说，我们这里所说的"核"既是为方便阐释和研究编稿实际操作程序而使用的一个术语或措辞，也是修改加工稿件必不可少又不同于"阅""译"的实际操作步骤。这一步骤比"阅""译"程序更注重校对和查核，是编稿实际操作的最后一道工序。通过这一步骤，稿件得以定稿，如无特殊情况，稿件便可签发传送"上天"。某些重头稿件还需多层次审核定稿，并非一次编辑程序性核校便能完成。

作为编辑程序中的一个实际操作步骤，我们编辑人该如何进行校对和核查呢？有这样几件"活儿"必须干好：①总体审视全文，使之符合报道原则和方针，不犯"政治错误"；②对标题、导语及全文内容结构作深层次思考，一旦发现欠妥或有误，立即改换，或对内容结构"动手术"调整，使标题、导语和各段内容结构呈"最佳状态"；③核定专名、地名、人名或专有术语，使文句符合固定或习惯用语；④纠正文理不通和错别字，保障稿件文句的通顺流畅。当然，还会有其他一些"细活儿"，但不管什么"活儿"，校核程序都必须由责任编辑一人或值班编辑集体来完成。如查资料、核名称需要责任编辑自己去干，而一些政策性强且又一时拿不准的问题则需要大家集思广益。

3、**定稿**。这一方面指普通编辑人将稿件"出手"，另一方面指发稿人将稿件签发。对普通编辑人来说，"定稿"是处理和加工稿件的最后程序，是核定稿件的必然结果。必须注意两点：一是自我定稿，二是誊清。所谓"自我定稿"，就是指要以成品稿的标准来衡定自己处理的每一篇稿件，必须在稿件出手前至少再"读"一遍，仔细推敲和审核，杜绝错误，把好自己的最后一关，在此基础上再送交发稿人最后签发。所谓誊清，就是说"出手"稿件必须稿面清洁，书写规范，改动处字迹清晰不费解，其目的在于方便稿件签发和排字印刷工作，为争取时效抢发新闻创造前提条件。目前世界通信出版技术已普及到新闻单位，编辑、审稿人员只需操动键盘便能"书写"和删改自如，稿面清洁问题似已不成问题。但即便如此，电脑荧屏内的稿面整洁也需注意保持，丢字、掉行、重字、段落不整等谬误稍不仔细便会发生，所以仍需编辑人、发稿人最后校核把关，使稿件成为无错成品"出手"。

尽管我们要求稿件"出手"是成品"定稿"，但最终定稿却仍需发稿人把关和签发。这既是程序也是必需，发稿人在拥有对稿件"生杀大权"的同时，也担负着自己的职责。

上述稿件处理程序中修改加工（即阅、译、核）是关键和核心。他们虽同筛选和定稿程序相互关联，环环相扣，但稿件质量和报道成效的决定因素还是编稿实际操作程序中阅、译、核三要素，其中尤以编译为最重要的一环。各编辑部门应特别重视这方面的工作水准和业务要求，以促进国际新闻报道的优质生产。

4、**组稿**。这是编辑业务中又一重要组成部分。各新闻编辑部日常工作之一就是组稿，尤其是那些自己没有驻外记者、主要依赖外单位供稿的新闻单位，更需要四出活动，寻求消息来源，组织稿源。

组稿的目的在于寻求消息来源，丰富报道内容，扩大报道范畴，满足受众和宣传需求。就组稿形式而言，主要有这样三种：指令性组稿、去外单位觅稿、组织内部个人撰稿。

指令性组稿主要是指编辑部对本单位驻外记者日常和阶段性报道的指挥和协调，既可以笼而统之地就阶段性或战役性报道组织撰稿，作出原则安排；也可以就某些时效性强的新闻事实的具体撰稿提出指令性参考意见，包括对一文一稿写作框架的具体指导和细节考虑等。

外单位觅稿，是指编辑部派员前往或发函给消息来源较多的兄弟新闻单位寻求供稿和合作。通讯社是"消息总汇"，报刊电台或电视台大多主要依赖通讯社提供新闻信息。在中国，新华通讯社记者遍布世界各个角落，消息来源最为广泛，消息最为灵通，因而也是全国各报刊、电台、电视台等新闻媒介的最主要供稿者。许多兄弟新闻单位经常派员或发函同新华社联系供稿事宜，就战役性或专栏性报道组织稿源。

各新闻编辑部的另一个重要稿源是组织内部撰稿。特别对那些规模较大的国际新闻编辑部来说，组织个人撰稿不仅是丰富新闻报道的必需，而且他们也有这个力量和条件。规模较大的编辑部的编辑力量一般都较雄厚，其中许多人曾被派驻国外任记者，对分管国家或地区的方方面面有一定的研究和了解，有些人可谓是某一领域的专家。这类编辑部有的能直接抄收外电，拥有外报外刊，因而信息灵通，参考资料多。在内部组稿不仅往往可解"燃眉之急"，而且撰稿的质量和权威性一般毋庸置疑。

编辑部内部组织个人撰稿主要在于满足两方面需求：加强本编辑部报道和为其他新闻单位提供时事或副刊专稿服务。前者的撰稿体裁主要为综述、新闻分析、述评、人物介绍或资料等，目的在于提高报道质量；后者的撰稿体裁则丰富多彩，除刚才提及的这类体裁外，专稿服务更注重特写、通讯、新闻内幕、花絮、趣闻、札记、随笔等体裁形式，更讲究趣味、人情和特色，目的不仅在于要使新闻受众对某一国际时事有深刻了解，而且还应考虑和满足受众对文艺和情趣的精神追求。因此，就个人撰稿的组织者来说，他们不仅需谙熟编辑业务，比较了解和把握各种新闻体裁的写作技巧，而且还应了解用户需求，善于组织作者，以便"对症下药"，争取圆满服务。他们不仅是组稿者，而且也是撰稿者。

5、**撰稿**。对各新闻编辑部来说，译编稿件是一回事，编辑自己动手撰写时政文章又是一回事。译编稿件主要是对记者来稿或其他来稿的处理和加工，而编辑自己撰稿则主要依据外电、外报、外刊及前方分社来稿等已有材料和素材进行综合调研写就。这类文稿大都是非动态消息性的调研成果，多为综合和评析性文章，显示编辑人员和本编辑部对某些重大国际时政的观点和态度，因而大多具有明显的观点倾向性。综述、新闻分析、述评、评论、随笔、札记、编辑部文章等写作形式是常见应用的撰稿体裁，其中尤以综述和新闻分析最为多见。

驻外分社记者与编辑部编辑人员之间在各种新闻体裁的写作上实际还是存在差异的。由于前方分社记者注重动态消息的报道，加之受时效、资料和多方信息的局限，因而文稿的调研深度和广度、对问题的透彻理解和剖析以及对观点的独到见解，在某种程度上往往没有编辑的撰稿鲜明、深入和入木三分。编辑撰稿掌握的信息和素材多而广，因而可以集思广益，明晰报道方针和政策，写出的稿件自然比单一分社记者的来稿往往更具深度和力度。其实对撰稿质量的优劣高低起决定因素的还是编辑与记者的主观能力。

撰稿作为编辑业务不可缺少的重要组成部分，编辑人员应该具体注重这样几个撰稿要素：

首先，必须特别注重日常调研。编辑人员的撰稿主要是对分社和外来稿件的补充，是他们在加工和处理前方来稿过程中的"副产品"。编辑部本身内部撰稿就数量而言不会很多，编辑们的主要精力在于编稿。但当重大突发事件发生后，前方记者来稿和其他外来稿不足以满足报道和受众需求时；当其他各新闻媒体急需某方面问题专家提供专稿，以满足国际副刊或专栏的版面需求时；当编辑部需要表明和阐述本媒体对某一国际时事的观点和态度时；当编辑人员就国际时政的某一方面经过较深入调研后受到新的启发、产生新的观感，认为有必要公之于众以飨受众时；当编辑部为某一重要国际时政报道需要配合背景资料时……编辑部只有依靠内部力量，运用大家平时的调研成果撰稿，以弥补不足，满足需求。

这种"补充"实际也是对编辑部总体报道的加强和丰富，因而切不可等闲视之。我们不能因为是"副产品"就放松对稿件质量的要求，更不可搞"凑数"文章，而应强调编辑扎扎实实的调研工作，鼓励大家在调研基础上多撰稿，撰好稿，写出针对时事、观点鲜明、见解独到的好文章。调研是编辑撰好稿件的关键，这并非是一句空话，而需编辑人员持之以恒、孜孜探索，下一番苦功夫钻研才行。

编辑人员撰稿前可注重这样一些调研方法：看得多、站得高、想特点、抓重点。所谓"看得多"，就是要广泛地阅览研究各方面消息来源、各方面报道、各种见解的文章，公开报道、内部信息都要涉猎，以总体把握形势，启迪自己的思路；所谓"站得高"，指的是编辑人员调研时应用自己的眼光去看待和分析问题，不盲目跟着西方观点跑，不为低级庸俗或平淡无味的观点所左右。此外，编辑人员由于接触全面，思考问题时还要超脱凡俗，总体把握；所谓"想特点"，实际是一个思想方法问题。看那么多材料，千头万绪应从何下笔撰稿？哪些是本质特征？编辑人员必须一边阅看材料一边思考诸如此类的问题；所谓"抓重点"，则指的是工作方法，它与"想特点"紧密相关。调研往往是一项"大海捞针"式的工作，编辑人员应重点对待那些自己认为是具有本质特征的素材，或将他们剪贴下来，或将他们分类搁置，从而使自己撰稿时便能信手拈来。

其次，撰稿应"两条腿走路"，即编委命题和编辑个人选题相结合。为了加强和配合某一战役性报道，或弥补某一方面报道的不足，各新闻单位编委会往往定出若干题目，指派专人撰稿。这实际也是指令性撰稿的一部分，体裁多为编辑部文章、评论员文章、评论、短评、述评等；另外一种撰稿则由编辑人员自觉进行，主要体现的是编辑个人的撰稿积极性。这类稿件基本上是编辑人员调研过程中素材积累和消化的成果，体裁多为综述、新闻分析、札记、随笔等。

编委命题也好，个人自觉选题也罢，他们对完善国际新闻报道必不可少。作为编辑业务不可缺少的组成部分，他们理应受到支持和鼓励。不过，在他们两者之间存在一个相互协调问题。一方面需要对选题进行协调，以免选题重复和撞车，造成不必要的人力和精力浪费；另一方面需要就报道思想和原则进行协调，不能各吹各的号、各弹各的调。这方面，个人撰稿更应注意研究报道思想，克服主观片面性。

第三，实践是不断提高撰稿质量的必由之路。俗话说："说一千，道一万，不如亲自动手干。"同记者和其他任何文字作者一样，编辑不仅应具有写作热情、写作意识，谙熟专门体裁写作理论和知识，而且更要注重"写"这一实践活动。它既是圆满完成任务、撰稿得以最终落实的体现，也是不断提高撰稿能力和质量的需要。你把专业写作理论说得天花乱坠，你说你能写但你不写，拿不出像样的文稿也是白搭。而只有勇于实践，善于将专业写作知识"落实"到不断公之于众的文稿中，理论和才华才有根基。只有多写多实践，才能不断进取，不断升华，越写越熟，越写越精。

就编辑程序中的撰稿而言，还是有独特之处的。主要表现在：①以调研为基础，因而一般在时效要求方面较之动态消息性报道要慢；②作为译编活动的"副业"，其数量有限，编辑部人员在同一阶段无需人人"上阵"，而通常由某一主管或责任编辑执笔撰稿；③撰稿形式主要为评析性文章；④掌握素材多、消息来源广、信息量大等等。编辑人员撰稿下笔时应把握这样一些技巧：a、注重观点的鲜明和独到，同时应讲究分寸，避免违背报道思想和原则。b、选择新鲜生动的素材，尽可能避免时效迟滞，同时不"鹦鹉学舌"，跟着外电和俗套跑。c、写作体裁可活泼多样，既要有"正经八百"的述评、评论、短评之类，也应有新闻分析、新闻内幕、时事点评、随笔、札记、署名文章之类，不拘泥于形式结构，而应注重内容的新奇和独特。d、讲求"真""实"二字。所谓"真"，不仅是指使用的素材要真实，不弄虚作假，而且更重要的是指观点和见解的真实可信、客观公允，即通过"事实"说话并支撑和反映出观点和见解；所谓"实"，既是指文章所引用的素材要真实可信，又是指每一观点和见解的表达需有实质性素材来支撑和衬托，一般不由作者自己抒发感慨。显然，这两者实际是一回事，相辅相成，核心是恰如其分地选择和使用素材，由真实素材来表达可信观点和见解，充实内容。e、顺便提一句，撰稿不要怕修改，而应边写边改，反复修改，字斟句酌，仔细推敲。由于编辑程序中的撰稿在时效上相对要求松缓些，所以作者更应注意文稿写作的精益求精，必要时可多方征求修改意见。

第四，编辑程序中的撰稿既是"写"又是"编"。这种撰稿比记者撰稿较多地是从报刊版面或电视、电台专题节目的角度去把握全文、取舍素材。文章的长短、结构、词汇使用，甚至标题或副题的确立都应为报刊版面或广播电视专题节目着想，使文章成为定稿，一般不需用户编辑部再作大的修改加工。编辑人员撰稿时更应具备用户编辑部的编辑意识，以成品标准来严格要求和把握自己的笔端。

6、组织指挥。各新闻编辑部日常需要花很大一部分精力用于组织指挥，根据报道热点协调和组织前方记者的采访和撰稿。特别是对那些涉牵多个分社的战役性报道，编辑部更是责无旁贷，需预先就报道方针和计划实施提出指导性意见，并加强对相关分社的横向和纵向指挥、联络和协调，使之既各负其责又相互配合，同心协力搞好报道。编辑部指挥驻外分社和记者主要事务包括：传达报道思想、组织分社记者撰稿、督促和检查分社对报道任务的落实情况、协调区域性和战役性报道和管理分社，包括了解并关心记者及前方分社其他工作人员的思想和生活情况，设法为他们排忧解难。这些事务当中，核心是指挥、督促和检查分社新闻报道工作，一切"指挥"措施和办法都应环绕这一中心运转。

如下几种措施和手段对编辑部发挥"指挥"功能行之有效：

①通过直拨电话、文传、电子邮件等现代化通信工具"发号施令"，既能及时通报分社来稿采用情况，核实报道事实，又能及时反馈信息，向分社通报有关国际形势，发出分社必须立即着手采写某一方面稿件的指令。这类通信联络方式简便快捷，最为常见，适合对讲究快速时效的日常新闻报道的"指挥"。

②编辑部主管单位定期或不定期地给驻外分社和记者写业务信，对分社报道进行综合评价或专项讲评，肯定成绩，批评不足，提出具体改进意见，以利分社总结经验教训，促进报道工作的不断完善。

③建立分社业务档案式考核制度，由有关管理部门定期统计分社工作人员的业务实绩。月发稿数、采用数、自采率、好稿数一一记录在案，目的在于奖勤罚懒，促进记者的责任心，调动他们的积极性，使他们不断进取，工作不断迈上新台阶。

④由编辑部派出专门小组前往有关分社实地考察，一方面听取分社驻在国新闻界和用户意见，另一方面实地了解分社工作和生活情况及困难，或就专门问题进行调查，协同分社一起解决问题。这种办法通常只有在分社业务和管理方面存在典型性特征或在分社内部遭遇突发性重大事件的情况下才会派员前往考察，更多的情况下则由本新闻单位领导人组团出访时顺便进行。

⑤召开专门会议研究国际新闻报道，或将驻外分社记者召回国内开会，或派人赴国外划片开会，把同一类型或同一地区的记者召集起来就近商讨报道问题。这类会议的主要议题无非是国际形势及报道总体战略务虚、研究并落实阶段性报道计划、情况交流、分社建设、人事安排或调整等，目的在于交流思想、统一认识，使记者明确目标，鼓足干劲，开拓前进。

⑥个别座谈，听取汇报。这往往是在记者赴任前后或回国休假时组织进行，由编辑部主管单位和某一分社记者本人直接面谈，内容主要就该分社的报道工作进行具体汇报和协调。主管单位在听取记者的汇报或意见后应作出明确的要求和指令，并尽可能地帮助记者和分社解决一些实际问题。

作为编辑业务之一，指挥分社不只是行政"命令"，而且更重要的还在于协调，在要求分社贯彻执行总体报道思想和原则的同时，更应考虑各分社及驻在国和地区的不同特点，切忌简单粗暴和主观武断，搞"一刀切"。各主管单位对分社报道"发号施令"，应在认真管理监督和调查研究的基础上针对具体问题提出具体意见，尽可能地作过细工作。

7、调研。作为编辑业务的调研，有其独特性。

对于所有新闻从业人员来说，日常调研都必不可少，但编辑业务的调研与驻外记者的前方调研并不一样。这主要表现在：①驻外记者采访调研主要目的在于方便报道，而编辑业务调研的目的不仅在于方便工作，而且还在于充实知识、扩展思路，以便及时作文章，完善整体报道。同时，正确"决策"，及时指导"前方"报道。②驻外记者的调研范围主要为驻在国，而编辑业务调研涉及范围广泛。即便编辑的日常调研不只限于主管国家和地区，也要关注相关政策、报道方针、"前方"来稿、新闻落地和受众需求等等。③驻外记者的调研手段相对简单，主要方法为剪贴报刊、积累素材，而编辑业务的调研方法则有多种渠道，除剪贴和积累素材外，还可查阅图书资料、咨询有关部门、座谈务虚、指令前方记者采访等等。仅就剪贴而言，各类报刊和文字材料也是五花八门，涉足方方面面。这是前方记者调研难以拥有的便利条件。④驻外记者调研主要是个人业余行为，而编辑业务调研虽然也需要和提倡编辑的积极参与，但各编辑部一般都设有专门的资料室，有专人负责调研，搜集和整理各种不同信息资料。

编辑业务调研不同于驻外记者调研，但对促进和完善国际新闻报道来说，他们都是同样有益的，不管是专职调研人员还是编辑都不可轻视调研工作。调研不仅能方便工作，提高报道质量，而且对编辑自己来说也是一个"课堂"，能从中学到许多知识，是一个极好的学习机会，无论是在业务方面还是在思想上都会获得一定的提高。

如何做好调研工作呢？关键是五个字：勤、细、广、恒、用。勤，即不偷懒。发现可以作资料保存使用的一切素材，应不失时机地剪贴整理；细，即细心留意。有意识地搜集材料，妥善分类，使之方便查阅和使用；广，即广泛涉猎，积累的资料素材宁"滥"勿缺，保不准哪一天撰稿时会用得着；恒，即持之以恒，常抓不懈；用，即使用，尽可能地使调研变为"成果"，不致造成"无效劳动"。只有多用，才能真正使调研发挥效益，也才能进一步促进调研工作本身。

作为一个编辑部调研工作的中坚，资料室专职调研意义重大。编辑人员的日常调研不受约束，少有硬指标，因而往往"急功近利"，调研主要围绕自己编稿和撰稿需求转，"三天打鱼，两天晒网"便不足为奇。而资料人员调研则专职专责，虽各有分工，主管的调研任务却有定额，必须完成。舍此，编辑部的调研便可能"一盘散沙"，编辑工作就难以保障顺利进行。尤其是在遇到背景不清和资料不详等疑难问题、时间又不允许耽搁的情况下，编辑们更需要依据现成资料脱稿。对一个编辑部来说，专职调研工作不容忽视，它是整个编辑部调研工作的"龙头"，带动所有编辑人员积极参与，以保障日常编辑业务的正常运转。无论是专职调研还是编辑人员的"业余"调研，他们对保障编辑业务的顺利进行功不可没，绝对不是"可有可无"。

第二节　业务分类

一　国际新闻编辑的共性

就新闻编辑工作而言，虽然也是"准备稿件"，但却非直接用于出版考虑，而是首先作为信息，服务于新闻受众，即读者、听众和观众等。国际新闻编辑的类别多种多样，主要可分为通讯社编辑、报刊编辑、摄影编辑、广播编辑和电视编辑等。他们既有共性，又各有特点。

共同之处主要表现在如下几方面：

其一，编辑方法和技巧均应循新闻规律办事。通讯社也好，报刊、广播电视也好，他们的国际新闻编辑业务的具体操作都必须注重这样几点：时效、新闻客体的重要性、"倒金字塔"报道模式、要素齐全、修辞严谨简练等。

首先来看时效，它是各种新闻媒体赖以运作和发展的最重要一环。一条消息，谁抢先报道出去，谁就能赢得广大用户和受众；谁抢发的消息多，谁的"知名度"和影响就大；谁的影响大，谁就会取得好的经济效益和社会影响，从而在日趋激烈的世界新闻市场竞争中占据有利地位。时效是贯穿整个新闻报道运作程序始终的一个问题，需要前方记者采访和后方编辑以及传输技术诸方面的通力合作。但就"后方"编辑工作而言，由于是新闻报道的最后把关和定稿程序，因而对抢发每一条消息的时效性便格外重要。

无论哪一种新闻媒体，其新闻选择的首要考虑标准便是新闻客体或新闻事实的"重要性"。客体越重要，它就越应为各类新闻媒体首先编发，不敢贻误报道，更不敢漏报。不过，对编辑人员来说，确定新闻事实的"重要性"并不像争取时效那样明确，需要他们具备较高水准的新闻敏感和专业素养，因为"重要性"是个十分活泛的字眼，不同专业素养水准的人对"重要性"的认识和选择也不尽相同。新闻媒体都应把新闻事实的"重要性"作为编辑业务特别优先考虑的要素。

"倒金字塔"模式不光是记者的写作模式，而且也应是新闻编辑部的编辑模式。这对通讯社、报刊和广播电视等各类传媒编辑部都是统一的，各类传媒编辑部也都是在这样实践的。"倒金字塔"编辑模式对通讯社来说意味着方便广大传媒用户删节采用，对报刊和广播电视来说则不仅能方便受众对新闻重点的了解，而且也是他们自身版面和节目编排的需要。

"要素齐全"是一个写作和编辑双重要求的报道技术要点，适用于不同类别的新闻媒体。这既是一个报道质量问题，也是一个编辑技巧问题。一篇新闻稿件，只有"何时、何地、何人、何事、何因"等要素齐全，受众才能整体明晰稿件的全部报道内容，了解被报道新闻客体发生的时间、地点、人物及来龙去脉等。如果稿件"缺胳膊少腿"，广大读者、听众或观众便会产生种种疑问和困惑，进而影响本编辑部的报道质量和声誉。除"何时、何地、何人、何事、何因"等要素外，齐全的新闻要素还应包括与被报道客体相关的背景材料等。

"修辞严谨简练"是国际新闻编辑业务必需的文字功底。不管是通讯社还是报社、电台或电视台，不同类别的新闻媒介都必须注重本编辑部所编发稿件的文字水平，使之逻辑性强，条理清晰，语句通顺，文字修辞规范，读起来一目了然，顺顺畅畅，似行云飘逸，如流水潺潺。

就新闻媒体编辑业务的共同点而言，应成为各类不同新闻媒介共同关注、研究和实践的要点。

其二，指导思想应坚持正确的舆论导向，引导世界舆论积极向上、健康发展。不同类别的新闻媒体在其国际新闻报道中应主张正义、和平、团结合作、进步、发展，特别应反映广大第三世界国家维护主权及在经济改革和向贫困开战过程中不断取得的成就；谴责霸权主义、强权政治、侵略颠覆、干涉别国内政、种族歧视和恐怖犯罪等行径；反对武力解决争端、分裂、倒退、落后、黄色下流和腐朽颓废。各新闻编辑部只有在这样的思想原则指导下，才能使自己编发的稿件符合世界最广大人民的根本利益，反映最广泛新闻受众的心声，顺应历史发展的潮流，推动世界向文明、进步和发展的高峰不断迈进。

各新闻编辑部应如何在编辑操作程序中把握舆论导向呢？这是个把关定向问题，需要从普通编辑到编委发稿人以及总编辑等方方面面多层次协同努力。包括普通编辑在内，大家都首先必须明晰报道原则和指导思想，从而在选稿、编辑加工、审校、定稿和签发这"一条龙"编辑全过程中把关定向。具体应注意这样几点：①新闻客体的选择是否符合报道思想。如不符，此类稿件要么被"枪毙"，要么改头换面动"大手术"；②稿件中是否有不符合报道思想和原则的段落，如有必须删节；③新闻客体或稿件段落中是否潜含诱发不良后果或误导群众的可能性。如存在误导因素，必须扣住稿件不发或删节有关段落字句。还有一种情况，即考虑到某一新闻客体有可能诱发不良后果和误导受众，那么应淡化对此新闻客体的连续报道，从报道量上加以限制。④字句使用是否得当，会不会引起新闻受众的错误理解。如果字、词或句子使用不当，必须立即改正，换成贴切的字眼。这对那些从外文译编过来的稿件更有针对性。以上几点是就稿件把关而言，实际上新闻从业人员的思想把关应该是先导，各类新闻媒体都应该利用专门培训、讲座、开会、讨论等各种时机对记者、编辑人员进行舆论导向方面的宣传教育，使大家把抓舆论导向问题作为自己规范新闻报道的自觉行动，不仅思想上重视，而且知道应如何把关定向。

其三，服务用户，联络受众。不同新闻媒体都视订户、用户和受众为"上帝"，这既是国际新闻市场竞争日趋激烈、新闻营销手段需要不断强化使然，也是各新闻单位保障报道质量必不可少的一项编辑业务。

通讯社作为消息总汇，其订户和用户众多，除其自身之外的其他新闻单位都可能成为它的订户或用户。为争取尽可能多的订户或用户，通讯社尤其重视各自编发稿件的被采用率。对于美联社、路透社、法新社和新华社这类世界性通讯社来说，他们的订户和用户不仅多，而且是世界范围的。越是世界性通讯社，竞争就越激烈。为了在世界新闻市场上扩大领地，他们必须强化采访和报道时效，多出独家新闻，从而提高本新闻单位在国际上的声誉，不断扩展自己的新闻用户。

就报刊来说，他们的订户多少主要表现为发行量的大小，因而特别重视读者口味。为增加发行量，报刊必须在精编稿件的同时，加强与读者群的联络，了解订户和读者对本报刊新闻报道的意见，征询他们的建议。另一方面，报刊还可以向订户和读者介绍自己、宣传自己、推销自己。就《华尔街日报》《华盛顿邮报》《金融时报》和《时代周刊》等世界性大报大刊来说，其读者群也是世界范围的。为扩大发行量，他们必须用自己高质量的报道"拉"世界各国读者的"选票"，以加强和巩固自己在国际新闻市场上角逐的领先地位。

对于广播和电视，听众和观众是他们的"上帝"，其新闻节目编辑不仅要考虑音响和画面效果，而且要在文字修辞上更口语化，既为了适合播音员和新闻节目主持人播讲，更是为了方便听众和观众收听收看。广播电视编辑部编发稿件的被采用率主要表现为"收听率"和"收视率"。收听率和收视率越高，其影响就越大，订户就越多，经济效益就越好。英国广播公司（BBC）、美国之音（VOA）和美国有线电视网（CNN）之类的世界性广播电视媒体的发展轨迹便是最好的例证。

无论哪种新闻媒体，订户、用户和受众（读者、听众和观众）都是新闻编辑业务必须考虑、重视和服务的基点，目的在于透过编发的稿件来扩大自身影响，增强竞争力，提高经济和社会效益。

上述 3 点是不同新闻媒体国际新闻编辑业务的"共性"，可能还有其他一些共同点，但这 3 点恐怕是最主要的共同之处。不过，事物都有正反两个方面。有共同点，必然就有不同点。我们探究不同传媒国际新闻编辑业务的共同点，既是为了让人们了解这些，也是为了反衬出"不同点"，以便人们在这方面有一个比较全面的认识。

二　通讯社编辑业务特点

通讯社是消息总汇，因此而显示出它的编辑业务特点。其特点主要表现在这样几方面：

1、编辑业务量大面广。这对那些注重国际新闻报道，特别是对像路透、美联、法新和新华社这样一些世界性通讯社来说，表现尤为明显。每天，世界各个角落发生的事情只要具有报道价值，记者发回的稿件都必须经编辑部加工处理和编发。前方记者拿不准，报回一些不具报道价值的稿件，编辑部也必须对他们进行处理，提出意见，有所交待；为增加报道的花色品种，或在新闻淡季出于保证报道量的考虑，编辑部还需鼓励前方记者发回一些非动态性稿件，如趣闻、社会新闻和评析性文章之类的稿件。对这些稿件的处理也是通讯社日常编辑业务不容忽视的组成部分。通讯社编发的稿件虽然同其他形式传媒编发的稿件一样涉及政治、经济、军事、文化、体育等方方面面，新闻客体出自五大洲各个角落，写作体裁多种多样，但发稿量却要大得多。稿件篇幅也要稍长一些，以供不同传媒用户删节选用。

2、编辑思路相对复杂，要考虑多方面传媒用户的专业需求，因为通讯社的用户和订户主要是各类新闻媒体，不像其他传媒那样编发稿件主要服务于自身版面或节目之需要，即直接向新闻受众（读者、听众和观众）报道新闻。通讯社编发的国际新闻需要首先"落地"到报刊（含摄影）和广播电视媒体的新闻编辑部，由他们从中择需采用，然后再由他们向读者、听众和观众报道。因此，通讯社的编辑思路相比较而言便显得广阔而多面一些，处理稿件时尽量以不同传媒对报道的共同需求为出发点，统筹兼顾，以便最广泛的订户和用户采用稿件。

3、通讯社编辑力量相对强一些，编辑技能相对要求高精一些。处理稿件多，工作量大，报道思想要多方面考虑问题。通讯社编辑人员要做到这些，没有娴熟精湛的编辑技能，没有较高的专业素养是不行的。这不是说其他传媒就不需要高精编辑技能，也不是说他们的编辑人员的专业技能和素养就不重要，更不是说他们就不行。而是相比较而言，通讯社编发的稿件大量的是"第一手编辑稿件"，而报刊和广播电视等其他传媒往往大量利用通讯社的定稿进行"再加工"，使之成为自己的编发稿件。这种"再加工"的稿件自然可称为"第二手编辑稿件"，主旨内容往往无需改动。处理这样的定稿，相对而言当然要简易不少。

4、特别注重"倒金字塔"报道模式。"倒金字塔"模式应该是所有传媒的新闻写作模式，对通讯社编辑业务来说尤为必需。通讯社编发的稿件大量的是第一手编辑稿件，主要供其他形式的传媒用户选择采用，为方便传媒用户根据自身特点删节选用，"倒金字塔"模式当然最合适不过。

5、编辑部分工相对精细。由于报道任务重，发稿量大，稿件涉牵区域广，世界性大通讯社一般都专设国际新闻编辑部；编辑部内再以洲际区域或专业门类划分处室，编辑人员也相对分工负责，重点管一个或几个国家的报道。即便许多第三世界发展中国家的通讯社虽然规模较小，不大可能专设国际新闻编辑部，但其国际新闻编辑人员也大多超过本国其他传媒的国际新闻编辑力量。

编辑业务对国际新闻报道的重要性是显而易见的，通讯社对其他不同传播媒体的国际新闻编辑起统领、率先垂范和导航作用，通讯社编发的稿件受到其他传媒的垂青和各国官方及方方面面的特别关注。这对通讯社自身来说既是优势也是压力，需要不断提高编辑水平，精益求精，以保障本社编发稿件的高精水准，从而更好地为传媒用户服务。

三 报刊编辑业务特点

报刊是一种直接针对读者的文字型传媒，因而其编辑特点主要表现为这样几点：考虑读者、服务版面、注重修辞、赶抢截稿。

"考虑读者"实际指的是指导思想和编辑思路。编稿时一方面要注意用正确的舆论去引导读者，另一方面又要考虑读者情绪、需求和口味。既要心里有杆秤，明晰是非，把关定向，又要灵活掌握，心系读者，从稿件的采用和编排到文字段落的推敲和删改都要"紧""松"结合，相得益彰，以适应绝大多数读者群体的"消费"需求。

"服务版面"指的是版面编排。报刊编辑部编发的稿件主要用于本报本刊，通过发展和增加读者群（即报刊的发行量）来体现新闻落地和采用率，而较少像通讯社那样发展其他传媒订户。因此，报刊编辑业务实际主要为自己的版面服务。不管是西方一些大报大刊还是一些第三世界国家的"小报小刊"，他们都设有国际新闻专版，编发稿件时必须以版面需求为目标，要考虑稿件的长短和花色品种。为使版面生动活泼，吸引读者，编发稿件配合一些有特色而新颖别致的版面栏目、讲究版面装潢也是常有的事。

"注重修辞"对任何传媒的编辑业务都是必需的，但报刊作为一种文字出版型传媒，文字修辞则显得格外重要。就报刊的新闻报道而言，文字功底并不在于堆砌华丽词藻，而在于文句的贴切、优美和生动，以及运用文字的多变技巧。报刊编辑应特别重视培养自己驾驭文字的能力。

出于出版的需要，报刊还有个截稿问题。对每天都要发行的日报、晚报来说，编辑抢赶截稿时间便显得特别重要。国际新闻报道的都是世界上每天发生的大事件，有不少还是重大突发事件，编辑部难以预测和准备。遇到这类消息，而又差不多赶在报纸原定的截稿时间，这种情况下就特别需要编辑人员争分夺秒抢编抢发稿件的工作能力和素养。如果时间实在来不及，只好一边抢编抢发，一边推迟截稿并通知有关方面顺延排版时间。当然，新闻媒体的新闻报道都有个讲求时效问题，但像报纸这样抢赶截稿时间不能不说是他们编辑业务的一大特色。

报刊的国际新闻版是不同传媒国际新闻报道的文字精品，其日常报道既不像通讯社那样量大面广，稿件篇幅相对较长，也不像电台电视台那样注重于音响和画面效果。报刊的国际新闻编辑工作更注重"精品意识"，要能经得起反复推敲，因为

"白纸黑字"直接面对读者，最容易被人"横挑鼻子竖挑眼"。报刊的消息来源主要来自通讯社，编辑工作主要依据通讯社编发的稿件，可能比通讯社的编辑业务相对简易一些，劳动量相对轻松一些。尽管如此，报刊编辑人员仍应始终保持强烈的"精品意识"，对通讯社或其他外来文稿进行细致加工，尽可能减少来自读者对稿件编辑处理的直接"举报"，特别应注意改正错别字和规范使用文句辞藻。

报纸和新闻期刊虽然都是文字出版物，但他们毕竟还是两回事。新闻期刊不大可能也不太注重对日常动态消息的报道，而以报道内幕秘闻和时政评析为重。因而期刊的编辑业务在时间上来说相对宽松一些，至少不必像日报那样每天抢赶截稿时间。

四　广播编辑业务特点

大体上来说，广播国际新闻编辑业务的最显著特点是服务听众，把文字和录音巧妙地"揉合"到一起。实际上，广播国际新闻报道主要采用这样两种最常见的报道形式：①由播音员按编发的文字稿口播新闻，不配烘托现场气氛的录音讲话和音乐等。编辑这类新闻大多依据通讯社编发的成品定稿或本台驻外记者发回的文字稿，用不着花大劲儿动"大手术"，主要在于缩短句子，尽可能地把文字变得口语化一些，以利播音员播报，也好方便听众收听。②配音报道，即播音员播讲和录音相结合，这主要用于现场报道或广播通讯和特写等报道形式。对此，编辑需对文字性消息来源和录音进行文字"衔接"处理，既要保持稿件"朗朗上口"的特点，又要反映出现场氛围。

广播国际新闻的编辑工作不仅注重文字修辞，而且还有赖对录音技艺和音响效果等专业知识的熟知。与通讯社和报刊相比，广播国际新闻编辑显然要"专业"一些。即使只从文字编辑的角度考虑，它的着重点也主要放在听众需求和音响衔接的效果上。根据广播的特点，对稿件进行编辑加工，尽量使文句短些，语言通俗些，让广大听众一听就知、一听就懂。因此，尽管广播国际新闻编辑主要依据通讯社的成品稿和驻外记者的来稿进行加工处理，但这份工作绝非只是勾勾划划那么简单。单就口语化和通俗化这两点而言，编辑起来就需要相当好的文字功底和知识素养，编辑还需要根据外电自行编译稿件。

五　电视编辑业务特点

同广播一样，讨论电视国际新闻编辑业务特点离不开电视的专业特征——音像视频。由于电视新闻需通过画面和音响向广大观众播报，所以电视国际新闻的文字编辑工作必须对画面和音响效果以及观众需求的衔接给予重点考虑。它主要有这样几个特点：①稿件大多配合画面，动态消息篇幅尤其不宜过长，因为画面出现能替代消息中的某些内容，文字稿"少说"一点还能为画面"省"出一些时间。当然，对一些非滚动式报道的非动态性稿件则另当别论，如国际新闻评论、分析和综合报道等。②同广播新闻稿一样，电视新闻稿也应讲究短句和通俗，因为这类新闻稿大多也需要新闻节目主持人口播，也有个能否让观众"一听就知一听就懂"的问题。③考虑到画面效果，对某些国际新闻消息，文字配合稿应编写得更生动活泼和富于情趣，特别是对体育新闻和文娱性消息，更需要让电视观众轻松愉悦一些。④出于画面或现场解释之需要，一些节目主持人有时也充当编辑人，或"现炒现卖"，或临场发挥。⑤电视栏目多，且各有特色。国际新闻融会其中，给编辑业务增加了一定的难度和深度。稿件既可能长短不一，又需要讲究花色品种和针对性。即使对同一客体的报道，用于不同的栏目，稿件编发的"版本"也会不尽相同。

以上是就不同传媒编辑业务的共性和特性进行的粗线条分析，主要是基于国际新闻传统和现代编辑实践进行的。实际上，随着世界新闻市场竞争的日趋激烈和现代高科技的不断发展，新闻媒体的传统界限正在日益模糊。一些世界性大通讯社已经或正在进军报刊和广播电视市场，而一些世界性大报大刊和广播电视系统也在力图摆脱通讯社这一传统的主要消息供稿源，增加派遣驻外记者以独家自我报道重大国际新闻事件。这一现象正越来越成为时尚，这种发展趋势不可避免地影响到不同传媒国际新闻编辑业务的传统界限。尽管如此，即便未来有一天各种传媒纷纷发展成融通讯社、报刊和广播电视于一体的多媒体综合集团，那么这种集团内部也还有个媒体分工问题，也还需要根据不同分工来编辑稿件。不同传媒国际新闻编辑业务的"共性"和"特性"是一种客体存在，不会随着时间的推移和传媒形式的发展而有根本改变。明晰他们的"共性"和"特性"，无疑对不同传媒的国际新闻编辑工作起指导作用。

六　编辑人员分类及职责

对编辑业务起决定性作用的还是人，即国际新闻编辑人员。为了探究一下编辑人与编辑业务之间的内在关系，下面有必要对国际新闻编辑人员作专门的讨论。

"编辑"一词在中文里的意思既指"对资料或作品进行加工处理"这一行为动作，也可作"从事编辑工作的人"来解释。本节谈及的是后者。为区别于编辑工作，所以这里特在"编辑"后面加上"人员"二字。

人是编辑工作成效好坏的决定性因素，这里所说的"人"就是编辑人员。国际新闻编辑人员作为报道稿件的最后审定者，其责任的重大可想而知。现在，既然我们来专门探讨编辑人员，进一步具体讨论一下编辑职责和素质要求是十分必要的。

1、编辑的职责。 编辑人员应担负哪些职责、应具备什么素质和修养呢？

首先让我们来看编辑职责。作为国际新闻编辑，他们虽然也必须像国内新闻编辑一样日常面对稿子，用笔杆子编好新闻，但这并非是他们职责的全部。他们还必须提高外文编译水平，必须关注世界局势，洞悉国际大事，必须加强前后方联系，指挥和协调驻外记者的日常报道工作等等。国际新闻编辑人员的工作职责主要应包括这样几方面：编发稿件、关注时局、联络前方、充实自我、完善报道。

①"编发稿件"是编辑人员日常最基本也是最主要的一项职责，具体"活儿"包括选稿、译编记者来稿或外电、加工处理稿件、对被编稿件进行审定、一读再读、送发等系列程序。值班的普通编辑在干完这系列程序的编辑活儿后，其"出手"的稿件应基本是成品稿，使其主旨明晰、要素齐全、事实准确、背景得当、语句通顺、修辞规范，尤其应对稿件中的事实性内容负责，同时必须核实人名、头衔、地名、专名和专门术语以及日期、数字和相关背景材料等。而发稿人在对普通编辑加工处理过的稿件进行通览审阅、批改之后，重点在于最后把关定夺，特别要对政治导向、社会效应、宣传效果和文稿取舍等进行综合负责。

②"关注时局"实际是个日常调研问题。对国际新闻编辑来说，除要关心本国时局外，更要日常关注世界风云变幻，尤其应关注世界"热点"地区的政局动向。只有关注了，你才能了解得多，从而正确把握形势，有利于日常处理稿件、指挥前方或自撰评析性文章以充实日常报道。"关注时局"并非只是要求简单地泛泛了解，而需要每个编辑人员通过读、听、看、记录、整理等各种方式来密切跟踪国际形势，了解世界大事和热点问题的发展进程和来龙去脉，从而形成自己的

心得体会和独到见解。

③"联络前方"指的当然不只是前后方联系这一点，还应包括对前方记者的指挥和协调。"联络前方"作为编辑人员的一种职责，协调报道和指挥前方才是这一职责的目的所在。作为国际新闻编辑人员，必须学会使用各种联络手段，懂得在什么情况下使用什么手段同前方记者及时进行沟通。电话、文传、电子邮件、函件和业务信等是前后方联络的最常用手段，其中尤以电话、文传和电子邮件的使用频率最高。

④"充实自我"是一个编辑人员学习和提高的问题，目的在于不断补充知识、更新知识、增长才干、开阔视野，从而更有效地投入工作。怎样充实自我？无外乎"干中学"和"学中干"。"干中学"就是指在工作实践中一边摸爬滚打，一边琢磨、归纳和整理日常工作琐细，总结经验教训，使之条理化，成为自己的"知识"；"学中干"指的是工作之外的理论学习。这种学习包括由单位组织的讲座、授课或短期培训之类，但更主要的则是编辑人的自学。自学内容不仅包括专业知识和理论，而且其他多方面的理论学习也是必需的，因为新闻编辑在某种程度上也是个"杂家"，报道工作会涉及方方面面。

⑤"完善报道"实际是要求编辑人员自撰综述性和评析性文章，以便在某一重大国际事件发生后弥补前方记者报道的不足，或充实前方记者的报道。作为前方报道的"参谋部"和"指挥部"，后方编辑部不仅要对前方来稿进行处理和把关，而且要采取积极措施完善日常报道，尤其是在重大突发性事件发生的情况下。编辑人员撰稿是他们为完善报道而必须担当的一项职责，编辑人员撰稿必须注重日常调研，做到资料和素材日积月累，观点和立论成竹在胸，一旦"大事"发生，写起稿来便信手拈来。

编辑人员应该清楚，职责是需要自觉履行的。如何养成履行职责的自觉性既是对他们工作好坏的一项评判标准，也是对他们素质和修养提出的要求。为了有助于编辑人员自觉履行职责，更好地完成工作任务，他们应该明晰国际新闻报道对自己的素养要求。

2、编辑的素养。国际新闻编辑人员应具备这样几方面素养：良好的道德品行、强烈的事业心、求精的编辑技艺、熟练的外文水平、厚实的文学功底、敏捷的逻辑才思、严谨的工作作风、主动的协作精神。

①良好的道德品行。这是编辑人员必须具备的一条最根本的素养。编辑人员只

有遵循道德准则和行为规范，才能坚定正确的政治方向，光明磊落地做人，不贪私利地工作，不畏艰难，自强不息。编辑人员的道德品行主要表现在两大方面：做人和对待本职工作。"做人是为人之本"，指的是人的品行和思想境界。良好的道德情操能净化人的心灵，使人树立正确的人生观、价值观，胸怀远大理想和抱负，并为实现这一目标而努力进取。"对待本职工作"这里指的是职业道德，即编辑人员的工作目的、奋斗方向和责任感等。编辑人员只有热爱本职工作，心系新闻报道，甘愿无私奉献，积极进取，才能做好编辑工作，为国际新闻事业贡献自己的聪明才智。

良好的道德品行是怎样在编辑人员身上形成和保持的呢？毛泽东说过："人的正确思想是从哪里来的？是从天上掉下来的吗？不是。是自己头脑里固有的吗？不是。人的正确思想，只能从社会实践中来，只能从社会的生产斗争、阶级斗争和科学实验这三项实践中来。"对编辑人员来说，保持良好的道德品行，一靠学习，二要"克服"。所谓学习，既要学习正确的理论原则和方针政策以武装头脑，在思想上坚定正确的人生观和道德观，不受错误思潮的影响和蛊惑；同时也要学习榜样，向正确行为学习，向先进经验学习，向模范人物学习。只有留心观察，善于捕捉，我们就会不断从周围环境中获得借鉴。所谓"克服"，是指克服和抵制不良影响和错误行为。编辑人员必须加强学习，加强世界观改造，使自己不仅能识别正确与谬误，而且在一些必要的场合下能"战胜"自己头脑中萌生的非正确思想或错误行为。

②强烈的事业心。作为国际新闻编辑，应该以强烈的事业心作为自己投身新闻工作必须具备的素养之一。只有具有强烈的事业心，他们才会不为名利、不畏艰难，无怨无悔地全身心投入编辑工作，想尽一切办法搞好新闻报道。国际新闻编辑人员的事业心具体应主要表现在这样几方面：热爱国际新闻报道工作，不管是利诱还是挫折，都不能动摇自己对本职工作的满腔热忱，更不会从岗位上调换撤退；无私奉献，全身心地投入工作。国际新闻编辑工作一般都是"幕后"工作，默默无闻，少有名利，而且夜班多，加班加点多，星期天、节假日值班多，因而正常休息难以保障，家庭生活较少照应。所以，编辑人员特别需要奉献和牺牲精神，淡泊名利，克服困难，搞好工作；具有高度的责任感，对工作认真负责，一丝不苟，精益求精，开拓进取；孜孜奋斗，事业有成。事业心与工作成绩成正比，事业心越强，工作成绩就越大。工作成绩既是"事业心"的内涵因素，又是其目标和结果。

事业心是搞好编辑工作的推动力。但事业心和责任感不是人人都有的，也不是只凭兴趣爱好就能轻易迸发出来的。像良好的道德品行一样，国际新闻编辑人员需要树立正确的人生观、价值观，加强学习，无私奉献，通过火热的工作实践逐步加深对本职工作的自觉情感，从而坚定自己的选择，把日常编辑工作同整个国际新闻报道事业"拴"到一起。

③求精的编辑技艺。如果说判定道德品行和事业心难有明确标准的话，那么"求精的编辑技艺"则要看编辑人员是否有实打实的真功夫了。它是编辑人员必须具备的最具实质性的一个素养，这一素养的具备与道德品行和事业心密不可分，具有良好道德品行和强烈事业心的编辑人员，其编辑技艺也必然会精益求精。即便一些人基础不太好，他们也会刻苦钻研，奋发进取，不断提高和完善自己。反之，则只能敷衍了事，得过且过。即便一些人本来有一定的工作能力和业务基础，但如果没有强烈的事业心来支撑他们发展，他们怎么能全身心地投入工作？怎么能对工作认真负责、精益求精？

编辑技艺的提高需要国际新闻编辑付出自己的全部心血和日复一日、年复一年的辛勤劳动，孜孜以求，刻苦磨炼。这种劳动是多方面多途径的，且因人而异，有基础好和基础薄弱之别，有工作时间长短之分，有工作环境和条件的不同。但尽管不会在"同一起跑线"上起跑，这样几种办法和途径对编辑技艺的求精是普遍适用的：加强新闻理论学习。理论是指导原则，不懂新闻理论的编辑人员工作起来是盲目的，指挥起来也会不得力且容易乱套；坚持总结实践经验教训。不管是自己的还是他人的或集体的，经验教训一旦得到系统总结便能成为"无价之宝"。它上升为理论之后，反过来还能再指导编辑工作实践，推动编辑人员业务水平迈上新的高度；满腔热忱地投身工作实践，在实践中"摸爬滚打"。一方面熟能生巧，提高技艺。另一方面自觉或不自觉地探索、研究，起总结经验教训的作用。这一点对新入门者和年青编辑尤为必要。交流切磋，取长补短，特别应重视"稿评"工作，使业务研究蔚然成风。

④熟练的外文翻译水平。国际新闻编辑人员同时也应是一个外文翻译工作者。这是国际新闻工作性质使然。一方面外文是电讯传播的主要手段，外文编译是大多国际新闻编辑的日常工作；另一方面国际新闻报道不仅服务国内新闻受众，而且更要面向国外订户和用户，向他们宣传，为他们服务。国际新闻编辑必须具有熟练的外文翻译水平，以便在日常工作中迅速处理外文稿件，及时报道世界大事。从事国际新闻编辑的人工作之前都受过较正规的外语培训和学习，具有一定水平的外文基础。但课堂上学习的外语与工作实践需求之间尚存在不小距离，仍需刻

苦学习，努力提高，才能适应工作需要。尤其是国际新闻稿件大多为编译合一形式，因而对编辑人员的外文翻译水平提出了更高要求，既要准确表达外文原意，又要合理编辑，同时还要迅速处理稿件，以争取时效。国际新闻编辑人的外语水平至少应满足这样几点工作需求：译编同步，不打草稿；快速结稿，成品送审；译文准确，编辑合理。

国际新闻编辑应如何提高外文翻译水平呢？有两层目标：作为编辑人，必须首先能"应付"工作，提高外文翻译水平应主要结合工作实践进行，多编稿子，多看多练，多总结。这是第一层目标。另一层目标就是提高外语水平。国际新闻编辑首先应该是外语工作者，其外语水平的不断提高必须循普遍规律办事，即听说领先，听说读写译"全面发展"。除有机会接受一定时间的进修或补习外，最主要的还要靠编辑人员的刻苦自学。具体途径不外乎这样几种：参加函授班或电视、广播讲座；收听外台和国内电台外语节目，锻炼听力；阅看外文原著及外文报刊，扩大词汇量；积极投身工作实践，在实践中注意总结提高；勇于对话和交流，提高口语表达能力。如条件许可，可充当口语翻译，特别应提倡同外国人对话；自撰外文稿件投稿，或利用业余时间翻译外文著作、文章和资料等，以锻炼和提高自己的笔译能力。方式多种多样，各人可根据自身条件和特点学习外语。但不管用什么合适方式，学外语都是一件辛苦事，需要刻苦努力，持之以恒。

⑤厚实的文字功底。文字功底不仅表现为文字水平以及对文字恰如其分的灵活运用，而且还应表现为广泛的知识面。国际新闻涉及方方面面的世界知识，编辑人员只有知多识广，才能更好地把握文字，下笔深沉，快速准确地处理稿件，搞好日常报道。国际新闻编辑厚实的文字功底应包括这么几点：文化水平高、能写、善改编、外文好、世界知识面广。

要具有厚实的文字功底并非易事。有些人可能基础好一些，也必须要充实自己，不断提高自己，以适应不断变化发展的工作环境。"冰冻三尺，非一日之寒。"厚实的文字功底并非一日之功，需要日积月累，发展升华。国际新闻编辑人员要使自己打下厚实的文字功底应坚持不懈、持之以恒地做这样几件事：广泛阅读，尤其要多看本国和世界名著，从中获取知识营养，学习文字运用技巧，提高自己的文化素养和知识水平；摘录甚至背诵优美词句，把他们变成自己的文化知识；关注世界时政，学习世界知识，扩大视野，不断增加自己对世界知识的了解；利用各种可能的条件和机会学习外文，提高自己的外文编译水平，同时借助外文扩充自己对世界知识的更多了解；坚持练笔，一方面巩固通过各种方式学习获得的知识和文字运用技巧，另一方面通过反复实践反复操练达到"熟能生巧"，这是提高自己文字水平的一条"捷径"。

⑥敏捷的逻辑才思。才思敏捷对每个文字工作者来说都是必需的一种素质。国际新闻编辑作为文字工作者的一部分，也应重视培养和发展自己的这一素质。编辑是新闻报道的最后把关者和定稿人，只有才思敏捷才能迅速处理日常稿件，争抢时效，准确报道，挡住谬误。"才思敏捷"就是脑瓜子转得快。作为国际新闻编辑，"才思敏捷"应主要表现在这样几方面：浏览稿件，马上便能找出最具报道价值的新闻主旨；迅速并言简意赅地写出标题和导语；"一眼"便能看出问题所在，发现稿件中的谬误；改稿迅速，更改不当段落或文句肚里"有词儿"；熟知世界时政，能随时根据稿件需要添加背景和资料；"快刀斩乱麻"，处理稿件既迅速又准确，办理编务既利落又高效。

"才思敏捷"实际也是一个业务水平和工作能力问题，它与前述的"强烈的事业心""求精的编辑技艺""熟练的外文水平"和"厚实的文字功底"等素养有着不可分割的内在联系，尤其与"厚实的文字功底"密不可分。国际新闻编辑即便有些人天性聪敏，但要做到"才思敏捷"，他们都必须通过不断地理论学习和工作实践来提高自己，练就才华。学习是才思敏捷的必由之路，向书本学习，向实践学习，向他人学习，向经验学习。只有使自己的知识水平达到炉火纯青的地步，你才会思如泉涌，才华横溢。

⑦严谨的工作作风。新闻编辑日常处理稿件既需快更要准，因而养成严谨的工作作风必不可少。所谓严谨的工作作风，一是要细心，二是要按操作规程办事。具体而言，国际新闻编辑的严谨作风主要表现在：拿到稿件后认真审阅，正确裁决稿件的"命运"，尤其应注意稿件的潜在"导向"；编辑过程中用字用句尽量多推敲，做到事实准确，用字规范；认真核对人名、地名或专名以及职衔等新闻资料，避免张冠李戴；严格遵守签发程序和送审制度。普通编辑和非发稿人无权签发稿件；层层"把关"，查错改错。不可轻视"首读""再读"之类的功能，提倡各类编辑人员自觉对稿件"横挑鼻子竖挑眼"。

严谨的工作作风是新闻编辑人员工作态度和行为的具体反映，为整体工作纪律所必需。编辑人应该自觉把个人行为纳入整体作风之中，才能使编辑工作顺利有序地进行，使新闻报道不出或少出差错。编辑人员严谨的工作作风不只是因为工作纪律的约束和要求才能养成，更需要每个编辑人的事业心和责任感。当以国际新闻报道事业为己任，对其投入全部热情，以认真负责的态度来对待具体的编辑工作，在工作中养成严谨的工作作风。

⑧主动的协作精神。新闻报道工作总体是一项需要前后方协调作战的综合工种。具体到编辑工作，需要编辑人的同心协力。当前方记者将一篇报道稿件发回编辑部，或编辑部收到某供稿单位传过来的一份稿件后，首先应由普通编辑人对来稿进行编辑处理，然后再由定稿编辑（在一些新闻单位被称之谓"带班人"，或"发稿人"）审核改进。最后，稿件需经值班编委（一般均为高级编辑，或称终审"发稿人"）审定签发。这是就纵向关系而言。从横向联系来看，编辑人员日常还必须与分发传递稿件的值班秘书、资料员、有关技术员和电脑工程师等打交道。编辑工作特别需要编辑人表现主动的协作精神，不计份内份外，互相配合默契，尤其是不同层次编辑人之间在处理稿件时更要相互理解、尊重和支持。哪怕你是一个刚参加工作的见习编辑，当发现改稿人或定稿人处理稿件有误时也要及时指出纠正。

编辑人员类别不同、层次也不一样，对其素养要求当然也不尽相同。我们有必要讨论一下编辑类别问题。

编辑类别在不同国度的不同新闻媒体中都有不尽相同的划分，好像还没有一个统一的区化标准。就中国编辑层次而言，一般分助理编辑、编辑、主任编辑（副高职称）、高级编辑。

助理编辑。除刚步入工作单位的见习编辑外，助理编辑显然是最低层次的一类编辑人。他们年青，刚离开校园参加工作不久，缺乏经验，但充满朝气，干劲十足，富有热情和理想，应该是编辑队伍的生力军。由于这些特点，应特别强调对他们的多方面素质要求。除本新闻单位在机制和政策措施上鼓励并促进他们奋发向上、尽快成长发展外，助理编辑自身应严格要求自己，谦虚谨慎，戒骄戒躁，积极投身工作实践，向工作经验学习，向老同志学习，向相关的新闻理论学习。

作为新闻稿件的第一编辑人，助理编辑的主要职责包括这样几方面：①根据指派编稿。这是他们最主要的、最基本的日常工作。他们是稿件的基础编辑人，后面还要经过高层次编辑人和发稿人的多次加工、修改和审定，但他们应以出手成品稿为己任，对出手稿件的方方面面负全责，切忌敷衍塞责、粗制滥编。②核实新闻事实及相关背景资料，如时间、地点、人名、专门术语等。③执行高层次值班编辑人或发稿人指派的编辑业务，如给前方记者起草业务电、充当"首读""再读"以检查稿件有无过错、调阅资料等。④调研撰稿。⑤学习和提高专业知识水平和编辑技艺。

编辑。这是有着中级职称一类的编辑人。他们一般都有若干年的工作经历，有一定的工作经验，是编辑和新闻队伍中的中坚力量。就工作职责而言，这部分人与助理编辑相差无几，加工和处理来稿是他们当班的基本任务。与助编有所不同的是，他们更注重工作的自觉性，无论是编辑还是调研撰稿，或是处理编辑杂务，一般情况下都较积极主动，无需"带班人"或发稿人督促。此外，这部分编辑人还能时常充当"带班人"或发稿人的参谋，为稿件的处理和编辑工作出谋划策。因此，"带班人"或发稿人对这些编辑人不仅比较放心放手，而且相对尊重客气些，改动他们编辑过的稿子，或有事要他们办理时，大多情况下总是以商量和征询的口吻说话，尽量避免用行政命令的口气。

作为比较自觉的编辑人，中级职称编辑人对自己的素养要求显然有别于助理编辑。他们应特别重视培养自己这样几方面素养：①有坚定的信念，对新闻事业孜孜以求。②业务水平精，工作有干劲、有魄力。③处事大度，淡泊名利得失。④沉稳老练，讲究自觉。⑤关心集体，关心他人，对上出谋划策，对下率先垂范。

主任编辑（或副高编辑）。这类编辑已进入高层次编辑行列之中。他们大多为中老年知识分子，其中许多人担任不同层次的发稿人或改稿人，对新闻稿件有定稿权或签发权。作为对新闻理论有一定造诣又有较丰富实践经验的编辑人，他们担负的职责非同一般，除有时干一些普通编辑干的编稿、译稿、调研、撰稿之类的基本编辑活儿外，他们的主要职责具体还包括：①改稿。这里主要指对普通编辑加工的稿件进行改稿，当然也包括有时直接对前方记者来稿或其他形式稿件进行改稿。②审稿定稿，把关定向。③签发稿件。当然不是所有副高编辑都拥有签发权，但他们当中有不少人担此重任。④对主管范围的新闻报道作深层次思考，并就报道计划或相关决策提出建设性意见。⑤在深入调研的基础上就主管范围的时政撰写有分量的综合性或评析性文章。⑥培养年青编辑人。不仅要以身作则，给年青人树立榜样，而且要通过讲座、研讨会、理论务虚和撰文介绍等多种形式向年青人"灌输"国际新闻业务知识及其魅力的方方面面。

副高编辑威责重大，对他们的素养要求也就更显严格。除应具备编辑人总体应有的那些素养外，他们尤其应在如下几方面培养自己的素养：①思想境界崇高，言谈举止儒雅，不落俗套，尤其应在道德规范方面为人师表，宽以待人，严以律己。②新闻业务精熟。不仅精于编辑业务的删改勾画，而且要对新闻业务其他方面面有一定的研究，尤其应熟悉新闻学基本理论，大体了解重大国际事件并熟知一个时期的国内外时政。多数人应是某一专题或某一方面的专家或学者。③大家风范，处理稿件和编务干练果决，敢作敢为。④重事业，忘自我，吃苦耐劳，无私奉献。⑤虚怀若谷，甘为人梯。

高级编辑。这是编辑人的最高层次，威权责并重，是新闻人中的精英分子，是知识分子中间的佼佼者。他们有着渊博的新闻学识，在国际新闻实践中久经锤炼，积累了较丰富的采编经验，在新闻界享有非同一般的声誉，其中不少人"一言九鼎"，影响或主导着新闻实践的发展趋势。除应具备一般编辑人、特别是副高编辑的那些素养要求外，高级编辑应特别强调要求一个独特的素养，即将才风度。他们必须既有新闻学识和其他社会学识，又能"领兵打仗"。他们负责某一方面的新闻报道工作，从本部门工作的"大政方针"到具体操作细节都应胸有成竹，指挥若定，安排周详。遇到重大突发事件的报道，他们不光能善于打硬仗，及时安排好整体"战役性"报道，而且还能捕捉时机，自己撰写有分量的文章予以配合。

就工作职责而言，高级编辑也要既承担编辑人总体担负的那些"共性"职责，又要承担作为最高层次新闻人而必须担负的"独特"职责。高级编辑的"独特"职责主要包括：①总体把握包括编辑业务在内的整个国际新闻报道大局，深层次地思考国际新闻理论和实践的方方面面，并就此不断提出自己的独道见解和战略设想。②协助本单位领导决策层制定新闻发展战略和战役性报道计划。③撰写有独道见解、有分量的时政评析文章和新闻学术论文。④讲学授课，特别是就重大国际时政和新闻学术问题为本国新闻受众解惑释疑。⑤一部分高级编辑担任不同新闻媒介的领导职务，如总编辑、主编等。他们往往引导和影响本系统的新闻实践及其发展战略。

国际新闻实践还应包括通信传输和新闻落地等方面，但他们主要牵涉科技和市场营销这样的新闻服务领域，毕竟不直接"参与"国际新闻采编实践，对他们进行系统研究应该是另外一个课题，需要有关方面专家专门探讨。

从"新闻选择"到"编辑"的前述章节主要是粗线条地理论概括，但他们毕竟循的是国际新闻报道实践的必由途径，应该对国际新闻理论研究和实际操作具有指南意义。

大势前瞻篇

Future Prospects

作为总体新闻的组成部分，国际新闻事业也必将随着世界前进的步伐而进步发展。这是不可逆转的大势所趋，必须引起新闻理论和实际工作者的高度重视，以便明确方向和目标，制订切实可行的战略和计划，进而推动国际新闻事业向未来学习，不断向新的高峰迈进！

向未来学习必须首先研究未来。国际新闻事业的未来究竟会如何发展？换言之，国际新闻学有哪些针对未来发展的研学目标？要回答这个问题，我们首先要正面直击影响国际新闻事业未来发展趋势的一些现状，即我们在国际新闻践行活动中遭遇的困境和困惑等敏感话题。在此基础上，我们才能通过研判理念变进、关联要旨和战略设计等要素，具体明晰国际新闻事业发展的未来趋势，推动术业按照正确的轨道向前发展。

第八章
前　瞻

第一节　大势影响要素：现状和困惑

世界正在进入高新科技飞速发展的新时代。智能化、信息化技术的广泛传播，不仅给传媒方式带来巨大变化，同时也给从业者，特别是新闻记者和编辑造成巨大心理冲击和挑战，工作实践中压力和困惑不断增多。

一　趋向性现状

这类"趋向"实际是眼下正在变化发展的现状，但却极有可能影响和引导未来潮流，是国际新闻大势前瞻的基础源头。

1、**信息源越来越"透明"，"私密"度不断减低。**过去许多"重大"消息都源于某方面或某人的"暗中"透露，私密程度很高，一些西方媒体记者往往不惜采用"重金收买""色相交易"或窃听等龌龊违法手段"套"消息。现在私下透露"消息"的现象仍然存在，但比率显然大幅度下降。这主要得益于世界的文明进步和民主发展，越来越多的国家在实行"发言人"制度，透过发言人把不涉及国家核心机密的"大事"公布于众。主要的世界大事只要记者勤于采访、发问和跟踪"记者招待会"之类的场合，便能及时获取消息进行报道，而无需花太大气力进行"暗箱操作"式的"采访"或"调查"。而对于诸如战争之类的重大突发事件，只要记者具有牺牲精神，敢于到现场采访，便能获取生动的消息，甚至是独家新闻。

2、**报道面越来越宽，信息量日趋增大。**一方面，"全球化"发展导致信息量增加，为新闻媒体扩充报道提供了便捷和可能；另一方面，新闻媒介的持续增多导致对信息量需求的增加，为国际新闻"扩容"提供了满足需求的广阔市场。无论是中国新闻界还是西方媒体，他们的报道量和报道面一直在不断呈增大趋势。世界主流媒体不再满足于"一揽子"报道模式，而越来越注重报道的"分门别类"和"细化"，以满足不同受众群体对国际新闻报道的阅赏"口味"和需求。

3、**信息资源越来越共享，采编手段趋于便捷**。随着电子实况转播技术的日臻完善，电视等电子媒体新闻报道的时效越来越快，波及面日趋宽泛，从而越来越冲击和推动传统文字媒体的技术更新和"嫁接"，使信息资源共享，采编手段异彩纷呈，各行其便，讲究的是快捷、简便、轻松。过去记者采写新闻特别重视"脚下功夫"，现在当然还应坚持这一原则，特别是电视和摄影新闻记者更需要不怕艰难不怕流血的勇敢精神，但让文字记者们"偷懒"的可行办法却越来越多：看电视画面撰稿、上网查询信息撰稿、电话采访撰稿、网上访谈、同行朋友间"互通有无"等等。编辑部也一样，哪怕千里之外，万里之外，越洋访谈、连线报道已成"家常便饭"。编辑紧"盯"世界主流媒体的电视和网络新闻，以此为消息来源开展报道也已"司空见惯"。这类"偷懒"式新闻采编手段只适用非头条和非独家新闻的日常性信息报道。至于采写头条和独家新闻则仍需要依靠记者亲临现场，或发挥个体"挖"消息的真功夫，来不得半点的"花架子"。

4、**时效差距越来越小，首发新闻竞争只在分秒间，由过去天数和时数差异变为真正意义上的"分秒必争"**。这实际也还是个社会发展和科技进步问题。当代高新科技发展正在越来越缩小世界这个"地球村"的距离，并借助"信息高速公路"以最快速度传递着各种新闻信息，自然就越来越拉小获取信息的时效差距。不过，除少数情况下记者偶然遭遇重大突发事件而抢发出头条新闻外，大量的头条新闻的获悉则在于谁能更有效地掌控信息源。记者本土化、信息收集面广泛及高新技术监控和传播手段是时效竞争的关键。西方主流媒体不惜化大价钱在世界各地，特别是在那些报道热点和新闻敏感地区，聘用当地报道员或信息员来充当自己的记者，使各自的信息覆盖面尽可能地广泛，因而总是抢先报道头条新闻和独家新闻，为广大第三世界发展中国家的新闻媒体所"望尘莫及"。

5、**服务意识越来越浓厚，视新闻受众为"上帝"**。随着世界主流媒体竞争的日趋激烈，新闻产品营销越来越讲究适销对路、专业对口。通讯社在广泛搜集信息的基础上，编辑部不再"大呼隆"似地推销信息，而是越来越注重将信息分门别类，或加强专线建设，以满足不同地区、不同媒体和不同受众对新闻信息的不同需求。广播电视媒体也纷纷根据世界不同地区有针对性地设立新闻播报频道，在增强宣传和报道力度、扩大自身影响的同时，不断提高收听和收视率，进而吸纳更多的广告收入。由于全球化速度的加快，新兴媒体和第三世界新闻媒体竞争力正日益增强，世界新闻市场的竞争更加激烈。主流媒体只有放下"架子"，搞好服务，才能赢得受众，在激烈的竞争中不被淘汰。

6、国际新闻从业人员素养不断提高，编辑专家型、记者多能化正成为当今世界主流媒体用人的基本聘用标准。随着世界文明进步和社会发展，人类生存质量和文化知识水准正不断提高。这既向国际新闻从业人员提出新的素养要求，也为新闻媒体提升聘用标准提供了可行基础。现在世界主流媒体国际新闻从业人员正呈现这样几个特征：①高学历且受过新闻专业培训；②复合性使用。也许你今天在当编辑，明天就有可能让你去现场采访当记者。也许你今天还在电视或电台播报新闻，主持节目，明天就有可能让你飞往异国他乡报道某一突发事件。也许你是一名文字记者，但工作需要你必须马上奔赴某现场进行电视录像或摄影报道；③聘用和奋斗目标：一专多能，成为某一方面专家或行家里手。这既是媒体对聘用者的要求和期望，并在实际使用中给予充分的锻炼和施展机会，也是每个有志于国际新闻事业的从业人员孜孜追求的目标。面对这样一个新闻从业环境，作为记者编辑你只有奋斗适应，别无选择。

以上所说只是对现如今国际新闻报道实践发展现状的粗线条归纳，他们是"发展中"的现状，代表了国际新闻业的发展方向，需要通过进一步努力得以完善和提升。

二　趋向性采编技巧

1、记者更加注重采集独家新闻。随着新闻信息的日趋公开透明，各媒体之间的报道时效差距仅在分秒之间。因此，未来新闻市场围绕报道时效的竞争可能相对趋缓，而更注重的则是独家新闻和特色新闻。即便某一重大突发事件发生后，各媒体争抢报道头条新闻，这"头条新闻"实际也主要是为了体现"独家率先发现"的内涵。像过去那样为时效而争时效的"时效意识"则相对弱化，取而代之的是对独家新闻和特色新闻的竞争意识的强化。记者应下功夫采集独家新闻和特色新闻。这主要包括三方面功力：一要广建信息源，精心培育重点信息源，特别是那些基本能"独享"的重点信息源；二要不断提升记者的敏锐洞察力，知道哪里"出新闻",什么新闻有特色;三要记者勤于现场采访和专访,自己"创造条件"挖掘独家新闻。

2、记者"玩得转"电脑。随着现代高新技术的不断迅猛发展,国际新闻报道将越来越注重对不同媒体功能的综合利用。作为常年奔波在报道一线的驻外记者,必须娴熟运用互联网技术,熟练操作便携电脑、数码相机、摄像机和直播连线设备之类的报道工具,善于运用这类高新技术工具方便自己的采访、撰稿和稿件传输,否则就十分被动、落伍,直至被淘汰。高新技术在不断更新发展,说不准有一天新闻采访工具也能"一卡通",记者奔赴某一现场采访只需手提一只比目前更轻便、功能更齐全的"笔记本"电脑即可,集写稿、发稿、电话、摄影、摄像及上网等功能于一体。越是技术高精、功能复杂,越需要记者熟练掌握,"拎得清",玩得转,还要会简单维修。未来的记者精通电脑"技术活儿"应是应聘受雇的首要前提之一。

3、多国外语会话能力。国际新闻记者经常出入操不同语言代表参加的国际会议和活动,仅懂驻在国一门外语是不够的。为采访的方便和深入,记者应具备用多种语言会话和笔记的能力。目前这样的记者虽有一些,但不多见。随着世界文化教育水平的提高和国际交流活动的增加,多国外语会话能力应成为未来国际新闻记者活动的基本功之一。特别重要的是,外语会话能力是联系和沟通的桥梁。作为驻外记者,只有不断加强同外界的交流和友谊,才能通畅信息渠道,获取谈话对象的好感和信任,使他们乐意提供有价值的新闻信息和资讯,自觉或不自觉地成为重要的消息来源。

4、写作风格"自由化"。由于新闻市场竞争越来越激烈,吸引受众的"眼球"将成为未来新闻产品的一大"卖点"。为此,新闻写作模式和风格将日趋"自由化"。即便是"消息"写作,大多也要讲究情境和特色,从"描绘"开端,标题和导语都要"引人入胜",让读者一眼看上去便能产生共鸣或好奇。这当然在一定程度上是对新闻写作传统模式的挑战,甚至是"叛逆"。有人可能认为,通讯、特写类稿件可以这样写,消息、论析类稿件断不可如此。其实,新闻写作风格"自由化"并不背离"倒金字塔"的新闻写作模式,殊不知标题、导语讲究特色和引人入胜正是"倒金字塔"模式的基本要求之一。即便是消息和论析性文章写作,只要合理地将"情境、特色描绘"和新闻事实的重要性及五个"W"有机地结合,放在导语或稿件前端,仍然符合传统模式的写作原则,而且报道效果无疑远胜一筹。既然报道效果好，又不影响报道重心，稿件生动活泼一点何乐而不为。关键是作者要具备较高的驾驭文字的写作水平和洞悉新闻特色的敏锐观察力。

5、编辑业务"编写合一"。 按照传统作业习惯，编辑部的活儿主要是修改加工记者来稿，较少自撰稿件，因为不了解事发现场实际情况不能"胡编乱造"。但是，随着现代通信技术的不断发展，编辑部可以越来越方便地通过互联网和卫星电视等监控手段，掌控越来越全面客观的信息，因而无需什么稿件都要等前方记者的"米"下锅。从时效竞争等因素考虑，编辑部将越来越多地自行撰稿。这样一些情况是会经常发生的：某件重大突发事件发生了，记者可能还"蒙在鼓里"，或记者不在现场；即便记者赶巧在事发现场，但不方便发稿，最多只能给编辑部打手机口头报道；事发地对外通讯联络中断，根本就不允许记者撰稿报道；一些地区"有事"了，而本媒体单位在当地没有派出记者或没有聘用报道员、信息员；少数情况下记者疏于报道；编辑部掌控全面，需要站在全局的高度撰写综合性或评析性重头稿件。面对诸如此类的情况，编辑部当然要毫不犹豫地撰稿，抢发消息，充实、强化或完善报道。现在编辑部的工作任务已经包括了这些，但编辑自撰稿件的数量仍然较为有限，未来将随着新闻业的发展而不断增多。可以预见，未来的编辑业务将不再只是对来稿"修修补补"，而将越来越"编写合一"，特别注重编辑部自撰稿件。因此，对编辑人的要求也将"随行就市"，必须娴熟新闻写作。

6、编辑人更加"学者化"，讲究"耳聪"和"手快"。 编辑业务将越来越"编写合一"，对编辑人员的要求也越来越特别注重写作能力和笔下功夫。无论是普通编辑还是中高级编辑，乃至终审发稿人，都不能再像过去那样主要是修修补补、勾勾画画，而要更多地自撰报道文稿。当然，他们不可能每一篇稿件都像文学作品那样文笔华美，但他们至少应"学者化"，知识面广泛，文字运用娴熟，能够很快捷地撰写各种不同类型的报道体裁。此外，未来编辑人还需要更加注重"耳聪"和"手快"这样两个基本功。"耳聪"指的是外语听说能力，旨在能根据监控电视、电台等信息来源和电话采访来撰稿；"手快"则指撰稿速度和报道时效。总之，未来编辑人的素质要求将标准更高。只有具有高超的文字水平，加上"耳聪、手快"，才能顺应未来编辑业务和新闻报道的发展趋势。

采编程序中的技巧对未来国际新闻报道极具实用价值和进步意义，透过对他们的初步分析和研究，这些采编技巧总是与国际新闻事业的未来发展趋向相关联，甚至他们本身就体现了某种发展趋势。

三 趋向性术业困惑

同各行各业一样，国际新闻术业发展肯定也将面临诸多困难和挑战。在应对困境的努力和奋斗中，记者编辑和其他新闻从业者在报道实践中总会遇到这样或那样的困惑和难题，对术业的未来发展构成影响和挑战，需要我们正确认识和面对。

1、报道如何坚持客观公正。 由于国际新闻的阶级性和意识形态色彩相对淡薄，因而其报道内容也就客观公正许多。表面上看，报道内容客观公正与否同记者或编辑的情感倾向有直接关系，但根本来说，则主要取决于各新闻编辑部的阶级倾向和政治态度。国际新闻对本国受众而言，当然也应包括对本国境内发生的重大事件的报道，但更多更主要的还应该是发生在异国他乡的新闻事件，这些事件一般不直接涉及新闻编辑部所属的本国政府和统治阶级的根本利害。各国统治集团和执政权从国际关系准则和策略考虑，一般也不希望本国新闻机构采编的这些国际新闻持偏激观点，过多地将自身政治观点和意识形态"强加"其中，因而对国际新闻报道的审查和控制自然相应松驰。这对各新闻机构客观公正地进行国际新闻报道无疑少了许多有别于国内新闻报道的框框条条。

国际新闻对被报道国来说，却是个国内"内部事务"问题，甚至是事关重大的"内部事务"，一般都要受到被报道国政府在观点和倾向上的控制。另外，有些被报道的国际事件虽然不发生在编辑部所属的本国，但却与国际集团政治相关联，牵涉编辑部本国的对外关系和国际利益。这种情况下的新闻报道显然也必须要符合本国统治阶级的观点和要求，不可能所有国家和国际群体都公认为是客观公正。

国际新闻报道没有绝对的客观公正，我们无需也无法用百分比的方式来对国际新闻的客观公正性作出一个绝对的定论，只能具体问题具体对待。看一条国际新闻的公正与否只能从世界最广泛受众的观点和利益出发。我们并不否认国际新闻在国际政治中的宣传和舆论作用，但这种作用应该依据国际关系准则，符合世界最广大新闻受众的利益和要求，而不能只从国家利益和政治考虑来取舍或编辑国际新闻，更不能以此作为衡定某条国际新闻公正与否的尺度。

以上主要是从国际政治和意识形态的角度来分析国际新闻的客观公正性，是一个观点和立场问题。看一条国际新闻报道公正与否最重要的还是看它的真实性程度如何。就采编技巧和新闻写作而言，真实、准确和全面地反映国际事件就是确保国际新闻客观公正的可靠技术手段，"实事求是"应成为新闻编辑部和每个新闻工作者必须遵循的职业准则和道德规范。尽管在我们的新闻报道中一直存在着真与伪、实与虚、客观论证与主观武断等矛盾现象，尽管破坏与维护新闻真实性的斗争从未停息过，但"实事求是"早已为世界公众广泛认可为新闻报道的准则，它不仅必要，而且可行。这对国际新闻报道来说，更为容易做到。

真实性对维护新闻报道的客观公正至关重要，必须重视这样几个环节：

①驻外记者必须深入现场采访。这不仅能使报道具有现场感，生动活泼，而且更重要的是能将记者在现场的所见所闻真实无误地加以客观报道。这对动态新闻的采写尤为重要。采访应特别注重"深入"二字。舍此，采访则很可能流于形式。走马观花，偏听偏信，道听途说，都极有可能使报道失真失实，至少不能客观全面地反映某事件的面貌和实质。记者必须眼观六路，耳听八方，透过现象看本质。特别应注意的一点是，记者在撰写稿件时要用事实说话，切忌将自己的观点和情感强加于人。记者要用事实来阐发观感，而不可用观感来左右事实。

②编辑部把关。当驻外记者将一条稿件通过各种现代通信工具传递到编辑部后，值班编辑不仅要作文字修饰等技术性处理，而且要对被报道事实和内涵的观感把关负责，以确保稿件质量和报道的客观公正性。一方面，他们必须根据编辑部已掌握的情报资料和各自的知识面对稿件的非客观性错误（包括数据、名称、各种事实等）进行修改；另一方面，他们还必须根据客观报道的原则检查和删改来稿中带有明显主观情绪、感受和臆断的倾向性内容。如果稿件整体内容倾向性严重，编辑部甚至应扣住稿件不发，作"枪毙"处理，或指令有关记者重新采访改写。

由于国际新闻在一定程度上受政治和意识形态的制约，因而某些稿件的客观公正性必然受到各国统治集团和某些政治势力的干预。这种情况下，新闻编辑部不应屈服和盲从，而应该同有关方面"据理力争"，顶住压力，采取各种合法措施力拒干扰和破坏，以维护新闻报道的声誉和尊严。

③各国政府和统治集团应对新闻报道实行新闻自由的法规保障。没有政策和法律条文的具体保障，谈论新闻自由便是一句空话。没有新闻自由，新闻报道就很难客观公正，因为所谓新闻自由不是指新闻工作者应拥有什么随意胡编乱造的自由，而是针对某些国家执政权和统治阶级对新闻报道的非法控制和干预而言，是指新闻单位和新闻工作者享有按新闻规律进行客观报道的法权。

　　"客观公正"一直是世界新闻界和各国新闻主管部门标榜遵循的新闻原则之一，他们为实践这一原则也都作出了各自程度不同的努力。"客观公正"原则并非是权宜之计，更不是有关方面装潢门面的"插花瓶"。记者编辑也好，新闻编辑部也好，新闻主管或检查监督部门也好，大家都应该把它视为一项永远赖以遵循的原则。这方面还存在着诸多主、客观障碍和困难，仍是大势前瞻必须重视的一个话题。

　　2、如何摆脱外交束缚和困惑。这实际也是如何保障新闻自由、坚持客观公正的报道原则的一个具体问题。国际新闻由于时常牵涉双边或多边关系，因而一贯得到各国政府和外交机构的关注和制约。一方面驻外记者在采访和撰写涉牵驻在国或驻在地区双边或多边关系之类的重大外交行动的稿件时，需要审慎考虑当地政权和有关方面的情绪、要求以及稿件发出后有可能造成的国际影响和后果。有时在采访过程中甚至会受到驻在国或有关方面的有意封锁、刁难或恐吓。另一方面，各新闻编辑部及本国政府和对外关系机构（包括驻外外交使团）也往往以外交影响和后果为理由，对其驻外记者的采编活动和各编辑部的国际新闻报道进行行政干预和政策性监督检查，要求国际新闻报道为外交政策服务。这种现象在那些新闻机构大多为国营官办的国家表现尤为突出，因为这些国家的新闻媒体直接隶属中央政府管辖，其活动和报道更容易接受政府的政策性制约。当然，即便是自我标榜享有充分新闻自由的西方新闻界，国际新闻报道虽然不像社会主义和民族主义国家新闻媒体那样明显受制于政府的外交政策，但这种现象也并非少见。欧美国家政府一方面通过有关法律条文的自相矛盾来约束新闻机构的"越轨"行为，一方面以重金收买的方式来"枪杀"新闻机构有悖于政府外交政策的文章和报道。总之，国际新闻报道一直在受外交政策和对外关系的束缚和困惑。只要国际政治和国际关系中存在矛盾和斗争，国际新闻和外交之间的矛盾和对立也就会相应存在，有时甚至达到迫使西方新闻工作者不得不诉诸法律或采取抗议行动的异常激烈地步。

　　由于国际新闻内涵世界规模的舆论宣传作用和效果，各国政府和外交机构大多十分重视对这一舆论工具的利用，在对国际新闻报道实行必要监督和制约的同时，也注意在行政措施和思想意识上尽可能多地满足新闻单位和国际新闻工作者对宽松工作环境的需求，以调动大家的工作积极性，从而更好地利用国际新闻的舆论宣传效果来推动外交工作的开展。有些国家还从法律条款上对政府对新闻工作的制约实行反制约。这些为在一定程度和一定范围内缓解国际新闻和外交关系之间的矛盾提供了政治和意识形态方面的客观条件。

从主观和技术的角度来考虑，驻外记者、国际新闻编辑和编辑部，也完全有可能一定程度地摆脱新闻与外交的困惑。客观、准确和实事求是是新闻报道的基本要求和技巧，对打破外交困惑具有重要意义和效用。即便某些报道有可能被某些人认为有悖于外交策略，但只要不违背事实，不乱发议论，有关方面也不能怎么样。

记者和编辑在采写和报道国际新闻牵涉外交关系的稿件时应掌握这样一些技巧和原则：

①就事论事，只作事实报道，不渲染观点和立场上的歧异。这对报道战争、武装冲突和领土争端之类的动态新闻极为适用。这类事件都事出有因，冲突双方都会作出截然相反的两种解释和宣传。同时他们都具有重大国际影响，世界各国出于各自的外交需要在立场和观点上也都会有不同的表态。如果过分渲染冲突双方的意见歧异，很容易受人以柄，遭到某一方的责难和抗议。就事件本身进行事实性报道，既符合新闻报道的要求和规律，更能在一定程度上避开矛盾，给人以客观公允的好感。事实报道也有公正与否的问题，也会多少有些倾向性，有时事实报道本身就表现为一种倾向性。事实毕竟是事实，任何冲突一方都不会置世界舆论普遍认可的事实于不顾，而对事实报道说三道四。即便有人"胡搅蛮缠"，只要事实准确，有关新闻单位和记者编辑就可听其随便，不承担理睬他们的任何责任和义务。

②双边反映，既报道此方的观点、立场和行为，也反映彼方的对抗、分歧和意见。如果稿件涉及多边关系，记者和编辑还应反映多方意见，以求全面。这种中立公允的采编方法，对国际新闻反映对立观点和态度或世界上对重大国际事件的不同反应和表态较为保险，尤其适用于那些"公说公有理、婆说婆有理"的对立观点和长期悬而未决或难以决断的争端和冲突事件。新闻作为一种传播媒介，中立、不偏不倚、全面、客观本来就是必须遵循的原则。只有这样，它才能正视对抗行为和歧异观点，在对立和冲突双方之间，在不同观点和立场的新闻受众之间架起桥梁，互相沟通，其意义远远超出新闻原则本身。

③援引原话，让有关各方自己表示对立情绪和不同观点。就一般动态消息而言，单独一条报道有时很难较全面公正地反映对立双方的观点和立场，记者只好

根据最新消息来源报道冲突单方面的动态、表态或讲话。但这类报道必须十分明确消息来源，援引有关方面或人士的声明、公文或讲话等。他们说得对也好，说得错也好；符合事实也好，遮掩甚至明显说假也好，那是他们的事，报道只起"传声筒"作用，实质性内容最好使用直接引语。这类报道记者和编辑不应在其中掺杂自己的任何见解。如果时效和条件允许的话，编辑部应该根据掌握的全面情况和资料，增加背景和补充材料，也同时反映冲突另一方的行动、态度或有关讲话等，以示公允。

④顺应时势潮流，主持正义和公道。如果说国际新闻在牵涉对立的双边或多边国际关系时采用中立和不偏不倚的报道方式是正确的话，那么当它牵涉霸权政治、对主权国家的武装侵略、占领或颠覆、种族歧视和种族隔离、恐怖主义和恐怖活动、国际犯罪和剥削第三世界国家为标志的不合理的国际经济秩序等严重违反国际关系准则，公然侵犯别国主权和领土完整、干涉别国内政等行径时，则必须旗帜鲜明地持反对和谴责立场，因为国际新闻报道不但起传播媒介的职能，而且也具有舆论宣传工具的作用，当全世界对种种明目张胆违反国际关系准则的罪恶行径和不合理状态同仇乱忾、同声斥责、同声声讨的情况下，国际新闻应当加入世界人民的抗议怒潮，为他们的正义斗争而奔走呼号。这样做不仅符合世界人民利益和斗争需要，而且也是新闻准则所允许和赞同的，因为这类伸张正义、主持公道的报道真实而准确地反映了国际关系中的罪恶和不合理现状及世界最广大人民反对这种罪恶行径的情绪和心声，是客观公正的。这方面的报道，任何形式的中立、淡化甚至沉默都是不正确的，那样只符合极少数人的利益，才真正违背了"客观公正"的新闻报道原则。

⑤说话留有余地。前面几点主要针对对立的双边和多边国际关系而言。这里所说的"留有余地"技巧则主要针对非对抗性和友好的国际关系而言。大家知道，国际新闻报道也时常牵涉双边或多边合作及友好往来。这类合作和交往无论是发生在同一国际集团或同一地区内，还是发生在本集团或本地区与外部世界，或发生在记者驻在国与记者新闻单位所在国或其他国家之间，他们在一定程度上都出自自身利益考虑和对外政策的需要，具有一定的不稳定性和虚伪性。特别是西方发达国家对亚非拉地区发展中国家的所谓援助和合作，更是建立在有利于资产阶级自身利益的基础上，往往附加种种不合理的政治、经济条件和要求，否则便以中止或取消援助相要挟。国际新闻对这方面的报道必须掌握分寸，不能对这类援

助、合作和"友好"交往说得太满太足，更不能非原则性地一味颂扬和捧场，而要在报道中留有余地，实事求是地客观报道。

国际新闻工作者不是外交官和对外国际关系官员，即便驻外记者，哪怕是那些官方新闻机构派出的驻外记者，他们也不是驻外使、领馆的外交官，不承担外交性质的宣传责任和义务。新闻工作者、新闻机构和有关方面在运用各种采编技巧、摆脱外交束缚的同时，还应加强舆论宣传工作，不断阐述新闻工作的特点和性质，求得政府、外交界及公众对一些新闻报道的理解和支持，这对新闻报道摆脱外交困惑无疑有益无害。尽管如此，与"客观公正"一样，新闻与外交之间的困惑仍会是术业未来大势中的一个难点。

3、如何加强对发展中世界的报道。提出这个问题必须首先明确发展中世界目前在国际新闻报道中的地位和现状。实际上这是一个国际新闻秩序问题。长期以来，西方发达国家，特别是美国和英国这两个新闻发达的帝国主义国家，一直在凭借自己的经济和科技优势及其传统影响，对世界新闻市场进行不合理、不公平的控制和垄断。

一方面，他们拥有和掌握先进的新闻传播技艺和手段，从而控制世界各国国际新闻的发布和传播。路透社、美联社、合众国际社、法新社、英国广播公司和《华尔街日报》等西方世界性新闻机构的记者和雇员记者遍布世界，不仅能通过最先进的传播工具，以最快速度将世界大事报道出去，传播开来，而且能因此向绝大多数亚非拉发展中国家销售他们的新闻"产品"。虽然还没有具体统计数字来确定新闻机构的报道在世界各国的采用情况，但可以肯定，恐怕没有一个第三世界国家的通讯社或电台、电视台或报刊不直接或间接地抄收以上几家西方新闻机构的新闻，从而作为本新闻机构的国际新闻报道的主要消息来源、依据或参考。不管这种抄收是合同付费式的还是非合同付费式的，西方新闻报道一直在垄断世界新闻市场的现象却是一种客观存在。

另一方面，西方国家自诩世界老大，不把发展中国家和弱小国家放在眼里。表现在新闻价值观上则是重西方、轻第三世界。他们认为，西方世界经济发达，技术先进，"文明""自由"，是世界新闻报道的中心和焦点，都具有报道价值。在他们心目中，亚非拉发展中国家贫穷落后，人民愚昧野蛮，在那里发生的一切少有新闻价值，不值得新闻记者多去耗费笔墨。由于西方世界的经济和科技实力一定程度地控制了世界舆论导向，加上其殖民宗主国的历史地位和传统影响，这种新闻价值观实际长期以来一直在束缚各国新闻机构对发展中世界的报道。西方新闻工具瞧不起第三世界新闻，对发展中世界的报道量比对欧美国家自身的报道量要少得多，比例严重失调。就是许多第三世界国家自身也深受西方新闻观的传统影响，甚至在思想感情上完全认同西方的新闻价值观。

无可否认，西方世界和第三世界在经济、科技和社会发展等方面存在明显差距，这对国际新闻报道具有一定程度的影响和意义，是西方新闻和第三世界新闻比例失调的一个因素。但选择新闻的根本标准并不取决于经济发达或经济先进与否，而取决于新闻事实的意义、影响和新鲜性及其为受众接受的程度如何等因素。亚非拉发展中国家地域广阔，人口众多，政治、经济、文化和社会生活丰富多彩，具有文明和发展的巨大潜力，理应在国际新闻报道中占据重要地位。国际新闻报道应该对第三世界新闻和西方新闻采取一视同仁的公平合理态度。第三世界新闻之所以得不到国际新闻界的重视，主要因素在于发达国家的新闻控制和旧新闻秩序的传统影响。只要世界新闻界，特别是亚非拉发展中国家新闻工作者自身敢于打破旧的观念和影响，自尊自爱自强，团结一致，就一定能打破西方世界的新闻控制，建立所有地区、国家和人种一律平等、公正相待的新的国际新闻秩序。

要做到这一点，有这样两方面工作亟待加强：①有条件和经济实力的亚非拉国家的新闻机构，特别是像新华社、埃菲社、印度报业托拉斯、中东通讯社、泛非社之类在国际新闻报道方面已经较有基础的通讯社，应该尽可能多地派遣驻外记者或雇佣雇员记者，以采编本新闻机构的第一手新闻，减少或逐步摆脱对西方新闻的依赖。②对绝大多数第三世界国家新闻机构来说，由于经济技术能力的限制，很难在短期内向国外派驻大量记者自采新闻，但他们应尽可能多地通过双边或多边合作形式采用第三世界较有影响的新闻媒体采写的消息。

西方发达世界在目前经济实力、科技水平和新闻基础较雄厚的情况下，应特别注意加强对发展中国家的新闻援助和交流，从财力、技术、人员培训和新闻管理等各个方面帮助第三世界国家发展新闻通讯事业，这对建立公平合理的世界新闻新秩序既重要也必需。

与上述"困惑"相辅相成的还有一些"争议"，也是影响未来大势不可忽视的问题。

①究竟是"大编辑小记者"还是"大记者小编辑"？据说西方媒体奉行的是前一原则，而在新闻实践中这一原则则经常逆向思维，至少在不少不同于西方体

制的国家，"大记者小编辑"才是成文或不成文的一条新闻原则。

②记者可不可以在报道中把自己摆进去？传统的新闻理念反对这样做，但现代新闻实践却对这一传统理念不屑一顾，诸如"随笔""记者手记"，甚至包括一些通讯、特写类报道文稿中记者"自说自话"的现象已不鲜见，更不要说一些电视记者在镜头前"搔首弄姿"或"侃侃自吹"了。

③记者编辑依据网络、电视画面和外电等外来信息撰稿算不算"偷懒"和"不务正业"？传统的新闻实践没有这些，现在这种做法却司空见惯。

④"倒金字塔"写作模式是否过时？过去这是"放之四海而皆准"的新闻原则，现如今年轻人变着法儿标新立异。

⑤"时效"竞争是否还有必要，现实意义何在？过去科技不发达，媒体间报道时效差距大，确实能产生竞争效益，因为谁抢先谁就能先"找到主儿"卖大钱。可是在电信高科技迅猛发达的今天，媒体间时效差距仅在分秒之间，是报道时效还是报道特色和报道质量更能赢得世界新闻市场竞争不言而喻。

我们也可从中"窥视"到未来国际新闻的某些发展趋向。

第二节　大势前瞻要素

综合对国际新闻采编实践发展趋势和相关资料信息的研判，归纳出这样几个大势前瞻要素：理念变进、关联要旨、战略设计。

一　理念变进

透过对长期新闻实践的史实回顾和理论研习，人们不难发现，理念是前导性的，是思想原则，指导编辑记者和所有新闻工作者的工作实践。随着社会和科学技术的不断进步发展，新闻事业作为其中的重要组成部分，也在不断顺应潮流而向前挺进，每一次社会和科技发生重大变革，新闻事业都会从中汲取一次革新动力，促其迈上一个新台阶。

进入21世纪以来，高新科技层出不穷，蓬勃发展；"全球化"趋势锐不可挡，迅速扩散。在这一大潮的推动作用下，新闻事业蒸蒸日上，进入了前所未有的变革创新阶段。广大新闻工作者顺应时代大潮，不断总结新闻实践，逐步形成业态理念的变化进步。正因为业态理念的变进前导，我们才能以崭新的姿态应对扑面而来的机遇和挑战风潮，并不断推动新闻事业向未来发展。

如下一些理念变进正在对当前和未来一个时期国际新闻事业的发展产生深刻作用和影响。

1、树"社会主义核心价值观"舆论根基。在很长一个历史时期，西方意识形态及其媒体恃强自大，以"制度优越"和"民主灯塔"自居，霸道而蛮横地把持世界舆论场。这在很大程度上影响和制约着我们的国际新闻报道理念，认为为了实现较好的报道效果，我们只能面对现实，少与西方舆情"顶牛争锋"。一是我们确实少有话语权，底气不足；二是在策略和应对措施上，"韬光养晦"，不愿浪费资源和精力，就那些可以"求同存异"的国际政治话题大打意识形态"仗"。

意识形态斗争和国际政治的纷繁复杂是客观存在，不是你不愿面对和对仗就能回避和完事的问题。在中国共产党的领导下，在社会主义制度的旗帜指引下，新中国的新闻事业发展从未缺失阳刚之气。社会主义中国已日益强盛，面对越来越毫无道德底线的西方霸权及其媒体和舆论场，我们已有足够的底气和能力与之抗衡斗争，而且要底气十足地发出中国声音，引领世界舆情。

树"社会主义核心价值观"，就是新时期国际新闻业态理念的最大变进，坚决反击西方舆情和意识形态肆意对中国、中国共产党和中国特色社会主义制度的围追堵截和谩骂攻击，坚持政治正确，毫不留情地"亮剑"出招，与其争夺世界话语权。勇于揭露和抨击西方那些黑恶势力及其御用媒体通过虚构、造谣、抹黑和恫吓等卑劣手段，推行霸权、欺凌和单边主义行径，同时为世界和平、公平正义、发展进步和多边主义"鼓与呼"。

2、媒体属性不再钟情新闻。说起媒体，社会大众长期以来总是把它和新闻"纠结"在一起，似乎"媒体"就是"新闻机构"，"新闻机构"就是"媒体"。通讯社、报刊、电视、广播、出版等新闻单位被业内外广泛冠称为"新闻媒体"，或曰"大众传媒"。媒体既是新闻资讯的传播工具和载体，也是新闻业态的重要组成部分。因此，传统意义上媒体的新闻属性显而易见，人们对记者编辑类新闻工作者也总喜欢称他们是"搞新闻的""干媒体的"。

随着互联网、大数据、智能云等高新技术的相继问世和日新月异般的迅猛发展，媒体"革命"随之风起云涌，大有颠覆传统、扩张远航的汹汹来势。世纪之交，世界最大的媒体公司"时代华纳"和网络巨头"美国在线（AOL）"的合并联姻赋予"互联网"以新的生命和活力。以"强强联合，共存共荣"为诱饵，以大容量、全球化、可检索、能交互为特征的网络媒体随之大行其道，并造就了其后接二连三问世的"多媒体""新媒体""全媒体""融媒体"之类新颖别致的名冠，释义宽泛，大潮汹涌，虽依附于新闻单位的华丽光环，现实却与新闻属性渐行渐远。

这种日渐"疏远"的双边关系实际导致了业态理念的变进，即媒体不守传统，不再受新闻的"狭义"拖累而裹足不前，而在商业利润驱动下信马由缰地"恣意驰骋"。媒体被理性地张扬回归本源，成为边界桎梏模糊的经商活动载体。虽然新闻仍然脱不了媒体的外衣，但媒体却可"凌驾"新闻之上而自由翱翔。新闻还是那个新闻，但媒体作为载体工具却有广阔的扩展空间，服务对象不再只是围着新闻转，而是涉猎广泛，假以技术升级可以干其他许多范畴的事。

中国社会科学院新闻与传播研究所及社会科学文献出版社共同发布的 2019 年《中国新媒体发展报告》指出："目前所谓新媒体已然发展成为全球最具发展活力与潜力十足的前景产业。随着各类新媒体的不断涌现，不仅人们的生活方式被潜移默化地改变，世界传播新秩序也不断被重塑着。"有关官方数据显示，到 2020 年，中国 500 强企业中，有 304 家开通了官方微信，131 家开通了官方微博。就央企而言，期间开通官方微信和微博的分别达 90 家和 50 家，另有 40 家入驻抖音，20 家入驻快手。

人们对媒体的新闻属性的传统理念正日趋淡薄，昔日"粗声大气""唯我独尊"的某些媒体现在再想靠"新闻属性"抖威风、要威权难了，因而纷纷变新理念，钻研营销赢利之道，以各种"新"名义不断将传统的新闻报道主业办成了不得不"苟延残喘"的"副业"，至少不再"看重"那个主业而精心打理它。

是进步还是悲情？"世道"最终可能还得要"变"。

3、国际新闻引领世界舆情。长期以来，中国新闻业界弥漫着一种"重"国内"轻"国际的"畸形"理念，将国际新闻置于不成文的"陪衬"地位。新闻媒体大多设有"国际新闻编辑部"，报刊和各类纸媒一般也都辟有国际新闻专版专页，广播、电视、网络等电子媒体基本都会编排设置各自的国际新闻频道或栏目。而且，作为中国"消息总汇"的新华社等中国主流涉外央媒，他们的国际新闻日常报道不仅量大而且全面，但他们日常最终"落地"到主流媒体的屏幕和版面上并被广大受众接收的国际新闻量却很少，翻来倒去不断被重复播报的也就那么几件被全球广泛传播和高度关注的"世界大事"。与事无巨细不断更新报道的国内新闻相比，国际新闻的日常播出量简直微不足道，而且一般都放在国内新闻"屁股后面"被点缀性地加以播报。

世界进入 21 世纪，中国逐步崛起强大，社会主义革命和建设正在发生翻天覆地的变化，中国人民已经从站起来发展到富起来和强起来，意识形态建设和新闻宣传已经有足够的底气和能量抗衡和反击反华敌对势力的无底线抹黑和攻击。当下，世界正进入全球化和多边主义的新时代，大家都在同一个"地球村"里践行"人类命运共同体"，再秉持"内敛"式的对外公关手段无疑不能适应新形势的发展。我们必须融入国际社会，以全新的开放姿态拥抱世界，进而引领世界舆情循正确轨道前行。有鉴于此，国际新闻的作用正日渐凸显，其业态地位必须得到加强和提升。

4、国际新闻重受众关注度轻地域界限。与其相关联的一个新观念是，国际新闻重受众关注度轻地域界限。正因为国际新闻的业态地位和作用日渐凸显，那么确定国际新闻的标准自然不能沿袭旧有传统的业态理念，将其当作新闻理论和实践的"陪衬"和"点缀"，而应拓宽国际新闻定义范畴，使之适应新的变革和发展现状。

什么是国际新闻？人们传统的意识是，凡是发生在本国域外的讯息均谓之国际新闻。他们相对于本国本土新闻，而忽视讯息被世界受众的广泛关注度及其内涵外延。不管事情大小和重要性如何，只要事情发生在异国他乡，这类讯息被报道后便自然而然地称为国际新闻。

表面看起来，对国际新闻的上述定义和称谓无可厚非，但细究起来却发现有些不妥，尤其是在国际讯息对世界政治、经济、社会和文化日趋关联紧密的当下和未来，更应提升国际新闻的业态地位，而不能忽视其内涵外延对世界发展和人类进步所具有的巨大潜能和促进作用。定义国际新闻，应打破简单以国别和地域概念划线的旧有理念，而要特别注重"受众关注度"这一定义和辨识国际新闻的新理念。

一方面，相对于国内新闻，国际新闻涉足的信息和资讯大多都是驻外记者精心挑选和采撷报道的驻在国发生的重大突发新闻和颇具宣传教化的典型大事，具有世界广泛性影响和效应，不仅传播速度快，而且受众范围广。另一方面，就国内新闻而言，他们当中许多都是震撼世界、为世界舆论广泛关注的"大事奇闻"，对其他国家来说，他们自然也是国外发生的讯息，也可以称之为国际新闻。

当然，理念更新变进最重要的一点是，我们正处在全球化和世界各国以构建人类命运共同体为崇高追求和战略目标的新时代，国际新闻是正面宣传、广泛传播、引领舆情、推动践行的最佳途径和媒体工具。比较起来，定义国际新闻区域界限已不那么重要。

5、智能手机大行其道令电视回归"传统"媒体。电信高科技发展速度太快。曾几何时，电视因其音像合一的功效而占据新媒体C位，特别对新闻报道而言，更是风头无二。但是近些年来，互联网加速和高清晰技术提升等"快捷"因素给手机功效上了大台阶，其优势直接把电视拉下新媒体C位，甚至回归为传统媒体之列。在智能手机媒体运用过程中，新闻的出现能够更加快速地呈现，省去了电视播出的时间段问题以及报纸的排版、印刷过程，让新闻阅读者能够更快捷地获取资讯。它不仅能缩短新闻传播的制作周期，而且使大众自行传播新闻信息甚至能够通过其手机软件的拍照功能、位置定位功能等达到实时性。智能手机媒体改变了新闻生产和传播方式，通过一部小小的手机，一个人就能完成新闻的采集、编写、校对、审核、播出等环节，操作简单而方便。用户可以自主选择信息，使读者和传播者实现了双向互动，提高了用户的地位。

尽管电视理论上已被手机"顶"回传统媒体行列，但新闻践行过程中它依然是各类媒体中的"战斗机"，其大气恢弘的气势非所谓的手机媒体能比拟。更何况有电信高科技的支撑，电视也可以和手机强强联合。毕竟电视荧屏具有灵动吸睛的独特优势，加强电视和高新电信技术的融联共通，电视必将越来越在国际新闻报道中独占鳌头。因为它的音像合一的报道形式真实、活泼、生动，能一下子抓住观众，起到其他一切新闻手段难以奏效的现场即景效果。特别是通信卫星的诞生和应用，方便了电视直播手段，同时把世界电视新闻报道联成一体，使其优越性更加凸显。

现在的电视媒体量多且杂，经商娱乐成分比重太高。作为以新闻报道为主业的事业单位，电视台应剥离商贸娱乐类节目，通过精简整顿，"打扫卫生"，保障电视新闻报道循正确轨道运行，进而在同西方媒体竞逐中发挥更大作用。

二 关联要旨

要研究和展望国际新闻业态未来发展趋势，我们还要特别研究和剖析对国际新闻极具影响和挑战的关联要素，主要包括电信高科技、新媒体、外交、世界新闻秩序等。

1、电信高科技：新闻采编教程与基础电信工艺融会贯通。电信科技于新闻资讯可谓旁门异类，似乎是不同领域和行当。但新闻践行实际表明，新闻报道整个作业流程，新闻访谈采集、撰稿编辑到播报传输，哪一个环节都离不开电信科技的鼎力支撑和创新驱动。

约翰·奈斯比特在《大趋势》一文中指出："在创造第一部数据通讯设备之后一百多年的今天，我们站在巨大的通信革命的起点。电话、电子计算机和电视所综合起来的技术，已经合并成一种完整的信息和通讯系统。它传送数据和使人与计算机立即沟通起来。"

事实上，通信革命发展的速率早已超越《大趋势》作者的预测，正在把电信科技不断推向新的高度。电信技术主要包括信息的获取、传递、处理等，它以电子和互联网为基础，囊括通信、自动化、微电子、光电子、光导、计算机、因特网和人工智能等门类综合、高端大器的现代化创新技术。基础为本，创新驱动，越是现代，越是高新。

现代电信高科技对新闻报道乃至新闻传播整体业态的发展进步不仅关联紧密而且是必需依赖，并会伴随新闻现代化建设发展愈加粘合，紧密依存。20世纪七八十年代之前，通信技术进步还主要表现在电传、电报、钻孔打报之类的层次上。在中国，人们当时曾为激光照排技术的诞生而激动不已，欢呼新闻革命终于"告别铅与火，走向光与电"。然而很快，通信革命把世界信息交流功能提高到了一个崭新阶段，相继出现了光纤通信、卫星通信、程控数字交换和互联网等高端技术。1991年海湾战争爆发时，全世界曾为西方主流媒体"展示"的高新技术装备折服叫好。不管是在沙特阿拉伯多国部队总部所在地宰赫兰还是在主战场巴格达，或是以色列城市特拉维夫和约旦首都安曼等邻近地带，记者们云集的旅馆内天线林立，手提卫星发报机、用户电报机等当时最先进的通讯器材更是美国有线电视新闻网"CNN"的"重磅武器"。然而，海湾战争几十年过后的现在，当时令记者和新闻媒体"眼馋"的便携电脑和数码相机等早已成"寻常家什"。而且，计算机的计算、存储和解压缩能力在经历了长期几何级的增长后，仍丝毫看不到极限。互联网已经成了人类各种信息的交流和传播平台，越来越方便实用。通信技术的发展，特别是宽带技术在无线领域的突破，更使互联网信息可以通畅地到达地球的每一个角落。

通信革命和世界经济社会的发展一样，永无止境。高科技的高是相对于常规技术和传统技术说的，因此它并不是一个一成不变的概念，而是带有一种历史的、发展的、动态的性质。今天的高科技，将成为明天的常规科技和传统科技。而且，高科技不是一个单项技术，而是科学、技术、工程最前沿的新技术群。这个群体的各种成分互相影响，互相补充，互相促进。国际信息的传播和交流不仅为他们创造了昨天和现代化的今天，而且无疑也将是他们明天发展的动力和阶梯。从"万物互联"走向"万物智能"，如何通过技术感知场景，使用户连接服务变得更加智能，是现代和未来媒体的系统工程。

尽管信息技术革命与新闻践行实际关联紧密，但长期以来我们并没有很好地将两者融合发展。各新闻媒体单位，特别是中央和省级大新闻单位，虽然都各设有技术部门协助新闻采编播发各道工序，但他们一般只负责处理电信技术故障和相关专业技术编程等，而对新闻专业知识和采编发整体流程等知之甚少或者缺乏学习和了解的兴趣和动力；另一方面，编辑记者等新闻专业工作者则大多怀惧电信技术类故障和学识，视其晦涩难懂，高不可攀。正因为彼此"道不同不相为谋"，故而"铁路警察各管一段"，虽"同在一个屋檐下"，却不能有效形成合力，融合发展。记者编辑一般遇到技术难题都有依赖思想，直接将"皮球"踢给技术人员，或临时招呼技术员工坐等他们帮助解决难题。遇到重大突发事件，本应争分夺秒地抢发消息，但却时常因技术问题相互"扯皮"，甚至被误以为只是一般的日常新闻而被人为地耽搁了报道时效。

为了推动新闻事业的未来发展，电信技术应该与新闻采编融会贯通。这无疑是新闻革命未来发展的大势。新闻院校和央媒省媒等主流媒体应从教育培训抓起，改革旧有教材，创新教培模式，逐步改变现行不适应新闻业态发展的践行体系，下大力气培养教育一专多能且能独立完成日常报道任务的采编播报人才。辅以便携多功能的简便高效的通讯器材，用政治正确、正能量和高新电信科技理念武装起来的新一代媒体人必将推动新闻事业迈入崭新的美好未来。

2、新媒体：与非新闻属性切割。 美国互联网实验室给"新媒体"下定义说，它"是基于计算机技术、通信技术、数字广播等，通过互联网、无线通信网、数字广播电视网和卫星等渠道，以电脑、电视、手机等实现个性化、细分化和互动化，能够实现精准投放，点对点的传播"。

中国大多学术研究认为，新媒体相对于传统媒体而言，是基于报刊、广播、电视等传统媒体而发展起来的新的媒体形态。它利用数字技术、网络技术、移动技术，通过互联网、无线通信网、有线网络等渠道以及电脑、手机、数字电视机等终端向用户提供信息和娱乐，其特征具有交互性与即时性、海量性与共享性、多媒体与超文本、个性化与社群化。

联合国教科文组织的定义则比较简洁："新媒体"是"以数字技术为基础，以网络为载体进行信息传播的媒介。"

"新媒体"是对应于传统媒体，集电子、网络和视频之大成而造就的不同封号和称谓的传媒集合体。它应该首先发端于传统新闻媒体的互联网技术，各媒体单位群起战略转型，跟风效仿，不管实际现状和需求如何，纷纷新建影视频部、新媒体中心之类。随之，"多媒体"大潮逐步形成，为有效应对日趋激烈的媒体竞争，增强各自的传播力和影响力，各主流媒体再升级新建"多媒体"采集、生产、加工运作平台，编辑可在同一界面即时编发记者采集的文字、图片、音频、视频等各种形态的稿件，同时也可以直接签发供电视、网站、手机、户外屏幕等使用的"多媒体"融合的新闻产品。到 2008 年左右，"全媒体"字眼开始流行。标签是：覆盖面最全、技术手段最全、媒介载体最全、受众传播面最全。一时，诸如"全媒体战略""全媒体定位""全媒体中心""全媒体电视""全媒体广播""全媒体出版""全媒体广告"之类的称谓热气腾腾，风头无二。不过，这里"全媒体"热方兴未艾，"融媒体"称谓又席卷全球。人们这样释义"融媒体"：作为最新型媒体形式，它充分利用媒介载体，把广播、电视、报纸等既有共同点又存在互补性的不同媒体，在人力、内容、宣传等方面进行全面整合，实现"资源通融、内容兼融、宣传互融、利益共融"。一个重要的发展趋势是，"融媒体"可通过资本运作、兼并收购和企业合并等手段实现产业融合。

上述这类新型媒体形式之所以备受热捧和青睐，除了"搅动"传统媒体"一潭死水"之外，更为以赢利为主要行为目标提供了"革新驱动"的发展空间，特别为一些大型网商企业和公司提供了经贸活动的载体平台，使之顺理成章地"跨界"进入"新媒体"阵容，与传统意义上的新闻单位基本不搭界，但"新媒体"名号和业绩却声名远播。

有人在"知乎"上对"新媒体"作了这样归类：①传统的四大门户：腾讯、新浪、网易、搜狐，集纳了新闻、娱乐、社会、时政等多种门类的新闻资讯。②新新媒体，其知名产品包括爱奇艺、知乎、抖音、快手、今日头条等。③传统媒体旗下的新媒体公司，除了体制机制改革后实行企业化运作的中央新闻媒体外，还包括全国范围内的省级媒体，如湖南快乐阳光、新媒股份、安徽海豚新媒体产业发展有限公司等。

2017年，上海交通大学媒体与设计学院有教授经过对腾讯、阿里、百视通、上海报业集团、上海广播电视台及韩国自媒体等实地调研之后撰文《新媒体现状及未来媒体发展趋势的分析研究——用户自主传播的媒体创意效应》，认为："媒体对人们未来生活产生重大影响；新媒体发展进入大数据时代，'智慧云'成为各类企业走向世界的路径；移动互联网持续创新改变着新媒体发展态势；社会化媒体依然是新媒体发展焦点，分享经济的媒体创意经济形成。上述是未来媒体突破的靶向，这些靶心较为明显地预示全球媒体未来的发展趋势。"

不难发现，上述网企和商贸类形式的"新媒体"实际与新闻属性或新闻资讯没多少直接关系，其业态重心在于经济、商贸、产业和社会化等。这是企业和公司化行为，只是借助网络和传媒载体平台而披上了"新媒体"外衣。有人明确质疑说："许多人通常都会有一个误解，认为公众号、微博、抖音、喜马拉雅这类新媒体平台就是新媒体。这是不对的。他们确实是当代新媒体内容的载体平台，但'新媒体'这三个字所包含的东西，绝不仅仅于此。"

未来的媒体发展将会出现这样几种趋势：

①新媒体与新闻媒体不是一个概念，它不可能取代传统的新闻媒体。其实，就新闻报道而言，具有新闻属性的"新媒体"除了形式新、躯壳新和传播营销等非新闻属性的功效外，其采撷、编排工艺和传播程序沿用的仍旧还是传统媒体那些套路。这类"新媒体"虽然有与受众终端互动的功效长处，但少有亲历采访的讯息源泉。特别是国际新闻报道，主要还得靠央媒和主流媒体越洋播报，基本没其他层级媒体什么事儿。而越洋播报讲究的还是记者甘冒风雨硝烟的追踪踏访、高端访谈、战地直击之类，竞逐的要点依然是时效、独家、现场、风采等。

②拨乱反正，整顿"新媒体"阵容乱象，剥离挂着"媒体"旗号的非新闻属

性的商贸和社会经济实体。大家该干么就干么，各有各的分工和行当。比如这个网那个网的，你的主业是网商网贸，即便你可以在网站设置滚动新闻和资讯网页，但那只不过是"捡拾拿来"资讯的载体平台，不能定义自己为"新闻媒体"。

③让正宗和传统媒体回归新闻属性。新闻媒体是传播和宣传事业，如同医疗和教育，不能掺乎到经商活动中。媒体单位中的广告、网商、经营销售和商演之类的经济活动应与新闻报道事业脱钩，财务实行收支两条线。如果说传统的"纸媒"之类"不受待见"，那就压缩体量和规模，实行合并重组，使 1 加 1 大于 2。

3、外交：驻外央媒重拳合力。 外交是内政的延伸，是国家意志的集中体现。外交工作无小事，来不得半点差错。新闻宣传一贯十分重视外交工作，尤其是国际新闻报道，在思想观念和践行意识上更自视外交等同于分内工作，将术业发展视为外交工作的"组成部分"。

一方面，国际新闻报道涉外。正面宣传国家外交政策，及时采撷播报我对外交往活动，是国际新闻工作者义不容辞的本职工作和外宣任务。尤其是驻外记者，他们在异国他乡采访、撰稿和越洋播报，驻在国资讯当然是主要内容，但也包括我使领馆和中资机构在当地的涉外活动、援建项目和人文交流等讯息。这些无疑都是在两国之间架设友好合作的桥梁，推动双边关系积极发展。

另一方面，国际新闻媒体及其驻外记者站点与外交部及其驻外使团同宗同源同使命，彼此关联紧密，渊源深厚。新中国成立后的较长一个时期里，我驻外记者大多都有同我驻外使领馆吃住在一起的经历，深切感受到彼此一家亲的暖心氛围。一直到现在，虽然双方因工作性质不同而早就不再同吃同住了，但相互关切、交流和支持的合作关系却一直保持未变。

尽管新闻和外交关联紧密，但由于外交是国家意志的集中体现，新闻历来只能"依附"和"服务"于外交，"听命"于最高决策层，始终与中央保持高度一致。新闻媒体的涉外和对外报道，无论是宣传基调，还是报道内容和采撷程序，都必须符合国家的大政方针和外交方略，严格按照中央的要求开展工作。这是长期以来新闻人一直秉持的理念和准则。外交是"官方"，驻外期间是有豁免权的。而新闻则是"民本"，不可能享受外交豁免权。这应该是二者之间最本质的区别。

新闻践行活动需要秉持固有的对外关系准则，同时也要特别注重对外关系的现实状态和应对需求，与时俱进。实际上，这方面我们一直在不断对新闻与外交关系的践行活动进行总结调整，由最初较刻板的稳妥跟进到改革开放时期灵动活泛的积极追随，再到现如今新时期浩然守正的主动作为。在未来很长一个时期里，与外交齐头并进式的主动作为仍将是新闻报道的践行模式，而推动构建新型国际关系和人类命运共同体将是新闻和外交更紧密关系中最重要的践行目标和任务。

世界正处于大发展大变革大调整时期，和平与发展仍然是时代主题。世界多极化、经济全球化、社会信息化、文化多样化深入发展，全球治理体系和国际秩序变革加速推进，各国相互联系和依存日益加深，国际力量对比更趋平衡，和平发展大势不可逆转。同时，世界面临的不稳定性不确定性突出，世界经济增长动能不足，贫富分化日益严重，地区热点问题此起彼伏，恐怖主义、网络安全、重大传染性疾病、气候变化等非传统安全威胁持续蔓延，人类面临许多共同挑战。

面对新形势的发展，习近平给出了中国智慧和方案：推动构建新型国际关系，推动构建人类命运共同体，是中国特色社会主义理念的应有之义，是新时代中国外交追求的目标，也是世界各国共同努力的方向。他指出，大时代需要大格局，大格局需要大智慧。让和平的薪火代代相传，让发展的动力源源不断，让文明的光芒熠熠生辉，是各国人民的期待，也是我们这一代政治家应有的担当。

新闻报道，尤其是国际新闻报道，参与和推进这一伟大外交使命义不容辞且大有可为。首先，我们要大张旗鼓地张扬和平发展、公平正义和共赢合作的原则，不遗余力地宣传阐释有关构建"人类命运共同体"的中国理念、中国智慧和中国方案，同时理直气壮、针锋相对地即时抨击和打压以讹诈、武力威胁、造谣撒谎和单极制裁等为主要特征的霸权行径、无底线挑衅和意识形态攻击。

新闻报道必须深入研究国外受众心理特点和接受习惯，与外交同步，即语境接轨、国际化表达，贴近中国和世界发展的实际，贴近国外受众对中国信息的需求，贴近国外受众的思维习惯，利用现代传播技巧，运用国外受众听得懂、易接受的方式和语言，增强对外传播的吸引力和影响力。

新闻外交一致，驻外媒体有效整合，形成目标一致的重拳出击。

4、世界新闻新秩序。同世界政治、经济、文化诸多领域一样，世界新闻新秩序的建立不仅重要而且必需。我们这里所说的是世界新闻新秩序，而不是一直被欧美发达世界基于殖民主义、霸权主义、强权政治和利己主义之上而强制推行的旧新闻秩序。

西方帝国主义列强有着长期殖民统治、掠夺和奴役亚非拉国家的历史，并在此基础上制定和强制推行符合他们利益和需求的世界新闻旧秩序，造成国际社会在新闻信息采集、传播和接收诸多方面时至今日仍然存在的不平衡、不公平、不合理现象。有报道指出，世界上至少有三分之二的消息来源集中于只占世界人口七分之一的地区，而老牌资本主义国家的四大通讯社美联社、合众国际社、路透社和法新社则统治了绝大多数发展中国家的新闻报道。即使在新闻报道中也涉猎一些第三世界的消息，那也主要是介绍那里的缺陷或灾难，很少报道和褒扬那里的努力和成功。以其殖民传统影响力和发达的资源优势强力操控不合理的世界新闻秩序，其主流媒体自然霸凌获益，引领世界舆情西化，甚至不惜造假或以讹传讹，助纣为虐，宣扬和粉饰虚伪、暴乱、血腥，为肆意干涉别国内政、践踏他国主权和世界和平、颠覆敌国政权等霸权行径和强权政治涂脂抹粉。

为改变世界新闻由北向南、由西向东的非均匀流向，不结盟国家1976年举行传播问题讨论会，首次提出建立"世界新闻新秩序"。两年后，联合国教科文组织第20届大会通过了《大众传播媒介致力于加强和平和国际了解，促进人权和反对种族主义、种族隔离和战争煽动的基本原则宣言》。1978年，第33届联合国大会根据上述宣言通过33/115号决议，指出需要"在新闻自由流通及更广泛更均衡地传播新闻的基础上，为加强和平和国际了解而建立新的更公正和更有效的世界新闻和传播新秩序"。

国际社会的这一正义呼声却不断遭遇西方发达世界的反对和抵抗。1981年5月，以发达国家为主的20多个国家的代表在法国塔卢瓦尔举行会议并通过宣言，重申所谓"新闻自由"的重要性，反对建立世界新闻新秩序。会后，美国众议院甚至通过决议，要求教科文组织停止为世界新闻新秩序起草标准，否则美国将停止承担为教科文组织提供经费的义务。1984年，美国宣布退出教科文组织。

建立世界新闻新秩序任重道远，未来之路仍将面临艰辛挑战。国际社会、特别是第三世界新闻界和媒体需要团结一致，不屈不挠地坚持奋争，将建立新闻新秩序确立为世界媒体革命和政治正确的正能量目标，以促进世界和平发展和人类文明进步。在世界进入全球化、亟需构建人类命运共同体的新形势下，建立世界新闻新秩序尤为迫切和意义重大。这无疑是推进这一国际社会共同担负的历史任务的必由之路。

建立世界新闻新秩序应着重这样一些举措：

①坚持同西方旧新闻秩序作不妥协斗争，反对霸权、霸道和霸凌，既要在舆论上造势反击，更要在行动上具体践行新的新闻秩序的原则、主张和举措。不随

波逐流，不跟着西方旧新闻秩序的套路走。

②强势自我，主动作为，与西方霸权主义者及其行径针锋相对，争夺对国际新闻秩序的话语权，特别要注重研究和制定出国际新秩序可广泛遵循的新主张、新办法、新举措及其理论指导。

③广泛开展国际合作，除了与饱受旧新闻秩序压迫的广大发展中国家建立统一阵线；有理、有利、有节地做西方世界的工作，争取尽可能广泛的同情和支持，迫使他们改弦更张，放弃一些旧有主张和践行条款。

原则就是，通过斗争和合作，求得变革和进步。

三　战略构想：凸显对外竞逐

对新闻术业的理念变进及其关联要旨进行前瞻性剖析和研究，这对改进新闻业务，特别对精进未来国际新闻业技战意义重要。未来国际新闻事业发展在战略层面上究竟将面临哪些风险和挑战，需要我们进一步深耕细作，未雨绸缪。

长期以来，西方主流媒体一直占据世界舆论的话语权，我们的新闻报道及管理模式总体处于被动跟进状态。这种亦步亦趋跟风被牵制的局面必须得到遏制和改变，竞逐话语权已成为我们新闻报道迫在眉睫的使命和责任。为实现这一战略目标，必须求真务实，开拓进取，实行战略转型，由传统新闻产品生产为主向现代多媒体新闻信息业态拓展，由面向媒体为主向直接面向终端受众拓展，由立足国内为主向有重点地更大范围参与国际竞争拓展。

与西方主要媒体展开舆论竞争抗衡可谓是"终端目标"，是三个"拓展"中的重中之重。长期以来，我们总是追着西方媒体屁股"跑"，人有我跟，人云我和，亦步亦趋，虽沾沾自喜不断进步发展，却实际总落在别人后面，受制于西方媒体和舆论。打宣传战必须用"战争手法"来决胜。目前我们要以少胜多，由弱转强，正确的打法应该是：反其道而行之，出奇制胜，扬我之长，攻其之短，把"优势""特色"和"捷径"的文章做足做强，真正落实到"在某些时间、某些地域和某些战役性报道中"率先与西方大通讯社竞逐取胜，取得突破后再乘胜拓展。

1、做足"优势"文章。中国新闻对外、国际涉华新闻、多语种集群、品牌栏目，毋庸讳言，我们确实取得了很大进步和发展，但由于我与西方主要媒体在人力、财力及竞技理念和手段等方面差异较大，因而在国际舆论竞争中"西强我弱"

的总体态势一直没有根本改观。正因为如此，我们实现战略转型和事业发展才有了开拓进取的机遇和空间。问题的关键是，我们应该如何认识自我、把握重心，进而扬长避短、克敌制胜。我们既要正视落后、困难和差距，更要看到进步、发展和优势，切不可妄自菲薄。实际上，除了社会主义制度优越性和官方媒体这个"光环"客观上给我们提供了西方媒体难以比拟的荣誉和便利外，就新闻规律范畴内的报道技艺而言，我们也有自己的优势和魅力。

①中国新闻对外是我们的最大一项优势，不仅可以充分展现自身价值和影响，而且最容易在世界媒体"大战"中赢得竞逐。一方面，随着中国综合国力的日益加强和国际地位的显著抬升，世界舆论越来越关注中国，包括西方主流媒体在内的世界各国媒体对有关中国新闻报道的需求量正节节攀升；另一方面，我们不断加大改革力度，越来越重视按照新闻规律开展采编活动，报道质量显著改进，越来越贴近国际媒体和受众需求，自然广受欢迎。特别重要的是，作为中央层级国家媒体，我们在全国各省市自治区均设有地方分社和记者站点机构，依托地方党政机构，新闻信息采集不仅消息灵通而且力量雄厚。这些无疑是我们能够把这块"蛋糕"做大、取得战略突破的最佳途径。

我们应充分利用对国内新闻报道拥有的语言、信息源通畅和权威公信等"天时、地利、人和"的独特优势，强化中国新闻对外报道。央媒国内各分社或站点应设立英文采访组和视频（含网络）采访组，一有大事即能直接用英文发稿，同时配有电视新闻片，以争夺报道时效，扩大影响，抢占话语权。我们要把最大优势发挥到"极致"，在兵力部署、信息统筹调度机制以及采编和技术"优先发布"机制等方面加强保障建设，淋漓尽致地发挥"我强西弱"的主导作用，正确引导国外舆论，并以此为突破口，打开新闻产品营销落地的新局面。

②国际涉华新闻是报道的一大优势。随着中国综合国力和国际地位的不断攀升，中国同世界各国的交往和合作日益增多，越来越多的中国企业走出国门，境外有影响的涉华活动越来越多，从而越来越为世界主流媒体所关注。只要我们主动出击，密切同中国驻外使领馆及有关企业和华人社团的沟通联系，加强采访调研，以我为主地切入，发出中国"话语"，无疑是我们的一大强项和优势领域。实际现状表明，国际新闻涉华报道大有可为，拓展空间很大。我们要更多地着眼于正面报道，积极地展示我外交和对外交往成就。前方分社或站点记者应具有良好的人际交往素养，善于密切同驻外使领馆及公司团组和华人社团保持接触和合作，

既能保障率先获取重大涉华新闻讯息，同时也能求得理解、合作和支持。

③巧妙运用"多语种集群"优势，使对外报道合力形成一盘棋。央媒大多拥有西方媒体自身少有的"多语种集群"的人才优势。除了大批懂英文这一世界通用语的人才外，我们还有大批懂法文、西文、俄文、阿文这类洲际区域性通用的外文人才以及为数不少的懂不同国别小语种的采编人才。尽管西方主流媒体也有各自不同语种的外文报道专线，但他们的专线报道主要借助聘用外籍翻译人员，不能像我们的多语种外文人才这样形成"集群"，灵活调配使用，随时能上一线采访，能留后方编辑。

目前我"多语种集群"的作用没有得到充分而有效的发挥。不要说掌握小国语种和方言的记者只能在驻外期间仅仅将其作为便利工作和生活的翻译工具，很少直接服务于对外报道竞争需求。就是法、俄、西、阿文专线也因缺乏针对性和有效性而"窝工"，很难显现与西方媒体的竞争优势。因此，法、俄、西、阿等语文专线报道应实行有效改革，一方面使之形成地域特色和"华讯"模式，为语言所在地区媒体和受众所喜闻乐见；另一方面要改革"分散用力"的传统机构设置，腾出"兵力"加强驻外语文专线编辑部，使之改善内部运作机制，将各自语种和一些国别方言的报道优势及时"转换"成最能显现与西方媒体竞争态势的英文，扬我之长，形成合力。建立当地电视和媒体报道监控和编译平台，以最快速度将"小语种"媒体有关重大突发事件的报道内容"转换"成英文。

④充分发挥品牌效应，让品牌栏目突破自我，走向世界。中国央媒长期以来为事业发展已经打造了一批新闻产品知名品牌，如"世界焦点""热点观察""聚焦中华""在线访谈"等等。但是，现在只是中文对内性的，在"大外宣"层面上来说，其效应显然没有得到充分发挥。如果我们能够常规性地而不是零散地、同步地而不是滞后地将其中的优秀作品作英文、视频和网络"三位一体"处理，可能才真正具有同西方媒体竞逐的"大外宣"品牌效应。

优势只是一种"仁者见仁、智者见智"式的客观存在。竞逐话语权喊喊口号容易，但要真正践行并实现目标却并非易事，需要我们持之以恒地下大功夫，出具体实招办实事，在"干"字上作文章。

2、突出战略"重点"。重大突发消息采集、英文大广播、视频网络在线、高端焦点访谈，如何干？从国际新闻报道的角度来说，这样几点是必须要做的：对世界各地发生的突发事件，必须拼抢时效第一时间即时报道，特别注重还原事实真相；对世界瞩目的重大事件，必须率先报道发声，引领世界舆论正能量；牵涉中国社会主义核心价值观的新闻，必须主导定调报道，揭示真相，表明立场。

世界媒体竞逐实际也是排兵布阵，讲究攻防进退、主次虚实等用兵之道，其精华之处就是抓大放小，重点突出，运筹帷幄，志在必夺。央媒作为国营大媒体，固然需要"大而全"的基础产品结构，但从目前的人力、财力、物力等现实状况考虑，我们既要注重对战略性"缺失"产品的后来跟进，更要对现有产品结构作战略性调整，有选择、有重点地分层次推进。那种"齐头并进，一哄而上"的做法不切实际，往往是"虎头蛇尾"，难以奏效。从最能取得战略突破的角度考虑，除了要充分发挥前述那些"优势"外，在现阶段我们应主要在如下几个战略要点上下功夫：

（1）下更大力气抓日常重大突发事件报道，因为这是根本和基础，是我们日常报道工作的中心和重心。实际上，这一传统意义上的根本之举同拓展新媒体、多媒体相辅相成，都讲究时效、特色和深度，目标都是为了赢得竞逐，同西方主流媒体抢占话语权。拓展视频、网络等新媒体和多媒体报道也是对日常重大突发事件报道的"反哺"，不仅相互依存，而且相互促进。必须从信息采集的源头抓起，利用一切可利用的信息渠道获取消息，进而迅速开展滚动报道，抢占先机，同时加强跟进式采访和访谈，凸显报道的现场感和分析研判深度。如果形成一场战役性报道，更要加强协调指挥，搞好分工合作，齐头并进，合力求胜。我们要不断改进和完善国内外应急报道及保障机制，使之更科学规范、高效灵便。

（2）由于英文报道具有可比性，最能反映竞逐态势，应凸显英文报道地位，健全英文优先"生产、传输和销售"的一条龙流水作业线。为此，英文"大广播"改革势在必行。应根据受众需求设计"版面"，体现华讯特色和优势。现在世界各通讯社的英文大广播都是按照时间顺序滚动报道，杂乱无章，我们可反其道而行之，按照我报道特色和优势划分类别滚动报道，形成专线或专栏，同时不断"打造"一批在国内外具有广泛影响的著名记者、编辑、评论家。这样一些专门分类值得探究：中国新闻、重大突发事件和现场报道、高访和专访、经济和金融、体育、文化知识等等。这样划分，让媒体和受众一目了然，"随心所欲"地选择采用，自然顺应需求，达到传统模式所无法显现的"特色"营销落地目标，可谓"出奇制胜"。在我与西方主要媒体驾驭英语文字能力明显处于弱势的情况下，上述"改版"也不失为一条行之有效的"捷径"。

（3）积极拓展网络、音视频和手机信息等新媒体，注重将传统单调的文字、摄影报道融入多媒体运作的现代新闻报道体系之中。只要我们循着这条拓新道路走下去，同时充分展示特色和自主风格，我们不仅能很好地摆脱世界传统媒体所共同面临的发展瓶颈，而且更能为我回旋拓展、后来居上提供崭新的战略发展空间。就开拓视频报道新天地而言，可分三个层次推进：①坚持将采集和拍摄重大突发性中国新闻作为拓展视频报道的最大优势和主打产品。各央媒国内分社或站点应不断完善视频采集和制作机制，保障让重大突发性中国新闻电视片率先播报，引导国际舆论。②国际新闻视频报道以世界"热点"新闻及媒体迫切需求和受众喜闻乐见的重大新闻为采集拍摄重点；以重大突发事件频仍、最能显现同西方主要媒体竞逐态势的地区作为突破口。③初期通过既有营销渠道向国内外电视和网络用户推销。一旦条件成熟，应选择在海外自主建立专门新闻电视台，或与合作伙伴联合"打造"视频新闻专有播出频道。

（4）加强高端焦点访谈，主动出击，彰显特色，扩大在世界媒体中的知名度、影响力和权威性。所谓高端焦点访谈，就是要在重大国内国际事件发生之际采访国内外知名专家学者和高级权威官员，让他们发表高见和宏论，引导舆论。这方面，采访国外高层人士，放手让驻外重点分社或站点负责督察采编内容，事情可能好办得多；但采访国内高级权威官员目前可能牵涉诸多体制性限制。鉴于此，我们眼下可多联系采访一些权威部门和专家学者，与其让西方媒体就某一国内大事揣测捏造，不如我们主动正面引导。总之，不管难度多大，一个世界性媒体能把高端焦点访谈做得有声有色，既能增添整体报道的深度和力度，更能显示其能量、影响和权威。高端焦点访谈也应文字、视频、网络和摄影等多媒体同步运作，最大限度地显现其效果和功能。

3、创新保障"机制"。确立业务主体、整合外文力量、倾斜驻外政策、注重外聘实效，随着中国的崛起，主要央媒作为耳目、喉舌、智库和信息总汇，肩负着与西方媒体竞逐、正确引导国际舆论的光荣而艰巨的历史重任。为此，我们必须要着眼于大的格局，以宽阔的视野和专业化的水准，再加上锐不可挡的勇气，开拓创新，艰苦奋斗，打一场持久的多媒体业态争夺战。为保障打赢这场争夺战，创新和完善各项保障机制至关重要。

（1）分清主次，确保和环绕战略主体业务开展各项工作。这实际涉及机构调整和体制完善的决策大计。央媒各单位现有庞大的新闻从业队伍，但似乎仍然都在喊人手紧张。表面上看，"人手紧"确实是一种客观存在，但实际很大程度上这是"用兵"失察所致。摊子铺得大，机构繁杂，人员众多，而真正直接涉足日常采编业务的机构和兵力其实较少，尤其是涉外竞逐力量（包括中国新闻对外和驻外一线兵力）更是少得可怜，更不要说其中还包括一批非采编力量和业务不熟练者。毫无疑问，现有各部门和各项工作都有其必要性和重要性。但是，打仗必须善于调度和用兵，必须考虑前线和后勤，必须抓大放小甚至丢弃局部，任何"小农式"本位保护主义都会削弱战略决胜。为此，建议由熟悉采编业务的人事干部和多部门资历丰富、经验老到的业务专家共同参与的专门智囊团，对央媒机构设置进行全方位排查和调整，明确每个单位的职责范畴和人力需求，对人浮于事、重叠设置的实行关停并转，对外语业务干部使用不当的应调整重新安排，在此基础上确认战略业务主体，所有方面均要服务和保障主体业务高效运转，相关保障和激励政策应向"主力军"倾斜，而且要形成机制，切不可让少数几个所谓职能办事"干部"耽搁或推诿塞责，"左右"大局。

（2）改善用人机制，在知人善任的基础上整合兵力，有效调度，突出重点。建议专门智囊团首先调查了解并真正摸清胜任一线采编业务的外文干部的"家底儿"，从而有计划地统筹调配使用外文干部。目前阶段特别要"知人善任"地有效调度好英文采编力量，主要应分三个层次：①各央媒国内分社或站点的英文记者，花主要精力采写中国新闻的英文报道，人员以社会招聘为主；②整合各央媒总部涉外部门的英文报道力量，集中英文精兵编辑处理国内各分社采写的英文来稿，突出中国新闻对外；③将央媒大批"腾出手来"的外语采编力量投入驻外一线报道，同时向其驻外总分社或大站点"下放"人事调度权，可随时根据报道竞逐需求在驻外辖区范围内机动调整兵力部署，甚至允许他们临时"跨区"支援互动。

（3）各央媒驻外分社或站点力量部署应区别不同地区用兵，区别轻重缓急，突出重点，"好钢用在刀刃上"，把精兵强将放到重大突发事件频仍、最出新闻、最能同西方媒体角力的"热点"地区和"热点"分社，并使之机动、高效运作。比如欧美地区，在那里同西方主流媒体"拼"英文报道显然难以摆脱劣势，我们在那里的工作重心应是中文竞逐，营销推介的重点是中国新闻对外。但是，传统的人事管理理念似乎忽略了这一点，一直在把英文精英投放在欧美地区并视为天经地义，因为大家更多地是把此举看作是"待遇"和"重用"，有点"论功行赏"的味道，而很少过问这样部署兵力对我们对外竞逐和事业发展的实际功效如何。

大批的英文英才放在欧美地区似乎"大材小用"，有点"浪费"，毕竟那里是西方主流媒体的"老巢"，从语言到媒体运作都是他们说了算，"外人"很少有自主发挥的空间。向许多不出什么新闻的小国专门派驻英文记者似乎也是一种人力"浪费"。这些分社应主要通过"花小钱"聘用当地雇员"撑门面"，一旦该地发生重大突发事件也好让他担当报道任务，计件付酬。为有效管理，各央媒总部或邻近分社可不定期地派人赴当地临时采访，顺便对雇员进行一些必要的工作指导。

（40 有效聘用本地雇员、报道员、信息员、签约摄影师和营销员等，是加强驻外人力资源建设、拓宽新闻信息源、推进新闻报道"本土化"战略的必由之路。"全球化"大潮涌动正在毫不留情地撞击那些不适应生产力发展的陈旧的用人理念和人事制度。在国际新闻报道领域，"不拘一国"用人，记者趋向"本土化"，已为越来越多的中国媒体，特别是类似于中央电视台和新华社这样的主流央媒所认同和看好。"本土"记者情况熟，路子野，信息渠道多，无论是从报道时效还是从获知独家新闻或联系采访等竞争要素考虑，他们的优势都显而易见。但是，"大面积"地广泛聘用外国新闻从业人员，必须细化受聘雇员的职责和任务，使之落到实处。具体而言，受雇记者应了解和熟悉雇用媒体的报道思想和原则，奉行客观公正的新闻理念，积极投身报道工作，特别注重报道时效。利用语言相通和情况熟悉等优势，积极开展现场采访和独家专访等类似活动，体现报道深度和特色。遇有重大突发事件发生，记者必须积极赶赴现场采访。此外，始终注重稿件质量，杜绝失实报道。聘用雇员要注重培养他们对事业和中国的感情，使他们能够自如地施展才华和抱负。

以上是对世界新闻竞逐的战略构想。国际新闻未来发展大略应坚持传统采编践行根基，融会新媒体高新传播技艺，占据世界话语制高点，引领国际舆情循和平正义和进步发展的正确轨道前行。

外国谚语说得好："想，要凌云壮志；干，要脚踏实地。"只有认真实干，才能将构想付诸实施。随着综合国力的不断提升和世界时势的变进发展，中国国际新闻事业前景广阔。践行世界新闻新秩序的前行道路会布满荆棘，任重而道远。我们必须勇敢应对挑战，凸显对外竞逐，原则是以弘扬社会主义核心价值观为底线。